全国船舶工业职业教育教学指导委员会"十三五"重点规划教材

U0645189

游艇设计与美学

主　编　魏　斌　唐永刚
副主编　庞加茂
主　审　牛　颖

哈尔滨工程大学出版社
Harbin Engineering University Press

内 容 简 介

本书是全国船舶工业职业教育教学指导委员会"十三五"重点规划教材,是基于国际、国内和行业的相关法规、规则及标准,以职业岗位的需要为出发点,围绕职业教育的特点进行编写的。在内容的组织上,强调以"必需和够用"为原则,紧扣大纲,深度、广度适中,体现了理论与实践的结合。

全书分游艇设计和游艇美学两篇,主要内容包括游艇设计绪论、游艇性能、游艇的艇型设计、游艇的总体布局、游艇的结构设计、游艇美学绪论、游艇美学基础、游艇色彩原理、船艇的形式美及游艇人机工程学。

本书可作为船舶设计相关专业的教材,也可供从事相关职业的技术人员参考使用。

图书在版编目(CIP)数据

游艇设计与美学 / 魏斌,唐永刚主编. —哈尔滨 :
哈尔滨工程大学出版社,2020.12
ISBN 978 – 7 – 5661 – 2882 – 9

Ⅰ. ①游…　Ⅱ. ①魏… ②唐…　Ⅲ. ①游艇 – 设计
Ⅳ. ①U674.910.2

中国版本图书馆 CIP 数据核字(2020)第 251578 号

选题策划	史大伟　薛　力
责任编辑	丁月华
封面设计	李海波

出版发行	哈尔滨工程大学出版社
社　　址	哈尔滨市南岗区南通大街 145 号
邮政编码	150001
发行电话	0451 – 82519328
传　　真	0451 – 82519699
经　　销	新华书店
印　　刷	哈尔滨市石桥印务有限公司
开　　本	787 mm × 1 092 mm　1/16
印　　张	16.75
字　　数	438 千字
版　　次	2020 年 12 月第 1 版
印　　次	2020 年 12 月第 1 次印刷
定　　价	53.00 元

http://www.hrbeupress.com
E-mail:heupress@ hrbeu.edu.cn

前　言

　　游艇是一种集航海、运动、娱乐、休闲、商务于一体的水上高级运载工具。随着现代社会经济的快速发展,物质生活极大丰富,人们生活水平日益提高,购买豪华游艇的企业及个人也越来越多。游艇不仅是水上休闲、娱乐、商务、联谊活动的高级场所,也是个人彰显生活品味的工具。游艇的这些属性使它区别于作为运输工具的高速船和旅游客船。因此,游艇设计与美学也就成了集技术与艺术于一体的一门实用性课程。

　　由于国内缺乏游艇设计和制造方面的高端人才,也少有自己的核心技术,这使得游艇的产业升级换代受到制约,很难跨上一个新的台阶。除了短期从国外引进少量的人才和必要的技术外,根本的办法应该是:在国内游艇设计和美学方面培养自己的高素质技能型人才,掌握自己的核心技术。目前,专门从事游艇设计与美学研究的仍是少数,但随着造船事业和旅游业的飞速发展,人们对游艇设计与美学的研究不断深入,要求游艇设计者具备对于美的认识和体验。游艇设计者应该充分了解人体的构造及环境对于人的影响,以便设计出舒适性与艺术性兼备的游艇。笔者编写本书的目的就在于此。

　　本书是基于国际、国内和行业的相关法规、规则及标准,以职业岗位的需要为出发点,围绕职业教育的特点进行编写的。在内容的组织上,强调以"必需和够用"为原则,紧扣大纲,深度、广度适中,体现了理论与实践的结合。全书分为两篇共 11 章。第一篇为游艇设计,主要内容包括游艇设计绪论、游艇性能、游艇的艇型设计、游艇的总体布局、游艇的结构设计;第二篇为游艇美学,主要内容包括游艇美学绪论、游艇美学基础、游艇色彩原理、船艇的形式美及游艇人机工程学。

　　本书的第 1,2,3,8,9 章由江苏省无锡交通高等职业技术学校魏斌编写;第 4,5 章由天津海运职业学院庞加茂编写;第 6 章由江苏省无锡交通高等职业技术学校唐永刚编写;第 7 章由渤海船舶职业学院刘旭、武汉船舶职业技术学院王佩瑜共同编写;第 10 章由天津海运职业学院郑冠超编写。全书由魏斌、唐永刚担任主编并统稿,庞加茂担任副主编。

　　本书由亚光科技集团股份有限公司牛颖担任主审,在此表示衷心的感谢。本书在编写过程中得到了许多兄弟院校教师及哈尔滨工程大学出版社的大力支持,参考或引用了一些专家学者的论著,在此一并表示衷心的感谢。

　　限于编者水平,加之编写时间仓促,书中疏漏和不足之处在所难免,恳请读者批评指正,以便修订时完善。

编　者

2020 年 9 月

目　　录

第一篇　游艇设计

第二篇　游艇美学

第一篇　游艇设计

第1章　游艇设计绪论

学习重点：

1. 了解游艇设计的发展过程。
2. 掌握现代游艇的分类。
3. 熟悉游艇的设计过程。
4. 了解游艇设计所需资料。

1.1　概　述

现代游艇起始于20世纪50年代初。在20世纪60年代中期,得益于玻璃钢(FRP)复合材料在游艇界的应用,游艇的设计和建造有了质的飞跃。经过近20年的蓬勃发展,国外游艇工业在20世纪80年代进入辉煌时期。此后,随着世界经济的发展和衰退,游艇制造业也开始起起落落。特别是2007年的金融危机给了游艇工业沉重的一击,直至近几年才有点起色。但危机之中也可能蕴藏一些转机,在国外游艇业不景气的时候,正好给国内游艇业的发展带来了机遇。

进入21世纪,国内游艇业的发展势头很猛,各地纷纷抢占"码头",特别在沿海、沿江地区更是出现过一股热潮。但近几年,这种发展势头受到了较大的遏制,目前正处在一个调整阶段。在国内游艇业的发展过程中,从业者一定要保持头脑的清醒,要认识到与国外游艇业相比,国内发展的时间还比较短,仍然处在一个初创的时期,无论是设计建造、产品质量,还是售后服务等方面都存在许多问题。另外,国内制造厂家虽然不少,但缺乏有效的行业管理,大部分各自为战,在国际游艇界知名的并不多。特别是在游艇的研制、开发和设计方面,很少有自创的品牌能在国际游艇市场上争得一席之地,国内游艇业需要走的路还很长。因此国内游艇企业不要只在国内市场上争一日之长,更要在国际市场上拼出一片天地,改变国外对"中国制造"游艇便宜,但质量不行的固有成见。

国外游艇市场多数集中在北美、欧洲、大洋洲、中东和日本,其中主要是美国,占世界市场的65%左右;其次是欧洲,约占25%;其他地区约占10%。同时,美国也是游艇设计和建造最发达的国家,而欧洲,特别是意大利的游艇在设计和造型方面有其独到之处,颇受消费者欢迎。

国内的游艇市场还不成熟,在国际市场上所占份额也很小,更重要的是缺乏游艇的设计和制造人才,没有自己的核心技术。这极大地制约了游艇行业的发展,使其很难跨上一个新的台阶。

游艇设计的未来会着重于"绿色环保",最有可能应用于游艇的减碳措施可能是燃料电池加电力推进。此外,太阳能在游艇上的应用也会更加广泛。

本书的内容主要涉及中小型单体玻璃钢游艇的设计,究其原因,并不是其他种类的游艇不重要,只是这类游艇应用最为普遍而已。

1.2 现代游艇的分类

现代游艇的用途各异,分布甚广,再加上各种个性化的设计,真可谓百花齐放、种类繁多,要给出一个精确的分类还真不容易。如果一定要分类的话,可从以下几个方面来分。

1.2.1 按尺度大小分类

按游艇的总长 L_{oa} 分类,大致可分成以下几类。

1. 小型游艇($L_{oa} < 12$ m)

小型游艇是游艇界的"普罗大众",其设计和建造都比较简单,一般都是批量生产,价格也相对低。尺寸稍大一些的小型游艇会在甲板下面配备 1~2 个简易住舱和盥洗室,艇主或客人可以在艇上住宿、用餐、娱乐,但尺寸较小的游艇则仅有一些座位,只适于日间游玩。这种小型游艇最受青年人或游艇初涉者的欢迎,如图 1-1 所示。

图 1-1 Azimut Atlantis 10 m 运动游艇

2. 中型游艇(12 m $< L_{oa} < 24$ m)

中型游艇是游艇界的"中产阶级",也是"主力军"。这种游艇的设计和建造都比较讲究,装潢华丽,造型美观。尺寸小一些的游艇也有批量生产的,但大一点的游艇都会根据客户的要求采用个性化的设计,这种游艇的价格很高,但其性能优越,装备齐全,有驾驶室、沙龙(salon)、飞桥甲板,有的还设置软篷或硬顶(hard top)。艇上一般配备 2~4 个舒适的住舱(包括主人舱和客舱)、1~3 个盥洗室、1 个厨房,有的还有专用办公室、船员专用舱。这种游艇可以在海上航行较长的时间,是真正"玩家"的最爱,如图 1-2 所示。

图 1 – 2　Ferretti 21 m 豪华游艇

3. 大型游艇(24 m < L_{oa} < 32 m)

大型游艇是游艇界的"贵族"。这种游艇的设计和建造都很讲究,一般会根据客户的要求采用个性化的设计,装潢也由专门的室内设计师设计。这种游艇的价格昂贵,其性能更加优越,装备更加高级,一般有两层及以上的上层建筑,有两个驾驶室、多个沙龙或会务室、多层甲板,一般配备 4 个及以上的豪华住舱和 3 个及以上的盥洗室、多个厨房、专用办公室、船员专用舱,可以长期在海上航行。大型游艇是富豪们彰显身份、地位的最佳工具,如图1 – 3所示。

图 1 – 3　Lazzara's LSX 28 m 豪华游艇

4. 超大型游艇($L_{oa} > 32$ m)

如果说大型游艇是游艇界的"贵族",那么这种超大型游艇就可称为"皇族"。超大型游艇的设计和建造都非常讲究,当然其价格也极其高昂,不是普通人可以问津的,在此省略不提,如图1-4所示。

图1-4 Arion 37 m 超豪华游艇

1.2.2 按用途分类

如果按游艇的用途分类,粗略可分成以下几类:

1. 高速运动型游艇

高速运动型游艇包括水上运动快艇、高速赛艇等。其尺度较小、速度很高,为了减小高速航行时的空气阻力,甲板一般为敞篷式,造型呈流线型,让乘客有"飞"的感觉。

2. 休闲商务型游艇

休闲商务型游艇的尺度不一、功能齐全、内装豪华、造型各异,其配套设施根据游艇的豪华程度可按功能或根据客户的需求来设计。这种类型的游艇既可以用于家庭的休闲娱乐,又能作为朋友聚会、商务联络的场所。其中,休闲型游艇比较在意家庭氛围,配备有豪华的主人舱、客舱、盥洗室、厨房,也有驾驶室、沙龙、飞桥甲板、前后甲板、日光浴场所,还有电视、音箱、卡拉OK等多种娱乐器材和最先进的科技设备,有的还设置办公室。商务型游艇除了与休闲型相似外,更注重设计的品位,配备有专用会务室。

3. 出海钓鱼型游艇

顾名思义,出海钓鱼型游艇除了有若干舒适的居住舱、盥洗室以及必要的航海设备外,还有完整的钓鱼设备,其主要特征是驾驶室处于最高位置,便于观测;后甲板高度较低,并离水面很近。

4. 综合用途型游艇

综合用途型游艇兼具休闲、商务、钓鱼等多种功能。

1.2.3 其他分类

其他分类包括:

(1)按艇体材料来分,有木质材料、金属材料、玻璃钢材料等游艇;

(2)按推进系统来分,有风帆推进、传统轴系推进、Z形传动推进、舷外挂机推进、喷水推进等游艇;

（3）按速度高低来分，有低速式（排水式）、中低速式（高速排水式）、中速式（半滑行式）、中高速式（滑行式）、高速式（全滑行式）等游艇；

（4）按价格档次来分，有经济型、中档型、豪华型、超豪华型等游艇；

（5）按艇体数量来分，有单体艇（monohull）、双体艇（catamaran）（图1-5）、三体艇（trimaran）（图1-6）等。

图1-5　双体艇

图1-6　三体艇

1.3 游艇设计过程

1.3.1 简介

"游艇的设计是游艇产业链中非常重要的一环,也是目前我国游艇产业最薄弱的环节之一。我国约有10所高校有船舶设计专业,但到目前为止没有一所高校有游艇设计的课程。这就导致我国游艇设计人才非常匮乏。高校传授的船舶设计和游艇设计有非常大的区别,主要表现在……"

——引自2010年《中投顾问》"我国游艇产业迎来快速发展期"。

的确,虽然游艇业是造船行业的一个新的分支,但游艇的设计与普通船舶的设计却有很大的差别,主要区别在于普通船舶的重力由浮力来平衡,一般在较低的排水速度内航行,其设计多注重经济效益。而游艇多数航行在半滑行或全滑行速度范围内,作用于艇上的力为静浮力和水动力的组合,受力更为复杂,其设计十分讲究,除了要考虑一般的性能外,更注重艇上乘客的舒适性、娱乐性、私密性及安全性,因此,对控制艇的摇摆运动、振动和噪声更为严格。此外,对艇的外形设计(美观、大方、有特征)和内装设计(舒适、艺术、有特色)也特别重视。

1.3.2 设计要求

客户提出的要求是游艇设计的基础,当设计师接到任务后,首先要评估一下它的可行性,从专业角度给出意见。并不是客户的所有要求都能满足,如果只是一味地迁就他们的某些不尽合理的要求,最后就无法成功地设计出优秀的游艇。所以,一个优秀的设计师首先要学会技巧性地说"不",并向客户做出合理解释,切忌为了拿到合同什么都答应,不然就得"吃不了兜着走"。另外,对游艇的设计不要期望每个方面都能达到"最优",重要的是懂得取舍,学会权衡,一个综合性能优异的设计才是最佳设计。

游艇的设计要求会因客户个人的喜爱而有很大的区别,有的客户追求时尚,喜欢刺激,有些客户喜欢古典,享受休闲,有些要求功能单一,而另一些则要用途多样,林林总总,不一而足。不管怎样,在游艇的设计要求中都会有下面几项:

(1)游艇的总长 L_{oa}(m)和其他尺度的限制。游艇的总长常由其价格决定,而其他尺度的限制多与航行区域有关,比如与水深有关的最大吃水,与桥高有关的最大艇高等。

(2)游艇的满载排水量 Δ(kg),这也是一个决定游艇价格的因素。

(3)游艇的燃油装载量(L)和淡水装载量(L)。

(4)游艇的最大速度(kn)、巡航速度(kn)和经济航速(kn)。

(5)游艇的外形要求和内装要求。

(6)游艇的舱室要求,包括居住舱、盥洗室的数目,厨房、驾驶室、沙龙设置等;

(7)游艇的结构设计,建造材料与特殊工艺等。

(8)游艇的主要设备,如主辅机、舵机、减摇装置、电气电子设备等。

有的客户还会对游艇的稳性和适航性提出特别的要求。

1.3.3 设计过程

在游艇设计过程中,设计师常会用到设计螺旋(design spiral)。不同的设计师采用的设计螺旋可能不尽相同,图1-7便是其中一种。

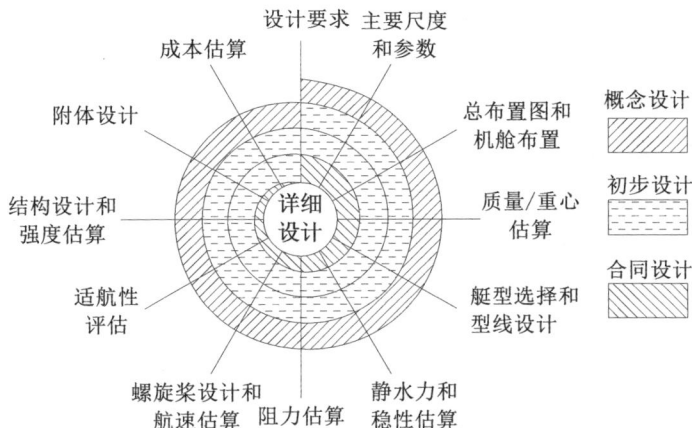

图1-7 设计螺旋之一

在设计新艇时,并不一定非要严格遵循图1-7中的顺序,可以根据不同的要求和不同的设计阶段来灵活调整。如果是旧艇改造,其中的某些步骤也可省略。

从图1-7所示设计螺旋可以看出,在接到游艇的设计要求后,一个设计师通常会按下面3(或4)个设计阶段来开始游艇的设计。在设计的各个阶段,只要发现新艇的任何一项性能不能满足要求,或者是满载排水量离目标太远,就得考虑重新设计或更改客户的要求。

1. 概念设计(concept design)

在概念设计阶段,游艇设计师需与游艇客户、建造公司共同协商,对所要设计建造游艇的样式达成一个基本的共识。在此阶段,如果能选到一艘或几艘与新艇要求相近的"母型"艇,常常会有事半功倍的效果。

此阶段涉及的内容主要包括:

(1)参考统计值或"母型"资料,初步给出新艇的主尺度、艇型参数和排水量。

(2)根据客户的要求以及流行趋势绘出几个新艇的侧面外形轮廓、简单的总布置、机舱布置草图,并列出一些主要设备(如主机、发电机等)的清单。

(3)参照"母型"艇的资料或用近似公式来初步估算游艇的质量和重心,并要留有足够的设计裕度。

(4)初步决定艇型,并绘出简单的型线,侧面、平面、舯部、艉部剖面草图。

(5)用一些近似公式或按图表初步估算游艇的基本性能(如阻力、推进性能、航速、稳性、适航性等),并根据对性能的影响而权衡选取各种参数。

(6)初选建造材料,绘出结构设计草图。

(7)粗估建造成本。

此阶段的要点如下:

(1)按初步选择主尺度、总体布置的草图,分配好甲板的面积、内部空间的体积。

(2)统一权衡艇的建造材料、推进系统、质量和重心等,以取得最优的组合性能。

实际上此阶段就是把基本的设计框架定下来,防止在以后的阶段出现颠覆性的问题。如果完成一个循环后结果比较满意,而且也得到客户的认可,就可进行下一个阶段的设计,但是若发现达不到客户的要求,就得重复进行。如果经过多次反复后还是无法达到要求,就得向客户解释清楚,并和他们协商尝试改变设计要求。

2.初步设计(primary design)

这是游艇设计的主要阶段。此阶段首先要把艇体型线、艇体和上层建筑的结构、主机数量、功率、减速比、推进器尺寸、油水箱的尺寸和位置、发电机容量、加热/通风/空调容量、机械设备、电气电子系统、厨房设备、家电等确定下来,然后,进行质量和重心、静水力和稳性计算,以确保新艇有足够的稳性。接着,要预测新艇的性能以确定是否可取得最大的设计航速、巡航速度下的续航力,也要检查新艇的适航性及结构,以确保风浪中艇上人员不会感到不适,游艇本身的强度和刚度也要足够。

此阶段涉及的内容主要包括:

(1)初步确定新艇的主尺度、艇型参数和排水量。

(2)初步确定新艇的造型、艇型,绘制比较准确的二维、三维型线图。

(3)绘制比较准确的侧面外形图,总布置图,纵中剖面图,舯剖面图,机舱、轴系、艉舵、油水箱布置图,并给出比较详细的设备清单。

(4)按选定船级社的规范进行强度计算和结构设计,绘制比较准确的构建图(construction drawing)、FRP铺层图(lamination drawing)、结构图等。

(5)比较详细地计算游艇的质量和重心,并留有一定的设计裕度。

(6)计算新艇的基本性能——阻力、推进性能、航速、续航力、稳性、适航性等,有些客户还会在此阶段要求进行船模水池试验,以验证艇的阻力等性能。

(7)比较详细地计算建造成本。

此阶段可能需要多次循环才能把设计方案确定下来,一旦得到客户的认证,此后修改的机会就比较少,所以在此设计阶段一定要充分论证,解决所有重大的技术问题。之后,就可开始进行合同设计和详细设计。

3.合同/详细设计(contract/detail design)

这是游艇设计的最后阶段。合同设计的对象是客户,而详细设计主要是针对游艇的制造商。如果游艇的设计是由制造商委托,二者可合二为一。在这个阶段,对新艇的基本要求,像艇的性能、建造质量应该有清晰的规定,或在图纸上明确地表现出来。此阶段的设计内容和初步设计的基本相同,只是加了更多的细节并深化而已。除此之外,还要准备一份关于艇体、轮机、电气电子系统、舾装、内装的详细建造说明书和一套详细的施工图纸。

1.3.4 主要计算书和绘图一览表

游艇的设计不是游艇设计师一个人就可以全部完成的,它应有一组专家配合才行,这些专家包括外形设计师、内装设计师、结构工程师、轮机工程师、电气工程师等,但游艇设计师一定是这个组合的核心,除了要有扎实的基础知识,比如静力学、阻力与推进性能、适航性能、结构力学、噪声与振动等外,还需要有足够的游艇设计经验和很强的分析、解决问题的能力。游艇的设计最终会体现在为客户提供的计算书和绘图资料中。这些资料可能因人而异,下面的内容仅供参考。

1.4 游艇设计资料

1.4.1 计算书

主要计算书见表1-1。

表1-1 主要计算书

	名 称	格式	备 注
1	静水力计算和曲线	Excel	用专门软件,如 Maxsurf、Rhino 等
2	形状稳性力臂计算和曲线	Excel	用专门软件,如 Maxsurf、Rhino 等
3	结构和强度计算	Excel	参考游艇的结构设计
4	质量和重心的计算	Excel	参考游艇的质量和重心
5	初稳性和纵倾计算	Excel	参考游艇的稳定性能
6	完整稳性计算	Excel	参考游艇的稳定性能
7	艇体阻力和有效功率计算	Excel	参考游艇的阻力性能
8	螺旋桨设计和航速计算	Excel	参考游艇的推进性能
9	轴系振动计算		由主机供应商提供
10	破损稳性计算		主要针对大型游艇

1.4.2 设计图

主要设计图见表1-2。

表1-2 主要设计图

	名 称	格式	备 注
1	艇体型线图	2D,3D	2D 型线图包括型值表
2	艉隧道设计图	2D,3D	包括形式、尺寸、位置等
3	上层建筑型线图	2D,3D	包括一些细节,如转角、半径等
4	总布置图	2D,3D	包括内部舱室、沙龙、驾驶室布置图
5	外部侧视图、甲板平面	2D,3D	包括水线以上的侧视图、甲板布置图
6	构建(construction)图	2D,3D	包括隔舱尺寸、地板高、层高等
7	机舱、油水箱布置图	2D,3D	包括机舱内设备、水箱设备等
8	舵、轴系布置图	2D,3D	包括舵、桨、轴支架、轴、主机等
9	艇体铺层(hull lamination)图	2D,3D	包括艇底、艇侧 FRP 铺层等
10	艇体结构图	2D,3D	包括纵向、横向结构尺寸、铺层等
11	上层建筑铺层图	2D,3D	包括甲板室、飞桥甲板的铺层等

表 1-2（续）

	名　称	格式	备　注
12	上层建筑结构图	2D,3D	包括甲板室、飞桥甲板的结构等
13	主机安装图	2D,3D	包括主机的撑脚、固定背板等
14	油水箱设计图	2D,3D	包括油水箱的材料、尺寸等
15	主机舱进排气布置图	2D,3D	包括进/排气口尺寸、消声器等
16	游艇外部效果图	2D,3D	如艇的甲板和侧面图
17	游艇内装效果图	2D,3D	如艇的甲板室和舱室布置图
18	其他细节图	2D,3D	如甲板和艇侧连接等

1.4.3　试验说明书

主要试验说明书见表 1-3。

表 1-3　主要试验说明书

	名　称	格式	备　注
1	倾斜试验	Excel	参考游艇的质量和重心
2	船模试验	Excel	参考游艇的阻力性能
3	实艇试航	Excel	参考游艇的推进性能

课后思考题：

1. 在游艇设计要求中,通常会出现哪些项目?

2. 在接到游艇设计要求后,设计师通常会按哪几个设计阶段来开始游艇的设计? 各阶段涉及的主要内容包括哪些?

第 2 章　游 艇 性 能

学习重点：

1. 熟练掌握游艇的静力学性能和动力学性能指标。
2. 理解并掌握游艇的完整稳性的定义及其计算方法。
3. 熟悉游艇的快速性、适航性(耐波性)知识。
4. 了解游艇的抗沉性。

本章介绍游艇的主要航行性能知识。游艇作为一种漂浮于水面上的建筑物,要求其具有浮性、稳性和抗沉性,以确保其安全地漂浮于一定位置的水面上。同时,游艇作为一种运输工具,要求其具有快速性、操纵性和摇荡平稳性。通常将游艇性能划分为静力学和动力学两部分。静力学性能以流体静力学为基础,研究船舶在不同条件下的浮性、稳性及抗沉性等问题,是保证船舶安全的基本性能;动力学性能是以流体动力学为基础,研究船舶的阻力、推进性能、操纵及摇荡等运动问题。本章主要介绍了游艇的完整稳性、快速性、适航性和抗沉性的一般性知识。

2.1　完 整 稳 性

游艇的完整稳性是相对于破舱稳性而言的,即不发生破舱,艇体完整时的稳性。

稳性是指游艇在受到外力(风力波浪作用力、回转时的离心力等)作用时,艇体产生纵倾和横倾后,抵抗倾斜或恢复倾斜的能力。这个能力越好,艇越不容易在风浪中倾覆,安全就有保障,称为"稳性"好的艇。

稳性有纵向稳性和横向稳性之分。一般地讲,一艘艇如果横稳性能满足要求,那么纵稳性一般都能满足要求。所以这里着重介绍横稳性。

2.1.1　初稳性

初稳性是指船舶做小角度(一般不大于 10°)倾斜时的复原能力。小艇尤其是帆船受到风的作用或人员走动时就会产生一个倾斜力矩,使艇向一侧倾斜。这时候,艇就产生一个复原力矩,倾角越大,复原力矩也越大,最后达到平衡。当倾斜力矩消失之后,艇就会恢复到原来正浮的位置。

在讨论初稳性时,由于倾侧角度很小,我们假定稳心的高度是不变的。

首先熟悉几个名词。

1. 重心 G

重心是指船舶重力作用的中心,在讨论稳性时,我们关心的是它的垂向高度。一般来说,重心高度低一些对稳性有利。帆船有高高竖立的桅杆,上面有风帆,所以重心高度一般偏高,对稳性不利。所以在大型帆船上,在龙骨中灌铅或用铁砣等配重来增加船底的质量,以此方式来降低帆船的重心高度。

2. 浮心 B

浮心是指浮力作用的中心。当船舶处于平衡位置时,浮力的作用线与船舶重力的作用线处于同一位置。船舶发生倾侧后,重心的位置不变,而浮心的位置却随着排水体积的转移而向倾侧一边移动。

3. 稳心 M

船倾侧后,浮力作用线与船中心线相交的那一点称为稳心。稳心距基线的高度称为稳心高度。在初稳性阶段(即小倾角时)可以认为稳心高度是不变的;但到大倾角时,稳心高度就会发生改变。

4. 倾角 φ

倾角指船正浮时水线与倾侧后水线的夹角。

5. 初稳性高度 $\overline{GM}$

初稳性高度指重心到稳心的距离。这个高度越大,初稳性越好。

(1)初横稳性

图 2-1 为一艘帆船的初横稳性原理图。与常规船舶的情况大同小异,只不过帆船的稳性更值得重视,故我们以帆船为例来说明其原理。

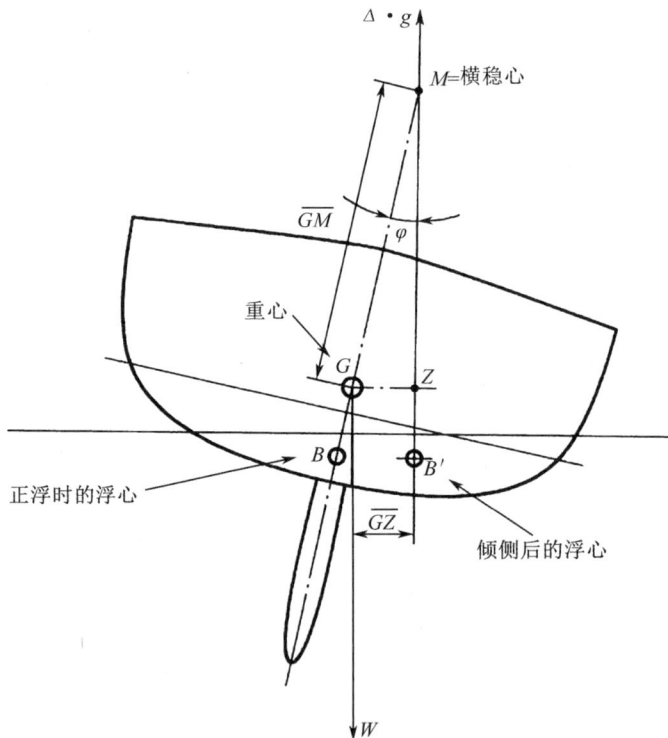

图 2-1 初横稳性原理图

当船舶正浮时,浮力作用线与重力作用线重合。浮心 B、重心 G、稳心 M 三点位于同一条垂直线上。当船体倾侧一个小角 φ 后,浮心的位置由原来的 B 移至 B'处,浮力线与重力作用线不再重合,两者之间的距离 $\overline{GZ}$ 称为复原力臂(又称扶正力臂)。与船舶重力 W 相等的浮力乘以这个距离就是复原力矩:

$$复原力矩 = \Delta \cdot g \cdot \overline{GZ} \tag{2-1}$$

式中　Δ——艇的排水量,t;

　　　g——重力加速度,m/s^2,$g = 9.81 \text{ m/s}^2$;

　　　$\overline{GZ}$——复原力臂,m。

复原力臂可以通过下式计算:

$$\overline{GZ} = \overline{GM} \cdot \sin \varphi \tag{2-2}$$

当引起倾侧的力矩消失(或减小)之后,船在复原力矩的作用下,就会回复到正浮的位置(或与倾侧力矩平衡的位置)。这种复原的能力就称为船的稳性。由式(2-2)可知,稳心与重心间的距离$\overline{GM}$越大,复原力臂就越大,稳性就越好。所以船舶设计时,要千方百计地降低艇的重心高度。

船艇设计好后,在建造和使用过程中随意把质量大的设备从舱内转移到甲板上,会引起重心的提高,导致稳性下降。游艇安装和使用人员都必须重视这一点。船舶稳性下降是很危险的。

(2)初纵稳性

初纵稳性的原理(图2-2)与初横稳性的原理基本相同。通常艇的长度比宽度大得多,纵稳心M_L离开重心G的距离$\overline{GM_L}$比横稳心离开重心的距离$\overline{GM}$要大得多,所以产生相同角度的倾斜,其纵向复原力矩也要大得多。故在船上纵稳性一般都不会成为问题,可以不加以校验。

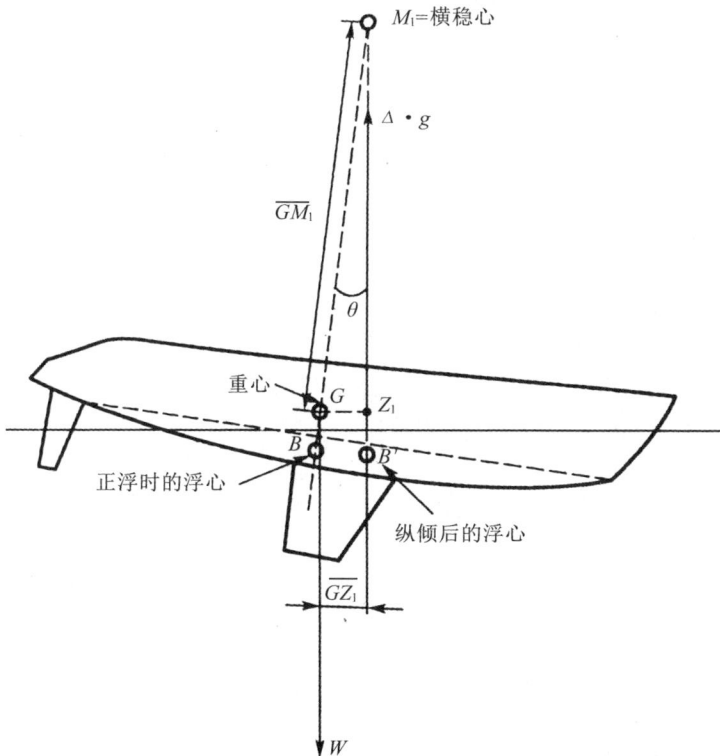

图2-2　初纵稳性原理图

2.1.2　大倾角稳性

当船的横倾角超过小倾角范围时(图2-3),浮心位置的改变也相应增大,引起稳心高度的变化。此时的稳性称为大倾角稳性。随着倾角的增大,复原力臂的变化比较复杂,先是增加,到达一定的倾角后就开始减小,甚至出现负值。所以不能用简单的公式来表达,只能通过计算用一条稳性曲线来表达。

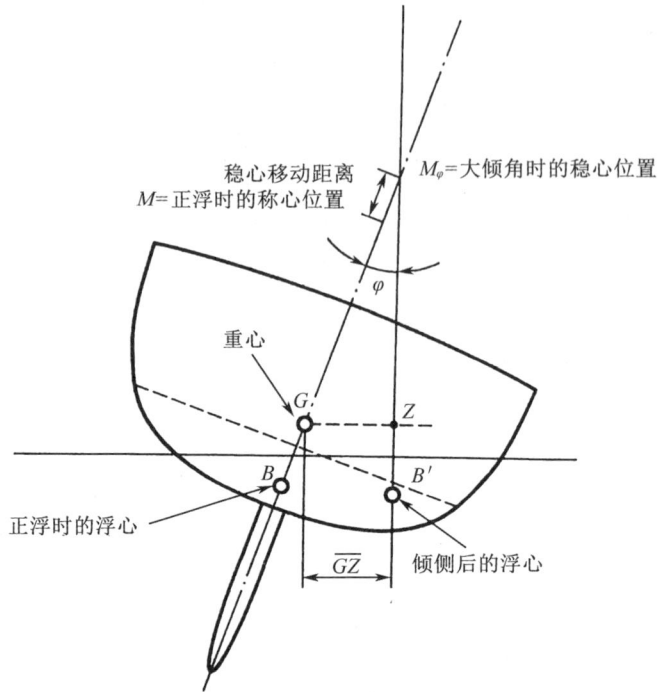

图 2 - 3 大倾角稳性原理图

图 2 - 4 所示为 YD - 40 帆船通过大倾角稳性计算得到的稳性曲线。它的横坐标是倾斜角 φ;纵坐标是复原力臂$\overline{GZ}$。有了复原力臂之后,复原力矩仍可由式(2 - 1)来计算。

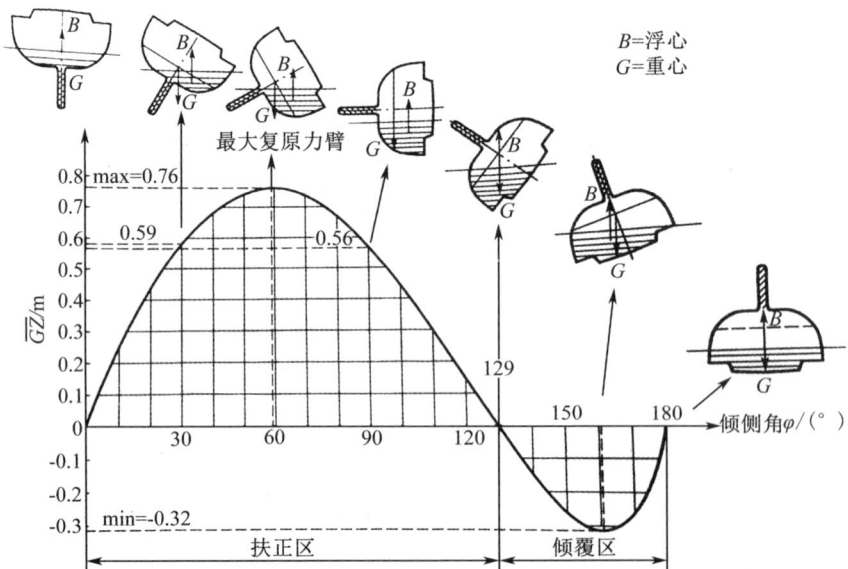

图 2 - 4 YD - 40 帆船的稳性曲线

图中画出了每一位置的艇体倾侧情况以及复原力臂的大小。整个曲线可以划分为两个区段。0°～129°为扶正区,在这个区段内,艇体有恢复正浮的能力。在小倾角阶段,稳性力臂是呈直线增长的,超过15°后,逐步减缓,呈曲线增长的趋势;当倾角达到59°时有最大的复原力臂 $\overline{GM}_{\max} = 0.76$ m,此时曲线达到顶峰,然后逐渐下降,到达129°时,复原力臂变为零值,此时船体已无恢复正浮的能力,也就丧失了稳性。倾侧角度继续增大时,复原力臂变为负值,也就是说它所产生的力矩会使艇体继续倾覆。从129°开始到180°终止的区段称为倾覆区。

对大倾角稳性来说,艇体横剖面形状的影响很大。采用外飘的舷侧形状以及在甲板边缘附近增加凸出物都对大倾角稳性有利。

以上是假定艇体处于全封闭(水密)情况下得到的结果。如果甲板上有非水密的开口,如高出甲板一定高度的通气管,当艇体倾侧到某一角度后,水能通过这样的非水密开口进入舱内时,稳性曲线就会出现异常或终止,艇体也将因进水而倾覆。当艇在风浪中航行时,严重的甲板上浪(灌水)也会产生艇倾覆的危险,所以这时候一定要关紧所有的水密门和舷窗。

2.1.3 自由液面的影响

当艇体内装液体(油、水)的容器盛满液体时,容器内不可能存在自由液面,但实际上大部分的液舱或油箱都不会全部装满,尤其是使用一段时间后,液舱内的液面下降,上面就会留出一定的空间,这就为自由液面的产生创造了条件。当艇产生倾侧时,自由液面跟着倾侧,相当于一部分液体从一侧向倾斜方向移动了一段距离,产生了一个附加的倾覆力矩。这也可以看作损失了一部分复原力矩。当液舱中的自由液面很大时,这个复原力矩的损失也是很大的。所以在计算艇的复原力矩时,要扣除液舱中自由液面产生的倾覆力矩。

为了减小自由液面的影响,通常采取多个小油(水)舱柜的办法来减小自由液面,或在大的油(水)舱中设置中隔板把自由液面分隔成两半,以减小液体移动的距离。

2.1.4 稳性衡准

一艘艇的稳性究竟够不够,怎样来衡量呢?这就需要"稳性衡准"。

稳性衡准的第一步就是计算出船只航行中可能产生的倾侧力矩 M_T,然后换算成倾侧力臂 l_T:

$$l_T = \frac{M_T}{\Delta \cdot g} \tag{2-3}$$

第二步就是利用图2-4的稳性曲线计算出最小倾覆力臂 l_q。

图2-4所示的曲线又称静稳性曲线,因为这是在静态的理想情况下计算出来的。实际上,船倾侧到某一角度时,水灌入船舱,这条曲线就失去意义了。这个角度称为进水角。另外,船在航行时会产生横摇,为了获得横摇的复原力矩,这个横摇角以前的部分也要予以扣除。这个横摇角在船舶检验部门制定的规范中是有规定的。上述静稳性曲线扣除横摇角之后,只有从横摇角到进水角这个区段是可以用来抵抗倾侧力矩的。譬如说,图示的曲线,横摇角为16°,进水角为36°,那么在16°～36°曲线下包围的面积就是稳性力臂能够用来抵抗外力矩的能量,经下式换算就能得到这艘艇的最小倾覆力臂 l_q:

$$l_q = \frac{\int_{\varphi_1}^{\varphi_j} l(\varphi)\,\mathrm{d}\varphi}{\varphi_1 + \varphi_j} \tag{2-4}$$

式中　$l(\varphi)$——随倾角而变的静稳性力臂(即图2－4中的$\overline{GZ}$),m;

　　　φ——倾角,(°);

　　　φ_1——横摇角,(°);

　　　φ_j——进水角,(°)。

稳性衡准的第三步就是校核稳性衡准数K。

将最小倾覆力臂除以倾侧力臂,就得到了稳性衡准数K:

$$K = \frac{l_q}{l_T} \geqslant 1 \qquad\qquad (2-5)$$

稳性衡准数$K>1$就满足了稳性校核的要求,说明大倾角稳性满足了规范要求。K值越大,说明艇的稳性越好。

在船上,最常见的倾侧力矩自然是风压引起的倾侧力矩M_f。尤其是在帆船上,最大、最重要的倾侧力矩必定是风压产生的倾侧力矩。所以一般的艇只要求校核风压倾侧力矩。

2.1.5　风压倾侧力矩

图2－5所示为一艘小型帆船的风压倾侧力矩。假定风从侧向吹来,与船体前进方向成90°,这时候船体上承受的风压倾侧力矩达到最大值。

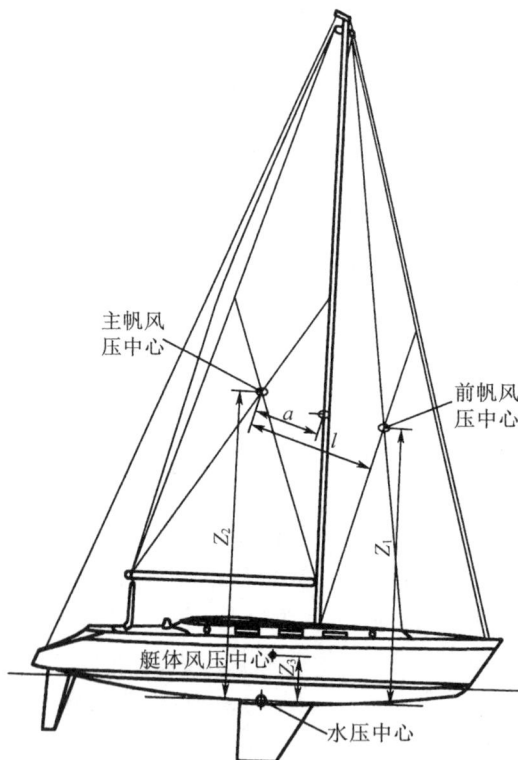

图2－5　风压倾侧力矩

艇体上受到风压力的共有三块面积:前帆面积S_1、主帆面积S_2、艇体水线以上部分的面积S_3。而阻挡艇体侧漂的水压中心位于水线以下侧面积的形心处,这个面积称为"浸湿面积",包括舵和稳向板在内。那么风压产生的力矩就是这三块面积上承受的压力分别乘以

该面积形心(即风压中心)到水压中心的垂向距离 Z_1、Z_2、Z_3 得到的力矩之和,即

$$M_f = p(S_1 \cdot Z_1 + S_2 \cdot Z_2 + S_3 \cdot Z_3) \tag{2-6}$$

式中　M_f——风压倾侧力矩,kN·m;

　　　p——计算风压,kPa,根据航区的不同,规范对计算风压的要求也不同;

　　　S——受风面积,m²;

　　　Z——风压中心到水压中心的垂向距离,m。

计算得到风压倾侧力矩之后,再按下式计算风压倾侧力臂:

$$l_f = \frac{M_f}{\Delta \cdot g} \tag{2-7}$$

如果这时候已经计算出最小的倾覆力臂 l_q,那么就可以按式(2-5)进行稳性校核了。

2.1.6　回转对稳性的影响

艇在急速转弯时,由于离心力的作用,艇会产生向外侧倾斜的现象。这是因为离心力总是作用在重心上,试图让艇朝回转中心相反的方向飘去。对一般的游艇来说,重心都在水线上,而阻挡艇侧飘的水压中心位于水线以下侧面积的形心处接近一半吃水的地方,重心和水压力中心的高度差乘以离心力就得到了艇的外倾力矩。当这个力矩足够大时,艇会产生明显的朝回转中心相反的方向倾斜的现象。如果出现这种现象,轻则会使乘员产生恐慌心理,重则发生倾覆(往往伴随风浪等原因产生)危险,所以要尽可能地加以避免。

回转外倾现象主要产生在圆舭型艇体上,这种艇型多用于中、低速艇上,尤其是小艇急速转弯时要注意适当减速。另外,重心过高会加重艇的外倾现象。

如果是一艘V形滑行艇(图2-6),那么它在高速转弯时,艇体就会产生向内倾侧,尽管乘员会感受到离心力的作用,也会有一种安全的感觉。这是因为滑行艇体在弯道上航行时,艇体内侧(向心一侧)水流的速度比外侧低,根据水动压力的原理:水流速度高的一侧水动压力也高。高的水动压力把外侧的艇底微微向上抬高,再加上舵力的作用,就形成了艇体向回转中心倾斜的现象。因此在高速滑行艇上,回转对稳性的影响是很小的。

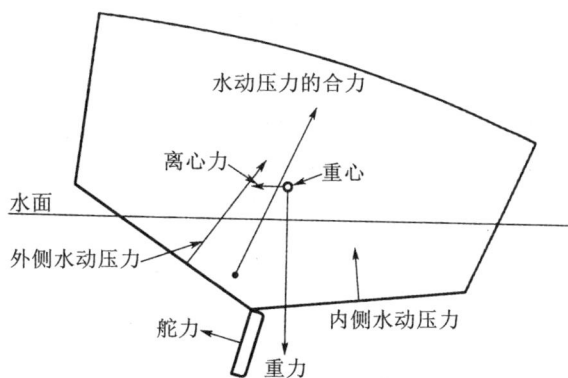

图2-6　V形艇体回转时的受力

2.1.7　高速滑行艇的动稳性

前面已经讲述了船艇的静稳性(即船艇不开航时的稳性)和回转稳性。回转稳性属于动稳性。动稳性是指船艇运动时的稳性。对于中、低速船艇来说,除了回转稳性以外,动稳性和静稳性没有多少区别,所以在中、低速船上,只要静稳性校核能够满足规范要求,动稳

性无须考虑。

高速滑行艇大都采用折角形艇体，也就是我们常说的 V 形艇体。这种艇体在低速航行时，也要满足规范对常规艇体规定的静稳性要求，需要进行初稳性和大倾角稳性的校核。不过，高速滑行艇的艇体的长宽比小于常规的排水型艇体，所以相对来说，长宽比小的艇体对静稳性有利。

滑行艇在高速时的稳性为动稳性。这时候，艇体已经处于滑行状态，艇体的重力极大部分由艇底水动压力产生的动举力支承，艇体被举出水面，只有一小部分重力由浮力支承。当艇体在外力作用下产生如图 2-7 所示的倾侧时，艇体入水侧的滑行面积增加，其水动压力也增加，并且压力中心向舷侧移动；另一侧部分滑行面出水，导致滑行面积减小，其水动压力也减小，并且压力中心向中间移动；其结果是使水动压力的合力从中间迅速向倾侧方向移动一大段距离，形成一个复原力臂$\overline{GZ}$。由于水动压力对滑行面积的变化非常敏感，压力中心的移动距离比静水中浮心移动的距离要大得多。所以，一艘滑行艇体如果在静水中的稳性能满足要求，则高速时的稳性不会成为问题。除非有必要，一般对滑行艇的动稳性可免予校核。

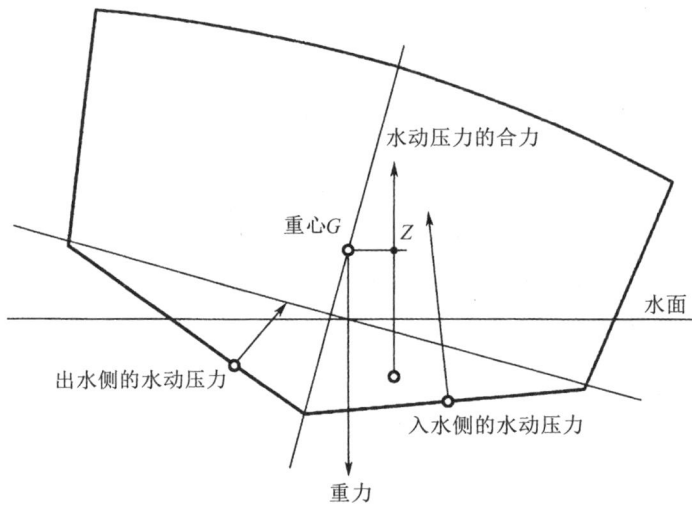

图 2-7　滑行艇的动稳性原理图

2.2　快　速　性

快速性是指船舶在主机额定功率下，以一定速度航行的能力，通常包括船舶阻力和船舶推进两大部分。船舶阻力是研究船舶航行时所遭受的阻力，船舶推进是研究克服阻力的推进器及其与船体之间的相互作用。本节讨论两个影响游艇快速性的重要参数，一个是排水体积长度系数，一个是棱形系数。

2.2.1　排水体积长度系数

对于中、低速艇来说，排水体积长度系数 C_∇ 是影响快速性的重要参数之一。它的定义为

$$C_\nabla = \nabla / \left(\frac{L}{10}\right)^3 \tag{2-8}$$

式中　　C_∇——排水体积长度系数；

　　　　∇——艇体的排水体积；

　　　　L——艇的设计水线长。

艇体的总阻力成分中,除了摩擦阻力外,其余的阻力称为剩余阻力。剩余阻力与艇体重力之比称为剩余阻力系数,用 C_R 表示,它对艇体的航行阻力具有决定性的影响。图 2-8 是典型的剩余阻力系数 C_R 随弗劳德数 Fr 变化的情况。图中还标出了排水体积长度系数 C_∇ 对剩余阻力系数 C_R 的影响。如图 2-8 所示,减小排水体积长度系数可降低中、低速段的剩余阻力系数,也就是减小艇的阻力,尤其是 $Fr = 0.4 \sim 0.7$ 的阻力峰区更为明显。要降低这个系数,首先是尽量减小艇的排水体积,也就是尽量减小艇的质量。采用轻型的设备,采用铝合金或玻璃钢艇体,或者采用铝合金上层建筑都是改善排水量和艇快速性的有效措施,但造价将大幅度上升。其次是适当增加艇体长度,由于排水体积长度系数 C_∇ 随艇长的三次方缩减,所以减阻的效果是较好的。但艇长的增加会引起艇重的增加,若保持排水体积不变,增加艇体长度 L 势必要减小艇体宽度,也会带来稳性方面的问题。采用双体船型可以较好地解决降低排水体积长度系数 C_∇ 与改善稳性的矛盾。

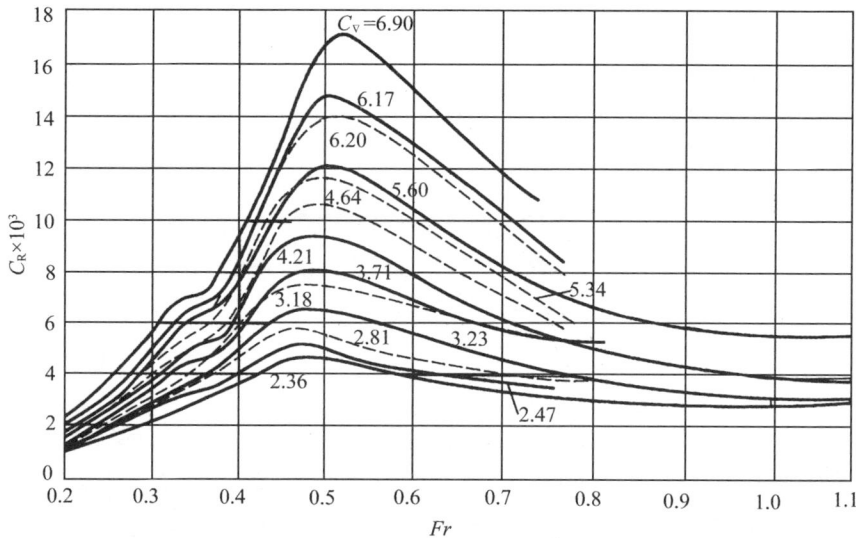

图 2-8　剩余阻力系数 C_R 与弗劳德数 Fr 的关系

2.2.2　棱形系数

棱形系数 C_p 主要对船舶的兴波阻力影响较大。这个系数越大,船体越丰满,波浪阻力也越大。普通的船体在航行中引起的波浪(学术上叫作"兴波")如图 2-9 所示。一种叫作散波,自船首向外逐步散开,并形成斜向的一个个波峰;另一种叫作横波,它形成一个个垂直于艇行进方向的波峰。对于小艇来说,这两种波浪引起的阻力占据艇剩余阻力的主要成分,因此降低波浪阻力是节省功率的主要途径。

理论研究和船模试验证明,波浪是由艏部的肩和艉部的空穴引起的。如图 2-10 所示,艇首部的肩把水向两侧推开,形成艏散波。当艇前进的时候,艉部会形成空穴,需要水来补充,形成尾浪。所以为了减小波浪,艇的尾部和首部都要尖削才好。棱形系数小的艇,两端比较瘦削,有利于减小兴波阻力。因此,在船舶设计时,应尽可能把棱形系数取得小些。

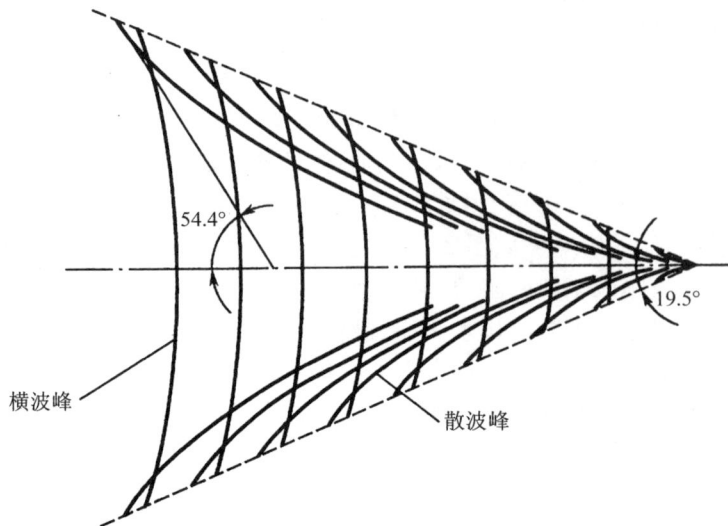

图 2 - 9 游艇引起的波浪形状

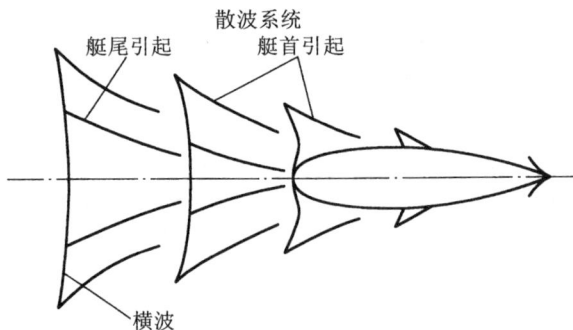

图 2 - 10 艇首和艇尾引起的波浪

在 $Fr = 0.35 \sim 0.40$ 的速度范围内,圆舭艇的 C_p 不宜过大,一般应为 $0.56 \sim 0.60$。高速段由于兴波剧烈,在整个进流段都会激起波浪,所以排水体积要较均匀地向艏艉分布。Baker 曾建议 C_p 取 $0.61 \sim 0.65$。根据国内实艇的统计,C_p 与 Fr 有如下的回归公式:

$$C_p = 0.675\ 7 \times Fr^{0.147\ 44} \tag{2-9}$$

2.3 适 航 性

游艇舒适性的课题,主要是横摇性能和艇在风浪中的颠簸和砰击性能。

用于休闲娱乐的游艇,其舒适性指标更加令人关注。如果一艘小艇在风浪中航行,激烈的摇晃会使乘员感到不适,这种摇晃的程度是与艇的大小和风浪的大小密切相关的,因此对一艘小艇来说,它适用的波高是受限制的。当航区中的波高超过设计标准时是不宜出航的。

适航性是研究船舶在多变的海况中的运动性能。游艇在海上航行时,首先面对的问题是会产生摇摆。这种摇摆主要由横摇、纵摇和垂荡运动组成。横摇是指艇左右摇晃,是最常见的运动;纵摇是指艇前后摇晃,这种现象主要出现在迎浪航行时;垂荡运动是指艇上下垂直运动,在较大的风浪中航行时,这种感觉会比较明显。这三种运动往往是同时产生的,它们的组合形成一种复杂的耦合运动。

1. 横摇

横摇是船艇运动中最普遍的现象,即左右来回摇摆。

有关摇摆的机理,这里不做详细的讨论,只是讨论一些涉及舒适性的指标。横摇的周期就是一个指标。艇的横摇周期由两个因素合成,一个是自摇周期,另一个是波浪引起的强迫横摇周期。

横摇周期是指艇从正浮位置向一侧摇摆到最大倾角的位置,再从最大倾角位置回到正浮位置,并越过正浮位置继续向另一侧摇摆到最大倾角的位置,再从另一侧最大倾角位置返回到正浮位置,完成这样一个完整过程所需的时间称为"横摇周期"。其最大倾角称为摆幅。理论和实践都证明船舶自横摇周期的大小与上节中所述的初横稳性高度 $\overline{GM}$ 值的大小有关。通常 $\overline{GM}$ 值大则横摇周期就小;反之, $\overline{GM}$ 值小则横摇周期就大。这就使艇的摇摆性能与艇的稳性发生了矛盾。一艘稳性过好的艇,往往会引起激烈的摇摆而使人感到不舒服。一般认为,船舶的横摇周期落在 10~15 s 内是比较舒适的。

小艇航行时,如果遇到的波浪(主要是横浪)运动周期与艇的自摇周期接近,那么就会产生叠加效应,产生更大的摆幅。这种现象称为共振现象,容易发生小艇倾覆的危险,应尽量加以避免。

激烈的摇摆和过大的摇摆角度都会引起驾乘人员的不适,所以必须采取适当措施加以避免。最常见的措施是在艇的舭部沿纵长方向设置舭龙骨(图2-11)。舭龙骨增加了艇横摇的阻尼,起到了减摇的作用。

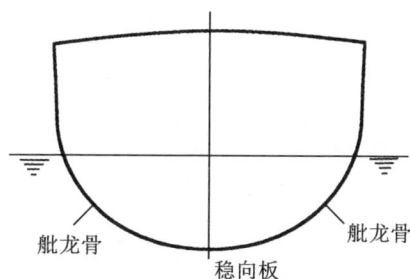

图 2-11 减摇舭龙骨

对帆船来说,设在龙骨下面的稳向板(图2-11)就能起到减摇的作用,因此没有必要再设置舭龙骨。

2. 垂荡加速度

在高速艇上,垂荡加速度引起的不适可能比摇摆更严重。这种加速度往往出现于艇从波峰跌落到波谷时,或者艇的首部遭遇波浪砰击时。从乘员的健康出发,挪威船级社建议,旅客运输艇的加速度水平(指艇重心处 1/10 概率最大值的平均值)不要超过 $0.6g$。这里

"g"是指重力加速度,通常取 $9.81\ \mathrm{m/s^2}$,但 $0.6g$ 这个指标未包含自由落体的正常加速度水平 $1g$ 在内,若要把正常的落体加速度 $1g$ 包含进去,则垂荡加速度良好的水平应控制在 $1.6g$ 以内。达到这一加速度水平,乘员会感到稍有不适,但仍能坚持。一些赛艇的垂荡加速度水平很高,对人有生理伤害。这种艇只能短时间乘坐。

表 2-1 列出了各种艇设计选用的垂荡加速度水平、对乘员的影响以及建议的乘坐时间限制。

表 2-1　各种艇垂荡加速度的设计水平和对乘员的影响

加速度水平	人员反映	设计的应用
$0.6g$	稍有不适	旅客运输艇
$1.0g$	超过 4 h 作战的极限	
$1.5g$	1~2 h 作战的极限	
$2.0g$	无法继续试验	巡逻艇、私人艇
$3.0g$	相当不舒服	试验艇、捕鱼赛艇、长距离赛艇
$4.0g$		中距离赛艇
$5.0g$	对人有生理伤害	短距离赛艇
$6.0g$		战艇作战时

为了降低垂荡加速度的水平,可以采用深 V 形艇体。图 2-12 为一艘深 V 形艇体的横剖面形状。在海浪中,这种斜坡形的艇体可以减少垂荡加速度和海浪对艇体的砰击。

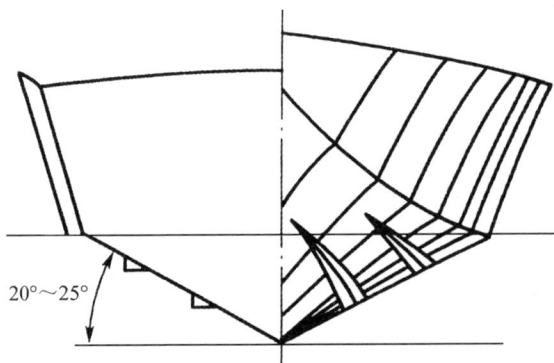

图 2-12　深 V 形艇体横剖面形状

深 V 形快艇的艇体由纵向连续变化的不同上反角(又称斜升角)的横剖面组成。其中船中横剖面形状及底部上反角 β 比较典型地反映了艇体横剖面的主要特征(在图 2-12 中的左边表明了这个角度的数值)。斜升角越大,艇在风浪中的适航性越好,但以牺牲快速性为代价。所以要选择一个适当的角度,既照顾快速性,又兼顾适航性。

不同航行水域使用的深 V 形高速艇,其最佳的舯剖面斜升角也不尽相同,建议选取范围如下:内河水域一般选用 $\beta<8°$;河湖泊水域 β 可取 $9°\sim14°$;沿海遮蔽水域 β 以 $15°\sim19°$ 为佳;外海航行的深 V 形艇 β 宜取 $20°\sim26°$。

3. 海豚式运动及其避免

现在来谈高速船的航行姿态。当艇达到一定的速度后,艇就在水面上滑行起来,在学术上叫作"起飞"。艇起飞后,艇首被水动力抬离水面,呈上翘的姿态,只剩下艇尾部浸沉在水中。艇底与水面形成一个角度,称为航行纵倾角。这个角度太大,会引起阻力增加;太小则水动力(使艇抬离水面的举力)不足,艇不能保持滑行状态,如图 2-13 所示。

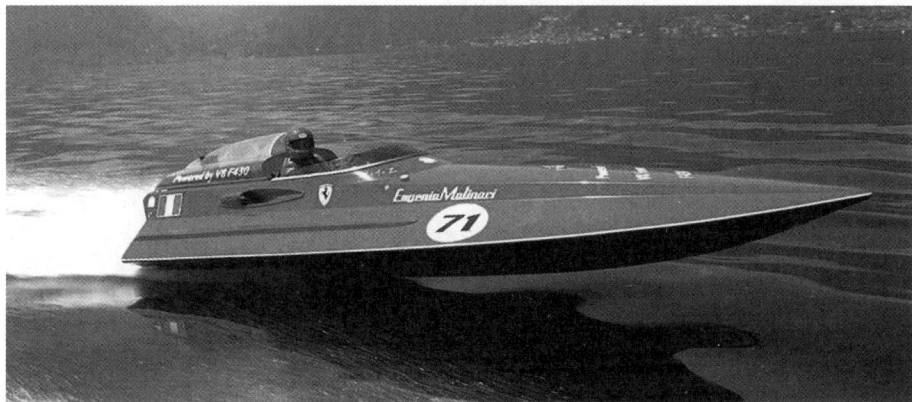

图 2-13　高速艇的航行姿态

艇要保持一定的航行纵倾角才能稳定航行。航行纵倾角通常的最佳范围是 2°~4°。如果这个角度不稳定,即一会儿大,一会儿小,那么艇就会产生前俯后仰的不规则运动。

这种不规则运动是由于水压力中心位置不断改变引起的。滑行艇高速行驶时,其水动压力中心随着浸湿长度的减少而迅速后移,理论研究和船模试验表明:当水动压力中心的纵向位置与重心的距离超出了合理的范围,就会产生纵向不稳定运动。它使艇一会儿跃上水面,一会儿又跌落下来。学术上把这种运动形象地称为"海豚式运动"。这种海豚式运动是要尽量避免的,因为它会使人感到很不舒服。严重的艇底砰击容易产生材料疲劳而导致结构失效、机械和仪表失灵,甚至艇毁人亡的海损事故。

那么怎样才能避免海豚式运动呢? 通常可以采取两种措施:一种是在艇底纵长方向增设断级;另一种是在艇尾增设纵倾调节板。

在一些高速艇上,艇体纵长方向设置一到两个断级,有助于改善船体滑行面水动力中心迁移的不稳定现象,使艇行驶更加平稳。艇底设置断级后,断级前和艇尾部就形成两个滑行面,艇的质量由断级前后两个滑行面来支撑,航行就很稳定。断级处还可能有空气渗入,形成气液两相混合物,当艇前进时,这种气液混合物有助于减少艇尾部滑行面的摩擦阻力,使艇跑得更快。

不过,断级只适用于在平静水面航行的艇,它在波浪中的航行性能并不理想。风浪引起的失速会使它滑行不起来,此时断级反而会增加阻力,所以这种艇不宜在风浪中使用。

另一种措施是在艇尾部增设调节纵倾的板(又称"压浪板")。实艇上装有纵倾调节板,如图 2-14 所示。它是两块通过液压机构可以调节倾斜角度的小块平板,通常安装在艇尾船底靠近舷侧的地方,它起到滑行面的作用,好似增加了艇尾的长度。当艇的滑行纵倾角偏大时,通过液压机构使纵倾调节板的后缘向下倾斜,调节板上产生的水压动力促使尾部略微抬起,这就减小了艇的航行纵倾角。当航行纵倾角变小时,适当减小纵倾调节板向下倾斜的角度,艇首就会略微抬起。以此方式调节纵倾调节板的角度,使艇始终保持最佳的角度航行,避免了海豚式运动的产生。

图 2-14 装有艉纵倾调节板的小艇

这种调节板左右舷各一块,倘若分别给予自动控制,在艇保持最佳航行纵倾姿态的同时,还可以改善艇的横摇性能。

2.4 抗 沉 性

抗沉性是指艇体破损进水后保持不沉和继续航行的能力,也叫作不沉性。在运输制上,一般都要求做到一舱(进水)不沉;在一些大型船舶上,则要求做到几舱不沉。欲要抗沉性好,就要求把船舱划分得小一些,并且每个舱都能独立保持水密性。船舱之间的通道都要用水密门分隔开来,即使有一个舱室破损,通过水密门的隔断,就能保持船不沉。

船上有一个舱破损进水后,这个舱的浮力就丧失了。船体的吃水就会增加,干舷就会减小。只要还有干舷,船就不会沉没。可以说船上的干舷就是为了不沉性而设置的。干舷越大,不沉性越好。不过这会导致船重的增加和造价的上升,所以干舷的设置有一个合理的范围,那就是满足抗沉性的要求。

对小型游艇来说,要满足一舱不沉的要求很难。小游艇的船舱一般可划分为艏尖舱(多数作储藏锚链用)、客舱、机舱、艉舱(多数作舵机舱)等舱室。其中客舱的容积最大,所以不沉性的重点是保证客舱进水不沉。

为了保证客舱进水不沉,可以采取下列措施:

(1)设置水密的双层底和边舱。客舱一般位于艇体中部,在这个部位往往设置双层底,双层底下面的空间可以做油水舱,形成水密舱室。客舱两舷有一些不便放置家具的空间也可以做成水密舱柜。

(2)家具、座椅下面不能利用的空间充以不透水的泡沫。即使船舱进水,这些泡沫可以减少进水量,保持船艇不沉。

（3）房舱装饰需要大量的木材和夹心板材。尽量采用轻质的木料和不渗水的隔声材料，也能减少进水的质量，对保证抗沉性有利。

课后思考题：

一、问答题

1. 什么是游艇完整稳性？
2. 游艇的初稳性的定义是什么？
3. 大倾角稳性的定义是什么？
4. 稳性衡准数的意义是什么？
5. 动稳性的定义和衡量指标是什么？
6. 游艇快速性的定义是什么？
7. 游艇适航性的定义以及衡量指标是什么？
8. 游艇抗沉性的定义是什么？

二、计算题

1. 某内河船的排水量 $\Delta = 820$ t，水线面面积对 X 轴的惯性矩 $I_T = 2\ 380$ m^4，初稳性高度 $\overline{GM} = 1.70$ m，求重心在浮心以上的高度。

2. 某长方形起重船的主要尺度为：船长 $L = 15$ m，船宽 $B = 9.0$ m，型深 $D = 2.0$ m，起重船主体重为 $P_1 = 56$ t，其重心高度为 $\overline{KG_1} = 0.85$ m，船的上层建筑重为 $P_2 = 78$ t，重心高度为 $\overline{KG_2} = 7.5$ m，水的密度 $\rho = 1.025$ t/m^3，试计算：

（1）横稳性高 $\overline{GM}$；

（2）纵稳性高 $\overline{GM}_L$。

3. 某巡洋舰的排水量 $\Delta = 10\ 200$ t，船长 $L = 200$ m，当艉倾为 1.3 m 时，水线面面积的纵向惯性矩 $I_L = 4.2 \times 10^6$ m^4，重心的纵向坐标 $x_G = -4.23$ m，浮心的纵向坐标 $x_B = -4.25$ m，水的密度 $\rho = 1.025$ t/m^3。试求纵稳性高 $\overline{GM}_L$。

第 3 章　游艇的艇型设计

学习重点：

1. 了解游艇主要设计参数。
2. 掌握游艇的航速分类估算。
3. 熟悉游艇型线设计方法。

3.1　概　　述

在开始游艇的艇型设计之前，设计师必须详细了解客户对游艇的要求：

(1)游艇的用途，比如，该游艇是为休闲娱乐，还是为商务洽谈，是为单纯钓鱼，还是多种用途。

(2)游艇的性能，包括设计航速、巡航速度、续航能力、稳性级别等。

(3)航行的区域，是远海或近海、沿岸或内湖。

(4)游艇的尺度和造价，是大型豪华型、中型实用型，还是小型简易型。

游艇的主尺度和艇型参数对游艇的性能影响很大，其中，主尺度更是关系到建造的成本，如果太大，成本会太高而无法承受。所以，在选择游艇的主尺度和某些参数时不仅要考虑其性能，也要核算其建造成本，两者都要兼顾，不可偏颇。实际上，在很多情况下，客户对游艇的尺度大小、艇型种类、布置形式等已经有了初步的想法，设计师的任务除了尽量满足客户的合理要求之外，也要从专业的角度给出意见。

现代游艇按其航速的高低可分成五类：

(1)普通排水艇；(2)高速排水艇；(3)半滑行艇；(4)滑行艇；(5)全滑行艇。

各类游艇都有自己的特点，设计师首先需要根据客户的要求，搞清楚新设计的游艇属于哪一类，然后再进行设计。如果能选出一个适合的母型将会事半功倍。

游艇的艇型主要分成三种：

(1)圆舭型；(2)尖舭型；(3)混合型。

在选择最适合的艇型时，考虑的性能应包括静水和波浪中的速度、阻力、运送效率适航性、淹湿性、操纵性、静态和动态稳性等。但是，要使某种艇型各项性能都优越似乎不切实际，一定要懂得权衡取舍，在特定的情况下选出最佳的艇型。

不仅游艇的主尺度会影响到性能，而且其型线的影响会更大，特别是横剖面、纵剖线、舭部折角线以及舭部斜升角等更直接关系到游艇性能的优劣。即使只是局部型线的改变，其影响也不可低估。实际上，单就游艇的性能来说，其设计的重点就是型线的设计。

游艇设计师不仅要掌握技术，也要懂点艺术，还要耍些"权术"——权衡之术。既不要片面追求单项性能最优，也不要期望每项性能都佳，要仔细权衡，适当妥协。最终，一款综合性能较优的艇型即为成功的设计。

艇型设计的一个捷径是：为新艇找一个好的母型。

3.2 主要设计参数

3.2.1 简介

普通船艇主尺度和艇体参数的选择一般着重于最佳的性能、最大的有效载荷、最好的经济回报等。与此不同,游艇主尺度和艇体参数的选择虽然也考虑艇的性能,但更多集中在艇的舒适性和建造成本方面,比如更大的内部空间、更多的甲板面积、更先进的航海设备、更华丽的舱室布置、更低的噪声和振动以及更低的价格等。所以,单就其性能而言,这些尺度和参数的组合并不一定最优。游艇设计师的主要任务就是在满足客户舒适性、低成本等要求的基础上,尽量使游艇保持较好的性能。

如果要设计出一艘性能和舒适性都比较优秀的游艇,大型游艇的设计相对容易一些,中、小型游艇的设计反而比较困难。在现实中,常常是客户已经有一个布置草图,主要尺寸也大致确定,他们总是一方面把中、小型游艇的宽度加大,以便尽量增加舱室面积;另一方面,为了减少造价,又严格限制艇的长度。这样,对游艇的性能来说,其长宽比就不是最佳。所以,在中、小型游艇设计中,设计师的施展平台不是很大,并不能像设计其他快艇那样,按最佳的性能选择设计参数。但不管怎样,对游艇的设计来说,了解其主尺度和参数对性能的影响还是非常必要的。

3.2.2 主尺度和艇体参数

如图 3 - 1 所示,在游艇的设计中,常用的主尺度和艇体参数有:

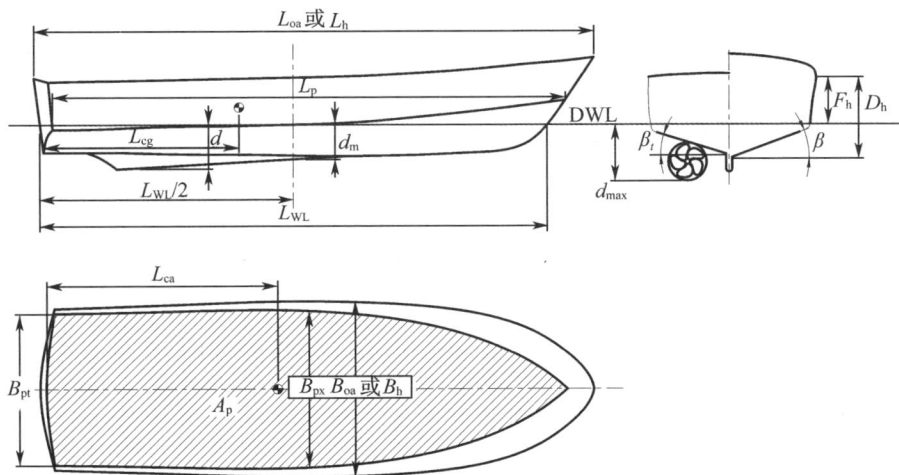

图 3 - 1 主要尺度和艇体参数示意图

1. 主尺度和排水量

L_{oa}——艇体的总长度,m;

L_h——艇体长,m;

L_{WL}——满载排水量下游艇的静止水线长度,常当作设计水线长,m;

L_p——舭部侧投影线长,m;

L_{cg}——艇重心的纵向位置(从艉部量起),m;

L_{ca}——舭部折角线和艉板线投影面积中心的纵向位置(从艉部量起),m;

B_{oa}——艇体的最大宽度，m；

B_h——艇体宽，m；

B_{WL}——满载排水量下游艇静止水线的最大宽度，m；

B_{px}——舯部最大宽度，m；

B_{pt}——舯部艉板宽度，m；

d——满载排水量下艇的吃水，m；

d_m——舯部的吃水，m；

d_{max}——最大吃水，m；

D_h——艇体的型深(不包括中龙骨)，m；

F_h——干舷高，从设计水线到舷边线的垂直高度，m；

Δ_L——轻载排水量，kg；

Δ——满载排水量，常当作设计排水量，kg；

∇——满载排水体积，m³；

A_p——舯部折角线和艉板线所围的水平投影面积，m²；

A_x——最大水下剖面面积，m²；

A_t——艉板水下面积，m²。

2. 尺度系数和艇型参数

$\dfrac{L_{oa}}{B_{oa}}$——艇体长宽比；

$\dfrac{L_{WL}}{B_{WL}}$——水线长宽比；

$\dfrac{L_p}{B_{px}}$——舯部长宽比；

$\dfrac{L_{WL}}{\nabla^{1/3}}$——瘦长度系数；

C_p——纵向棱形系数；

$\dfrac{A_p}{\nabla^{2/3}}$——面积载荷系数；

$\dfrac{A_t}{A_x}$——艉板水下面积系数；

$\dfrac{L_{cg}}{L_{WL}}$——重心相对位置系数；

β——舯部斜升角，(°)；

β_t——艉板舯部斜升角，(°)；

$\tau_{1/4}$——1/4 艇宽纵剖线斜升角(图 3 - 2)，(°)；

τ——艇的航行纵倾角，(°)。

3. 有关性能的参数

在本书中，将游艇的几个速度段定义为：(1)低速，指普通排水速度($F_L \leqslant 0.4$)；(2)中低速，高速排水速度($0.4 < F_L \leqslant 0.65$)；(3)中速，半滑行速度($1.5 \leqslant F_V \leqslant 3.0$)；(4)中高速，滑行速度($3.0 < F_V \leqslant 4.5$)；(5)高速，全滑行速度($F_V > 4.5$)。

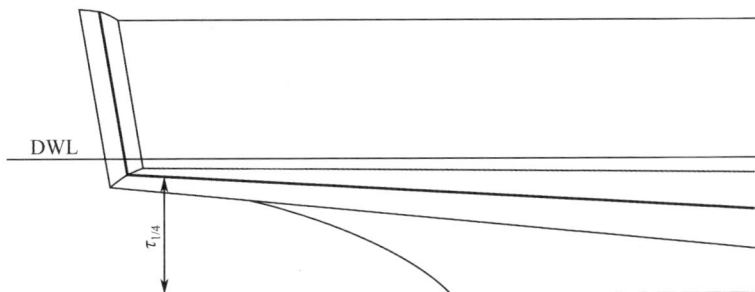

图 3 - 2　艇的 1/4 艇宽纵剖线斜升角

V_0——艇的航速, kn;

V——艇的速度, m/s;

F_L——艇长弗劳德数, $F_L = V / \sqrt{g\,L_{WL}}$, 在低速、中低速下使用;

F_V——体积弗劳德数, $F_V = V / \sqrt{g\,\nabla^{1/3}}$, 在中速、中高速下使用;

F_B, C_V——艇宽弗劳德数, $F_B = C_V = V / \sqrt{g\,B_{WL}}$, 在高速下使用;

$V_0 / \sqrt{L_{WL}}$——速长比。

3.2.3　主尺度和艇型参数对性能的影响

主尺度和艇型参数对游艇性能的影响并不是单独的, 它们互相关联, 往往牵一发而动全身, 所以在选择其中一个参数时, 要和其他参数一并考虑。下面是一些对游艇性能影响较大的主尺度、尺度系数和艇型参数。

1. 主尺度的影响

(1)设计水线长 L_{WL}

在游艇设计中设计水线长非常重要, 它不仅影响到艇的性能、布置, 而且会影响到艇的价格。一般来说, 在其他参数不变的情况下, 增加设计水线长度对低速、中低速、中速艇的阻力有利, 但对中高速、高速艇的阻力反而变差。就艇的布置来说, 设计水线越长越好, 但其价格也会高很多。

(2)游艇的宽度 B_{WL}

它主要影响艇的稳性。由于游艇对布置的特殊要求, 与其他类型的艇相比较, 其相对宽度要大得多, 所以游艇的稳性一般没有问题。问题是宽度较大的艇, 其适航性较差, 中低速艇的阻力较高。但在中高速航行时, 宽度较大对阻力反而有利, 原因是底部展弦比较大, 艇滑行起来更加容易。然而, 在高速度($F_V > 4.5$)下, 宽度较大的艇其空气阻力也较高, 对总阻力不一定有利。

(3)艇体吃水 d

艇体吃水对游艇性能的影响不是一个设计重点。它主要考虑的是航道水深的限制, 也要考虑和推进器的配合。

(4)型深 D_h

型深一般从内部空间的净高着手, 并和游艇的外形相配。

(5)排水量 Δ

排水量对游艇的性能影响最大。众所周知, 排水量越大, 阻力就越高。对于普通排水型艇,常会用到一个对阻力性能影响较大的纵向棱形系数 C_p。但对于中速以上的游艇来说,该系数就不再适用。人们常用面积载荷系数 $A_p/\nabla^{2/3}$ 来测量艇底载荷的大小。假如一艘艇的其他参数相同,其面积载荷系数越小,代表底部载荷越大,该艇的阻力也就越高。因此,单就性能而言,当然希望艇的排水量不要太大;但从客户的观点,想装更多的设备也合情合理,所以需要做适当的权衡,给出一个各方都能接受的排水量设计值来。

2. 尺度系数的影响

(1)瘦长度系数 $L_{WL}/\nabla^{1/3}$

图 3-3 所示为瘦长度系数对阻力的影响。在中低速、中速范围($1.0 \leq F_V \leq 3.0$)内,该系数对阻力性能的影响很大。瘦长度系数越小,其阻力比(R/W_g)就越大,阻力峰也越明显。所以,在该速度范围内,要设法减小艇的排水量。但在中高速($F_V > 3.0$)段,其阻力比(R/W_g)反而会随瘦长度系数的减小而有所降低,不过并不明显。值得注意的是,当 F_V 在 3.0 左右时,阻力比几乎为常数,说明此时它与瘦长度系数的关系不大。在图 3-3 中,R 是艇的裸体阻力,W_g 是艇的重力。

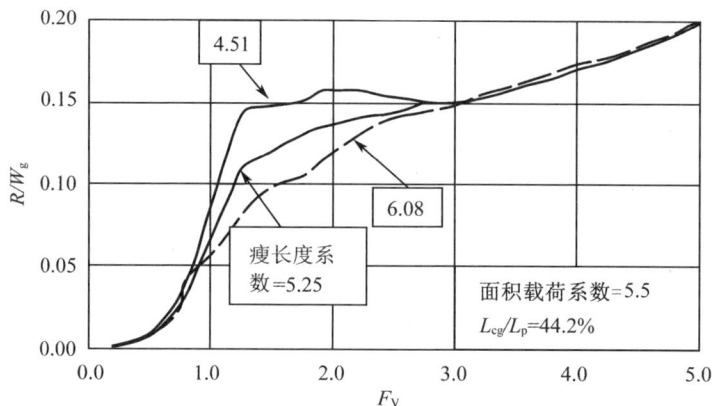

图 3-3　瘦长度系数对阻力的影响

(2)长宽比 L_{WL}/B_{WL}

L_{WL}/B_{WL} 的影响与瘦长度系数有点类似。一般来说,L_{WL}/B_{WL} 越大,在中速以下航行时阻力性能越好,此时,增加 L_{WL}/B_{WL} 对改善艇的性能有利。但随着速度的提高,其影响力也越来越弱,在中高速($F_V > 3.0$)下,对阻力的影响不大;另外,如果排水量一定,增加 L/B 可以减小游艇在波浪中的冲击加速度。

(3)面积载荷系数 $A_p/\nabla^{2/3}$(图 3-4)

当长宽比不变时,该系数对阻力的影响在中低速、中速段($F_V \leq 3.0$)与中高速段完全不同。在中低速、中速段,面积载荷系数越小,其阻力比越大。但在中高速段,情形正好相反,该系数越小,其阻力比也越小,此时,艇的阻力主要取决于面积载荷系数,而不再是瘦长度系数。

(4)重心相对位置系数 L_{cg}/L_{WL}

该系数对游艇的阻力性能也有重要的影响(图 3-5)。

由图 3-5 可知,重心位置太靠前或太靠后都不利于游艇的性能。就静水中阻力而言,游艇的重心纵向位置在不同的速度范围内,其最佳值也不同。在低速下,它的影响不是很大,但在中低速、中速范围内,它的影响非比寻常,特别是在阻力峰值附近,阻力的差别可达30%以上。在中高速下,重心位置靠后有利于减小艇的湿表面积,其摩擦阻力自然也会减小。由于在此速度范围内,摩擦阻力是游艇阻力的主要成分,所以重心后移可降低艇的静水总阻力。

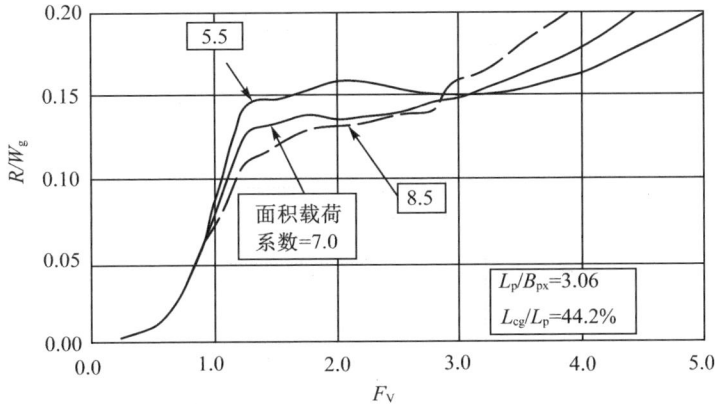

图 3-4　面积载荷系数对阻力的影响

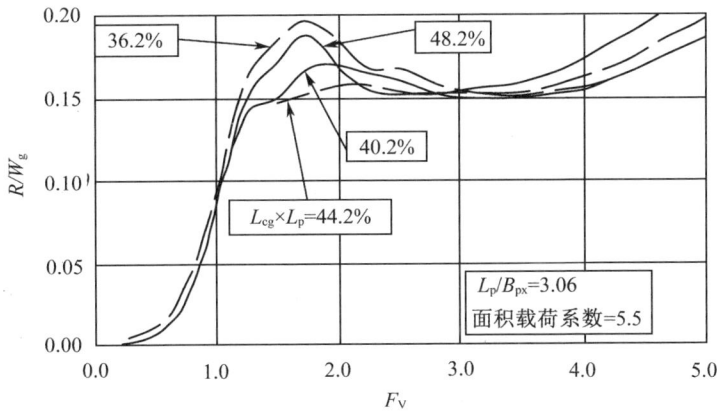

图 3-5　重心相对位置对阻力的影响

从适航性的观点看,重心位置靠前,有利于减小艇在波浪中的冲击加速度,低速下波浪中阻力的增值也较小;但在中速范围内,波浪中阻力增值却会加大。值得一提的是,游艇的重心位置太靠前,在中速、中高速下有可能引起动态横向不稳定的问题。

(5)艉板水下面积系数 A_t/A_x

在不同的设计速度下,该系数的取值差别很大。在低速下,艉板水下面积一般等于零,以便艇底的水流能顺畅地返回水面。在中低速下,该系数也比较小,如果该系数太大,水流会在艉板分离,这样,分离产生的负压力会使艇的阻力增加。但在中速、中高速下,艉板水下面积要大得多,目的是使艉部水流尽快分离,增加艇底的动升力,减小其航行纵倾角,从而降低游艇高速航行时的阻力。

3.艇型参数的影响

(1)舭部斜升角β

游艇在静水中的阻力会随舭部斜升角β的加大而增加(图3-6),在中低速下,β的影响不大,但随着航速的提高,其影响显著增加。在中高速时,当舭部斜升角从10°增加到20°时,其阻力增加达16%。如果此时航行纵倾角较小,其阻力的增值会更大。总而言之,斜升角的增大不利于艇的静水性能,这主要是其湿表面积较大的缘故。

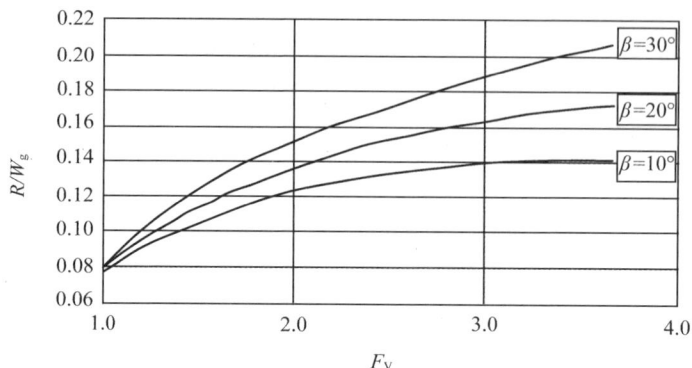

图3-6 舭部斜升角对阻力的影响

在适航性方面,增大斜升角对艇在波浪中的性能却非常有利。当航行纵倾角τ相同时,舭部斜升角β越大,艇在波浪中的冲击加速度和阻力增值就越小,失速也越少(图3-7)。在波浪中,β较大的游艇,其总阻力不一定会比β较小的高。

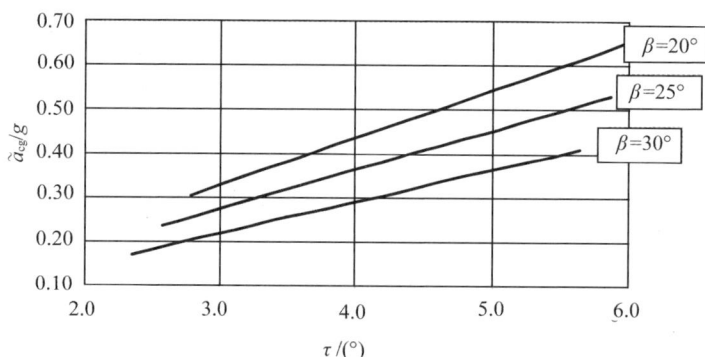

图3-7 舭部斜升角β对冲击加速度的影响

(2)1/4艇宽纵剖线斜升角$\tau_{1/4}$

这是游艇设计中常用到的一个设计参数(图3-2),它代表一艘游艇达到最大航速的潜力。一般来说,该斜升角越小,其潜在的最大设计速度越高。换言之,如果设计速度越高,所选择的1/4艇宽纵剖线斜升角也就越小,反之亦然。

4.航行纵倾角τ的影响

(1)航行纵倾角τ随航速的变化(图3-8)

现代中速、中高速尖舭型游艇的航行纵倾角是影响其性能的重要因素之一。它会随着航速的变化而改变。在低速下,该纵倾角一般很小;随着航速的增加,纵倾角会迅速增加,在某点(一般在 $F_V=1.9$ 左右)达到最大值;同时,阻力也会急剧增大到阻力峰值。如果游艇的设计没有问题,在更高的航速下,该纵倾角会逐渐减小。最大纵倾角以及阻力峰的大小与长宽比 L/B 有关,两者都会随 L/B 的增大而有所下降。

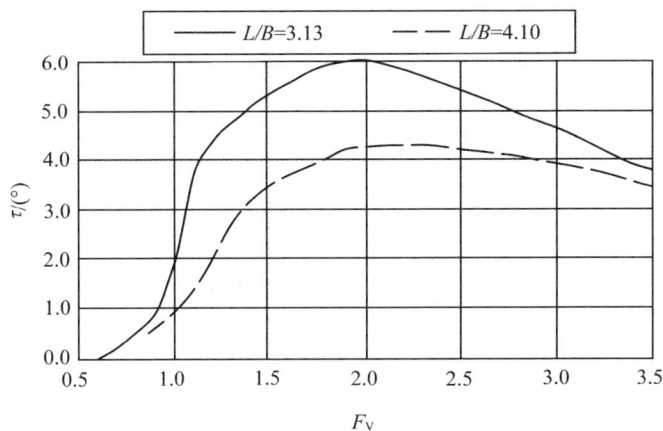

图 3-8 航行纵倾角随航速的变化

(2)航行纵倾角 τ 对阻力的影响(图 3-9)

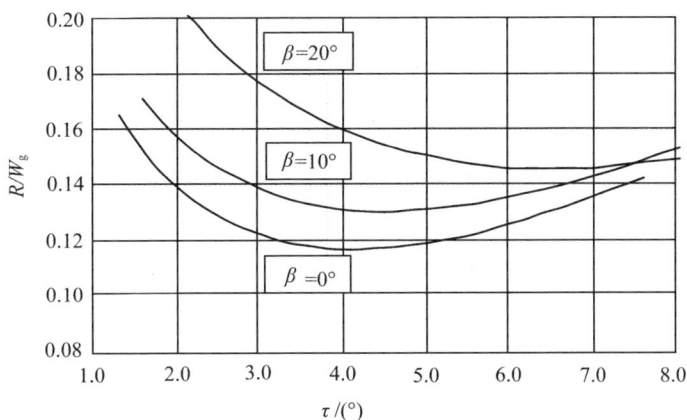

图 3-9 航行纵倾角 τ 对阻力的影响

由图 3-9 可知,航行纵倾角 τ 对阻力的影响很大,不管是在静水中还是在波浪中,游艇的阻力都与航行纵倾角 τ 有密切的关系。在静水中,存在一个最佳航行纵倾角,此时,游艇的阻力最小。大家知道,动升力系数与速度的平方成反比,在中高速、高速下,游艇的动升力系数很小,相应的航行纵倾角也减小,该角常常小于最佳值,所以将重心后移或改变纵剖线的形状来适当增加该角对减小艇的阻力有利。

当游艇的航行纵倾角小于最佳时,摩擦阻力较大,兴波阻力相对较小,总阻力会随纵倾角的增加而减小,但航行纵倾角大于最佳角时,正好相反。最佳航行纵倾角的大小与舭部斜升角有关,后者越小,最佳航行纵倾角也越小。此外,艇的航行纵倾角也与其载荷有关,载荷越高,航行纵倾角就会越大。

而在波浪中,当航速较低时,游艇的阻力增值会随着航行纵倾角 τ 的减小而减小;但在中速时,却会使阻力增值加大;在中高速时,其对阻力增值的影响变得很小。

(3)航行纵倾角 τ 对适航性的影响

游艇在波浪中的冲击加速度与其航行纵倾角 τ 成正比,减小该角能有效地减小冲击加速度(图3-7)。在游艇设计中,只要控制好航行纵倾角,减小波浪的冲击加速度并不难,但太小的航行纵倾角也会带来其他问题,像飞溅、动态横向不稳定等。

3.2.4 主要参数的选择

在游艇的设计中,应主要考虑下列主尺度和艇体参数。

1. 主尺度和排水量

通过参考400多条不同尺度($L_{oa}=7\sim23$ m)、不同航速($F_V=0.9\sim4.25$)单体玻璃钢游艇的有关数据,给出了一般中小型游艇轻载排水量 Δ_L、L_{oa}/B_{oa}、B_{oa}/d 的大致范围(图3-10~图3-12),并将 Δ_L、L_{oa}/B_{oa} 回归成几个简单的公式供大家在设计时参考。如果新设计艇的有关数据在这些图表的范围内,说明这些数据比较合理,否则就要仔细检查。

(1)游艇的总长 L_{oa}

总长 L_{oa} 是游艇设计中首先需要确定的尺度,它决定了艇的布置和造价。为此,首先简单勾勒出主甲板上下舱室的布置草图,检查甲板的面积和舱室的体积能否满足要求,由此可基本确定游艇总长的下限,而客户的预算及停泊区的尺寸又规定了其上限。如果客户已经规定了艇的总长,用这些草图也能知道给定的总长是否合适。一旦有了游艇的总长,满载水线长 L_{WL} 和舷部侧投影线长 L_p($=(0.90\sim0.98)L_{oa}$)就不难确定。

(2)游艇的总宽 B_{oa}

总宽 B_{oa} 一般根据舱室容积和总布置来确定,甲板以及舱室的面积规定了总宽的下限,而航行区及停泊区的宽度又规定了其上限。如果没有特别要求,可参照一些统计数据(图3-10)或按式(3-1)来先求得游艇的长宽比,然后就可初步给出艇的总宽 B_{oa}:

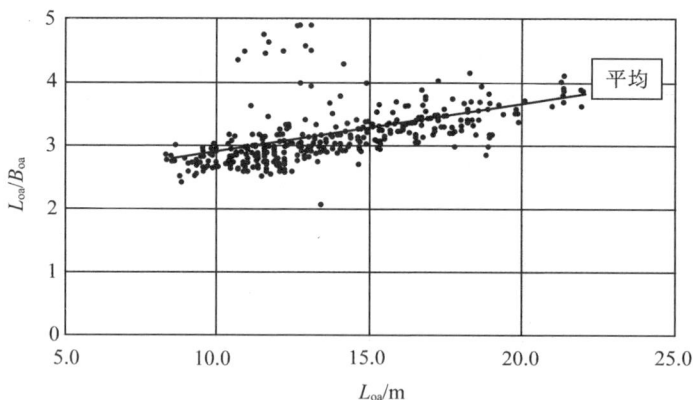

图3-10 中小型单体游艇 L_{oa}/B_{oa} 的统计数据

$$L_{oa}/B_{oa}=0.077\,1L_{oa}+2.135 \quad (10\ m\leqslant L_{oa}\leqslant24\ m) \qquad (3-1)$$

一旦有了总宽 B_{oa},游艇的水线宽 B_{WL} 和舷部最大宽度 B_p($=(0.82\sim0.95)B_{oa}$)也就可以基本确定。由图3-10可见,游艇的长宽比相当小,所以稳性一般没有问题;但是其阻力性能就不是这样,除了中高速时的阻力尚可之外,其他速度下的阻力都比较差,在阻力峰附近更是如此。

从图 3 - 10 可知,游艇的长宽比数据较有规律,有随艇的总长增加的趋势。

(3)艇体吃水 d

艇体吃水大多要考虑到航道、码头水深的限制,所以没有一定的规律可循。图 3 - 11 是中小型单体游艇 B_{oa}/d 的统计数据,数据非常分散,无法给出一个可供使用的近似公式。

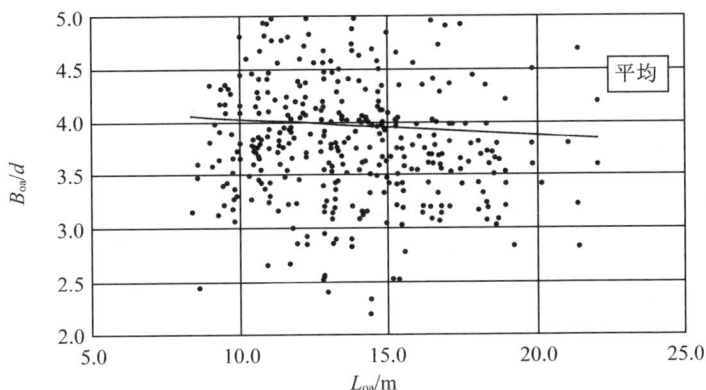

图 3 - 11　中小型单体游艇 B_{oa}/d 的统计数据

从图 3 - 11 中可以看出,在游艇的总长 L_{oa} 为 10 ~ 24 m 时,平均吃水比 B_{oa}/d 为 3.80 ~ 4.10。如果没有特殊要求,先参考艇的总长 L_{oa} 求得平均 B_{oa}/d,再由总宽 B_{oa} 求出艇体吃水 d。

(4)排水量 Δ

由于游艇的用途各异、需求不同,再加上各个厂商的建造方法千差万别,导致游艇的排水量差异很大(图 3 - 12)。

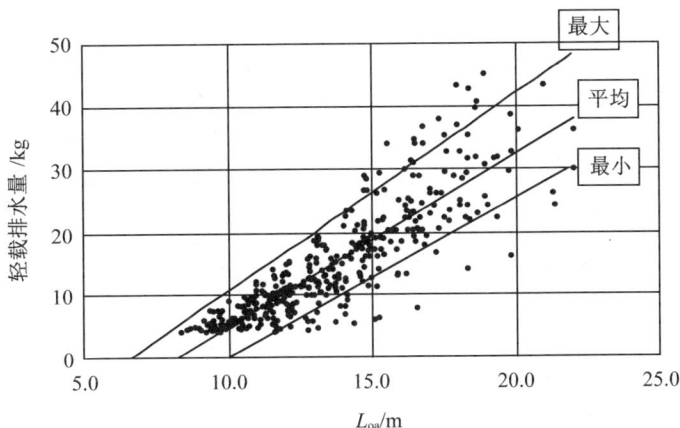

图 3 - 12　中小型单体游艇轻载排水量 Δ_L 的统计数据

如果无其他资料参考,轻载排水量 Δ_L 可用下列近似公式来估算:

$$\Delta_L = 2\ 500(L_{oa} - 10.0) \qquad (最小) \qquad (10\ m \leqslant L_{oa} \leqslant 24\ m) \qquad (3 - 2)$$

$$\Delta_L = 2\ 740(L_{oa} - 8.16) \qquad (平均) \qquad (10\ m \leqslant L_{oa} \leqslant 24\ m) \qquad (3 - 3)$$

$$\Delta_L = 3\ 117(L_{oa} - 6.60) \qquad (最大) \qquad (10\ m \leqslant L_{oa} \leqslant 24\ m) \qquad (3 - 4)$$

那么,在游艇设计中究竟如何用这些公式比较合理呢?

建议先用式(3-3)计算出轻载排水量,然后按游艇的类型和速度乘以一个修正系数K,但要注意,修正后的轻载排水量要落在最小、最大的范围内。

对于轻型高速艇,K可选0.7~0.9;

对于中型中速、中高速艇,K可选0.9~1.1;

对于重型中低速艇,K可选1.1~1.3。游艇的满载排水量Δ可用下式估算:

$$\Delta = \Delta_L + W_V \tag{3-5}$$

式中,W_V为可变动载荷,包括燃油、淡水的质量,艇上人员和供应品的质量等。

(5)型深D_h

型深D_h主要从游艇内部舱室的净空高度来考虑决定,只要内部舱室允许,就要尽量减小型深,以减少艇的排水量并降低艇的重心。

(6)游艇的干舷F_h

图3-13给出了半载条件下艏部干舷的粗略参考。

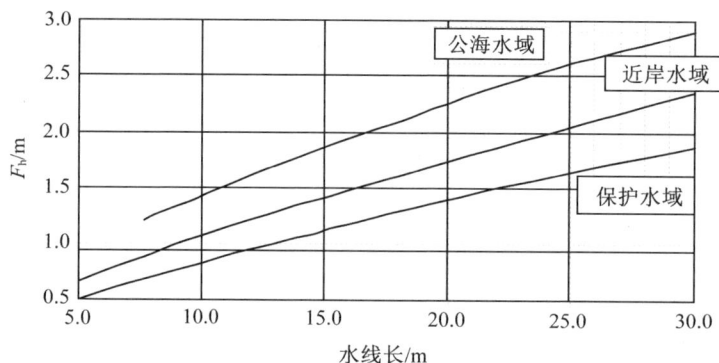

图3-13 游艇首部干舷的参考

干舷高度F_h的选择与游艇的航行区域有关,它主要取决于对艇淹湿性和整体外形的要求。同样,在许可的情况下,尽可能减小干舷的高度,除了降低重心外,还可减少受风面积,从而减小游艇的空气阻力。然而,其最主要的功能仍然是减小艇的淹湿性。为此,设计师常常会把游艇的干舷和适量的外飘结合起来以达到目的。

2. 重要的艇体参数

(1)瘦长度系数$L_{WL}/\nabla^{1/3}$

在给定游艇的水线长L_{WL}和满载排水量Δ后,瘦长度系数$L_{WL}/\nabla^{1/3}$就能确定。游艇的瘦长度系数越大,在中低速、中速时的阻力就越小,但在中高速、高速下的阻力较大,所以最好不要大于6.0。游艇常用的瘦长度系数为4.0~6.0,一般取5.0左右,如果小于此值,需要检查艇能否越过阻力峰。

(2)长宽比L_{oa}/B_{oa}

一般来说,游艇的长宽比随艇的总长呈上升的趋势,大部分游艇的长宽比为2.5~4.0,远低于其他类型的艇,可参见式(3-1)和图3-10。

游艇的长宽比小,其航行纵倾角和阻力的峰值都非常明显,如果能适当增加长宽比至

5.0,就可大大降低艇的阻力峰值以及峰值前后的阻力,也可改善其适航性,比如,减小波浪中的冲击加速度、失速以及纵摇等。所以,当给定排水量时,在考虑总体布置和稳性的基础上,设计师应尽量增加游艇的长宽比。

(3)面积载荷系数 $A_p / \nabla^{2/3}$

游艇的面积载荷系数($A_p / \nabla^{2/3}$)为 5.0 ~ 7.0。该系数越小,在中低速、中速时的阻力就越大,所以最好大于 5.5,不然在阻力峰值附近的阻力太大,起飞不易,飞溅也太大,还可能引起游艇的动态不稳定,但在风浪中的运动加速度会减小。艇部折角线和艉板线所围的水平投影面积 A_p 一般为(80% ~ 86%) $L_p B_p$。

(4)重心相对位置系数 L_{cg}/L_{WL}

游艇的重心相对最佳位置(从艉部量起)与艇的设计速度有关,一般来说,艇的航速越高,重心的最佳位置越靠后。在中高速以上的艇,其航行纵倾角一般小于最佳值,所以重心后移有利于阻力的减小。下面是不同设计速度下重心最佳相对位置的参考范围:

①低速排水型艇($F_L \leqslant 0.4$),重心位置为(47% ~ 50%) L_{WL};

②高速排水型艇($0.4 < F_L \leqslant 0.65$),重心位置为(43% ~ 47%) L_{WL};

③半滑行艇($1.5 \leqslant F_V \leqslant 3.0$),重心位置为(40% ~ 45%) L_{WL};

④滑行艇($3.0 < F_V \leqslant 4.5$),重心位置为(35% ~ 43%) L_{WL};

⑤全滑行艇($F_V > 4.5$),重心位置为(30% ~ 40%) L_{WL}。

(5)艉板水下面积系数 A_t/A_x

对低速排水型游艇($F_L \leqslant 0.4$),该系数一般取0;对中低速艇,该系数在 0.35 以下;对中速艇,取 0.80 左右;对中高速、高速艇,可增加到 0.90 以上,但最好不要大于 0.95,以免随浪航行时容易出现甩横(brouching)。

(6)艉部斜升角 β

艉部斜升角 β 的取值与游艇的航行区域有关。在风平浪静的水域,该值可取小点,以利静水中的阻力。如果游艇需航行在风浪较大的海域,要适当增加该值,以改善艇在风浪中的性能。

根据统计数据,艉部斜升角 β 一般为 15° ~ 25°,一般认为,该角以 20° ~ 25° 为宜,如果太小适航性就较差,反之阻力会太高。艏部(1/2 站)的取值主要考虑艇在波浪中的冲击、飞溅等,可取 50° ~ 60°。至于艉板斜升角 β_t,一般小于艉部斜升角。一条艉板斜升角 $\beta_t = 15°$、艏部斜升角 $\beta = 50°$ 的游艇,如果航行纵倾角 τ 可控制在 4.0° 左右,其阻力性能和适航性都会不错。

(7)1/4 艇宽纵剖线斜升角 $\tau_{1/4}$

该角的大小取决于艇的设计速度,对低速排水型游艇($F_L \leqslant 0.4$),该角可取 7° 左右,当游艇的设计速度达到滑行速度以上($F_V > 3.0$)时,可减小到 2° 以下,甚至为 0°。当艇的速度在排水速度($F_L > 0.4$)和半滑行速度($F_V \leqslant 3.0$)的范围内时,可根据航速进行内插。

3. 航行纵倾角 τ

该角不属于艇型的设计参数,实际上是许多参数共同作用的结果。它的大小会大大地影响到艇的性能。一般的经验是如果能将游艇的航行纵倾角 τ 控制在 3.5° ~ 4.0°,艇的阻力会大大降低。所以,在游艇的初步设计阶段,就要选择合适的重心纵向位置和 1/4 艇宽纵剖线斜升角 $\tau_{1/4}$,使艇的航行纵倾角落在这个最佳范围内。

在游艇航行时有两种装置可以有效地控制航行纵倾角 τ:压浪板(trim tab)和阻流板

（interceptor）。另外，如果试航后发现该角太大，还有一种减小它的简单方法：在艇尾底部加楔形板（wedge）。

选择游艇的主尺度和艇型参数时，必须考虑它们对游艇各项性能的综合影响。一个好的设计必须在这些性能（如阻力、稳性、适航性以及内部容积）之间做出妥协。例如，如果只考虑游艇的适航性，舭部斜升角 β 越大越好，但如果要同时考虑艇的静水阻力，该角就不能太大。即使单就阻力而言，在不同的速度范围内，所选择的尺度和艇型参数也不会一样，例如，对航速较低的游艇，希望选择较大的长宽比；而对高速游艇，这样的选择就不一定合适。

在众多的主尺度和艇型参数中，游艇的排水量和重心位置尤其值得注意，不仅因为它们对游艇各项性能的影响很大，而且因为它们也是设计和绘制游艇型线图的基础。

如果客户已经规定了游艇的总长 L_{oa}，其他尺度如总宽 B_{oa}、轻载排水量 Δ_L 等，用上面所学内容就可大致确定。为了使大家有一个基本概念，我们给出一个选择主尺度和艇型参数的假想示例——"海豚"号游艇供大家参考。

例 1

已知：

客户打算订制一艘名为"海豚"号的游艇，其设计要求如下。

（1）艇的总长 L_{oa}：16.33 m；

（2）航行区域：沿岸海域，吃水无限制；

（3）住舱：主人舱一个，客舱两个；

（4）两台主机，每台功率为 746 kW；

（5）最大航速：34 kn（巡航速度为 27 kn）；

（6）燃油量：3 500 L；

（7）淡水量：700 L；

（8）艇上人数：10 人。

结果：

主要参数的选择见表 3-1。

表 3-1　主要参数的选择

主要参数	参考来源	取值
艇的总长 L_{oa}/m	给定	16.33
艇的舭部长 L_p/m	给定	15.34
设计水线长 L_{WL}/m	给定	14.92
游艇长宽比 L_{oa}/B_{oa}	式（3-1）	3.39
艇的总宽 B_{oa}/m		4.81
艇的宽吃水比 B_{oa}/d	图 3-11	3.95
排水量修正系数 K		1
游艇轻载排水量 Δ_L/kg	式（3-3）	22 386
游艇的可变载荷 W_V/kg		4 675

表3-1(续)

主要参数	参考来源	取值
游艇的满载排水量 Δ /kg	式(3-5)	27 061
瘦长度系数	$L_{WL}/\nabla^{1/3}$	5.01
体积弗劳德数 F_V	$V/\sqrt{g\,\nabla^{1/3}}$	3.24
艉板艉部斜升角 $\beta_t/(°)$	考虑适航性要求	14.9
重心相对最佳位置 L_{cg}/L_{WL}	考虑航速较高	0.41

3.2.5 主尺度的优选

如果客户没有规定游艇的主尺度,而是给了一个大致范围,我们就可按初步的主甲板上下舱室的布置草图来确定游艇总长的下限,再根据客户的预算以及停泊区的尺寸确定其上限。同样,我们也可以根据甲板以及舱室的面积规定总宽的下限,根据航行区及停泊区的宽度规定其上限。有了总长 L_{oa}、总宽 B_{oa} 的上限和下限,再分别假定 $A_p/\nabla^{2/3}=6.0$,$A_P=83\%L_pB_p$,$L_p=0.94L_{oa}$,$B_p=0.89B_{oa}$,就可推导出下列游艇排水量与总长 L_{oa}、总宽 B_{oa} 的关系式:

$$\Delta=40.35(L_{oa}B_{oa})^{1.5} \tag{3-6}$$

在总长 L_{oa}、总宽 B_{oa} 的上、下限范围内,给定游艇一系列的 L_{oa} 和 B_{oa},用式(3-6)可求出相应的排水量;再计算对应这些尺度和排水量的性能,如游艇在静水和波浪中的阻力,静止和航行时的稳性、适航性等,从而可选择出最佳的主尺度和设计参数。

3.3 游艇的航速分类和估算

3.3.1 简介

理论上,当客户对游艇的尺度、性能提出的要求合理时,应该有某一类游艇能满足这些要求。但实际上,有时会出现错选的情形,比如,有人在普通排水型艇上换装大功率主机,试图增加航速让艇滑行起来,结果徒劳无功。也有人想在高速滑行艇上改成小功率主机,目的是减小耗油率从而增加艇的续航力,最后得不偿失。凡此种种,都是因为对各类游艇的特点不够了解。为此,我们有必要了解,一种类型的艇只适合在一定的速度范围内使用;反过来,在不同的设计速度下,需要选择不同类型的艇。

当今游艇的分类还比较混乱,尚没有一个统一的类型划分标准。下面的划分只是参考有关资料并结合经验给出的一个大致范围,并不能作为一个标准使用。

3.3.2 游艇按航速分类

在现代游艇设计中,单体游艇按航行速度大致可分成五类,如图3-14所示。

(1)普通排水艇(displacement hull);

(2)高速排水艇(high speed displacement hull);

(3)半滑行艇(semi-planing hull);

(4)滑行艇(planing hull);

(5)全滑行艇(fully planing hull)。

实际上,除了普通排水型和高速排水型艇的边界比较明确之外,其他各类游艇的边界并不是一条完全清晰的线,而是一个模糊的带。不过,为了简洁方便,我们就把这个模糊带缩减成一条线以供参考。

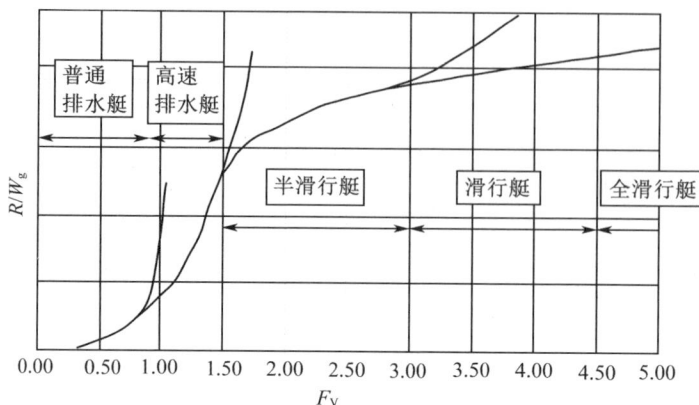

图 3 - 14　各类游艇相应的阻力曲线

游艇在平衡状态下航行时,不仅其重力等于静浮力和动升力之和,而且其重心也位于静浮力和动升力的合力位置。随着速度的增加,在静浮力减少的同时,动升力相应增加,航行纵倾角也不断加大;在越过其峰值后,如果速度继续增加,航行纵倾角会逐渐减小。

1. 普通排水艇($F_L \le 0.4$)

现在使用的普通船舶多属于普通排水艇。这类艇的重力完全由浮力支承,吃水、纵倾变化很小。当速度很低时,总阻力也很小,其中主要是摩擦阻力。但随着速度的增加,兴波阻力所占比例迅速升高,当艇的长度弗劳德数 F_L 接近 0.4 时,其兴波阻力非常大,使得这类艇的航速很难进一步提高,即达到了排水型艇难以突破的速度上限,简称排水速限(hull speed)。在达到排水速限时,即使艇上的装机功率再大,其航速也不会增加多少。究其原因,主要是艇首急速抬升的同时,艉部也加速下沉。下沉的艉部会使水流严重分离,这将导致艇的阻力急剧增加,从而使得功率的增加变得没有意义,这有点同让普通类型的飞机越过"声障"一样困难。

影响这类艇最重要的尺度系数是长宽比 L_{WL}/B_{WL} 和纵向棱形系数 C_P。典型的纵向重心位置 L_{cg} 为($47\% \sim 50\%$)L_{WL}。这种艇型很少用于现代游艇。

2. 高速排水艇($0.4 \le F_L \le 0.65$)

鉴于普通排水艇很难突破排水速限,另一类高速排水艇就应运而生。这类艇一般航行在长度弗劳德数 F_L 为 0.4 ~ 0.65 的速度区域。在此范围内,浮力除了支承艇自身的重力外,还得抵消艇航行时底部产生的吸力。这样,艇不仅不能被抬升,还会下沉一点。最初,下沉量随着航速的增加而加大,达到最大值后,会逐渐减小,直到在长度弗劳德数 F_L 达到 0.7 附近时再一次回到原点。之后,假若艇的形状合适的话,其重心会开始抬升,并向半滑行艇过渡。

由图 3 - 14 可知,与普通排水艇相比,高速排水艇在高于排水速限的航速航行时,其阻力要比前者小得多。由此可见,在该航速($0.4 < F_L \le 0.65$)内,这种高速排水艇非常合适。

但是,在更高的速度下,其阻力也会急剧增加,这类艇就变得不再合适了。

影响这类艇最重要的参数是瘦长度系数 $L_{WL}/\nabla^{1/3}$。该系数越大,艇的阻力就越小。其次是艇的长宽比 L_{WL}/B_{WL}、纵向重心 L_{cg},但在 $F_L = 0.60$ 附近,L_{cg} 的影响反而很小。另外,在 $F_L \leqslant 0.50$ 时,纵向棱形系数 C_p 也有影响。但在 $F_L = 0.65$ 上下,其影响变得很小。典型的纵向重心位置 L_{cg} 为 $(43\% \sim 47\%)L_{WL}$。这类艇型主要是用于大型豪华游艇(megayachts)和排水量较大、航速较低、耗油率小、续航力长的拖网式游艇(trawler)。

3. 半滑行艇($1.5 \leqslant F_V \leqslant 3.0$)

设计在 $1.5 \leqslant F_V \leqslant 3.0$ 速度范围内的艇为半滑行艇。这类艇的主要特点是水流不仅从艉部而且也从舷部完全分离,所以艇型一般为尖舷艇。

在半滑行速度范围内,游艇的水线长不再是影响性能最重要的参数,而且因为水线长随航速变化太大,所以长度弗劳德数 F_L 不再适用,一般用体积弗劳德数 F_V 来代替。这类艇的重力由浮力和动升力共同支承,当 F_V 等于 1.5 左右时,动升力很小,浮力占支配地位,随着航速的提高,艇的静浮力逐渐减小而动升力不断增大,此时,航行纵倾角也随之减小。当 F_V 达到 3.0 时,动升力已经超过了静浮力。

当艇的 F_V 大于 2.0 时,摩擦阻力成为总阻力的主要成分,所以减少湿表面积是考虑的重点。

影响这类游艇的重要参数除了艇的瘦长度系数 $L/\nabla^{1/3}$ 和艇的纵向重心位置 L_{cg} 外,舷部斜升角 β 与艇的性能也有很大关系。典型的 L_{cg} 为 $(40\% \sim 45\%)L_{WL}$。艇的航速越高,L_{cg} 越往后移。这种艇最适合各种用途的中小型游艇,是私人游艇界的主力军。

4. 滑行艇($3.0 < F_V \leqslant 4.5$)

设计在 $3.0 < F_V \leqslant 4.5$ 速度范围的艇为滑行艇。其重力主要由动升力支承,浮力所占比例较小,所以,艇型的设计着重于如何有效地提高其动升力。舷部的形状与静水阻力关系不大,但对适航性有所影响。

当 F_V 小于 3.0 时,瘦长度系数 $L/\nabla^{1/3}$ 的增加对阻力有利,但当 F_V 大于 3.0 时,其对阻力的影响变得很小。F_V 在 3.0 附近时,对阻力的影响可忽略。

除了艇的纵向重心位置 L_{cg} 和舷部斜升角 β 外,面积载荷系数 $A_p/\nabla^{2/3}$ 和舷部最大宽度 B_{px} 对这类艇的性能影响也很大。典型的 L_{cg} 为 $(35\% \sim 43\%)L_{WL}$。这类艇除了适合小型高速运动型游艇外,也适合中小型高速多用途游艇。

5. 全滑行艇($F_V > 4.5$)

在这个速度范围航行的艇为全滑行艇,其重力几乎完全由动升力支承,浮力所占比例很小。

同滑行艇一样,除了艇的纵向重心位置 L_{cg} 和舷部斜升角 β 外,面积载荷系数 $A_p/\nabla^{2/3}$ 和舷部最大宽度 B_{px} 对艇的性能也有重要的影响。典型的 L_{cg} 为 $(30\% \sim 40\%)L_{WL}$。这种艇适合小型高速运动型游艇和各种赛艇。

图 3 - 15 是现代游艇的类型设计参考图。

如果已经知道游艇的设计水线长和设计航速,只要参考图 3 - 15 就可马上知道该艇究竟属于哪一类型。比如,客户要求设计一条水线长等于 15 m,最大航速为 34 kn 的游艇,由图 3 - 15 就可查出,该艇应为典型的滑行艇,所以在设计该艇时,就应该使其具有滑行艇的特点。

3.3.3 游艇的阻力比较

我们曾经指出一种类型的艇只适合在一定的速度范围内使用,但究竟是为什么呢? 设想一下,如果要使一辆重型卡车获得赛车的速度或反过来让赛车具有重型卡车的载重量,那会是怎样一种情形?大家一定觉得不可思议。同样,游艇的设计也不例外。图 3 – 16 为各类游艇在不同速度区域内的阻力比较。

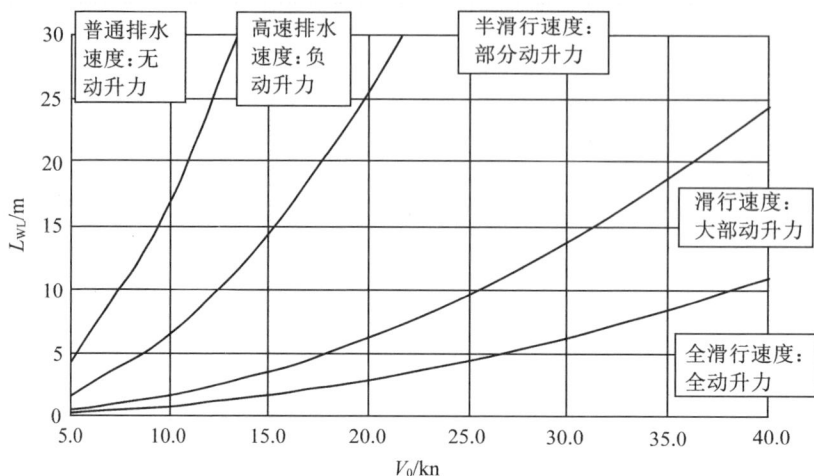

图 3 – 15　游艇的类型设计参考图

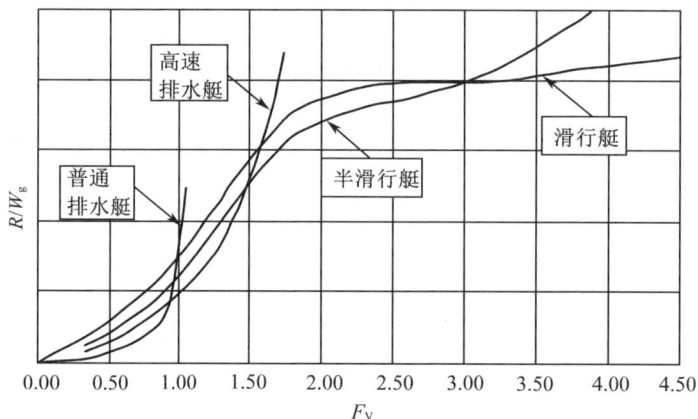

图 3 – 16　各类游艇相应的阻力曲线

由图 3 – 16 可见,在低速时,普通排水型艇的阻力最小;在中低速时,这种艇的阻力急速上升成最高值,而高速排水型艇的阻力反而最低;但在中速时,这类艇的阻力增加也很快,半滑行艇最适合;在中高速时,就阻力而言,滑行艇是唯一的选择。

3.3.4　游艇的航速估算

游艇的航速与其尺度、排水量以及装机功率关系密切。在中低速时,水线长是决定游艇航速的主要因素;而在中速、中高速时,艇的排水量代替水线长成为影响速度的主要因素。

1. 高速排水艇($0.4 < F_L \leqslant 0.65$)

$$V_0 = 132 \sqrt{L_{WL}} (P_S/K_L)^{0.621} / \Delta^{0.708} \qquad (3-7)$$

式中　V_0——艇的航速,kn;

Δ——满载排水量,kg;

P_S——总的轴功率,可取 $0.95\,P_B$,kW;

P_B——总的主机功率,kW;

L_{WL}——设计水线长,m;

K_L——修正系数:

$$K_L = 1.12 - 0.004\,8\,L_{WL} \leqslant 1.0$$

2. 在不同航速($1.0 < F_V \leqslant 4.0$)下的滑行艇

图 3 – 17 为美国 62 和 65 系列滑行艇在不同航速下、不同瘦长度系数时艇的阻力/重力值,可用来粗估滑行艇在给定航速下的阻力,也可在给定主机功率时用来估算艇可达到的航速,还可用来分析瘦长度系数对静水阻力的影响。

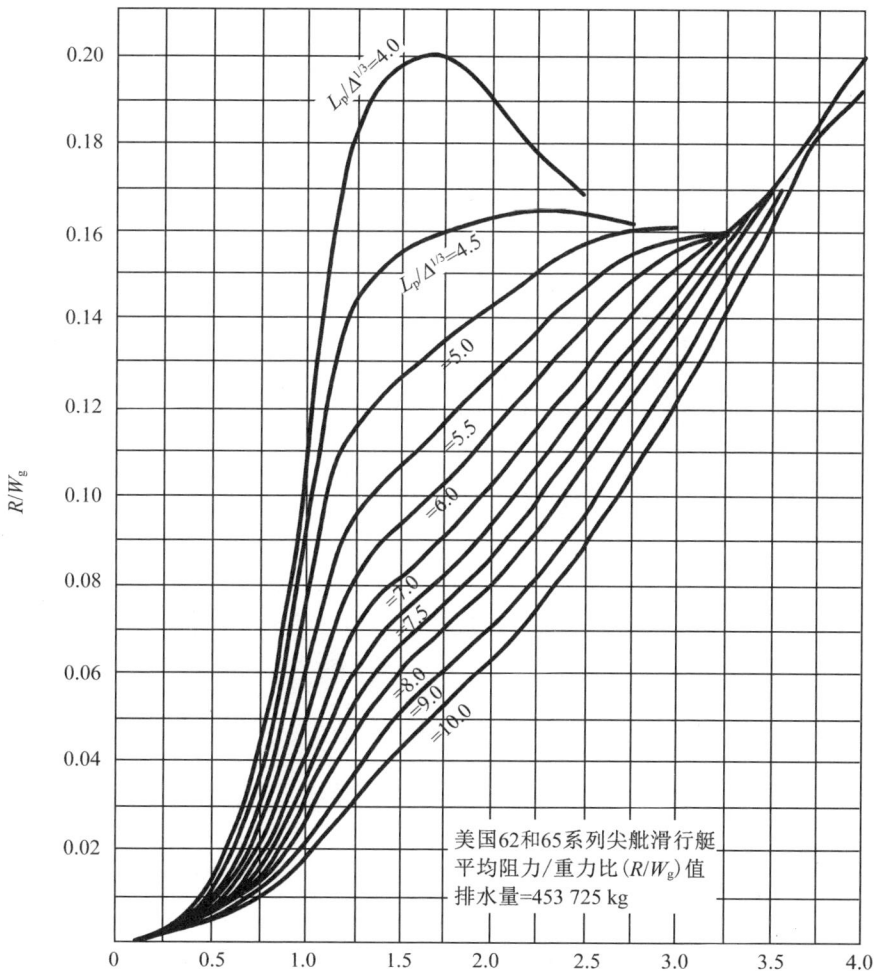

图 3 – 17 美国 62 和 65 系列的阻力曲线

粗估滑行艇在给定航速下的阻力比较简单,而反过来估算游艇可达到的航速就不那么容易。我们接着从例 1 来估算该艇的航速。

例2 继续根据例1的要求和选择的参数,估算该艇的设计航速。

已知:

"海豚"号的游艇的参数如下。

设计水线长——$L_{WL} = 14.92$ m

舭部长——$L_p = 15.34$ m

排水量——$\Delta = 27\ 061$ kg

主机功率——$P_B = 746$ kW

瘦长度系数——$L_p / \nabla^{1/3} = 5\ 155$

螺旋桨数——$Z_p = 2$

流体密度——$\rho = 1\ 025$ kg/m³

结果:

见表3-2。

表3-2 计算航速

主要参数	参考来源	取值				
游艇航速 V_0/kn	假设	28.0	30.0	32.0	34.0	36.0
游艇速度 V(m/s)	$0.514\ 4V_0$	14.4	15.4	16.5	17.5	18.5
体积弗劳德数 F_V	$V/\sqrt{g\ \nabla^{1/3}}$	2.67	2.86	3.05	3.24	3.43
阻力/重力 $R/(W_g)$	由图3-17可得	0.155	0.157	0.157	0.155	0.154
裸体阻力 R/N	$R/W_g \times \Delta \times 9.81$	41 079	41 609	41 609	41 079	40 814
附体阻力 δR/N*	$(0.005F_V^2 + 0.05)R$	3 513	3 778	4 011	4 206	4 438
总阻力 R_t/N	$R + \delta R$	44 593	45 387	45 621	45 285	45 252
计算有效功率 P_E/kW	$R_t \times V/1\ 000$	642	700	751	792	838
粗估总推进系数 OPC	假设	0.55	0.55	0.55	0.55	0.55
计算主机功率 P/kW	P_E/OPC	1 168	1 273	1 365	1 440	1 524

* 附体阻力公式:$R_a/R_{na} = (0.005F_V^2 + 0.05)$。式中,$R_a$ 为附体阻力,N;R_{na} 为裸体阻力,N。

设计航速由图3-18可得35.4 kn。

初步估算如果装两台功率为746 kW的主机,该游艇的航速为35.4 kn,可以满足例1中客户的要求。

3. 半滑行艇、滑行艇

在估算半滑行艇和滑行艇的航速时,由于艇的长度不再是影响速度的主要因素,可用一个非常简单的公式——Crouch公式来估算:

$$V_0 = C/\sqrt{(\Delta/P_S)} \qquad (3-8)$$

式中,C 为艇型常数。

该常数是估算航速的关键,作者根据一些统计资料和自己的经验,给出了不同推进系统的游艇在不同速度范围内的经验常数,见表3-3。

给定主机功率，求游艇航速

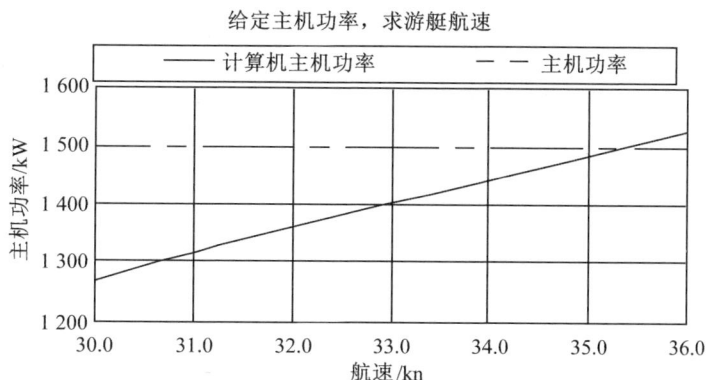

图 3 - 18 估算游艇可达到的航速

表 3 - 3 艇型常数 C 的经验值

项目	重型半滑行艇	中型滑行艇	轻型滑行艇	推进系统
适用范围	$F_V < 2.0$	$2.0 \leq F_V \leq 3.0$	$F_V > 3.0$	
常数 C_1	~117	~133	~148	常规*
常数 C_2	~125	~142	~159	先进**

＊常规推进系统指传统的斜轴直线形传动和 V 形传动系统；＊＊先进推进系统指常规推进之外的系统，如 IPS,Zeus 和喷水推进系统等,它们的总推进效率较高。

3.4 型 线 设 计

3.4.1 简介

在现代游艇设计中,主尺度、艇型参数等变量固然重要,但这些变量并不能精确地描述游艇的形状。其实,游艇的形状对其性能有着更大的影响。假设两条尺度和系数都完全相同的艇,如果形状不同,比如其中一艘是圆舭型艇,而另一艘是尖舭型艇,两者的性能会有很大的差异。更有甚者,即使是艇型相同,比如,都是尖舭型艇,其尺度和系数也一样,如果艇的型线不同,其性能也会有很大的差别,当然,其设计也会完全不同。

那么,究竟如何来判断两种不同艇型的游艇孰优孰劣呢? 我们可用一个衡量指标——运送效率(transport effcieney) E_T 来做出判断。该运送效率考虑了艇的排水量、航速及推动该艇所需要的功率,表示成

$$E_T = (\Delta V)/(102 P_S) = OPC/[(R_T/\Delta g)] \tag{2-9}$$

式中　Δ——艇体排水量,kg;

　　　V——艇的速度,m/s;

　　　P_S——总的轴功率,kW;

　　　OPC——总推进系数,一般取 0.55;

　　　R_T——艇的总阻力,N。

游艇的 E_T 越高,代表此艇的总体性能越好,反之则越差。

图 3 - 19 给出了在不同航速时判断各种游艇运送效率 E_T 的曲线。由图 3 - 19 可见，当游艇在体积弗劳德数 $F_V = 0.9 \sim 1.9$ 下航行时，圆舭型艇的效率最高，但在更高的速度下，尖舭型艇更好些。另外，如果游艇航行速度较低，双体型艇并不合适。图 3 - 19 中的尖舭、圆舭以及双体型艇的曲线分别代表各自的理想运送效率。实际上，由于游艇的设计并不追求最佳性能，所以其运送效率并不很高。一艘新设计的游艇，如果取得理想效率的 75% 就相当不错，但不要低于 60%。

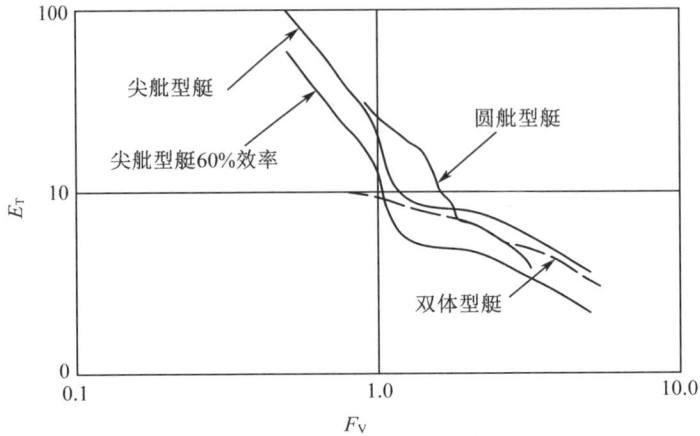

图 3 - 19　运送效率的曲线图

3.4.2　主要艇型的选择

1. 艇型的分类

（1）圆舭型艇

圆舭型艇主要指连接艇底和艇边的舭部呈圆弧形的艇。该型艇在高速航行时舭部可能产生负压力。其典型的剖面形状如图 3 - 20 所示。

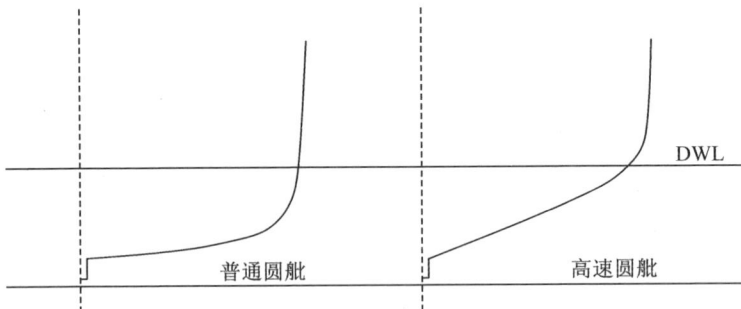

图 3 - 20　典型的圆舭型艇剖面形状

（2）尖舭型艇

尖舭型艇的艇底和艇边之间有一明显的尖舭连续贯穿全艇。该尖舭的主要功能是促使水流从舭部尽快分离。其典型的剖面形状如图 3 - 21 所示。

另外一种较常见的尖舭型艇为双舭型艇。有上下两个尖舭连续贯穿全艇。下舭一般较窄,航行时艇的长宽比较大,可降低中低速、中速下艇的阻力,也可改进艇在波浪中的适航性能;上舭较宽,可改善低速下的横稳性。其典型的剖面形状如图 3 - 22 所示。

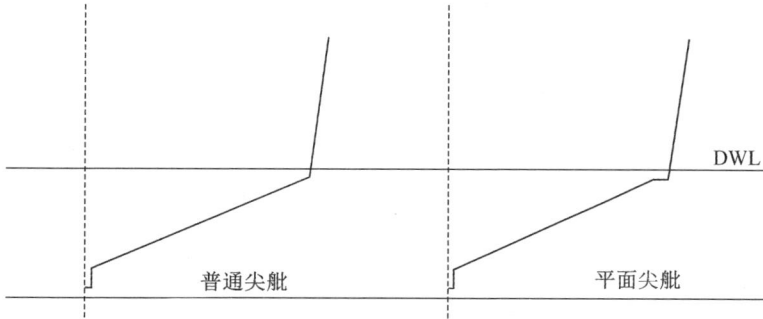

图 3 - 21　典型的尖舭型艇剖面形状

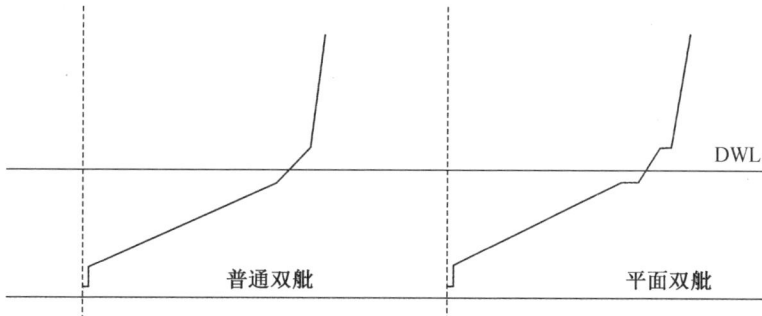

图 3 - 22　典型的多舭型艇剖面形状

尖舭型艇又有普通 V 形和深 V 形之分(图 3 - 23),它们的区别主要是舭部斜升角 β 不同,后者的舭部斜升角 β 更大一些,我们一般把舭部斜升角 β 大于 20°的艇称为深 V 形艇,这种艇具有良好的适航性能,非常适合于海上航行,但在静水中阻力较大。

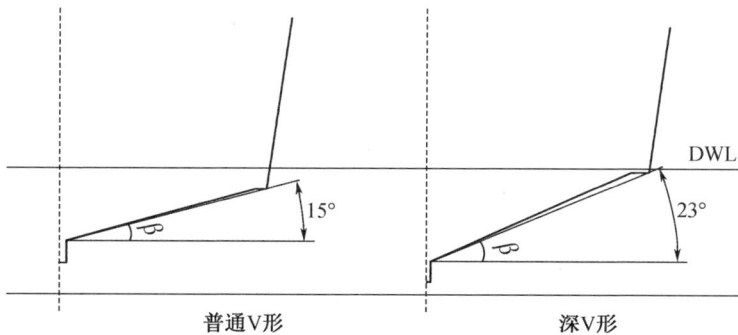

图 3 - 23　普通 V 形和深 V 形艇剖面形状

（3）混合型艇

混合型艇是圆舭型艇和尖舭型艇的"杂交"。混合方法主要有两种：其一是艇首部类似于圆舭型艇，随着向艉部移动，舭部的圆弧半径逐渐减小，在接近艉部时变成尖舭。这样，除了能避免圆舭型艇高速航行时艉部下沉的问题外，也增强了艇的航向稳定性。这种方法多用于改善高速圆舭型艇的性能。另一种组合正好相反，艇首部为尖舭型，向后逐渐过渡为圆舭型，其优点是航向稳定性、动态稳定性都比圆舭型艇的好。

2. 各类艇型性能比较

在选择游艇的艇型时要考虑许多因素，下面是各类艇型的性能比较。

（1）静水阻力（图 3-24）

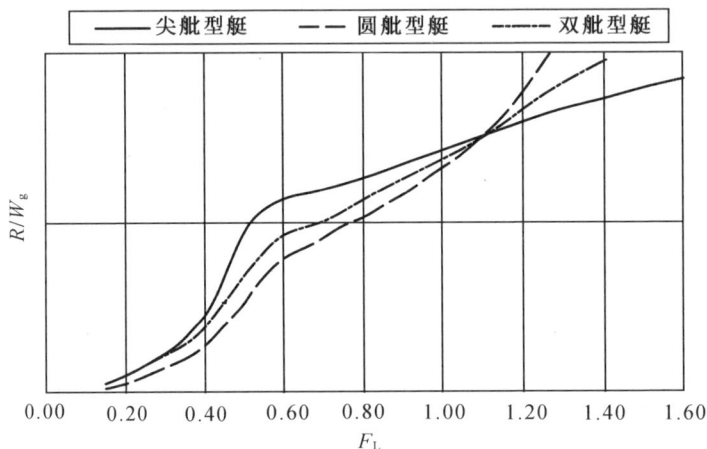

图 3-24　圆艇、尖艇、双舭形艇阻力的比较

当游艇在静水中低速航行时，如果艇的尺度相同，圆舭型艇的阻力比尖舭型艇要小很多；与此相反，当游艇在中速以上的速度航行时，尖舭型艇的阻力更小。

（2）适航性

当游艇以中低速在迎浪中航行时，如果艇的长度相同，圆舭型、尖舭型艇的适航性相近；当游艇在顺浪或艉斜浪中航行时，尖舭型艇总是优于圆舭型艇；当游艇在横浪中静止或以低速航行时，尖舭型艇的横摇阻尼都比圆舭型艇的大（图 3-25），所以其横摇更小一些，而且由于底部较平坦，更容易安装减摇装置。

当游艇的速度和波速接近并顺浪航行时，圆舭型艇更容易出现甩横现象。就游艇的淹湿性来说，无论在什么情况下，尖舭型艇总是优于圆舭型艇。

（3）承载能力

当游艇的长度相等时，尖舭型艇的承载能力更大，超载后吃水变化也较小。

（4）其他

当游艇在中高速航行时，尖舭型艇的航向稳定性、动态稳定性都优于圆舭型艇。

3. 艇型的选择

艇型的选择没有一个固定的标准，可根据客户的要求并参照表 3-4 选择。

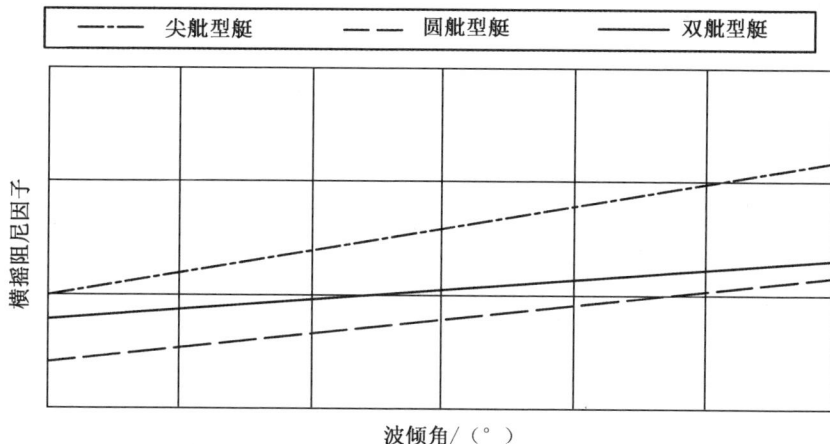

图 3-25 圆艇、尖艇、双舭形艇阻尼的比较

表 3-4 两种艇型的选择参考

性能考虑	选择		
静水阻力	$F_L \leqslant 0.4$	$0.4 < F_L \leqslant 1.1$	$F_L > 1.1$
	圆舭型艇	两者均可	尖舭型艇
适航性	两者均可		
淹湿性	尖舭型艇		
超载能力	尖舭型艇		
动态稳定性	尖舭型艇		
航向稳定性	尖舭型艇		
运送效率 ET	$F_V \leqslant 1.8$		$F_V > 1.8$
	圆舭型艇		尖舭型艇

从表 3-4 中可看出,当设计重点是在低速下的静水阻力或运送效率时,圆舭型艇应是最佳选择。但在速度较高时,最好选择尖舭型艇。如果设计主要考虑的因素是动态稳定性和航向稳定性,那么,尖舭型艇就是更好的选择。不管怎样,当 $F_L \leqslant 0.4$ 时,总是选用圆舭型艇;当 $F_L > 1.1$ 时,毫无疑问,尖舭型游艇是设计师的首选;当 $0.4 < F_L \leqslant 1.1$ 时,就要根据其他因素做出适当的抉择。

虽然上述艇型的选择给出了一个大致方法,但由于现代游艇的设计航速越来越高,对于多数中小型游艇来说,其航速已在高速排水速度以上,所以各国游艇绝大多数选用尖舭型。至于大型游艇虽然其航速较高,但是由于相对速度(F_L)较低,几种艇型都有。由于篇幅所限,下面我们只着重介绍尖舭型游艇的型线设计。

3.4.3 型线对性能的影响

图 3-26 是一艘假想游艇的型线图。在型线图上,设计水线一般取满载时的水线,并按其长度分成十等份,该等分线即为 0~10 号站线。如果水线或纵剖线的曲率变化较大,可在

站线之间再加1/2站线。此外,游艇的型线图还包括主尺度、排水量以及一些其他重要的细节等。通常艇体型线由三视图组成。

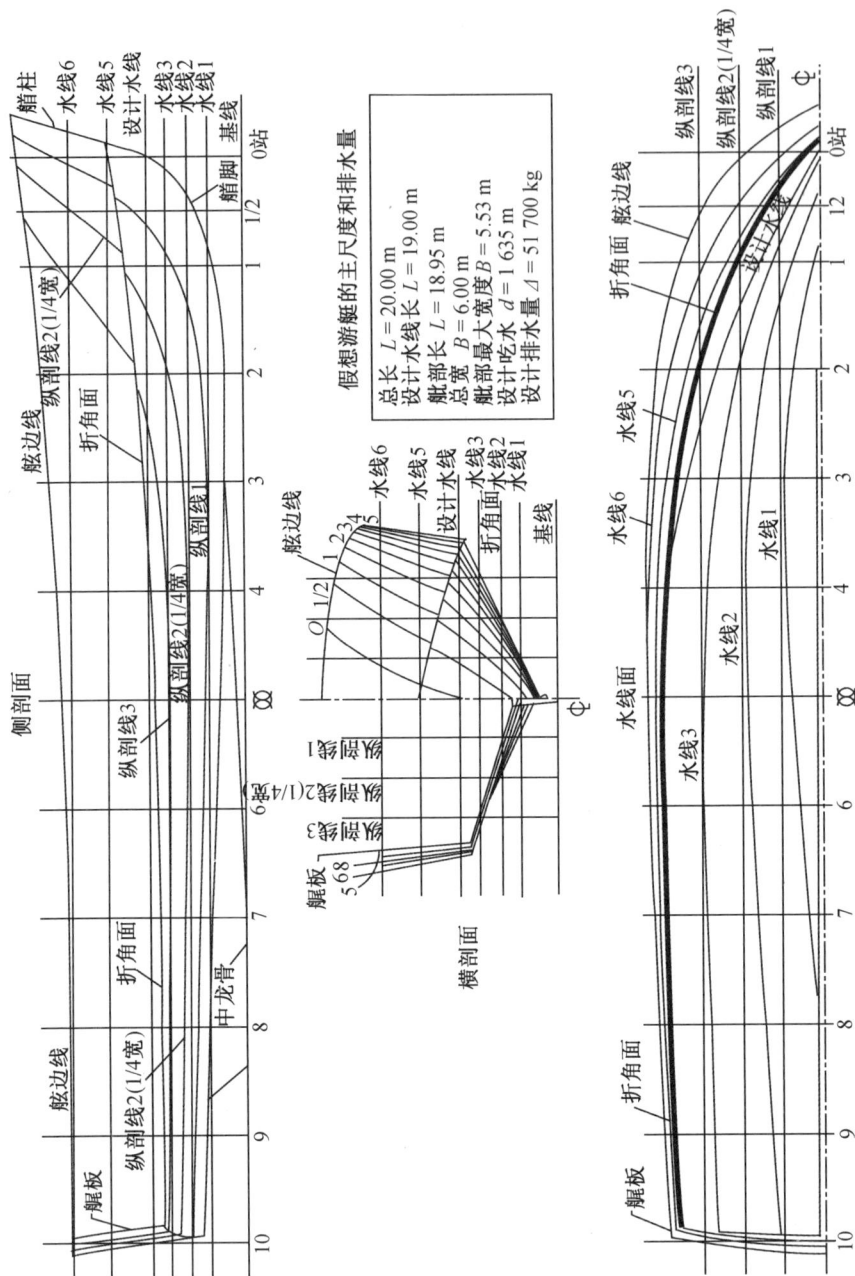

假想游艇的主尺度和排水量

总长	$L = 20.00$ m
设计水线长	$L = 19.00$ m
艏部长	$L = 18.95$ m
总宽	$B = 6.00$ m
艇部最大宽度	$B = 5.53$ m
设计吃水	$d = 1\,635$ kg
设计排水量	$\Delta = 51\,700$ kg

图 3-26 型线图

(1)侧剖面视图

侧剖面视图主要给出艇的侧面轮廓,包括舷边线、艏柱线、艏脚(frelou)线、龙骨线、龙骨底线、折角线(面)侧投影线、艉封板线、纵剖线等。其中,对游艇的性能影响最大的是折角线和1/4艇宽纵剖线,其次是艏脚线及中龙骨与艇体的交线。中龙骨的设置主要是为了保持艇航向的稳定和保护推进器,其他舷边线、艏柱线、艉板线等外型轮廓线主要与艇的造型有关。

（2）横剖面视图

横剖面视图主要包括艇的横剖线、折角线（面）横向投影线、最大横剖面、艉板轮廓等，由于艇体左右对称，一般右边只显示 0~5 站的横剖线，左边显示 5~10 站的横剖线。艏部、舯部和艉部横剖线的舭部斜升角是影响游艇性能的重要因素，艏部干舷的高低和外飘的大小对艇的淹湿性影响很大。

（3）水线面视图

水线面视图主要给出艇的各条水线，其中，设计水线的形状最为重要。该视图也显示舷边线和折角线（面）水平投影线。

在现代尖艏型游艇的型线设计中，对性能有较大影响的主要是横剖面、纵剖线、水线面以及艏部折角线的形状，下面将会一一介绍。

1. 横剖面形状

在现代游艇的设计中，大部分艇横剖面的形状都采用 V 形或深 V 形。这两者的主要区别是后者的舭部斜升角要大一些，主要是为了改善游艇在风浪中的性能，所以更适用于在风浪较大的海域使用；而普通 V 形艇由于舭部斜升角较小，其静水中的阻力性能更好，因而在风平浪静的水域比较适用。

V 形游艇的横剖面形状有许多种，可大致分为凹形剖面、凸形剖面、直线剖面、倒钟形剖面、平面舭剖面和碗形剖面（图 3-27）。

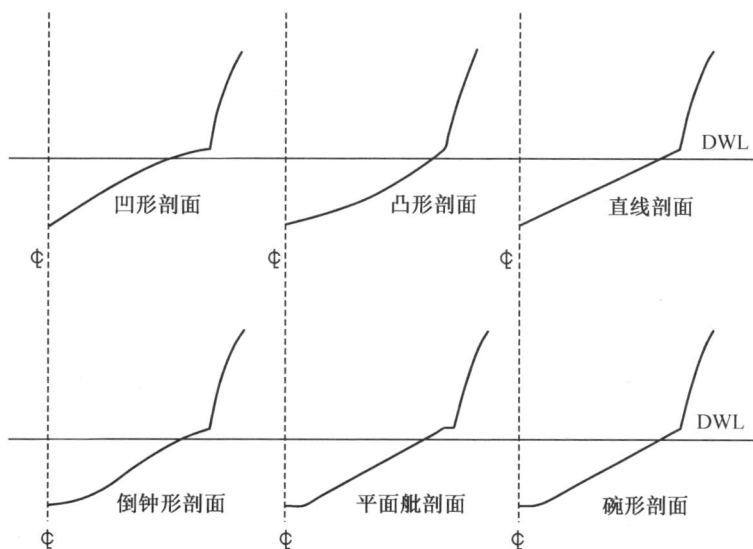

图 3-27　尖艏型横剖面形状

（1）凹形剖面

凹形剖面在舭部的水流容易分离，平波能力较强，在静水中动升力较大，但在波浪中容易发生砰击，而且砰击力相对集中，对结构的设计是一个挑战，所以在海浪中航行的现代游艇很少采用这种剖面形状。

（2）凸形剖面

凸形剖面正好相反，相对于上述剖面，不仅不容易发生砰击，而且即使发生，其砰击力也容易被稀释。这种剖面的主要问题是其水流不易从舭部分离，甲板上浪的概率较大。

（3）直线剖面

直线剖面介于两者之间,主要优点是成形简单。

（4）倒钟形剖面

倒钟形剖面是前两种剖面的有效组合,取两者各自的优点,并摈弃两者各自的缺点,在现代游艇设计中比较常见。

（5）平面舭剖面

平面舭剖面与倒钟形剖面的功能有点类似,但可以提供更大的动升力,水流分离更彻底,飞溅程度也减小,所以现代中高速、高速游艇大多选用这种剖面。但它有一个明显的不足,就是在停泊或航行时,舱内常常会听到波浪砰击平面舭时发出的噪声。

（6）碗形横剖面

碗形横剖面正好可以弥补这个不足,但它的飞溅程度比较大,有时为了减小飞溅,需要在艏部加防溅条。

在选择横剖面的形状时,一定要同时考虑舭部斜升角 β 的影响,它是横剖面形状设计中一个重要的参数,该参数的选择不仅会影响到艇的阻力性能,而且对艇的适航性也有决定性的影响。具体来说,对适航性的影响主要是舭部斜升角 β。β 越大,舭部（1/2 站附近）的冲击加速度就越小,但也不能太大,一般以 $50° \sim 60°$ 为宜。为了减小游艇航行的阻力,β 从艏至艉要逐渐减小,舯部一般取 $20° \sim 25°$,艉板处在 $10° \sim 20°$。

在设计横剖面形状时也要考虑其在中心线附近的形状。对中高速、高速游艇,该处应设计成圆弧状,这样对艇的滑行性能有利,这就是平面舭剖面、碗形剖面较受欢迎的原因之一。

2.1/4 艇宽纵剖线

我们知道,现代中高速尖舭型游艇的航行纵倾角是影响游艇性能的一个重要因素,而该纵倾角与舯后纵剖线的形状关系很大。在众多纵剖线中,最具代表性的是 1/4 艇宽纵剖线。

舯后部纵剖线的不同形状会改变艇航行时水流的压力分布,使得艇的航行纵倾角产生变化,从而严重影响到游艇的阻力。当艇的设计弗劳德数 $F_L > 0.4$ 时,纵剖线通常从 7 站开始到艉板处一直保持为直线,这样有利于水流在此完全分离,避免产生负压力而增加艇的阻力。在更高的设计航速下,艇的纵剖线会从 6 站甚至舯部就开始向后拉直,艉板的浸深也会更大。

舯前部纵剖线的形状对游艇的动态稳定性有很大的影响。纵剖线在舯前部的形状一般是曲线,该曲线向前呈上升趋势。如果一艘游艇的纵剖线在艏部 1/4 水线长的地方曲率太大,当艇以中速、中高速航行时,该处就可能产生负压力而引起动态横向不稳定。另外,若靠近艉部的纵剖线出现内凹的情况,也可能出现类似的结果。

在游艇型线设计中,常用一个设计参数,即上面提到的 1/4 艇宽纵剖线斜升角 $\tau_{1/4}$ 来衡量一艘游艇可能达到的最大航速。该斜升角 $\tau_{1/4}$ 指 1/4 艇宽处后部纵剖线与设计水线之间的夹角（图 3-2）。一般来说,在一定的航速范围内,该夹角越小,其潜在的最大设计速度也就越高。反过来说,如果要求的设计速度越高,所选择的夹角就应该越小,所以该夹角的大小取决于艇的设计速度。对低速排水型游艇（$F_L < 0.4$）,该角可取 $7°$ 左右;当游艇的设计速度达到中速、中高速时,该角可减小到 $2°$,甚至取 $0°$。但是如果要设计一艘高速、超高速游艇,该夹角就不易太小,以免因航行纵倾角过低而产生过大的阻力和引起动态横向不稳定。

此外,纵剖线靠近艉部的形状对游艇的性能影响也很大。艉部纵剖线的局部形状如图 3-28 所示分成三种:完全平直、局部下压和局部上翘。

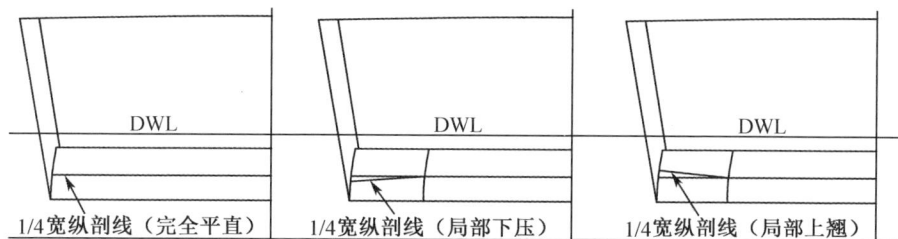

图 3-28 纵剖线近艉部的形状

它们对性能的影响表现在:

（1）静水阻力

艉部局部纵剖线各种形状对游艇性能的影响主要来源于航行纵倾角变化。在中低速、中速时,航行纵倾角一般太大,艉部纵剖线局部下压可使其减小,对阻力有利;当速度达到中速、中高速时,平直的纵剖线较优;在中高速、高速时,航行纵倾角又太小,艉部纵剖线局部上翘可使其靠近最佳航行纵倾角（在4°左右）,阻力较小。

（2）适航性

当艉部纵剖线由局部上翘向局部下压转换时,游艇的纵摇幅值会减小,而且这种下降有随速度的增加而加剧的趋势。此外,垂向加速度也会随着这种转换而减小。

（3）动态稳定性

减小艉部纵剖线的局部下压或增加其局部上翘都会改善游艇的动态横向稳定性,在较低速度下,艉部纵剖线的局部形状影响不大;但在高速下,就要考虑它们的影响。

一般来说,当游艇的设计航速低于半滑行速度（$F_V < 3.0$）时,多选择艉部局部下压的纵剖线以减小过大的航行纵倾角;但在设计航速很高（$F_V > 4.5$）时,选择艉部纵剖线局部上翘以增加航行纵倾角,反而对艇的性能较有利。不管是下压或上翘,都不可过度,过度的艉部纵剖线下压可能使得阻力增大,飞溅增加,动态横向稳定性变差;同样,艉部纵剖线上翘太多,也有不利的影响。

3. 艉部折角线形状

折角线的形状不仅影响游艇的外观,而且也影响艇的性能。它的高低、宽窄与艉部斜升角有直接的关系,而艉部斜升角对游艇性能的影响很大,所以选取折角线的形状在艇的型线设计中占有很重要的位置。游艇艉部折角线（面）的形状如图 3-29 所示。

（1）在侧剖面图上的形状

折角线在侧剖面图上的形状对艇的外观和性能都有直接的影响,而且对不同航速的游艇,其影响也不一样,所以在设计折角线的形状时,不能千篇一律,要有所区别。中低速游艇的折角线在艏部的高度较低,给人以沉稳、优雅的印象;而中高速游艇就不同,折角线在艏部升高,有一种飘逸欲飞的感觉。

在设计折角线的侧面形状时,首先要考虑的是折角线与设计水线交点的位置。该位置会随设计航速的不同而在一个范围内前后变动,变动的范围一般为3~5站。其次是折角线与艏柱的交点高度。速度越高,该交点就越高,折角线与设计水线交点的位置也越靠后。这主要是考虑到中高速艇所受的砰击较大的缘故。而对于中低速艇,折角线与艏柱的交点较低,其与设计水线的交点位置比较靠前,可在较低的速度下就获得较大的动升力,有利于减小艇的阻力。另外需要考虑的是折角线在艉端的形状,有两个参数要注意,一个是折角线艉端在设计水线下的浸深,另一个是艉端折角线与水线的夹角。中速、中高速游艇的浸深相对较大,夹角下压 $0.5° \sim 1.0°$;中低速下的游艇正好相反,其浸深相对较小,夹角向后稍微上扬。

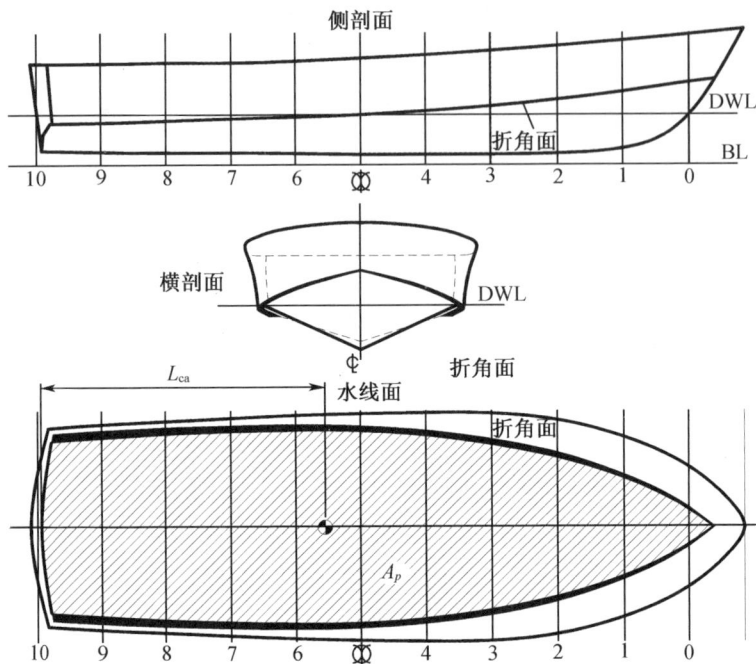

图 3 - 29 典型的游艇折角线(面)的形状

(2)在水线面上的形状

折角线在水线面上的形状由艏部和艉部折角线所围部分决定。这部分在水平方向的投影面积和面积形心位置对艇的动升力和艇的动态横向稳定性有着很大的影响。一般来说,速度较低的艇,艉部折角线较窄,相应地,面积形心位置比较靠前;而速度较高的艇,艉部折角线较宽,面积形心位置比较靠后。并且,航速越高,艉板折角线就越宽,面积形心位置也会后移。

游艇折角线的最大宽度一般为 5 ~ 6 站,如果主机在艉部,可能会向后移到 7 站甚至 8 站。中速、中高速游艇的艉部折角线宽度约为最大折角线宽度的 90%。

4. 水下侧面的形状

水下侧面的形状指游艇在航行时实际水线与折角线以下的侧面形状。值得注意的是,艇在航行时艏部会抬升,使得前部水下侧面积比静止时大大减小,而后部由于折角线的遮挡,其水下侧面积也比静止时有所减小,此时艇的水下侧面积与静止时的并不一致(图 3 - 30)。

艇在航行时的水下侧面积和面积形心位置对艇在风浪中的适航性和操控性有决定性的影响,主要表现在两方面:

(1)艇在风浪中保持航向稳定性的能力;

(2)艇对操舵指令的反应能力。

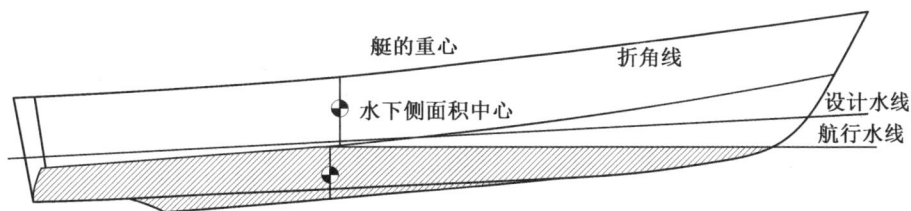

图 3 – 30 典型的游艇水下侧面形状

毫无疑问,后部水下的侧面积越大,其在风浪中保持航向稳定性的能力就越强,但如果该水下侧面积太大,就有可能造成艇对舵的反应迟钝,甚至根本就没有反应。另外,它也会影响艇的回转能力。例如某游艇公司在做实艇试验过程中发现,每当艇全速满舵回转到一定角度的时候,艇就突然停止回转而向切线方向冲去,试了几次,都是如此。在查看图纸后,发现该艇后部水下龙骨侧面积太大,因而建议在艉部减小一部分侧面积,问题就得到圆满解决。在另一方面,若后部水下侧面积太小,艇就不易保持稳定的航向。

前部水下的侧面积不要太大,特别是在艏脚处。要设法使水下侧面积的形心保持在艇重心稍后一点的位置,不可太靠前,否则,艇有可能会失去平衡,突然甩横。所以,中速、中高速游艇的艏脚一般不大,其原因就在于此。

3.4.4 型线设计特点

如上所述,现代游艇按航行速度大致分成五类,对于不同速度区域的游艇,其型线的设计也完全不同。下面分别给出各类游艇型线设计的一些典型特点。

1. 普通排水艇

普通排水艇由于航行速度太慢,很少适用于现代游艇。图 3 – 31 为普通排水艇的典型型线(泰勒标准系列)。其主要特点是水线进水角较小,有些装有球鼻艏;艏部尖细、舯部丰满而艉部收缩成巡洋舰艉;横剖面型线为外凸圆舭型;为了减小艇航行时的形状阻力,纵剖线在艉部外凸上翘以避免水流分离。

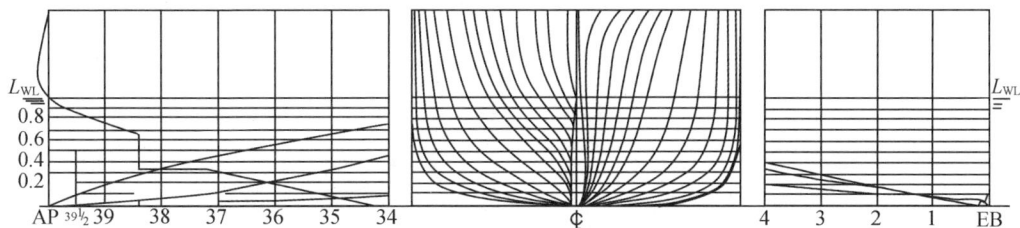

图 3 – 31 普通排水艇的典型型线

2. 高速排水艇

与普通排水艇相比,高速排水艇的型线有了许多改进。图 3 – 32 为圆舭型高速排水艇的典型型线(英国 NPL 系列)。图 3 – 33 为尖舭型高速排水艇的典型型线。其主要设计特点是艏部横剖面较尖细,斜升角高,水线进水角较小,进水段保持为直线;舯部比较瘦削,斜升角较大;后部纵剖线呈直线上翘(<4°)与艉板相交;舭部可为圆舭型、尖舭型或是双舭型。在高速排水速度范围的低速段,一般选圆舭型,但艏部要装防溅条,艉板的水下面积较小;而在该范围的高速段,就要选择尖舭型,舯后底部可为平面也可为扭曲面(warped)。

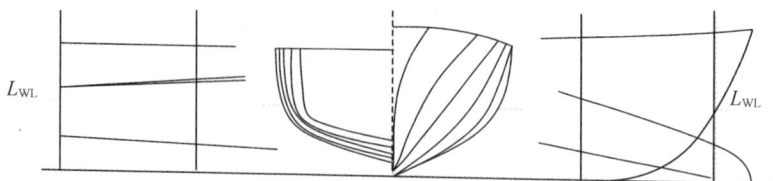

图 3 – 32　圆舭型高速排水艇的典型型线

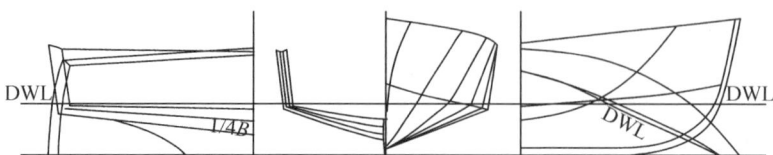

图 3 – 33　尖舭型高速排水艇的典型型线

3. 半滑行艇

图 3 – 34 为平面单舭半滑行艇的典型型线。图 3 – 35 为平面双舭半滑行艇的典型型线。其主要设计特点是艏部横剖面稍钝一点,比高速排水艇的艏部斜升角小,后部纵剖线为直线,可轻微上翘(<2°),也可稍微下压,视艇艉部底板的扭曲程度而定;艉部底板与艉板的交线要成尖角,以确保水流能快速分离和彻底通风(ventilation);艏部为尖舭型或双舭型;艉板的水下面积略小于最大横剖面的水下面积;舯后底部可呈平面或稍微扭曲。这类艇型线设计的重点是如何有利于水流的有效分离。

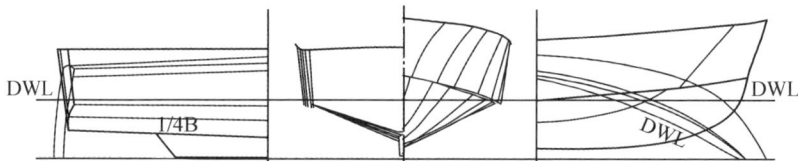

图 3 – 34　平面单舭半滑行艇的典型型线

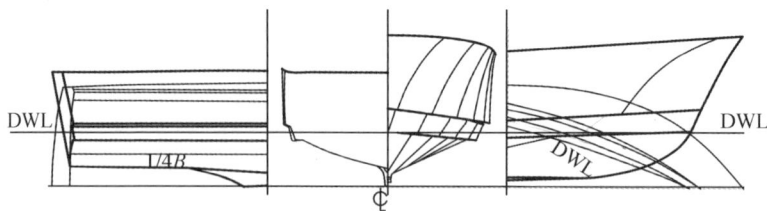

图 3 – 35　平面双舭半滑行艇的典型型线

4. 滑行艇

图 3 – 36 为普通单舭滑行艇的典型型线(著名的 S62 系列)。图 3 – 37 为平面单舭滑行艇的典型型线。其主要设计特点是艏部横剖面较钝,类似于半滑行艇;舯后底部接近棱柱形平面,纵剖线呈直线而没有上翘;艏部为尖舭;在艇底表面常有几条纵向防溅条。

虽然滑行式游艇主要适用于中高速航行,但在中低速、中速航行时也应有良好的阻力性能,同时还需要考虑其动态横向稳定性;此外,在风浪中的性能也不可忽略。一艘优秀滑行式游艇的艉部斜升角不能太小,艉板艉部斜升角取 $10° \sim 15°$ 比较合适,随着向前延伸而逐渐增大。在艏部(1/2 站),艏部斜升角取 $50°$ 左右,这样可使艇在整个航行范围内承受的冲击力较低,波浪中的阻力增加也较小。当然,在静水中的阻力会有稍许增加,但考虑到其综合性能较优,应该是可以接受的。

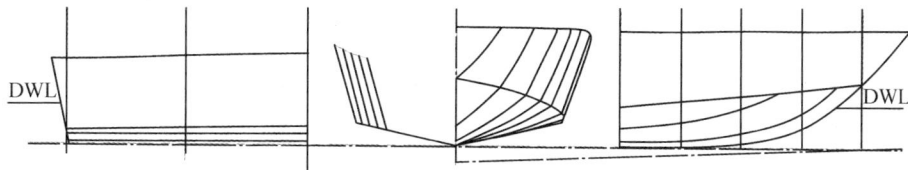

图 3－36　滑行艇的典型型线 1

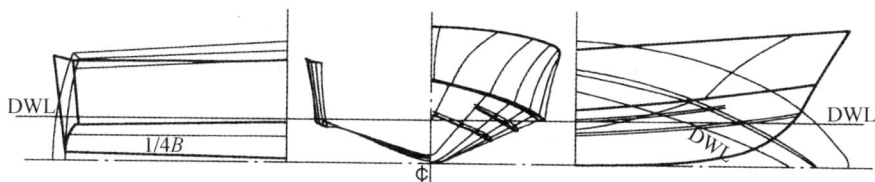

图 3－37　滑行艇的典型型线 2

5. 全滑行艇

全滑行艇的型线与滑行艇类似,只不过长宽比更小(展弦比更大)而已,这样更有利于高速下的阻力性能。有些全滑行艇还在艇底设有几个断级,以便进一步减小湿表面积,从而降低摩擦阻力。

3.4.5　型线设计范例

游艇的型线设计并不是一件轻而易举的事,需要考虑许多的因素和不同的要求。

在型线设计开始前,设计师手里大概只有一些客户的基本要求,一份包括侧面轮廓、简单舱室布置的草图。从这些要求和草图中,我们可以事先给出几个参数,比如艇的总长、水线长、总宽等,而其他参数虽然有个大致范围,但必须要等到型线绘制完成后才能确定。在过去的手工绘制型线图中,线条的相互对应和光顺是一件相当困难的事,现在有了一些很好的设计程序,使得型线设计容易了许多,即使如此,也很少有一次就成功的例子,往往需要多次反复才能设计出满足各种要求的型线。

例3　根据"海豚"号游艇的主要参数,完成该游艇的型线设计。

1. 主要参数

主要参数的选择见表 3－5。

表 3－5　主要参数的选择

主要参数	参考来源	取值
艇的总长 L_{oa}	给定	16.33
设计水线长 L_{wl}/m	给定	14.92

表 3 - 5（续）

主要参数	参考来源	取值
艇的艉部长 L_p/m	给定	15.34
艇的总宽 B_{oa}/m	由布置要求决定	5.17
艇的吃水 d/m	为了保持游艇的排水量 Δ	1.11
艇的型深 D_h/m	由布置要求决定	2.06
游艇的满载排水量 Δ/kg	表 3 - 1	27 061
瘦长度系数	$L_{WL}/\nabla^{1/3}$	5.01
体积弗劳德数 F_V	$V/\sqrt{g\ \nabla^{1/3}}$	3.24
艉部斜升角 β/(°)	考虑适航性要求	21.4
艉板艉部斜升角 β_t/(°)	考虑适航性要求	14.9
重心相对最佳位置 L_{cg}/L_{WL}	考虑航速较高	0.41

2. 型线设计

现代游艇的型线设计和绘制一般用一些三维设计程序，比如 Rhino、Max Surf 等，使用起来非常方便，能设计出令人满意的型线。

每个程序的应用方式不可能完全相同，但不管怎样，在用这些程序设计和绘制游艇的型线时要掌握以下几个要点：

（1）确定游艇的艇型。首先要根据客户的要求和设计航速来确定新设计的游艇应该选择什么样的艇型。如航速较低，可选圆艉或双艉艇型；反之，如果航速较高，就要考虑普通尖艉或平面尖艉艇型。如有可能，最好选取一型具有相似艇型特点的优秀游艇作为母型，并据此进行新艇的型线设计。

"海豚"号游艇所要求的设计航速是 34 kn，初步确定该艇属于中高速滑行艇一类，所以选择平面尖艉艇型比较合适。这种艇型的特点是艏部横剖面较钝，艉部为尖艉，艏后底部接近棱柱形平面，纵剖线呈直线。

（2）确定游艇的主尺度和艇型参数。这是游艇设计的基础，可按客户的要求和舱室布置草图，并参考母型的尺度首先确定艇的总长 L_{oa}，然后，用上面所学的内容给出艇体的长宽比 L_{oa}/B_{oa}、总宽 B_{oa}、吃水 d 和初步的设计排水量 Δ 等。同时，也可根据设计要求给出游艇的艉部斜升角 β 和艉板艉部斜升角 β_t。

由"海豚"号的总长 L_{oa} 并参考母型及侧投影轮廓线草图，初步得出该艇的总宽 B_{oa}、设计水线长 L_{WL} 和吃水 d 等重要参数（表 3 - 1）。然后，由舱室布置草图和排水量的要求将表 3 - 1 中的参数，如艇的总宽 B_{oa} 和吃水 d 做了变动。另外，由于该艇需要在较大的风浪中航行，所以，艉部（斜升角）和艉板艉部斜升角较大，分别是 21.4°和 14.9°（表 3 - 5）。

（3）设计侧投影线和舷边线。侧投影线由艏柱、艏脚线、龙骨线、龙骨底线、艉板线和舷边侧投影线构成，水上部分一般从游艇的造型考虑，要求美观大气、有特色，对中高速游艇还要有速度感，水下部分主要考虑对性能的影响。舷边线的最大宽度及其位置以及艉部宽度的大小主要从舱室布置和甲板布置着眼。注意，它们也会影响到折角线的设计。

由于"海豚"号游艇的航速较高，所以使侧投影线中的舷边线上扬、艏柱前倾、艏脚线适中、龙骨与艇底的交线向后微微上扬、艉板线倾斜,感觉上有一种速度感。舷边线的最大宽度和艉部宽度由舱室布置和甲板布置草图而得。

(4)设计折角线。折角线的形状对游艇性能的影响很大,所以在设计折角线时要仔细选择折角线在艏柱的高度、在艉板处的高度和宽度以及折角面的宽度。注意,折角线在艉板的高度和宽度要与艉板艉部斜升角 β_t 相配合。另外,也要注意折角线与设计水线交点的位置以及折角线最大宽度 B_{px} 的位置。这两个位置与艇的类型有关,一般来说,游艇的航速越高,它们的位置越向后移。

"海豚"号游艇的折角线在艏柱处较高,在中高速航行时可有效地减小砰击。折角线在艉板处的浸深较大,以期减小航行纵倾角并与艉板的艉部斜升角相匹配。折角面宽度较大,可以增加动升力并使艇在回转时能够内倾。折角线与设计水线的交点位置在4站附近。

(5)局部修整型线。有了游艇的侧投影线、舷边线和折角线的形状后,游艇的型线就能初步确定,此时,如果觉得某些局部型线不够满意,还可以进行调整。

在"海豚"号游艇的三维型线初步生成后,我们发现侧视图上的舷边线太直,比较单调,为此局部调整了舷边线,调整后看起来比较飘逸(图3-38)。

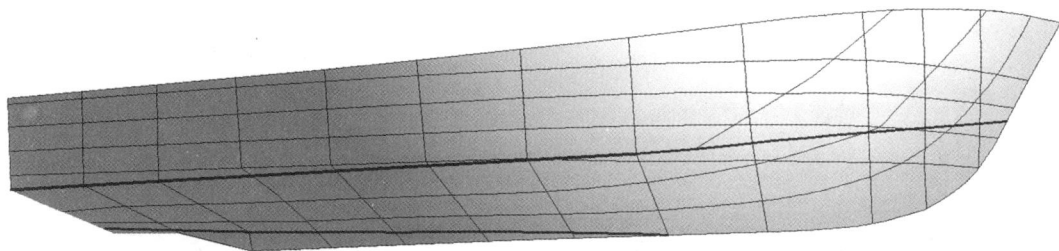

图 3-38　游艇的三维型线

(6)游艇的设计排水量和浮心纵向位置。有了游艇的型线,就可利用一些程序计算出该艇的排水量和浮心纵向位置。将这些结果和初估值进行比较,如果结果可行,就继续下一步;否则,需调整上述型线,直到满意为止。

有了"海豚"号游艇的主尺度和初步型线,我们利用 Orca3D,计算出该艇的设计排水量和重心纵向位置。经过反复调整,最后计算出艇的设计排水量 $\Delta = 27\,223$ kg,重心纵向位置 $L_{cg} = 6.17$ m,$L_{cg}/L_{WL} = 0.41$,处在这类游艇的合理范围内。

(7)生成二维型线图和型值表。在三维型线图上按一定的间隔切割,可生成二维型线图,其中包括各个横剖面、水线面、侧剖面等,并由此可给出型值表。

"海豚"号游艇的二维型线图如图3-39所示。

(8)增加附体。有些中高速游艇需要加装防溅条,有些推进系统要求有艉隧道,这些都可在型线设计完成后再来考虑。

"海豚"号游艇的型线图并未全部完成,由于游艇的航速较高,所以还需加装防溅条,此外,艉隧道还未确定,本章暂不考虑这部分内容。

侧剖面　纵剖线2(1/4宽)　艏柱

艉板　舷边线　舷边线　折角面　水线7　水线6　水线5　设计水线

纵剖线2(1/4宽)　折角面　纵剖线3　折角面　水线3　水线2　水线1

纵剖线2(1/4宽)　艏胸　基线

10　9中龙骨　8　7　6　⊗　4　3　2　1　1/2　0 站

纵剖线1

横剖面　水线7　水线6　水线5　设计水线　水线3　水线2　水线1　基线

艉板　纵剖线3　纵剖线2(1/4宽)　纵剖线1

6 5 8　1/2　0　1　2　3　4　5

斜剖线3　斜剖线2　折角面　斜剖线1　₵

例3游艇的主尺度和排水量

总长	$L_{oa}=16.33$ m
设计水线长	$L_{WL}=14.92$ m
艏部长	$L_{P}=15.34$ m
总宽	$B_{oa}=5.17$ m
艏部最大宽度	$B_{PN}=4.50$ m
设计吃水	$d=1.11$ m
设计排水量	$=27.223$ kg

艉板　折角面　水线面　水线7　水线6　水线5　折角面　舷边线　纵剖线3　纵剖线2(1/4宽)　纵剖线1

水线2　水线3　水线1　设计水线　₵

斜剖线1　斜剖线2　斜剖线3

10　9　8　7　6　⊗　4　3　2　1　1/2　0 站

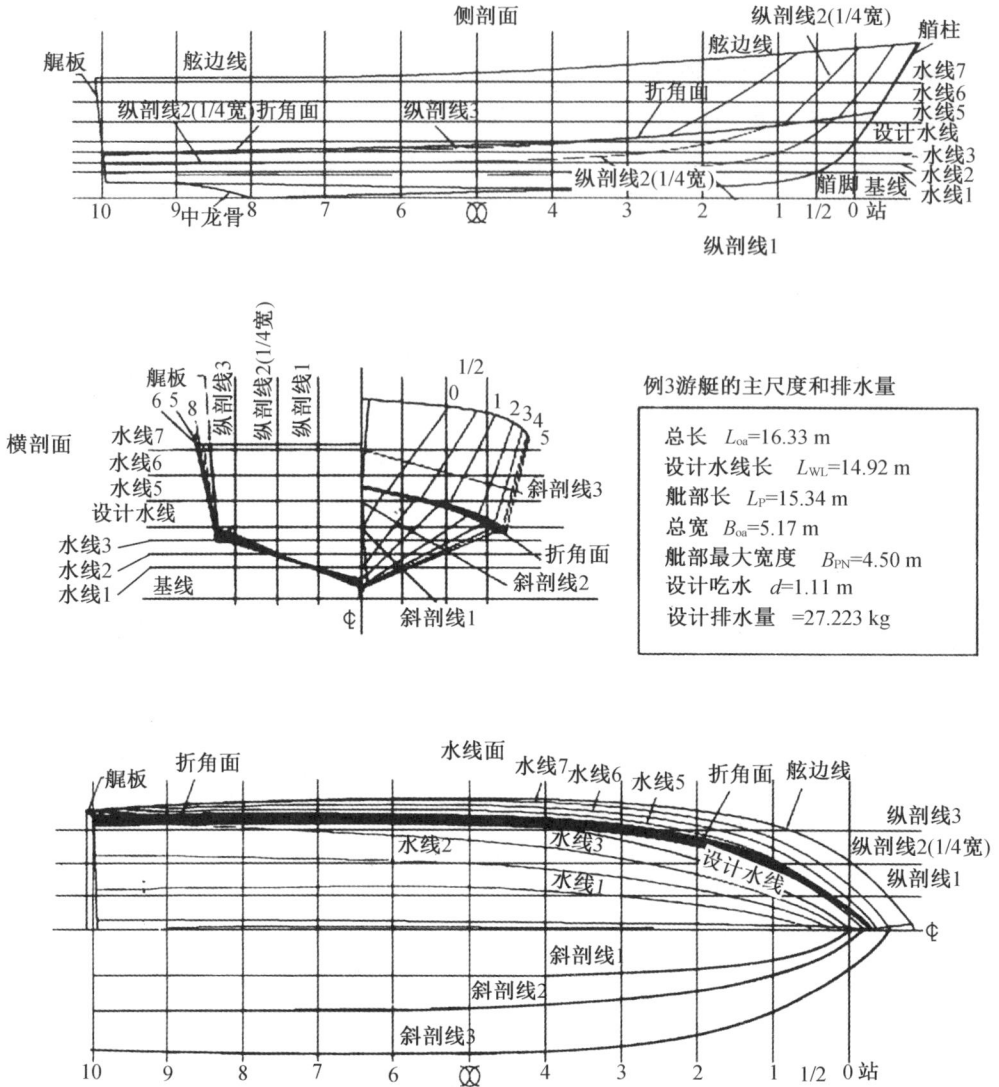

图3-39　例3游艇的型线设计

课后思考题：

1. 选择满足下列设计要求的游艇的主尺度和艇体参数：

已知：

艇的总长　　　　$L_{oa}=19.6$ m

设计水线长　　　$L_{WL}=17.9$ m

艏部长　　　　　$L_{P}=18.4$ m

最大航速　　　　$V_{max}=31$ kn

巡航速度　　　　$V_{c}=25$ kn

航行区城	沿岸海域,吃水无限制
住舱	主人舱 1 个,客舱 3 个
燃油量	4 000 L
淡水量	1 000 L
艇上最大人数	10 人
主要参数的选择	
艇的总宽	B_{oa} = _____ (m)
艇的吃水	d = _____ (m)
设计排水量	Δ = _____ (kg)
重心相对最佳位置	L_{cg}/L_{WL} = _____
艉板艇部斜升角	β_t = _____ (°)

2. 利用题 1 的结果,计算该艇在最大速度和巡航速度下的有效功率。

第4章　游艇的总体布局

学习重点：

1. 了解游艇布局。
2. 掌握现代游艇艇总体布局的设计。
3. 熟悉游艇机舱、油水箱的布局设计。
4. 了解游艇的进排气系统的设计要求。

4.1　概　　述

许多客户对游艇的感觉有点像青年男女初次见面一样，常常是一见钟情。一开始，他们最关心的并不是游艇的性能，而是游艇的外形是否漂亮。游艇的总体布局是游艇设计中非常重要的内容，游艇布局的好坏直接关系到游艇的销量，但现实的情况却经常相反，总体布局是否合理，只有在游艇基本建造完成时才会真正显露出来，尤其是下水试航和在使用过程中发现问题后，总体布局对他们才显得格外重要。

作为一名游艇设计师，目标是设计出一艘性能非常优异的游艇来。但这还远远不够，如果你的设计外形不美或总体布局不合理也会导致无人问津，在现实中常会有这样的情形：有些客户在一家公司的实艇面前无动于衷，而在另一家公司只看到一艘艇的总布置草图和效果图就决定购买，究其原因，除了公司的信誉较好、品牌较硬之外，大多是因为该艇的总体布局正合客户的胃口。因此在游艇的设计中，游艇布局的合理性、使用的便捷性、操作的方便性就更加重要。

本章主要介绍游艇的总体布局，内容包括总体布置、内装设计、外装设汁、机舱布置、进排气设计等。

4.2　总　体　布　置

4.2.1　总体布置简介

在游艇行业的实际生产中，中小型游艇(<24 m)的销售量是最高的，因此本书以中小型游艇来举例说明游艇的总体布局，其一般有2～3层甲板。典型的总体布置图主要包括：下甲板舱室布置图、甲板室内外布置图、外甲板设备布置图、侧面形状图。如果有飞桥甲板，还应包括飞桥甲板布置图。有的游艇布置图还包括典型横剖面图、纵向中心剖面图等。

本节将结合一个总体布置示例来具体说明游艇各舱室的布置内容和基本要求。不管怎样的布置，游艇总体布置中始终要掌握的一个基本原则是舒适且符合实际要求，前者是布置的核心，而后者是布置的边界。没有舒适就不会有客户，而不切合实际的舒适也可能适得其反，成为空中楼阁。首先，让我们先来了解一下总布置中的一些基本要求，然后用一个具体示例来逐一详细说明。

4.2.2 总布置的基本要求

在进行游艇总体布置时,一般以艇上乘员的高度为基础,给出一些基本的设计要求,这些要求包括:

1. 艇上乘员的高度

艇上乘员的高度一般考虑成年男性的高度,但由于各国成年男性的高度不同,一般以一位身高等于1 800 mm的男性为基准来设计艇上各舱室的净层高、床铺尺寸、沙发座椅、柜台高度等(图4-1)。如果客户的身高超过此高度,在设计时要给予适当的考虑。

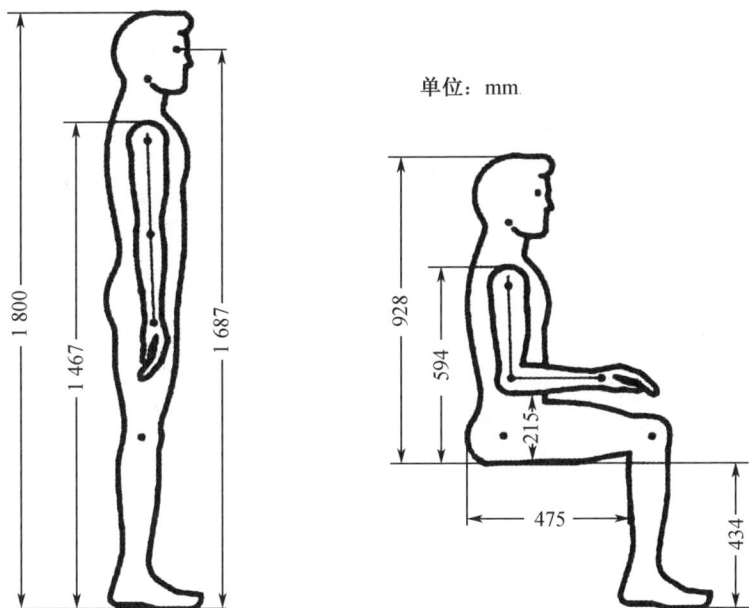

图4-1 游艇上乘员的标准身高和比例

2. 各舱室的净层高

以客户身高1 800 mm为基准,艇上各舱室的净层高应不小于2 m。如果净层高尺寸太小,会有压抑的感觉。当然,太大也会使艇的侧面积加大、重心升高,从而影响艇的美观和稳性。

3. 床铺的尺寸

床铺的尺寸也以客户身高1 800 mm为基准,其长度不得小于1 900 mm,游艇上的床铺可分为4类:单人床、普通双人床、大型双人床、超大型双人床,其尺寸见表4-1。

表4-1 床铺类型尺寸

床铺类型	长度/mm	宽度/mm
单人床	1 900~2 000	600~900
普通双人床	1 900~2 000	约1 400
大型双人床	2 000~2 100	约1 500
超大型双人床	2 000~2 100	1 800~1 900

单就宽度来说,如有必要,单人床在头部和脚部可适当收窄,双人床在头部也可减小。但不管怎样,床都要比身高长 100 mm 以上。如果长度太小,乘客会感到非常憋闷,极不舒服,但也没必要使床铺尺寸太大,以免浪费艇上的宝贵空间。如果客户没有特别要求,主人房设大型双人床即可。至于床铺的高度,连床垫一起不得低于 400 mm,不然坐在床上不舒服;但也不要超过 800 mm,以免上下床不方便。

此外,床与床、床与舱壁之间过道的宽度都不得小于 550 mm。双层床铺间的距离以及上层铺的净高都要大于 800 mm。设计比较好的游艇床铺如图 4 - 2 所示。

图 4 - 2　游艇床铺设计实例

4.沙发和座椅

(1)沙发

一般对沙发尺寸的基本要求如图 4 - 3 所示。游艇沙发实例如图 4 - 4 所示。

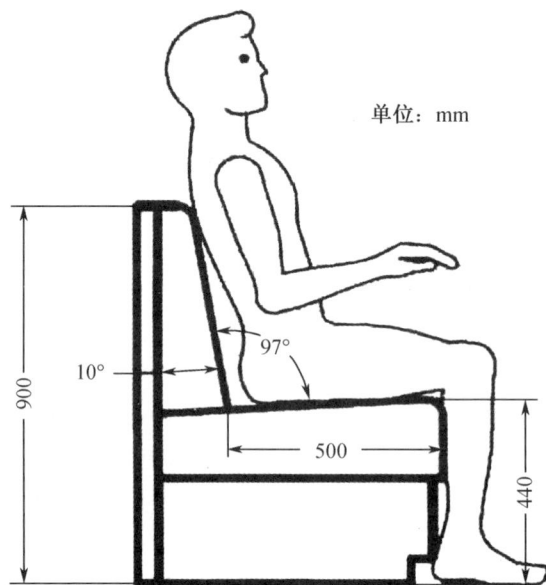

单位:mm

图 4 - 3　游艇上的沙发参考尺寸

图 4 - 4 游艇沙发实例

沙发坐垫的高度:370 ~ 500 mm;

沙发坐垫的深度:400 ~ 530 mm,深度 + 高度≈950 mm;

沙发每人所占宽度: > 500 mm;

沙发靠背和平垫间的夹角:95° ~ 100°。

(2)普通座椅

固定式座椅的高度:430 mm;

可调式座椅的高度:340 ~ 520 mm;

椅背和坐垫间的夹角:95° ~ 100°;

旋转椅的旋转角度: < 45°,注意,在任何旋转角都要能固定。

(3)驾驶座椅

由于游艇需要长时间在海上航行,所以对驾驶座椅的要求一般都很高,既要功能很强(在高度和前后、左右方向上都可调),又要非常舒适(椅背较高且按人体工程设计,配有可折叠式扶手、脚踏板),还需安全可靠(底座和支架非常结实,座椅在任何位置都能固定)。下面是两种高背驾驶椅的尺寸。

	适中基座	较高基座
总高:	1 454 ~ 1 657 mm	1 575 ~ 1 778 mm
扶手高:	953 ~ 1 156 mm	1 080 ~ 1 283 mm
座椅高度	660 ~ 864 mm	787 ~ 991 mm
座椅前后可调距离:	约 200 mm	
可旋转角度:	40°(靠背),360°(水平,每 45°可固定)	

基本要求请参见图 4 - 5,游艇驾驶座椅实例参见图 4 - 6。

5. 餐桌、化妆台

游艇餐厅实例如图 4 - 7 所示。

台面高度(固定):约 750 mm;

台面高度(可调):670 ~ 790 mm;

台下宽度：>640 mm；
台下高度：>610 mm；
台下深度：>410 mm。

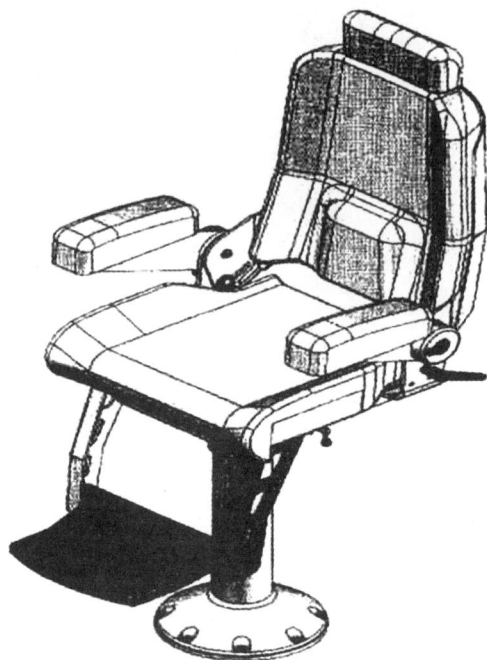

图 4-5　驾驶座椅的示意图

图 4-6　游艇驾驶座椅实例

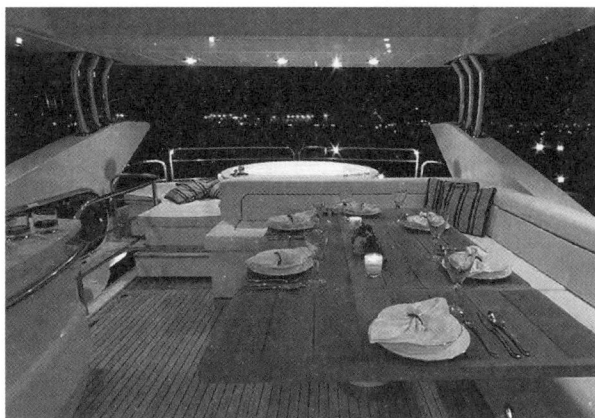

图 4 - 7　游艇餐厅实例

6. 柜台

柜台主要包括住舱内的床头柜、厨房工作台、厕所洗脸台、酒吧台、驾驶台、工作台等。

（1）床头柜

床头柜高度：约 630 mm。

（2）厨房工作台

工作台高度：约 915 mm；

工作台深度：>640 mm；

吊柜与工作台间距：>450 mm。

（3）厕所洗脸台

洗脸台高度：约 850 mm。

游艇厕所实例如图 4 - 8 所示。

图 4 - 8　游艇厕所实例

（4）酒吧台

酒吧台高度：约 1 067 mm。

（5）驾驶台

驾驶台高度：约 965 mm。

驾驶台靠近舵轮的部分台面要有一定的倾斜度（10.0°～20.0°），以便驾驶员可以清晰地观察仪表，方便地操作设备。另外需要指出的是，在艇上所有床铺、沙发和柜台的脚底要有 100 mm×100 mm 的踢脚槽（toe kick）。

7．阶梯

（1）台阶

普通台阶每级高度：约 254 mm；

普通台阶踏板宽度：约 254 mm；

台阶每级高度范围：175～300 mm；

台阶最大倾斜角度：50°。

（2）梯子

梯级高度：175～300 mm；

踏板宽度：125～175 mm。

8．走道

普通走道的宽度：>640 mm，760 mm 比较舒适；

主要通道的宽度：约 1 120 mm。

9．天窗、舷窗的尺寸

天窗和舷窗的主要功能是采光和通风，但有些舱室的天窗还有逃生的要求。另外，某些开在主艇体的舷窗，为安全起见，其尺度不可太大，而且其强度必须满足设计要求。天窗和舷窗的玻璃多采用经过特殊处理的钢化玻璃，要能承受足够的外界载荷。游艇天窗、舷窗实例如图 4－9 所示。

图 4－9　游艇天窗、舷窗实例

（1）天窗

普通天窗开口:510 mm×510 mm。

如果天窗还需要有逃生的功能,那么其尺寸不得小于特别天窗开口:610 mm×610 mm。

（2）舷窗

舷窗的形状以椭圆形较佳,如果选用四边形,角头不能是尖角,必须倒圆,以减少应力集中。舷窗在艇上位置的不同,对其尺寸和玻璃厚度的要求也不同。

4.2.3 总体布置试例

下面以"海豚"号游艇的总体布置图为例,介绍其总体布置的过程。其主要过程如下:

（1）根据艇主的要求,初步给出该艇的主要尺度、艇体型线和外形;

（2）按艇体的长度初步划分出主要隔舱,其中,最重要的是主人舱和主机舱;

（3）按艇体层高初步决定住舱地板、沙龙地板的高度;

（4）在给定的范围内进行各舱室和甲板室的内部布置;

（5）在艇体内外进行游艇的舾装布置。

"海豚"号游艇的总体布置主要包括四部分。如有延伸,还包括另外三部分。现在以图4-10"海豚"号游艇的总体布置图为例来说明每部分的具体内容。

1. 下甲板舱室布置

在进行下甲板舱室布置时,首先要决定舱室内的净层高。它一般选取1 950~2 050 mm,与艇的尺度大小有关,但在任何情况下都不得小于1 930 mm。在决定净层高时,有两条线对布置非常重要:地板线和天花板线。地板线是舱内家具左右舷布置的边界线,要求所有的家具都要尽量遮住该地板线。天花板线会影响到舱内的净层高。

（1）前部客舱（图4-10中的①）

前部客舱的净层高约为2 000 mm,主要包括大型双人床、衣橱、带屉柜、书架等。此外,还配有电视、音箱、床头灯、空调等。该舱顶部有一个尺寸较大的天窗（600 mm×600 mm）,两侧各有一个小舷窗,用作采光、通风。天窗也可作紧急逃生出口。

该艇前部外飘较大,适当升高床面可以加大床的宽度,相反,如果降低床高,床就会太窄,但床面也不可太高,不然会减小床垫与天花板之间的距离。该距离一般要保留在900 mm以上,以客人坐起来不碰头为宜。另外,床太高客人上下都不方便。前舱的双人床面距地板较高（650 mm）,为此,床的两侧各加了一级台阶。床的下面设有两个抽屉,可以储藏个人物品。床垫的厚度不要小于150 mm,太薄不舒服,太厚占空间,200 mm的厚度比较合适。

客舱左舷设有衣橱,可挂客人的衣服。内壁铺一层香柏木以防虫蛀。衣橱门上下都要留有一定的缝隙,以利空气流通。橱内靠近舷侧的一边要为电线、管路等留下足够的空间。空调进气口一般在橱的下方,出风口多设在靠近橱顶处,形成低进高出的空气流。

客舱右舷有一个双层带屉柜,可放客人的一些杂物。床的两侧也有几个储藏空间,可以存放许多东西。电视挂在衣橱壁上,空调冷凝器放在床下。在走道区的地板上一般都铺设柚木或地毯,有些地方还有开口盖,以便需要时,可以进入地板下面。该房间舱壁板上还设有一面大镜子,在视觉上显得更宽敞。

该舱有两扇门,一扇通往主过道,另一扇通往客用盥洗室,该扇门要两边都能锁住。注意,艇上的所有活动部件,如抽屉、门等都要有自锁功能。床垫周边设有挡板以免游艇剧烈摇摆时滑落。

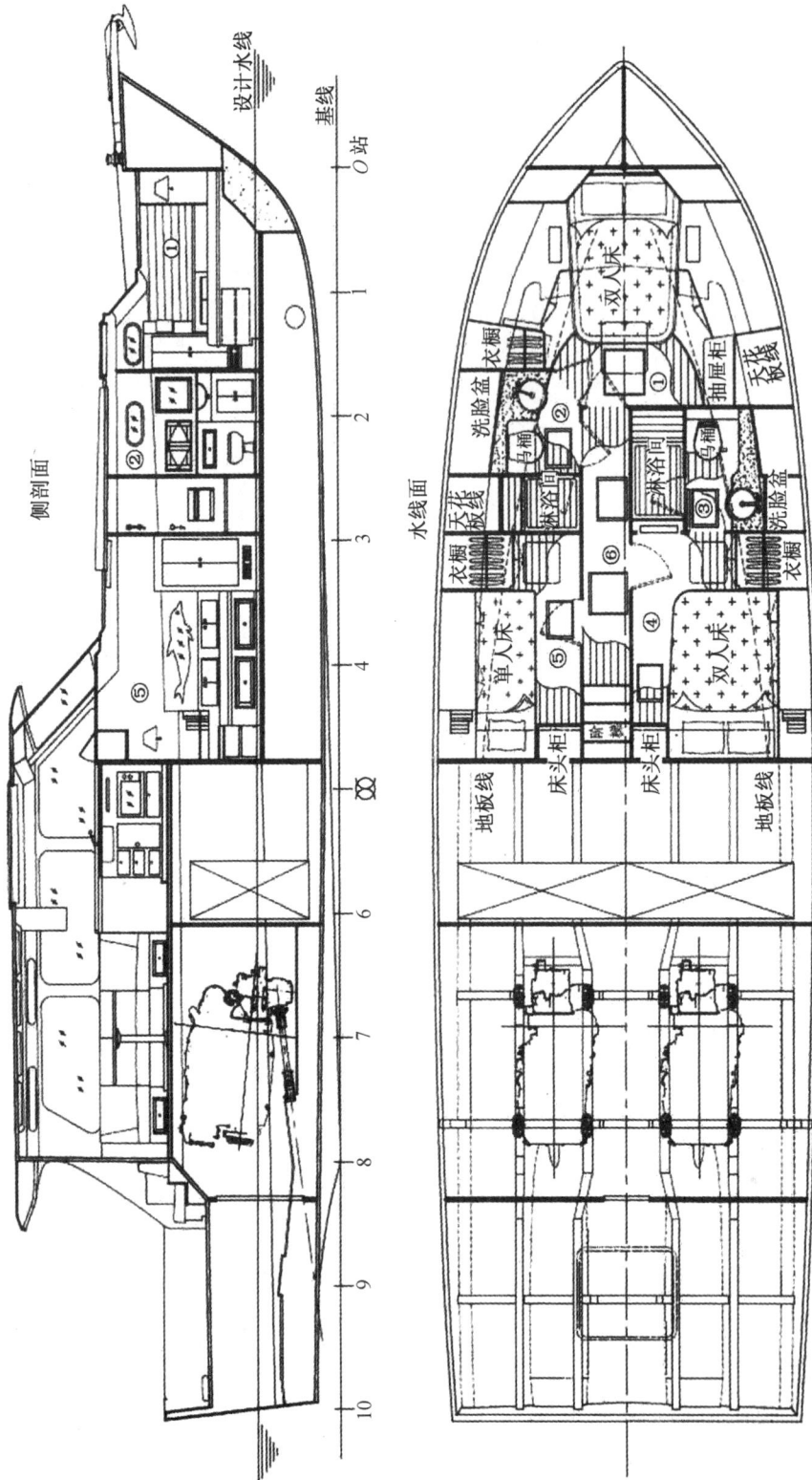

图4-10 下甲板舱室布置

该舱的位置太过靠前,当艇在海浪中运行时,此处的摇摆幅值和垂向加速度都比较大,容易造成客人晕浪,如果艇的长度足够,尽量不要把此舱设成主人舱。

(2)盥洗室(图4-10中的②③)

盥洗室有两个,一个是左舷的客用盥洗室,另一个是右舷的主人盥洗室。两个盥洗室大同小异,主要包括洗脸台、洗脸盆、抽水马桶、储藏柜以及淋浴室。此外,还配有通风装置、舷窗、镜子等。主人盥洗室只有一扇门通向主人舱,而客用盥洗室则有两扇门,一扇通向前客舱,另一扇通向主过道,供左舷客舱和沙龙等处的客人使用。

洗脸台一般靠舷侧设置,台面多为天然或人造大理石材质,高度约850 mm,周围有挡水板。台下面的空间可以用来储放东西,也可用来关闭舷侧阀。洗脸盆不可太小或太浅(图4-11),不然水容易晃出。洗脸台上方设有储藏柜,正上方的柜门多装有镜子,可增加虚拟空间。另外,最好照顾到洗面奶、洗手液的存放空间。如果空间足够,还应该有存放面巾纸的位置。

图4-11 游艇的洗脸盆太浅

马桶多是高档自动抽水型,其安装太高或太低都不舒服,430 mm左右比较合适。除此之外,左右两边距离也不可太小,最好为650~750 mm。

淋浴室的墙壁要用防水材料,如玻璃钢等。对淋浴室的空间也有要求,人在里面要能活动自如,其宽度在700 mm左右即可。淋浴室的地板要有导流槽或导流孔,不可积水,也要防滑,其下面的积水盘在朝向流水孔的方向要有一定斜度,防止水聚在盘内。淋浴室内还设有座位和淋浴用品储放处。淋浴室的门多由钢化玻璃等透明材料构成,门槛要有一定高度,淋浴时不能有水渗到外面。

通风对盥洗室尤其重要,所以在盥洗室内都有通风系统,尽量保持空气流通。

(3)主人舱(图4-10中的④)

主人舱的位置选在靠近艇艏部的右侧。其净层高也保持在2 000 mm左右,设备包括大型双人床、衣橱、床头柜、储藏柜、电视柜等。此外,同样也配有电视、音箱、床头灯、空调等。该舱顶部的天窗(400 mm×400 mm)尺寸较小,主要为了室内通风,艇侧舷窗较大,可使舱内光线充足,坐在床上就能欣赏到艇外的风景。

双人床尺寸较大,距地板高约550 mm,上下床都很方便,床下面也有两个抽屉,床垫为

200 mm 厚,并可和床板一道旋转上来。床头边上有一床头柜,柜高 580 mm,深 400 mm,有两个抽屉。床与舱壁的距离保持在 550 mm 左右。

该舱右舷的床头有书架,床边有储藏柜,床脚下设有一衣橱,电视设在靠近淋浴室的电视柜内。该舱除了位置好、比较宽敞外,与其他客舱最大的不同之处是有一个单独的盥洗室。

（4）左舷客舱（图 4 – 10 中的⑤）

左舷客舱比较小,除了是单人床以及没有单独的盥洗室外,其他设备,如衣橱、床头柜、储藏柜等都与主人舱内的相似。其他物品,如电视、音箱、床头灯、空调等一应俱全,也有天窗、舷窗用于通风和采光。

如要供更多客人住宿,该客舱可以设计成双层单人床。如果不需要这个客舱,也可以换成办公室。

（5）走道（图 4 – 10 中的⑥）

走道宽 660 mm,地板为柚木,向下有两个开口,分别用作淡水箱、污水箱的检查。

2. 甲板室内外布置

甲板室布置的基本要求是明亮、宽敞、实用、享受和安全。

本艇甲板室前壁有三个大尺寸窗户,无色钢化玻璃既清晰又坚固,每个窗户都配有雨刷。左舷有三个大尺寸浅色钢化玻璃窗,右舷除了两大一小三个窗户外,在驾驶台旁还加了一扇门,方便驾驶员出入。甲板室后壁有一门一窗,后门较宽,窗户也较大。另外,在甲板室天花板上还有一个活动天窗。

本艇平板室的天花板中心线上和楼梯处都设有扶手以保证安全。

（1）通向下甲板的阶梯（图 4 – 12 中的⑦）

甲板室有通向下甲板的阶梯,一共有 5 级,每级台阶的高度均匀,都是 250 mm。阶梯一侧设有扶手以保证乘客的安全（图 4 – 12）,该阶梯是活动式的,可以上下旋转,当向上旋转 90°后,人们就可顺着过道内的另外 3 级台阶向下进入应用舱（utility room）。

（2）前部驾驶区（图 4 – 12 中的⑧）

驾驶区是全艇的控制中心,一般设在甲板室前部的中央或右侧。驾驶区的设备主要包括驾驶台、仪表板、喜马拉雅（Himalaya）电子箱、舵轮、驾驶椅等（图 4 – 13）。

该驾驶台高度为 960 mm,靠近舵轮的部分台面（约 270 mm）倾斜 10.0°,主要布置主机操纵柄、主机显示器、舵角指示仪、压浪板调节钮、侧推器操纵钮、油位显示器以及各种开关等,如图 4 – 14 所示。倾斜的目的主要是使驾驶员清楚地观察仪表,方便地操作主机操纵柄和各种开关。主机操纵柄的位置特别重要,一般把它放在舵轮的右侧,只需右手轻轻一搭就能操作。

驾驶台上设有喜马拉雅电子箱,其位置不要太低,也不能离驾驶员太远。此外,它的面板不是垂直的,而要有一定的斜度,这样驾驶员可以清楚地浏览电子显示仪上的图表和数据,包括游艇的位置、航向、航速、水文气象资料等。水平罗盘设在喜马拉雅电子箱的顶部,在驾艇的同时,还可以扫视罗盘上的刻度。

舵轮垂直安装在驾驶台正面,中心离地板 750 mm,其直径为 710 mm,由柚木制成,驾驶员操纵舵轮来控制艇的航向,目前很多游艇将其改成皮质或搪塑材质的。

驾驶椅安装在一柜子上面,比较高,还可以前后滑动 200 mm。柜台下面有两个抽屉,可以储放物品,其前壁有一可折叠脚踏板供驾驶员使用。

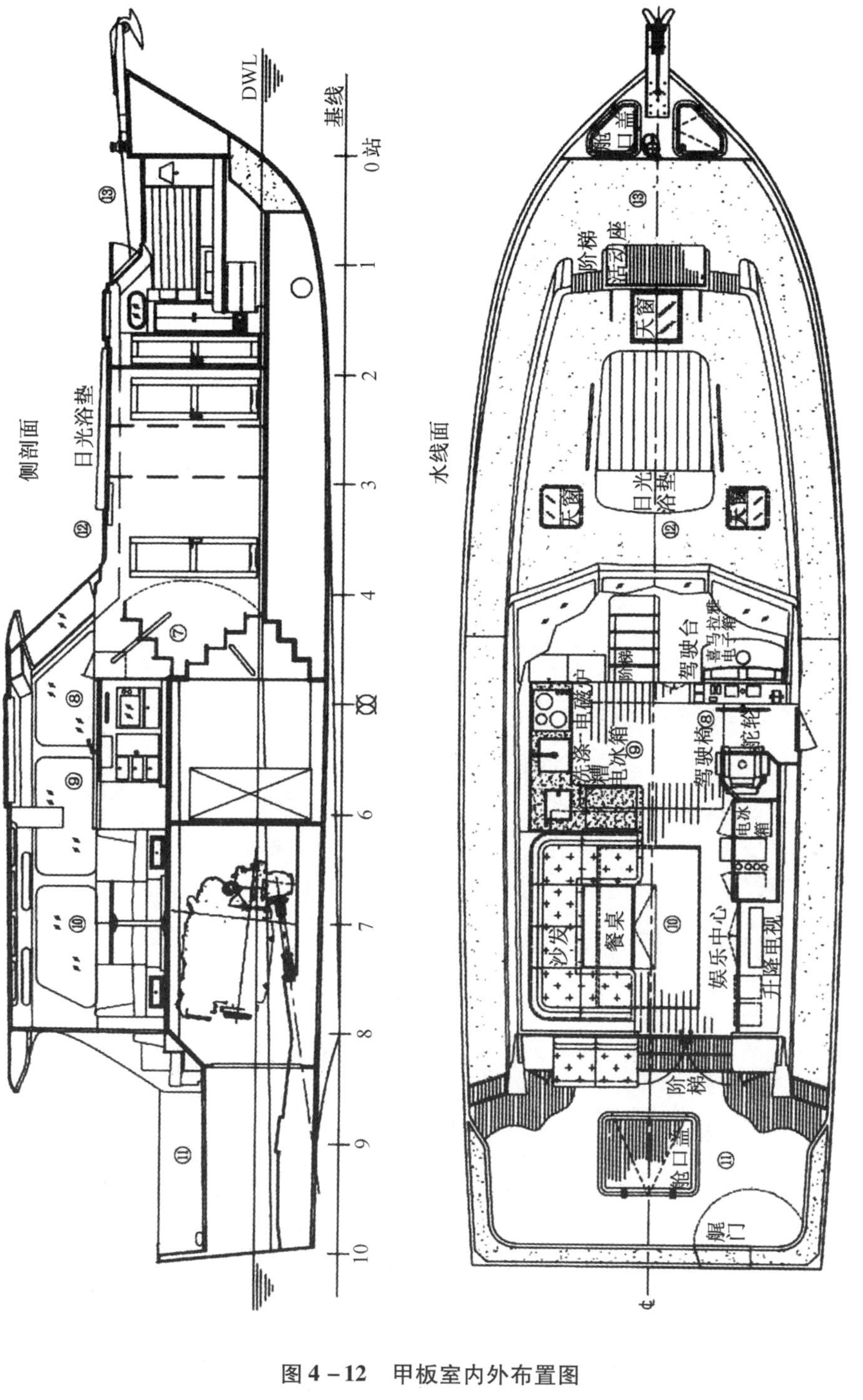

图 4 - 12 甲板室内外布置图

驾驶员所处的位置非常重要,该位置视野要开阔,在前方 30° 的扇形范围内,不能有任何妨碍驾驶员视觉的障碍物,如图 4 - 15 所示。前方从左舷 90° 到右舷 112.5° 的水平范围内,最好没有视觉障碍,如果有也只能是少许,只要驾驶员移动头部能避开就行。在后方其余的水平扇形内,要求低一些,如果驾驶员移动 0.5 m,其视觉能避开这些障碍就可以。

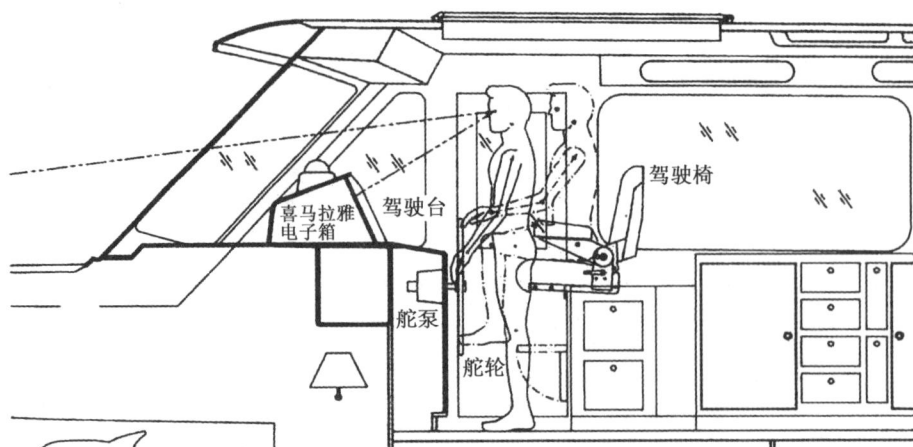

图 4 - 13　驾驶台侧面布置图

图 4 - 14　驾驶台的布置图

图 4 - 15　驾驶台的视界

驾驶员视线的高低、前后的位置决定游艇的视界是否满足要求。一般来说,当艇在满载排水量静止状态时,游艇前方驾驶员的视觉"盲区"不得大于 4 倍艇的总长度或者 50 m,通常选取最小值,如图 4-16 所示。为保证能满足上述要求,针对总长在 6 m 以上游艇的视界要求,我们给出了两个参考公式。

①航行纵倾角 $\tau \geqslant 5°$

$$C = A(0.44L_{oa} + H)/(5L_{oa}) \qquad (4-1)$$

式中　C——驾驶员的眼睛到盲点的垂直距离,m;

　　　A——驾驶员的眼睛到盲点的水平距离,m;

　　　H——盲点到水面的垂直距离,m;

　　　L_{oa}——艇的总长,m。

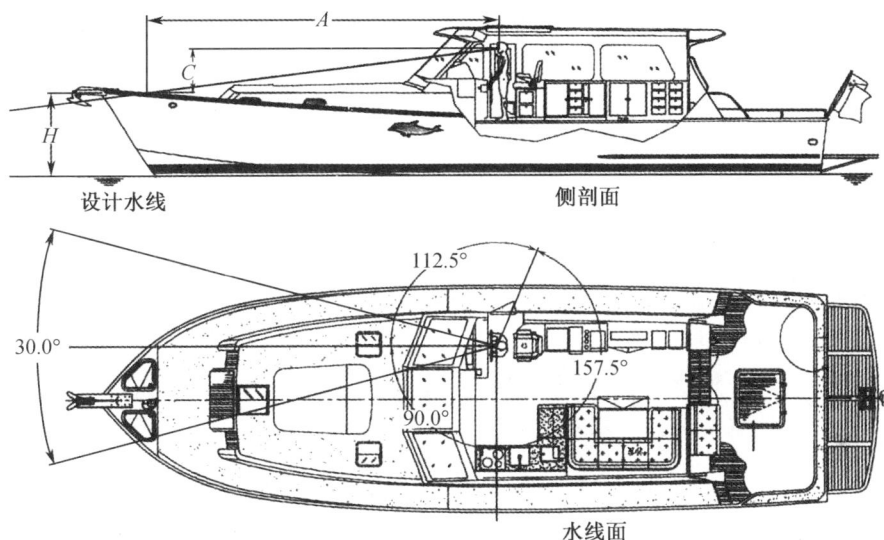

图 4-16　"海豚"号视界检查图

②航行纵倾角 $\tau < 5°$

$$C = A(5L_{oa}\tan\tau + H)/(5L_{oa}) \qquad (4-2)$$

(3)厨房区(图 4-12 中的⑨)

厨房区在甲板室的前部左侧,靠近艇舯部摇摆较小的区域。厨房设备主要包括电磁炉、微波炉、洗涤槽、电冰箱、橱柜、吊柜、储藏柜、排气扇等。厨房的台面高约 915 mm,整个台面为天然或人造大理石,不但美观,而且光滑易清理。台面周围有边框以防物品滑落。柜台脚底设有踢脚槽,以便在烹饪时人们更容易站稳。厨房面向左侧窗口,除了通风较好之外,还可在烹饪的同时欣赏到外面的风景,避免了长时间面壁的沉闷。

厨房最重要的设备首先是炉灶。炉灶有许多种类,现在最常用的是电磁炉,其他还有燃气炉等。注意,烹调时要把锅固定住,以免在艇摇摆时滑下来烫伤人。如果炉灶沉下去一点,加个盖则更好,这样,用完后盖上盖子会使整个台面自成一体,看起来整洁、宽敞,摆上几张折叠椅还可当吧台用。除了炉灶外,还有省时又方便的微波炉。

洗涤槽更不可少。本例洗涤槽设在左侧靠窗的位置,洗涤时也能偶尔向外眺望。洗涤槽要足够深且大,要容得下一些较大的盆子。槽壁形状不要选弧形,垂直最好,这样,洗涤时水才不会荡出。洗涤槽也要下沉一点,洗完后可把切菜板反过来盖在上面,与台面平齐。洗涤槽下面是一个储藏空间,可放垃圾桶等,也可装几个抽屉。

电冰箱也是必备之品,电冰箱通常分为冷藏箱和冷冻箱两种。本例由于乘客较多,所以设有两台电冰箱,除了厨房区的一台外,另一台设在右侧驾驶椅后面。注意,这些冰箱的抽屉或门都要能固定住。

再就是储藏空间。厨房有许多零散的东西需要存放,所以,储藏空间越多越好,但也要考虑艇的尺度和航行时间的长短。本例在左侧客舱顶部隔出一些空间,可放锅碗瓢盆等日常生活设施,而且在厨房后转角处是另一个比较大的储藏空间。吊柜也是一个充分利用空间的地方,可存放碗碟杯盘等。

(4)沙龙区(图4-12中的⑩)

沙龙区在甲板室后部,紧靠厨房区,递送食物非常方便。该区的设备主要包括沙发和餐桌,对面是一个娱乐中心,设有电视、影碟机、卡拉OK等,前面还有一个制冰机和小酒柜。

沙发一般可坐4人,最多能坐6人。坐垫下面的空间也可以利用,只要将坐垫掀起来就行。外边的两个沙发为可移动式,下面有两个抽屉。餐桌可以升降,一侧也可折叠,平时折叠起来节省空间。如果人多,只要打开该折叠部分再加几张折叠椅就可以了。如果舱内床铺不够,可以把餐桌放低,再加一软垫,和沙发一起组成一个双人床。

娱乐中心的主要设备是电视,电视可以升降,平时收在靠近右侧的窗台内,观看时,只要按一下按钮,电视就能自动升起。其他的设备要由客户的喜好设置,有影碟机、卡拉OK等。

值得注意的是,沙龙地板上有一个很大的舱口盖,平时不用,只有在需要把主机移出时才打开。若需要,必须先搬走可移动式沙发。甲板室后门宽敞,门打开后宽1 220 mm,足够主机顺利通过。

(5)围阱(cockpit)区(图4-12中的⑪)

围阱区有一个双人座椅、两个储藏柜(高700 mm)、出入甲板室的台阶、上下外走道的台阶、进入主机舱的舱口盖以及去跳水平台的艉门。围阱区的舷墙顶部有300 mm宽,可让乘员短期坐靠。如有必要,右侧储藏柜可变成停靠码头的操纵控制台。围阱地板为实心柚木,美观、实用、防滑、耐磨。

(6)半显舱顶(trunk)区(图4-12中的⑫)

该区有一个双人日光浴垫、三个天窗,日光浴垫可以让客人在充分享受阳光和海风的同时,欣赏到自然风景。左右两个小天窗分别为主人舱和左侧客舱提供充足的光线和新鲜的空气,前面一个大天窗除了为前客舱提供光线和空气之外,还是各个舱室的逃生出口。

(7)外部通道、前甲板区(图4-12中的⑬)

外部通道最窄处为510 mm,前面较宽,增加到600 mm。前甲板区有一个可供双人坐的座椅,用时转上来,不用时再转下去,以免影响游艇的侧面造型。座椅两侧是一级台阶,供人们晒日光浴时上下通行。再前面是两个舱口盖,下面分别储藏锚链和各种缆绳。

半显舱顶区、外部通道和前甲板区的表面都涂有防滑漆。

3.外甲板设备布置

外甲板设备主要为系泊、安全和航海而设,如图4-16所示,包括锚、锚链和锚机,系缆桩和导缆孔,栏杆和扶手,注油、注水孔,流水孔,桅杆和航海设备及跳水平台等。对这些设备的要求是坚固、耐用、轻盈、安全,体积要小,质量轻,支撑的强度足够,耐磨、耐浊性还要好,除此之外,其合适的造型也不能忽略。

（1）锚、锚链和锚机（图4-17中的⑭）

这些设备都必不可少。锚的质量主要取决于游艇的大小和上层建筑的尺度,有时,一只锚不够,还要另加一只备用。锚链的长度跟所泊海域的水深有关,其直径取决于锚的质量。锚机大多由电力驱动,其有效功率与起锚速度和起吊质量有关。

（2）栏杆和扶手（图4-17中的⑮）

游艇的栏杆由于关系到艇上人员的安全,所以显得特别重要。有些设计师为了追求游艇的造型美观,往往降低栏杆的高度,这样艇上人员跌出艇外的机会就大增,所以在艇的造型和栏杆的高度之间要适当平衡。

本例的栏杆由不锈钢管制成,从顶部到底板的距离为760 mm,为了防止艇上人员从中间跌出艇外,在该距离一半（380 mm）的地方又加了一根直径较小的不锈钢管。垂向支柱、顶部纵向不锈钢管的直径为30 mm,中间的直径小一些,为12 mm。为安全起见,栏杆的支柱隔一根就有一个脚撑。在后围阱区,由于后甲板很低,所以只需要200 mm高的栏杆即可。

游艇上的扶手也很重要,但常常会被忽略,在艇的重要部位,像楼梯、厨房、走道等处都要装上扶手,以便紧急情况下有东西可把扶。此外,扶手一定要装牢固,否则会更危险。

本例在前面半显舱顶两边都装有扶手,以供艇上晒日光浴的乘客紧急时使用。在甲板室侧面后翼两边也有扶手,供上下阶梯时把扶。此外,在甲板室内的天花板上、厨房区、驾驶区以及通向下甲板舱室的楼梯旁都设有扶手。

（3）系缆桩和导缆孔（图4-17中的⑯）

系缆桩也称系缆羊角,由不锈钢材料制成。前甲板设有两对系缆桩,两边甲板前后各设一对,在后围阱区角隅处另有一对。如果甲板是由玻璃钢夹心层制成的,在系缆桩处必须是无夹心材料的加厚单层结构,并要设置一定尺度的背板（backing plate）。导缆孔总是与系缆桩相伴,也由不锈钢材料制成。注意,导缆孔一定要圆滑,不能有尖角;否则,缆绳很容易被磨损而断裂。

（4）注油、注水孔,污水抽取孔（图4-17中的⑰）

注油、注水孔可以设在如图4-17所示的边甲板上,也可设在甲板室左右两侧。注油、注水孔多为不锈钢材料,孔盖上要有明显的注油、注水标记,以免混淆。污水抽取孔与注油、注水孔不能距离太近,要隔开一定的距离,也要有明显的标记,与注油、注水孔相对应的是油箱、水箱通气管,它们的管径要小得多,为了防止外面的水进入箱内,通气管一般呈倒U形。注意,为了安全起见,这些注油孔和油箱通气管不要太靠近主机进风口,距离要保持在300 mm以上。

（5）排水管、流水孔（图4-17中的⑱）

在有围阱区的游艇上,排水管、流水孔对艇的安全性非常重要。如果它们的面积太小,一旦遇到大浪或暴雨,在围阱内的积水不能迅速排出,对艇的安全非常不利。所以,在围阱区要有足够大的排水管,如果其面积不够,可以在舷侧或艉部开流水孔,或在艉门底部留下较大的空隙,以利积水迅速流出。

排水管所需的横截面面积与游艇的尺度、围阱的容积、排水管的布置有关,其数量至少为两个（左右舷各一个）。对于深度等于0.4 m的围阱,如果只布置两个排水管,可按下列公式和图表求出其所需的横截面积。

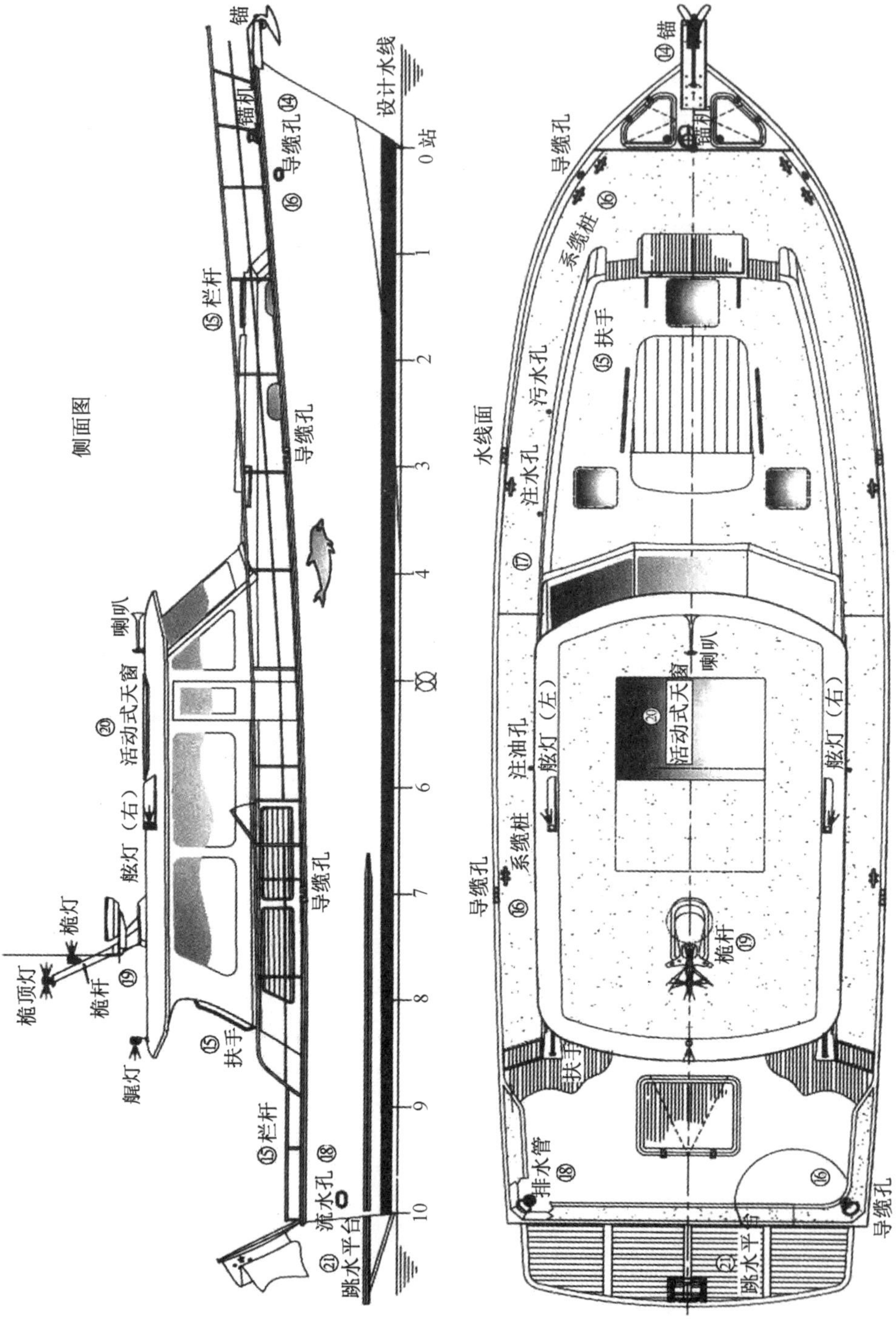

图4-17 外甲板设备布置

$$k_c = V_c/(L_{oa}B_{oa}F_m) \tag{4-3}$$

式中　k_c——围阱的容积系数；

　　　V_c——围阱的容积，m^3；

　　　L_{oa}——艇体的总长度，m；

　　　B_{oa}——艇体的总宽度，m；

　　　F_m——平均干舷高，m。

$$t_{ref} = t_{max}/V_c \tag{4-4}$$

式中　t_{ref}——参考排水时间，min/m^3；

　　　t_{max}——最大可接受的排水时间，min，见表4-2。

表4-2　最大可接受的排水时间

设计类型*	容积系数	t_{max}/min	结果
A类游艇	$0.3/k_c$	5	取小者
B类游艇	$0.45/k_c$	5	取小者
C类游艇	$0.6/k_c$	5	取小者
D类游艇	$0.9/k_c$	5	取小者

　*根据游艇的稳性国际标准(ISO)分类。该标准是欧盟专门为游艇的安全而制定的,所有出口到欧洲的游艇都必须满足这个标准所给的要求。(1)A类。该类游艇要求在风速不超过10级,有义波高不超过7 m的海域内航行,此处,假设突风风速为28 m/s。在更恶劣的环境下仍可生存,但不包括非正常的情况,像台风、飓风等海域。(2)B类。该类游艇要求在风速不超过8级,有义波高不超过4 m的近海域内航行,此处,假定突风风速为21 m/s。(3)C类。该类游艇要求在风速不超过6级,有义波高不超过2 m的沿海、大海湾、出海口、湖泊、江河区域内航行。此处,假定突风风速为17 m/s。(4)D类。该类游艇要求在风速不超过4级,有义波高不超过0.3 m(偶然不大于0.5 m)的沿海有遮蔽、小海湾、小湖泊、小江河、运河区域内航行,此处,假定突风风速为13 m/s。

　　在计算出参考排水时间t_{ref}后,就可根据排水管是否高出水线、有几个弯头、流水孔是否有盖来查图4-18以求得两个排水管所需的直径,然后可计算出所需总的排水管横截面积。

　　(6)桅杆和设备(图4-17中的⑲)

　　桅杆主要是为了布置电子设备和航海灯而设。桅杆顶部是桅顶灯,也称锚灯,灯光呈360°,锚灯下面是桅灯,灯光在前方呈扇形的225°范围内。重要的电子设备有雷达、VHF天线、GPS天线等。

　　(7)滑动天窗(图4-17中的⑳)

　　在甲板室顶前部,一个大尺寸的活动天窗可使室内的光线非常充足。必要时,天窗可向后滑动或旋转,以便给甲板室以足够的通风。如果需要的话,也可以拉上窗帘。选用和安装天窗时最重要的是不能漏水,否则会非常麻烦。

　　(8)跳水平台(图4-17中的㉑)

　　跳水平台由柚木制成。平台下面有一个可伸缩的梯子供艇上乘客上下平台。尤其需要注意的是,跳水平台的底部不能离水面太近,否则,游艇在波浪中会受到很大的砰击,甚至可能导致跳水平台掉到水里。

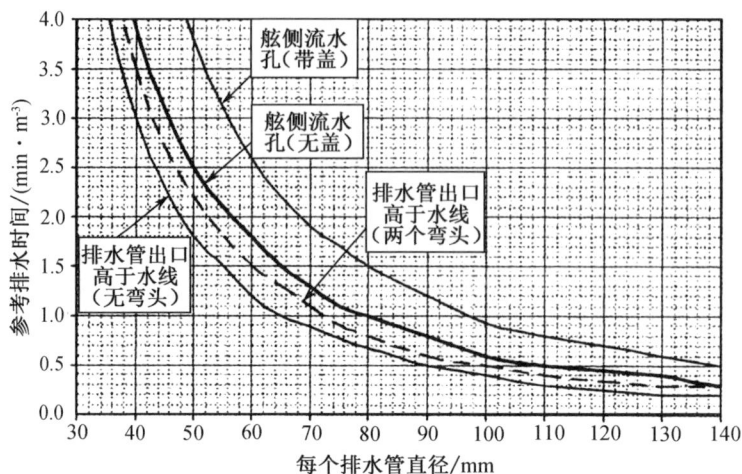

图 4 - 18   双排水管所需面积参考图

（9）其他

外甲板设备还包括在前甲板上用来冲洗甲板和锚链的水龙头，后围阱内设有淡水水龙头，供艇上乘客游泳后冲洗；甲板室顶前部有喇叭，有些还装有探照灯，左右舷分别装有红色、绿色的舷灯，艉部有白色艉灯。

4.飞桥甲板的布置

有时，客户更喜欢在游艇上面再加一层飞桥甲板，以增加游艇的功能，同时更加美观。

对飞桥甲板的最重要的要求是：质量轻、安全性好。前者关系到艇的静态和动态稳性，如果加装的飞桥甲板太重，而原艇的稳性裕度又不大，就有可能出现整个艇稳性不足的问题，而该问题一旦呈现，游艇将会处于危险的境地。另外，即使游艇的静态稳性可以满足要求，动态稳性仍然可能会有问题。这里所指的安全性并不仅仅体现在艇的稳性方面，而且应包括其他方面：栏杆要够高够坚固，甲板的拱度不可太大，还要防滑。

如果客户要求在"海豚"号上增加一层飞桥甲板，我们可参考图 4 - 19 的飞桥甲板布置图。

飞桥甲板的布置一般有第二驾驶区、观景聊天区、上下甲板的楼梯、雷达圆拱，以及栏杆和扶手、挡风玻璃等，有些甲板上还设有烧烤架、冰箱、洗手盘等。

第二驾驶区与甲板室内的驾驶区基本相似，但与喜马拉雅电子箱有所不同，此处的电子箱稍呈八字形，这样一来，驾驶员更容易看清显示仪上的内容。值得注意的是，由于该驾驶区在露天位置，每个设备、仪器和仪表都要防水。此处驾驶区的视界一般更好，除非驾驶台的位置太靠后，一般不会有视界问题。驾驶区前面的挡风玻璃不宜太低，否则，在游艇高速航行时，驾驶员会受到强风的吹袭。观景聊天区比较简单，有一个 L 形玻璃钢长靠背椅，椅上铺有 100 mm 厚的坐垫。还有一个柚木桌，供喝茶聊天时用。飞桥甲板的拱度不宜太大，不然走在上面会感到不适。为了防滑，甲板上所有行走区都铺设柚木地板，或喷上防滑漆。

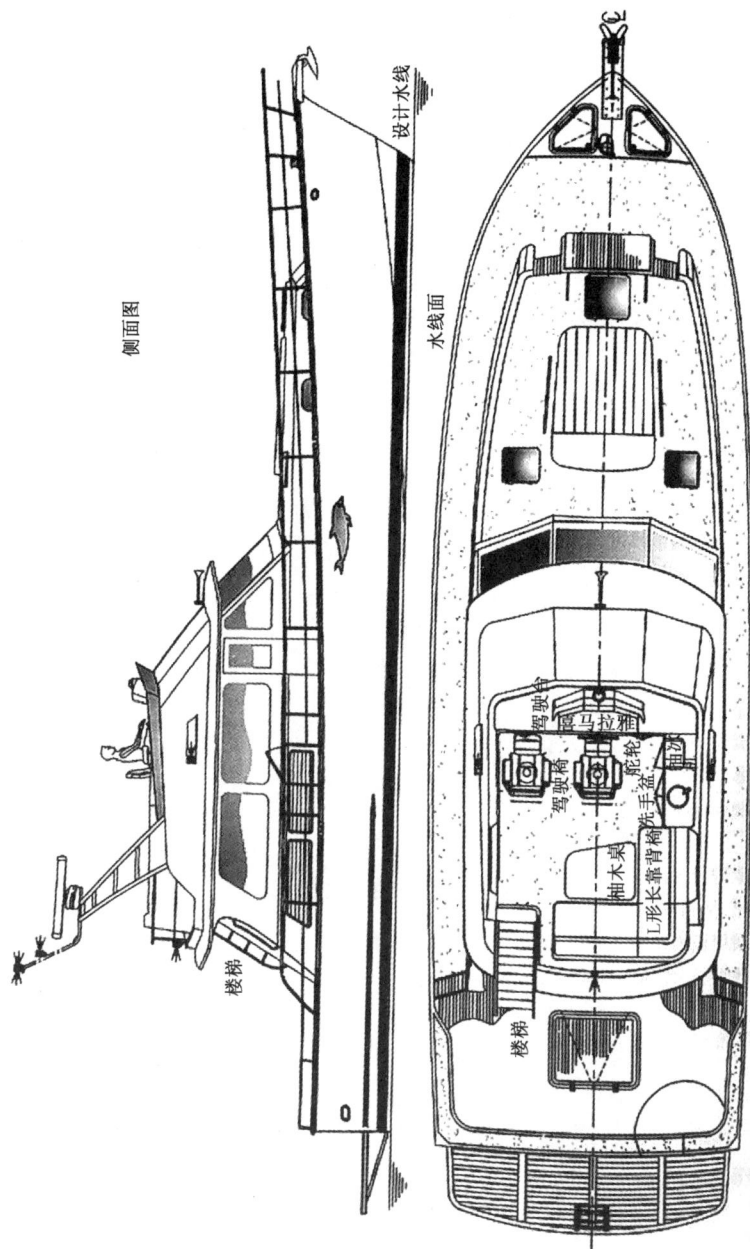

图 4 - 19 飞桥甲板布置图

4.3 机舱和油水箱布置

4.3.1 简介

在游艇设计中,有些设计师为了满足客户的要求,往往把住舱的布置放在首位,尽量扩大其容积,相应地,机舱的空间就受到挤压,再加上现代游艇上要装的设备越来越多,也越来越复杂,使得机舱的布置变得相当困难,有的非常拥挤,有的杂乱无序,有的甚至只能放得下必要的设备,而没有足够的维修和接近空间,无法进行必要的维修和保养。这样的设计,即使外形再美观、住舱再舒适也称不上成功。所以,在游艇的设计中,除了考虑住舱的设计之外,机舱的设计也需要给予足够的重视。实际上,游艇的主机就像人体的心脏,其重要性不言而喻。

根据主机的位置,中小型游艇的机舱位置主要分成两类。

1. 机舱在舯后位置

该位置比较靠近艇的重心,其纵倾比较容易控制,轴倾角也较小,有利于减少螺旋桨的空泡和振动。艇体底部需要的艉隧道较浅,甚至不再需要。其另一个优点是可供选择的齿轮箱较多,容易与主机、螺旋桨相匹配。这种布置的缺点是,如果机舱的绝缘性不好,由于机舱与住舱紧邻,前者的振动和噪声很容易传到住舱。这种机舱布置在游艇界比较普遍,通常配合传统的斜轴直线形轴系传动(图4-20)。

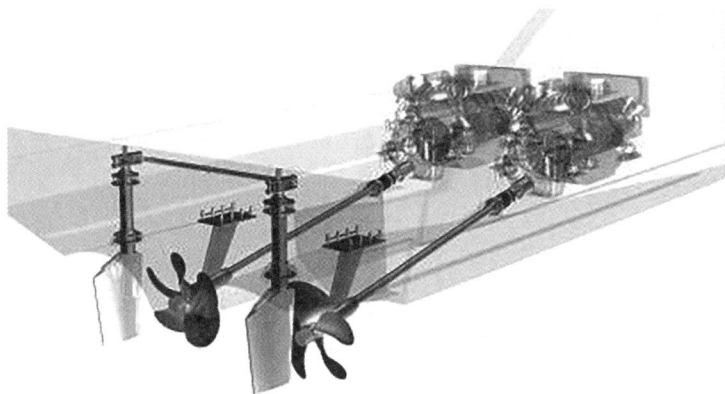

图4-20 斜轴直线形传动

2. 机舱在艉部位置

该位置远离住舱,在机舱和住舱之间有一个应用舱可起到隔离作用,所以住舱的振动和噪声较小。但由于主机远离艇的重心,其纵倾控制比较困难。为此,艉部的型线就要求丰满一些,以便减小艇的纵倾。这种机舱布置适合V形轴系传动和直角轴系传动(Zeus和IPS)。

(1)V形轴系传动

这是一种传统的传动形式(图4-21),与直线形传动相比,其优点是机舱布置相对紧凑,空间利用率较高。缺点一是需要的艉隧道较深,相应的艉部浮力损失也较多,艇的纵向重心和浮心的位置协调起来比较困难,这样,纵倾就不易控制。要是没有艉隧道,轴系的倾角就会太大,也不利于艇的性能。另一个缺点是,与这种传动相配的齿轮箱较少,这也限制了它的广泛应用。

(2)直角传动系统

近年来,有两种新颖的直角传动系统越来越受到游艇界的欢迎,比较著名的有Zeus系统和IPS系统,如图4-22和图4-23所示。

两者的基本构形差别不大,都是装在艇尾底部,都是选用对转螺旋桨,都是采用水下排气。最大的不同是前者在横向呈水平布置,螺旋桨位于轴支架后面;而后者在横向与底部斜升角一致,螺旋桨位于轴支架的前方。

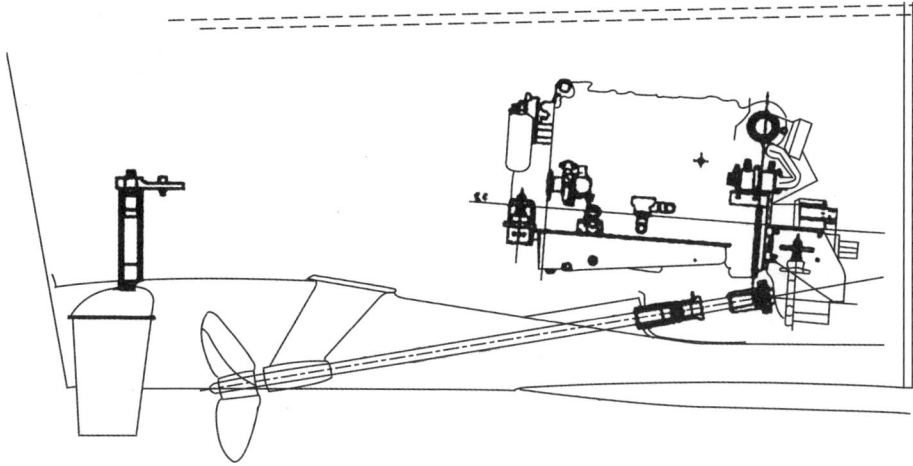

图 4-21 斜轴 V 形传动

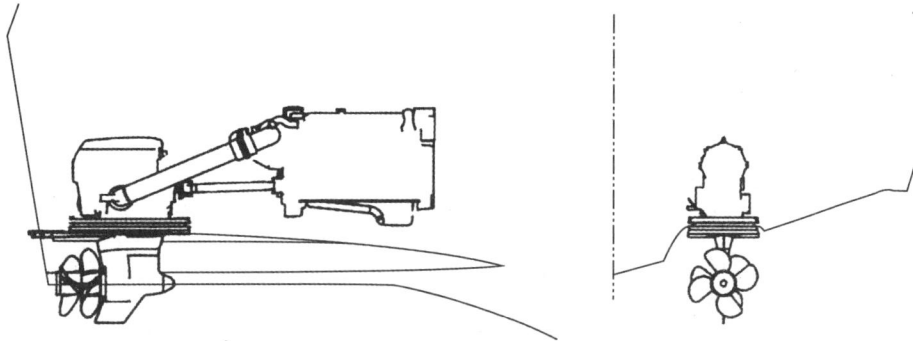

图 4-22 Zeus 传动系统图

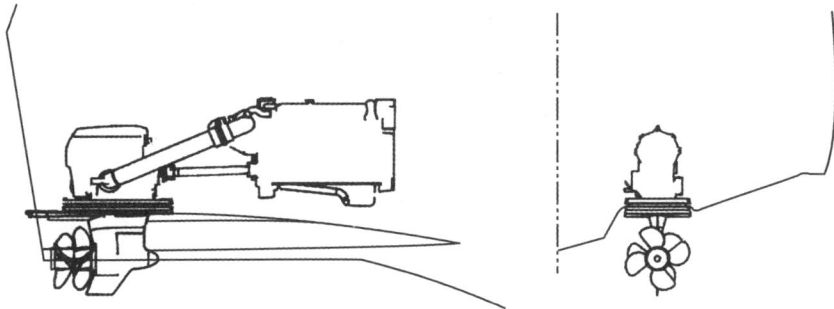

图 4-23 IPS 传动系统图

这两种系统的优点如下：

①系统设计非常紧凑。把过去许多不同的部件，像操纵系统的舵、排气系统的水下排气、调整航行纵倾角的压浪板、减速齿轮箱、轴支架、艉轴管、海底阀等都集成在一起。

②附体阻力小。由于省掉艉舵，将推进轴从艇底移到艇内，这就减掉了这部分的附体阻力。

③推进效率高。由于采用了对转螺旋桨而且桨轴无倾斜，在高速下，其总的推进效率

要比传统推进系统高出 20% 以上。

④耗油量低。高的推进效率自然会降低主机的耗油量。

⑤将机舱布置在艉部,燃油箱等可变载荷可以布置在全艇重心的附近,这样,在不同的装载状态下,艇的纵倾都可保持不变或变化不大。

然而,这两种推进系统也不是完美无缺,其主要的缺点如下:

①价格高。

②单机功率低(目前单机功率:Zeus 系统 < 600 hp[①],IPS 系统 < 1 000 hp)。

③比较适用于高速艇,而对航速较低而且排水量较大的游艇就不是很合适,特别是在超越阻力峰的时候,其效率相当低。

究竟选用哪种位置的机舱比较合适呢? 这还要结合其他因素,如艇的型线、住舱和甲板室的布置以及推进系统的形式等综合考虑。针对这两种系统单机功率较低的情况,近年来也有公司推出几种大功率的直角传动系统。

4.3.2 基本考虑

1. 机舱布置

机舱的主要设备有主机、减速齿轮箱、轴系、操舵系统、进排气装置、发电机、蓄电池、变压器、空调压缩机、热水器、制水机、灭火器以及各种泵、阀门和过滤器等。机舱布置实例如图 4-24 所示。

图 4-24 机舱布置实例

(1)机舱布置的关键是确定主机的位置,一旦主机位置已定,机舱的其他设备都可围绕主机来布置。然而,确定主机位置并不是轻而易举的事。首先,主机及其辅助系统的质量很大,它们的位置对游艇的静态纵倾角和航行纵倾角都有很大的影响。其次,主机的纵向位置还决定着轴系的长度、角度以及轴支架和螺旋桨的尺寸等。

一般主机的类型有单机、双机和多机布置,最常用的是双机、双桨、双舵配置,在这种情况下,双机间的距离不可太小,以免在机舱内无法通行,更重要的是要避免双桨间的相互干扰。当然,双机间的距离也不能太大,因为在主机外侧要还给其他设备留下放置的空间。此外,要注意在主机上方留一个大尺寸的可移动开口,以便移出主机时不必切割地板。

(2)确定主机的位置以后,如果推进系统的形式已确定,减速齿轮箱的位置自然也可以

---

① 1 hp ≈ 0.735 kW。

选定。齿轮箱的选择除与主机有关之外,也与轴系和螺旋桨的设计密切相关,一般来说,对于中高速游艇,齿轮箱的减速比取小一点,相反,低速艇的减速比要取大些,这样,有利于提高螺旋桨的推进效率。

(3)操舵系统一般布置在艉板前面,舵轴的前后位置要保证舵叶的随边在艉板内,从而防止舵叶转动时吸进空气,它们的横向间距要略大于舵轴轴距,以便移动轴系时不用拆卸舵板。

(4)主机舱的进排气系统一般布置在机舱的外侧,进气面积要足够大,更要注意防水。主机排气系统主要采用湿式排气,分水下和水上排气两种,水下排气减噪效果更好,但设计比较复杂,而且水下排气罩对高速艇的性能影响较大。水上排气的设计相对简单一些,但占据舱室的空间较多,而且其减噪效果会差一些。

(5)发电机在机舱内没有固定的位置,可布置在主机的前后,但一定要在两者之间留有足够的空间以便检修和维护,由于发电机的质量也比较大,在确定其位置时也要考虑它对艇静态纵、横倾的影响。蓄电池的质量同样较大,常被用来调整艇的浮态。它们的位置比较灵活,但要尽量靠近发电机和配电盘,否则,它们粗重的电缆会增加艇的质量和成本,且需要占用更多的空间,有隐患。此外,还要有良好的通风,防止引起爆炸,同时也要在它们周围留下一些空间方便维护和更换。

机舱内其他设备和零件的布置因艇大小而异,没有统一的标准,但不管怎样布置都要遵循以下几个原则。

①近。指这些设备、零件的位置要尽量靠近与它们紧密相关的主要设备。如主机的燃油过滤器、进水阀和海水过滤器都要布置在主机的附近。又如发电机的蓄电池、排气装置也要围绕着发电机布置。

②便。指可以方便地接近这些设备和零件,操作与维护也很容易。如进水阀的开关,在必要时能紧急关闭;更换某些零件很方便。

③顺。指这些设备的线路和管道等布置要有一定的顺序,看起来井井有条(图4-25)。相反,如果是杂乱无章,电线像一团乱麻,出了问题很难发现,更不用说会引起使用者的烦恼了(图4-26)。

图4-25 机舱布置好的典型示例

图4-26 机舱布置不好的典型示例

④隔。将机舱内壁和天花板用绝缘材料隔开,以便减小相邻舱室的噪声。另外,用减振支座隔离运转的设备,也能减小设备自身的振动,从而进一步减小游艇的噪声和振动。

⑤净。机舱内漆成乳白色,看起来干净利索,如果有漏油或积水也很容易发现并清除。

另外,在围阱地板上机舱舱口的角落要有较大的导流槽和排水孔,不然,水会流进机舱,如果某些设备正好在下方,就会受到很大影响,危及人员的安全。

在布置机舱内的设备时,除了考虑其功能外,还要时刻谨记它们对整个游艇浮态的影响。有些轮机工程师不了解这一点,常常是见缝插针,有空就放,把游艇当成陆上建筑,全然不考虑这样做的后果。只有在游艇下水后,才发现游艇不是歪到一边,就是翘艏太高,甚至俯艏抬艉。有时为了做出平衡调整,就得加许多压载质量,结果造成艇的排水量太大,达不到设计的速度要求。

2. 油水箱布置

理论上,燃油箱应布置在比全艇重心稍前一点的地方,这样,随着燃油的消耗,艇的重心稍微后移对减少艇的阻力有利,另外,燃油箱尽量呈纵向布置以便减少自由液面对稳性的影响。如果机舱在艉后不远之处,可把燃油箱纵向布置在主机的外侧,但要留下一定的空间以便检修。若无法实现纵向布置,横向布置也行,但要设法减小其横向尺寸,比如,将其横向一分为二,以减小自由液面的影响。当机舱在艉部的情况下,燃油箱多采用横向布置。至于燃油箱在垂直方向的位置,一般来说低一些为好,这样,可使游艇的重心降低一点;但并不是重心越低越好,太低的重心将导致艇的摇摆太快,会使艇上乘客感到不适。

燃油箱的材料一般分为玻璃钢、铝合金和增强塑料三种。玻璃钢燃油箱经久耐用,耐腐蚀,特别适合当作舱底燃油箱,但其质量较大;铝合金材料的燃油箱质量较小,但不耐腐蚀,所以要布置在通风、干燥的地方,以延长其在艇上的寿命;增强塑料用作燃油箱的时间不长,其优点是质量小、耐腐蚀,是一种很有发展前景的材料,但由于其内部没有隔板,加油后容易变形,所以还不适合较大容量的燃油箱。

原则上,淡水箱的布置与燃油箱类似,但淡水箱的容积比较小,其材料可用增强塑料,布置也更灵活机动一些。中小型游艇上多数布置在舱底,前后位置可用来调整艇的纵倾。

污水箱主要用来储藏污水。在环境要求严格的某些海域,不允许将污水直接排到艇外,而要将其储藏起来,等回到码头再从污水孔抽取出来。其位置比较适合在厕所附近。

4.3.3 机舱、油水箱布置范例

根据上面所给出的"海豚"号游艇总体布置图,再结合图 4-27 我们简要介绍一个机舱和油水箱布置的范例。

1. 机舱布置

根据住舱所占比例较大以及该艇的纵向浮心位置比较靠后(约60%水线长)的特点,把机舱设在艉后6站到艉部之间,并分成前后两部分,中间有一道水密门,以增强游艇的结构强度和抗沉性。主机的轴系采用传统的斜轴 V 形传动系统,这样可把机舱和住舱用一个应用舱分隔开来,以减少住舱内的噪声。

前机舱主要包括两台主机(Caterpillar C18 Acert 柴油机)、两个减速齿轮箱(ZF500 - 1IV)、一组蓄电池(用来启动主机)、主机的进排气系统、灭火器等。每台主机在额定转速(2 300 r/min)下的功率为 746 kW,减速齿轮箱的减速比为1.964:1。

后机舱有一台发电机、一组启动发电机的蓄电池、两组公用蓄电池、蓄电池充电器、一套舵系统等。

应用舱主要布置燃油箱和空调压缩机、热水器、制水机、洗衣/烘干机等。

(1)主机和齿轮箱的位置

在决定机舱内主机的位置时应考虑的因素主要包括:甲板室地板高度的限制,最大轴

倾角的要求,艇的纵向重心位置,主机、齿轮箱的尺寸、质量等。为此,我们把主机在机舱内位置尽量向前推,同时,在前面也留有足够的空间供人们通过,并能放得下海水过滤器等。在横向,两台主机以及螺旋桨的中心线相距1 950 mm,螺旋桨之间不会相互干扰。主机间的最小距离为 894 mm,通行也没有问题。

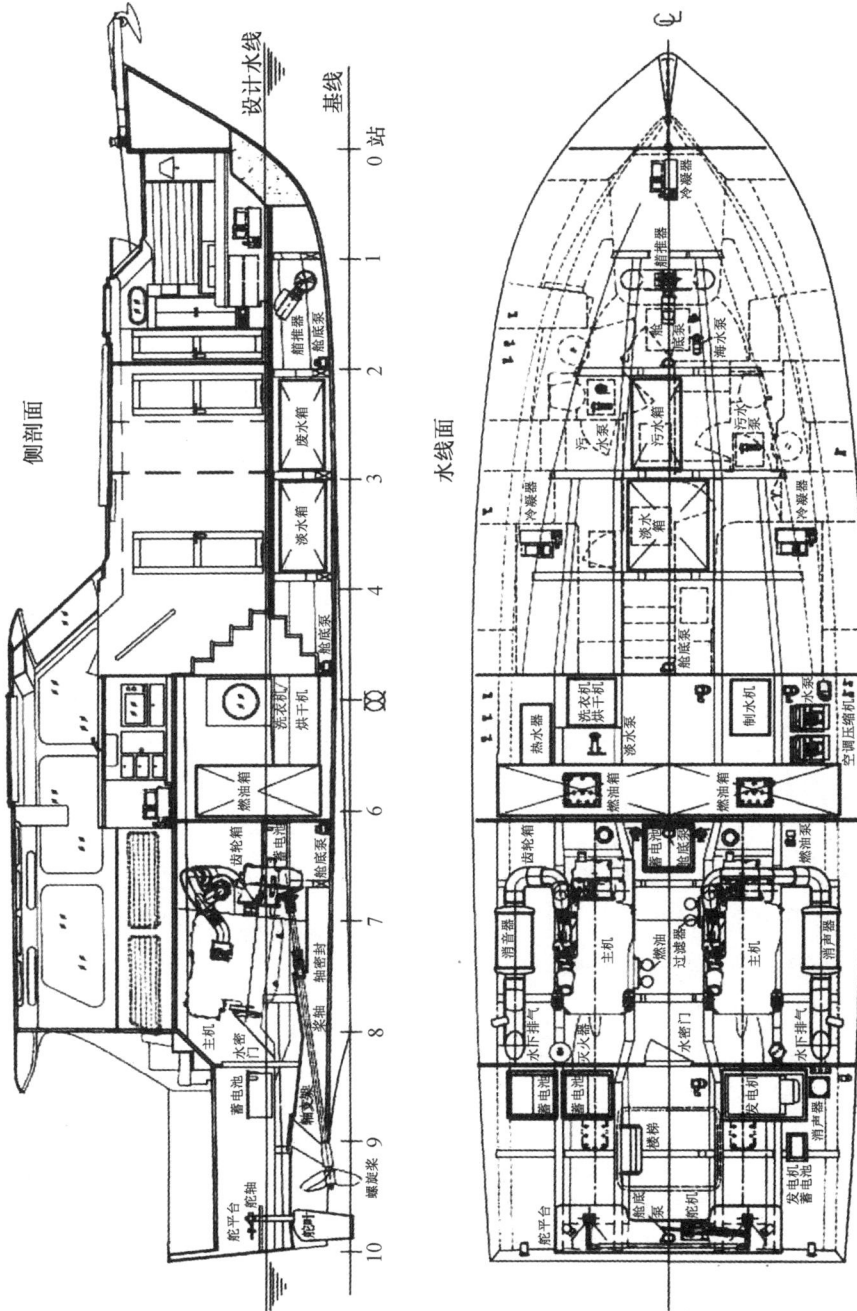

图 4-27 "海豚"号游艇机舱和油水箱布置图

（2）操舵系统的布置

机舱内的操舵系统由舵机、双舵、舵柄、舵杆等组成，辅助舵机装在舵平台上，该平台两端各有一个舵角限制器，控制最大舵角在±35°之内。舵轴的横向间距为 2 090 mm，略大于轴距，当移出双轴时不需要拆掉舵板。舵轴位置比较靠前，舵叶随边仍保持在艉板内。舵叶为剖面形状呈楔形的悬挂舵。

（3）排气系统的布置

为了减小航行时的噪声，该艇采用水下排气系统。该系统配有消声器，布置在主机的外侧。水下排气口装有排气罩以避免废气被螺旋桨吸入，造成腐蚀。

（4）发电机和蓄电池的布置

发电机在后机舱内的右舷，尽量远离住舱以降低住舱的噪声。两组蓄电池也在后机舱内，布置在与发电机相对的左舷，这样一来，不仅能使两者之间的连线较短，而且也能抵消发电机引起的横倾。

（5）应用舱内的布置

应用舱内布置有燃油箱、洗衣/烘干机、热水器、空调压缩机、造水机等，它们分别对称布置在两舷，以利左右平衡。在这些设备前面都留有足够的空间供维护和保养。应用舱前壁有一进出口，将楼梯翻转上去就可从住舱通道出入。

（6）其他

机舱和应用舱内的其他设备有灭火器、舱底泵、燃油泵、淡水泵、燃油过滤器、海水过滤器及多个通海阀门等。舱底泵共有 5 个，其中 4 个为电动，分装在前住舱、住舱通道、前后机舱的最低处，可自动把舱内积水排出。一个手动泵装在甲板室外面，其吸头在前机舱，以备紧急情况下使用。固定灭火器装在主机的附近，一旦主机着火，可以自动迅速扑救。另外，在住舱和甲板室还有若干手提式灭火器备用。主机的燃油过滤器是双并联式，就装在主机旁边，可在不停机状态下检查或更换。主机的通海阀和海水过滤器在主机前面，发电机的通海阀和过滤器合为一体。

厕所下面的污水泵可将抽水马桶内的污水自动抽到污水箱，也可直接排出艇外，前住舱下的海水泵可用来冲洗锚链和甲板。4 个空调冷凝器中的 3 个分别布置在 3 个住舱的床铺下，第 4 个在厨房柜内，给甲板室供应冷气。

艏侧推器布置在前舱底部。

2. 油水箱布置

燃油箱在全艇重心的附近，其总容积是 3 500 L，横向布置，为了减少自由液面对稳性的影响，该燃油箱被一分为二。燃油箱材料为夹芯玻璃钢。

淡水箱在中部住舱的舱底，位置比较靠前也较低，综合考虑了其尺寸的大小及其对纵倾的影响。由于艇上装有造水机，淡水箱的容积只有 700 L，不是很大但也够用了。由于它的尺寸不大，其材料采用增强塑料。

污水箱在两个厕所的下面，用来在环境要求严格的海域储藏污水，其储藏容积约 230 L。

4.4 进排气系统的设计

4.4.1 简介

主机的进排气系统是就像人的呼吸系统一样,一旦停止工作,就会产生严重的后果。进气系统除了给主机运行提供必要的空气之外,同时也起到通风、冷却的作用。排气系统的作用就是将主机燃烧后的废气以及大量的余热排出艇外,进气系统的设计比较简单,但排气系统的设计并不容易,如果设计不好,不仅影响主机的性能,而且会增大整个游艇的振动和噪声,还有可能造成主机损坏、游艇火灾、游艇灭失等严重后果。

1. 进气系统

进气系统一般包括进气口及百叶窗、上下进排气箱、进排气扇、防水装置、排水管等,如图 4-28 所示。要注意,进气系统不仅供主机燃烧使用,它也需要将机舱内过热的空气抽出,起到通风降温的作用。

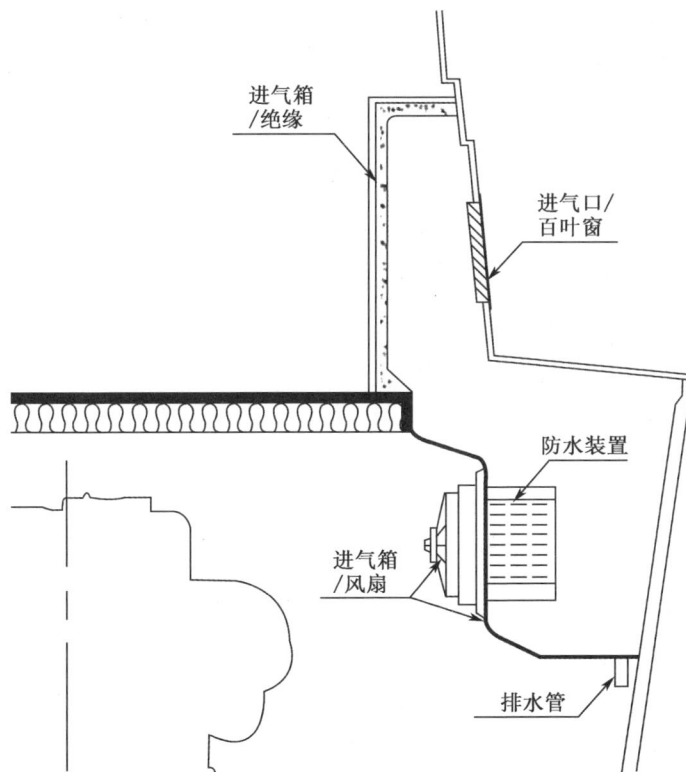

图 4-28 进气系统示意图

进气口及百叶窗一般在甲板室的两侧,百叶窗多由铝合金制成,百叶大都做成向下倾斜状以防止水进入。

进气箱一般由玻璃钢制成,箱内加一层绝缘材料,以减少进气系统的噪声。进气箱在纵向一般都隔成长短不一的两段,前面长的一段用来进气,后面短的一段为机舱通风之用。有的艇只有上进气箱,有的艇将其分成上下两部分。如果只有上进气箱,其宽度就比较宽,以容纳进排气扇和防水装置,其底部设有排水管,一旦有水进入,可以马上排到艇外。若进气箱是两部分,就会将它们分别置于地板上下,进排气扇和防水装置都装在下进气箱上,其底部也有几个排水管。

有些小型游艇采用自然进气,只设两个排气扇在主机停机时使用。对于中型以上的游艇,则另设两个进气扇,除了保证主机有足够的空气使用之外,机舱内也有良好的通风。这些进排气扇最好能双向旋转,必要时可调整成进气或排气。防水装置是进气系统的核心,可阻止水滴进入机舱。

2. 排气系统

游艇基本都采用湿式排气系统,它主要由排气提升管、柔性接头、排气管、消声器、排气口和排气罩(水下排气)组成(图4-29和图4-30)。

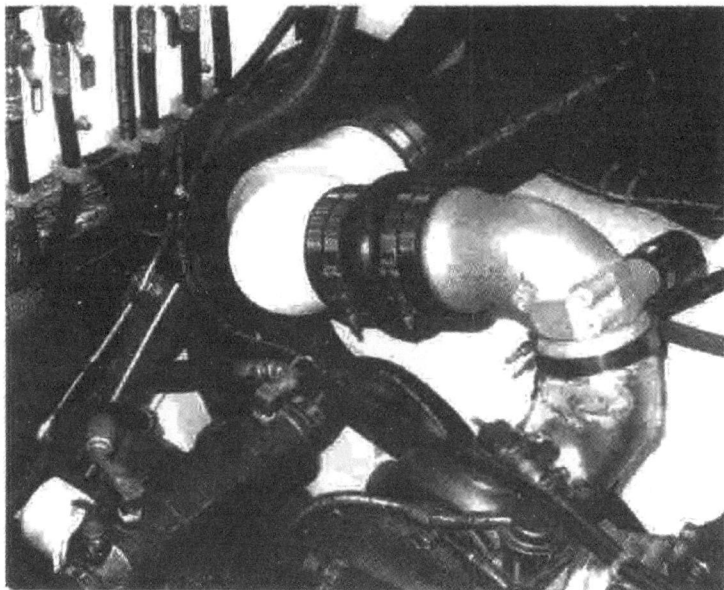

图4-29 主机排气系统照片

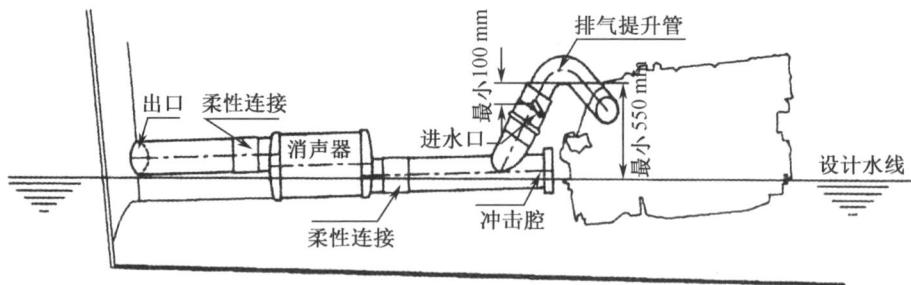

图4-30 主机排气系统示意图

排气提升管多由不锈钢制成,外部裹着一层绝缘、绝热材料,主要作用是防止烫伤人员,减少热量辐射进机舱。提升管的尾段分内外两层:内层是主机废气的排出管道,外层主要是冷却水的通道。进水管内的冷却水先进入两层间的空隙,然后通过端部众多的小孔喷到主机排出的废气上。由于废气的温度很高,冷却水一遇到废气就会产生汽化,汽化后的水蒸气与废气混合可大大降低整个系统的温度,也可在某种程度上减小排气系统的噪声。

排气管后端多用玻璃钢材料制成,为防止排气管过热着火,其树脂用的是耐火型树脂。为了防止由于主机振动和艇的变形而使排气管产生裂缝,各部件之间多用耐高温硅胶软管柔性连接,一旦排气系统有了裂缝,里面的冷却水和有毒气体就会漏出,其后果将不堪设想。

在硅胶软管的两端各系两条不锈钢箍,并用力绑紧以防气体泄漏。但是要注意,绑得太紧有可能会使里边的玻璃钢管破裂,为此,一般会在管内加一层不锈钢衬套以保证安全。

消声器的主要功能就是减小该系统的噪声,单就减噪效果来说,其尺寸当然是越大越好,但也会过多地占用机舱的宝贵空间。而且消声器后温度太低对结构强度也有很大影响。消声器的种类很多,有立式、卧式,有单层、多层样式等。在选用时要根据客户对噪声的要求,并结合机舱的可利用空间来权衡一下,再做决定。

冲击腔主要功能是防止艇后退时海水倒灌冲进主机内部。当海水从出口冲进来时,冲击腔内的空气会形成一个缓冲垫,可大大减小海水的冲击力,从而达到保护主机的目的。排气口有水上和水下排气两种,对于前者,将出口从艉板正面移到与舷侧相交的转角处(部分开口在艉板,另一部分在舷侧),可以减小海水的倒灌冲击力。但如果出口离水面太近,而且后退速度也很快,其冲击力就会很大,这时,就应该考虑加装一个止回阀。

水下排气的优点是噪声低、占用艇内空间少。其缺点是如果设计不好,可能引起排气进入螺旋桨周围、背压过大以及在高速艇上出现动态不稳定性等问题。为此,在水下出口处一定要装设排气罩,其功能如下:

(1)在中高速航行时产生负压,降低排气系统内的背压(back-pressure);

(2)防止废气进入螺旋桨;

(3)防止艇后退时海水倒灌。

当艇在停止或低速航行时,水下排气比较困难,为此,该系统另设一个水上旁通管可以排出废气。

4.4.2 进排气基本的设计考虑

1.进气系统的基本要求

(1)进气口

进气口的开口形状和尺寸不仅要与艇的外形协调,更重要的是要能满足主机燃烧进气量和机舱通风的要求。主机燃烧进气量的要求与功率有关,如已选定主机,取其规格书中规定的值即可。若还没有具体的主机,可参考下列公式计算:

$$Q_m = 0.134 P_B \tag{4-5}$$

式中　Q_m——总的主机进气量,m^3/min;

　　　P_B——总的主机功率,kW。

如果是自然进气,进气口的净横剖面积可根据下式来求得:

$$A_m = Q_m/(60 V_W) \tag{4-6}$$

式中　A_m——进气口净总面积,m^2;

　　　V_W——进气口风速,m/s,取5~7 m/s;

如果是自然进气加两个排气扇,进气口的净横剖面面积可用下式来求得:

$$A_m = (Q_m + Q_e)/(60 V_W) \tag{4-7}$$

式中,Q_e 为总的排气扇排气量,m^3/min。

此外,进气口底边的位置要尽量高一些,以增大游艇横倾时的进水角,从而提高其稳性储备。

(2)进气箱

上进气箱的顶部应高过进气口,但也不要太高,以能让家具盖住而不影响室内整体设计为宜。其宽度要保证其水平截面不小于进气口的面积。上下进气箱间的地板开口面积应不小于进气口的净面积。下进气箱的正面高度要容得下防水装置和进/排气扇,其横向宽度不能太大,在它和主机之间要留有足够的空间可移出防水装置。进气扇通常设在进气箱的前方,排气扇多在后方。

2. 排气系统的基本要求

(1)排气管道直径的确定

对排气系统的最基本要求就是呼吸顺畅,如果排气管道直径太小,或弯头太多、弯得太急,都会使得排气系统的背压太高,从而影响主机性能的发挥,造成功率损失。在选取排气管道的直径时,可参考图4-31。

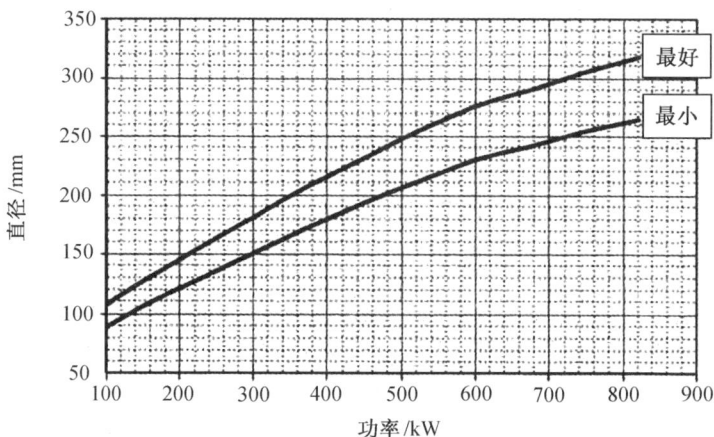

图4-31 排气管道直径的选取

(2)排气系统的背压

对大多数主机来说,排气系统的背压不应超过8.2 kPa,但对那些具有涡轮增压的主机,其背压应限制在6.9 kPa之内。当然,不同的主机对背压的要求也不同,在设计游艇的排气系统时,可参考主机的技术规格书。

(3)排气系统的安装

排气系统设计得再好,如果安装不好也没有用。在安装排气系统时,要注意几点:

①排气提升管最高点的底部要在设计水线550 mm以上;

②进水口要在最高点底部的100 mm以下;

③排气管和消声器的安装要向艉部倾斜,倾角不得小于1.2°;

④如果是水上排气,其出口的底边最好高于水线,如果不行,水上部分的横剖面积也应在90%以上;

⑤排气系统的所有部件,特别是排气提升管和消声器,都要有坚固的支撑;

⑥绝不能让任何水流进主机内,不然会损害主机的零部件。

课后思考题：

1. 游艇沙发、座椅布置的基本要求有哪些？
2. 游艇柜台主要包括什么？
3. 游艇天窗、舷窗的具体要求有哪些？
4. 游艇淋浴室的要求有哪些？
5. 请畅想下未来游艇主人舱的设计发展方向。
6. 简述游艇驾驶员所处位置的要求。
7. 简述游艇的栏杆设计要求。
8. 游艇机舱的布置位置有哪几种？分别叙述其优缺点。
9. 机舱布置要遵循几个原则？分别叙述。
10. 简述游艇的进气系统、排气系统布置的原则。

第5章　游艇的结构设计

学习重点：

1. 了解游艇结构设计概述,以及玻璃钢游艇结构特点。
2. 掌握现代游艇的建造材料、玻璃钢固化特性。
3. 熟悉游艇结构设计,以及选择、管理及使用玻璃钢材料的相关知识与技能。
4. 了解游艇玻璃钢的性能计算,了解国内外玻璃钢在游艇方面的应用情况。

5.1　概　　述

游艇的结构就像人体的骨骼一样支撑着整个艇体,其重要性不言而喻。与普通船相比,游艇最大的不同在于其使用的材料和结构形式。由于排水量对游艇的性能影响非常大,所以为了减轻其排水量并保持足够的强度和刚度,现代游艇一般选用轻型材料,像玻璃钢、高强度铝合金、其他复合材料等。另外,由于游艇航行的速度较高,其受力与普通船的受力有很大的不同,所以对游艇的结构设计要求更高,在质量最小的同时,其强度和刚度也要达到相应的要求。

现代游艇建造材料主要有两种,一种是玻璃钢,另一种是高强度铝合金。中、小型游艇绝大多数选用前者,大型游艇两种材料都有选用。也有选择木材或其他材料的游艇。本书的内容主要涉及中、小型游艇的设计,所以本章将重点介绍玻璃钢的基本特性、性能计算、结构设计,以及一些铺层(lamination)细节。

5.2　游艇的建造材料

5.2.1　简介

游艇制造是复合材料(composite material,CM)应用较多的领域之一。目前游艇中用量最大、范围最广的复合材料是玻璃纤维增强塑料,即玻璃钢(glass fiber reinforced plastics,GFRP),简称 FRP。玻璃钢自 20 世纪 40 年代开始用于造船以来,至今已有 70 余年的历史。玻璃纤维增强塑料是一种以玻璃纤维增强不饱和聚酯树脂、环氧树脂与酚醛树脂为基体材料,以玻璃纤维及其制品(玻璃布、带、毡、纱等)为增强材料的复合塑料。作为复合材料的一种,玻璃钢因其独特的性能优势,在航空航天、铁道铁路、装饰建筑、家居家具、建材卫浴和环卫工程等相关行业中得到了广泛应用。

根据所采用的纤维不同,玻璃纤维增强塑料分为玻璃纤维增强复合塑料、碳纤维增强复合塑料和硼纤维增强复合塑料等。纤维增强复合材料是由增强纤维和基体组成的。纤维(或晶须)的直径很小,一般小于 10 μm,是脆性材料,易损伤、断裂和受腐蚀;基体具有黏弹性和弹塑性,是韧性材料。玻璃钢的机械性能见表 5-1。

表 5-1　玻璃钢的机械性能

性能	聚酯树脂		环氧树脂		酚醛树脂	有机硅	聚邻苯二甲酸二丙烯酯
	玻璃布	玻璃毡	无纺	玻纤	玻璃布	玻璃布	玻璃布
抗拉强度 /(kgf[①]·cm^{-2})	1 260 ~ 4 550	700 ~ 1 750	7 700 ~ 15 000	2 450 ~ 5 950	630 ~ 3 500	700 ~ 1 750	700 ~ 1 750
抗压强度 /(kgf·cm^{-2})	1 400 ~ 4 200	1 400 ~ 3 150	6 300 ~ 8 400	2 450 ~ 5 600	2 380 ~ 5 250	700 ~ 1 750	700 ~ 1 750
抗弯强度 /(kgf·cm^{-2})	870 ~ 6 300	1 050 ~ 2 800	8 400 ~ 14 700	2 800 ~ 7 350	1 120 ~ 5 600	700 ~ 1 750	700 ~ 1 750
抗剪强度 /(kgf·cm^{-2})	840 ~ 1 600	700 ~ 1 400	980 ~ 1 750	1 200 ~ 1 680	1 150 ~ 1 400	700 ~ 1 750	—
弹性模量 /(×10^5 kgf·cm^{-2})	0.70 ~ 1.96	0.70 ~ 1.33	3.85 ~ 6.23	1.40 ~ 2.45	0.84 ~ 1.75	1.0 ~ 1.4	—
抗压模量 /(×10^5 kgf·cm^{-2})	2.1 ~ 2.8	1.05 ~ 1.75	3.71 ~ 5.95	—	—	—	—
抗弯模量 /(×10^5 kgf·cm^{2-})	0.42 ~ 2.45	0.70 ~ 1.26	3.71 ~ 5.60	1.40 ~ 3.15	0.70 ~ 2.8	0.70 ~ 2.45	0.42 ~ 2.10
成形条件: 压力/(kgf·cm^{-2})	0.84	0.7 ~ 35	0.7 ~ 70	0.7 ~ 125	1.05 ~ 140	2 ~ 140	0.7 ~ 105
温度/℃	室温 ~ 150	室温 ~ 150	120 ~ 165	室温 ~ 90	130 ~ 175	160 ~ 260	95 ~ 175

注:①1 kgf≈9.8 N。

玻璃钢的相对密度为 1.5 ~ 2.0,只有碳素钢的 1/5 ~ 1/4,但拉伸强度却接近甚至超过碳素钢,强度可以与高级合金钢媲美。某些环氧玻璃钢的拉伸、弯曲和压缩强度甚至能达到 400 MPa 以上。由于玻璃钢强度高、耐水、耐腐蚀等优点是一般造船材料难以具备的,因此它在问世后很快受到世界造船界的重视。

1. 玻璃钢应用的优点

玻璃钢应用在游艇上有许多优点,概括起来有以下九种。

(1)耐腐蚀能力强。能耐酸、碱、盐类、海水及许多有机物质,也能抗微生物的侵蚀。玻璃钢游艇即使长期使用也不会受到海水的腐蚀,但和其他材料的游艇一样,时间一长也会有海蛎子等附在艇底,所以在艇底也需要刷防污漆,并定期清理。

(2)渗水率低。中、小型玻璃钢游艇一般是在一个模具内整体成形,没有接缝且渗水率低,所以其防水性特别好,非常适合在游艇上应用。

(3)质量轻。相对密度小,为1.5~2.0,只有钢材的1/5~1/4,与相同尺度的钢结构艇相比,一艘玻璃钢游艇的艇体质量只占后者的一半左右;与高强度铝合金艇的质量相比,差距不大。

(4)强度较高。玻璃钢的强度稍逊于钢,与高强度铝合金接近。但如果按强度/质量比来算,玻璃钢要比后两者要高得多。此外,由于玻璃钢纱布有方向性,所以可在受力较大的方向上铺设更强的玻璃纤维,这样材料的应用更加有效。

(5)形状复杂、颜色多。玻璃钢材料在各种复杂曲面上铺设相对容易,可以批量生产,其建造成本也能降低。另外,只需在外层胶衣树脂中加一点染料,就可把艇体做成客户喜爱的颜色。其中白色最普通,也有深蓝、浅绿、淡黄等各种颜色。

(6)维护容易、寿命长。由于玻璃钢游艇耐海水腐蚀,所以除了隔一段时间需要铲去艇底的附着物并刷上新防污漆外,基本上不需要额外的维护,不仅维护成本较低,而且艇的使用寿命也长。一旦艇体有任何地方受损,维修起来也非常容易。

(7)介电性能好。在高频作用下仍能保持良好的介电性能。击穿强度达15 kN/mm,体积电阻率在10^{14} $\Omega \cdot cm$以上,不反射无线电波,微波透过性良好。

(8)成形工艺简单。可根据结构形式、几何形状、尺寸大小等不同要求进行设计,合理地配置增强材料和适当的成形方法。

(9)隔音、绝缘、防震,导热系数仅为金属的1/1000~1/100,夹层结构的玻璃钢绝热和隔音性能都很好。

2.玻璃钢应用的缺点

当然,和任何优秀的材料一样,玻璃钢在游艇上的应用也有缺点,例如,与金属相比弹性模量小,耐热性能差等。

(1)刚度不足。玻璃钢的弹性模量E大约是钢的1/15,是高强度铝合金的1/5,所以在相同的载荷下,玻璃钢游艇的刚度较小,更容易变形。

(2)疲劳、失稳强度低。玻璃钢的弹性模量低,这也使得那些受压构件和嵌板更易失稳(buckling)。另外,它的疲劳强度也相对较低,在考虑设计载荷和安全系数时,要充分注意。除此之外,还要注意某些应力集中的部位要适当加强。

(3)结构振动,不耐磨损。在主机基座处和螺旋桨上方的结构如果没有适当加强,很可能引起结构振动。此外,玻璃钢的耐磨损能力较低,所以在那些易磨损的区域要有适当保护。

(4)易燃烧。玻璃钢材料中的树脂是一种可燃性物质,一旦着火,它会火上加油,助其燃烧。但也有一些树脂是阻燃性的,在着火后,一旦移去火源,火势会逐渐减弱。

尽管玻璃钢在游艇上应用有这些缺点,但与其众多的优点比起来显得微不足道,况且这些缺点还是可以改进的,有些缺点实际上已经被克服。事实充分证明,玻璃钢材料非常适合于游艇的应用,多年来,玻璃钢游艇早已是整个游艇界的主力。

玻璃钢由两部分材料构成:树脂和玻璃纤维,如图5-1所示。把这两种材料单独分开用处不大,因为单纯树脂的强度和刚度都很差,无法作为艇体的结构材料;而单纯玻璃纤维虽然强度很高,却无法固化成形而起不到作用,只有将两者结合在一起才能取长补短,成为优越的艇体材料。常用的做法是让液态树脂浸透到玻璃纤维表面,使其产生化学反应而将两者结合在一起,最后,逐渐形成可以承受外力的板或结构,这与钢筋混凝土的作用类似。

此外,玻璃钢在使用时还需要加一些微量添加剂,如催化剂、加速剂、阻燃剂、稀释剂等。

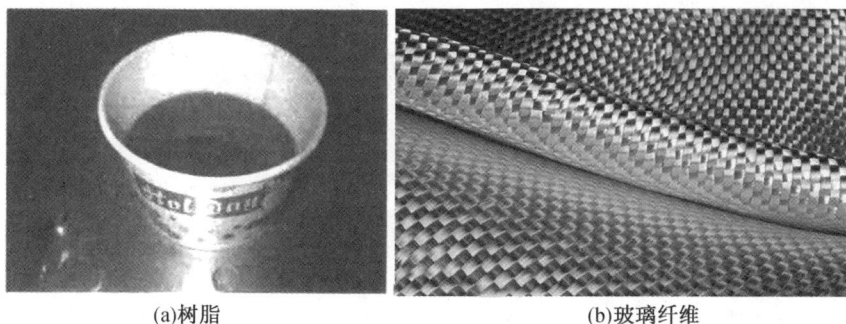

(a)树脂 (b)玻璃纤维

图 5 - 1　树脂、玻璃纤维

5.2.2　玻璃钢的基体材料——树脂

基体材料是玻璃钢的主体材料,其作用是将增强材料——玻璃纤维浸渍并黏结成一体。人工合成的树脂是玻璃钢的基体材料,是其主要原材料之一。在玻璃钢中树脂将分散的玻璃纤维粘在一起,使之成为整体并将纤维定向及定位,同时还以剪应力形式起着应力传递作用。玻璃钢的电性能,耐温、耐腐蚀等性能主要是由树脂决定的。

1. 合成树脂的种类

（1）热固性树脂

热固性树脂特点是通过加热或自身交联放热形成不熔、不溶的固体,且此过程是不可逆转的,玻璃钢的基本材料——不饱和聚酯树脂、环氧树脂等即属这一类。

（2）热塑性树脂

热塑性树脂合成冷却后呈固态,加工产品时是通过加热再恢复为液态,在模具中冷却成形,此过程是可逆转的,产品废旧后可回收利用,如聚氯乙烯、聚乙烯、聚丙烯、尼龙等。热塑性树脂也可用纤维材料增强,现在也用于制造小船,但较少。现常称此类为热塑性玻璃钢,制造的船也叫塑料船。以下仅介绍用于玻璃钢游艇的热固性树脂。

2. 热固性树脂

现在建造玻璃钢游艇用的热固性树脂主要是不饱和聚酯树脂、环氧树脂及乙烯基酯树脂。

（1）不饱和聚酯树脂

①不饱和聚酯树脂的制作

不饱和聚酯树脂(以下简称聚酯树脂或树脂)是将丙二醇、邻苯二甲酸酐、顺丁烯二酸酐同时放入反应锅中加热,使之产生酯化反应。进行这种反应时,溶液的黏度逐渐升高,当达到适宜的黏度和酸值时加入聚合抑制剂,将其移入盛有苯乙烯单体的溶解锅中溶解,就变成树脂溶液。将它冷却后移入调和池中,加进气凝胶等熔合到预定的触变黏度,再加上促进剂使之具有一定的固化性后,再移到储存罐中,然后分装到圆罐中发货。以上是一般用的邻系树脂制作方法。但只要将丙二醇和间苯二甲酸加热,在一定时间加入顺丁烯二酸酐,再次加热反应就成为间系树脂。

②不饱和聚酯树脂的种类

不饱和聚酯树脂的种类很多。由于制造厂可以任意改变配合比,所以即使是同型树脂,有的配合比也不相同。下面叙述玻璃钢渔船采用的主要标准树脂。

a. 按树脂成分分类

邻苯二甲酸系树脂:标准型(UP – G,G 型),分春秋季节用、夏季用、冬季用等。一般树脂的性能以 25 ℃时的数值作为标准值来表示。

间苯二甲酸系树脂:耐药品型(UP – CM),因为间苯二甲酸系树脂比邻苯二甲酸系树脂的强度大,但价格高,所以只用很少一部分。

b. 按成形方法分类

玻璃钢模具树脂、凝胶涂层用树脂、积层用树脂(手工积层用树脂)、喷涂用树脂。

c. 按固化性质分类

空气固化性树脂:蜡型、石蜡型。树脂中加入蜡、石蜡,积层时可以隔绝空气中的氧。

非空气固化性树脂:非蜡型、非石蜡型。树脂中不加入蜡、石蜡,积层后表面发黏不固化,这对下一个积层是很有效的状态。非空气固化型树脂的表面用玻璃纸或聚丙烯薄膜贴上去,隔绝空气中的氧就不发黏而固化。

d. 按调和分类

二液型树脂:树脂中加入促进剂(环烷酸钴)或二甲基苯胺的树脂。树脂中加入环烷酸钴促进剂则变成粉红色,易于识别,在积层作业前,只加入固化剂(相关规范中称为引发剂)即可,是一般用的树脂。

三液型树脂:树脂中未加入促进剂的树脂。使用时先加入促进剂,充分混合后,再加入引发剂混合后使用。

e. 按使用季节分类

可分为春秋季型(4,5,6,9,10,11 月份用)、夏季型(7,8 月份用)、冬季型(12,1,2,3 月份用),根据地区不同使用的月份有所变化。

③不饱和聚酯树脂的特性及应用

不饱和聚酯树脂是指由不饱和酸酐、饱和酸酐与二元醇经缩聚反应而制成的不饱和聚酯树脂,溶解于稀释液兼交联剂的苯乙烯等单体中,是淡黄色的透明液体。由于采用的原料品种及用量不同,可合成具有不同性能的种类,生产出诸如耐晒、耐水、耐热及韧性好、透明性好、耐化学性好等多种牌号,供使用单位选用。目前牌号并未统一,以常州建材二五三厂牌号为例,用于造船的是 189#及 196#(均沿用英国司考特・巴得公司牌号)。其中 189#耐水性好,工艺接续性好,适于制造船体;196#韧性好,适于制造上层建筑。

189#树脂的技术指标如下:外观为透明淡黄或棕黄色液体,25 ℃时胶凝时间为 8 ~ 25 min,酸值为 20 ~ 28[mg(KOH)/g],20 ℃时热稳定性为 6 个月,25 ℃时黏度为 2.5 ~ 4.5 P,80 ℃时酯化反应时间为 24 h,固体含量为 59% ~65%(质量分数)。

不饱和聚酯树脂由于黏度小,成形工艺性好,能室温固化,且固化时不产生副产物,固化时间较易控制,并可自由着色,美化产品,价格也较低;固化后有良好的物理化学性能,耐化学性也较好,所以目前是玻璃钢游艇大量使用的树脂品种,但其含有较多的苯乙烯单体,对作业人员有一定的刺激性。

不饱和聚酯树脂出厂产品为液态,要使它在一定时间内由液态转化为固态(俗称固化),一定要加入适当的引发剂和促进剂,这两种辅助材料均由树脂生产厂配套供应。常用的引发剂有过氧化环己酮和过氧化甲乙酮,前者用量为 4%,后者用量为 2%。常用的促进剂直接接触达一定数量会引起爆炸,必须分开放置,注意安全。

（2）环氧树脂

环氧树脂是分子中含有两个及两个以上环氧基团树脂的总称。其有很多品种,玻璃钢基本材料常用的是双酚A型环氧树脂,系由二酚基丙烷(即双酚A)与环氧聚丙烷缩聚而成。常用的牌号是E-44(即6101),其主要指标如下。

外观:黄色至琥珀色透明液体　　　　软化点(℃):12~20

黏度(40℃时):约为0.25 Pa·s　　　环氧值(当量/100 g):0.41~0.47

环氧树脂黏结力很强,俗称万能胶。它固化时收缩率低,无副产物,有良好的耐化学性能和优良的电绝缘性能,耐水性及耐热稳定性均好,稳定性好,储存期较长。由于黏度大,必须稀释及增塑后才能使用,而且固化速度较难调节。以环氧树脂为基体的玻璃钢,其力学性能高于不饱和聚酯树脂为基体的玻璃钢,但因环氧树脂价格比不饱和聚酯树脂的高一倍,故较少用于游艇。环氧树脂需加入固化剂方能固化。固化剂种类很多,常用的是胺类中的脂肪胺及改性胺品种。

（3）乙烯基酯树脂

乙烯基酯树脂是环氧丙烯酸酯类树脂,也可称作不饱和环氧树脂,由低分子量环氧树脂与不饱和一元酸通过加成反应而制得。乙烯基酯树脂既保留了环氧树脂的基本链段,又有不饱和聚酯树脂的不饱和双键,性能更加完善,这是它最大的特点。

乙烯基酯树脂开发稍晚,国内20世纪90年代才开始生产,现有普通、耐热、改性等几种型号。主要性能指标如下:外观为棕色或棕黄色黏稠液体,酸值为8~25[mg(KOH)/g],固体含量为62%~70%(质量分数),黏度为136~161(涂-4黏度计·S),25℃时凝胶时间为38~60 min。

乙烯基酯树脂耐腐蚀及耐水性均很好,与各种增强纤维的浸润性和黏结性好,因此制得的玻璃钢力学性能好,固化收缩率比不饱和聚酯树脂小,固化性能及工艺性都很好,所用的引发剂和促进剂也与不饱和聚酯树脂相同,因价格与环氧树脂相近,虽十分适合造船,但目前仅用于高档游艇。

3.使用中应注意的问题

（1）树脂的改性

用作玻璃钢基体材料的热固性树脂主要有不饱和聚酯树脂、环氧树脂、乙烯基酯树脂、呋喃树脂以及脲醛树脂等,玻璃钢游艇常用的是上述前三种。不同种类的树脂有其不同的性能和特点。如不饱和聚酯树脂黏度适中,有适合不同用途的多种型号,工艺性好;环氧树脂黏结性能和耐腐蚀性能好,力学强度高,但黏度大,工艺性差,价格较高;乙烯基酯树脂有以上两种树脂的优点,但价格也较高。在玻璃钢造船方面,常根据需要来选择树脂,如力学性能高的部位(如龙骨、机座、加强筋)和有耐腐蚀要求的舱室采用环氧树脂或乙烯基酯树脂,除单独使用外,还可以相互混用,通过混用改变树脂的性能,称作树脂的改性。

改性的作用有三点:一是提高原有树脂的物理力学性能和化学性能;二是改善工艺性能;三是降低成本。例如通过掺加环氧树脂改性不饱和聚酯树脂,可以提高物理力学性能,提高黏结性能,将不饱和聚酯树脂加到环氧树脂中,可以降低环氧树脂的黏度,改善工艺性能,并可降低成本。

树脂改性需要注意:

①起改性作用的树脂,其加入量不大于30%(质量分数);

②改性后树脂的固化系统仍参照主树脂;

③树脂改性后的力学性能可事先制作测试样板测定,以供产品设计时使用。

在玻璃钢游艇施工中如分别采用不饱和聚酯树脂和环氧树脂进行不同部位成形时,还需注意施工程序,在不饱和聚酯树脂成形的聚酯玻璃钢上可以进行环氧玻璃钢部件成形,仅需要按规定做表面处理即可,但却不能在环氧玻璃钢上再进行聚酯玻璃钢成形,因为环氧玻璃钢对不饱和聚酯树脂有阻聚作用,使之不能正常固化。

在玻璃钢中,树脂的良好浸润性是保证玻璃钢质量的一个重要因素。假若浸润性不好,纤维和树脂之间就会出现空隙;若浸润性好,则树脂能吸附在玻璃纤维的全部表面上。为了使纤维得到充分浸润,要求树脂本身有低的黏度,并且要求它本身具有的表面张力低于纤维表面的临界表面张力。

在玻璃钢成形时,玻璃纤维外表面被黏滞的树脂液包围,为了使纤维与树脂黏结好,一般应使用偶联剂。同时,由于纤维与树脂的热膨胀系数不一样,在界面中产生了残余应力。对树脂的固化而言,通常都是放热反应,使玻璃钢的固化温度比环境温度要高。在玻璃钢中,往往会在树脂中出现裂缝、水或湿气,它们会很快向树脂中的裂纹、空隙或其他缺陷处迁移,从而造成玻璃钢性能下降。所以在玻璃钢生产时,选用延伸性能好的树脂,提高抗裂的强度。

(2)树脂使用的选择

手糊玻璃钢工艺所使用的主要为不饱和聚酯树脂(包括邻苯二丙烯酯)及环氧树脂和乙烯基酯树脂。丁苯树脂、聚丁二烯树脂也有应用,但应符合以下要求:

①与纤维表面或上了浆的纤维表面有良好的结合力,以构成一个完整的界面。为此,树脂应具有与此相反或相适应的基团,从而形成化学键或范德华键。

②与纤维有相匹配的弹性模量和断裂强度。

③耐湿热好,要求树脂和固化剂在湿热的环境下仍能有效工作。

④工艺性好,主要指树脂的混溶性、树脂体系的成模性、一定温度下的黏度流动性、对纤维的浸润性、做成预浸料后的铺覆性以及室温下的存放性。

如上所述,按照使用目的不同有各种树脂可供选择。另外,制造厂可以任意改变树脂的配合比,这对于用户来说,虽然具有适应各种需要的优点,但也存在性能不定性的问题。

图5-2中的曲线称为常温固化试验曲线,是将试料装入试管,再将试管放入25℃的恒温池中,测量试样25~30℃的凝胶变化时间和达到最高发热温度的最短固化时间。购买树脂时制造厂将此结果填入试验成绩表中。

在此说明选择树脂时必须注意事项。一般用固化特性的固化发热曲线图(图5-2)表示液态树脂的性能,但据此尚不能准确地确认其性能,所以推荐采取接近现场实际情况的办法,用玻璃纤维毡与树脂含浸试验来确认其性能。根据试验结果来确定是否使用。

若使用树脂的室温有变化,凝胶化时间(可用时间,也称活化期)也需要调整。另外,当将玻璃纤维基材与树脂含浸时,可积层时间也有变化,所以用实物在接近实际的情况下进行试验确认是最好的办法。

此外,黏度、触变黏度、酸值、相对密度等数据都应填入试验成绩表中,其中,除酸值外均为25℃时的数值。

①凝胶涂层用树脂(胶衣树脂)

玻璃钢制品的使用寿命,在很大程度上取决于其暴露表面的质量,为此,特在制品的暴露表面做一层树脂含量较高的胶层,称之为胶衣层。如将所需要的颜料加入胶衣层内,也常称为装饰层。用于胶衣层的树脂应具有良好的弹性和耐冲击、耐水、耐气候等性能,并能与制品的增强层很好地黏合。胶衣层不仅起装饰作用,更重要的是可保护制品免于受环境因素的不良影响,从而提高制品的耐老化性能,延长制品的使用寿命,因而又称之为防老层。凝胶涂层不仅是为了美化船体外观,也有保护积层的作用,所以要选择两者兼顾的产品。

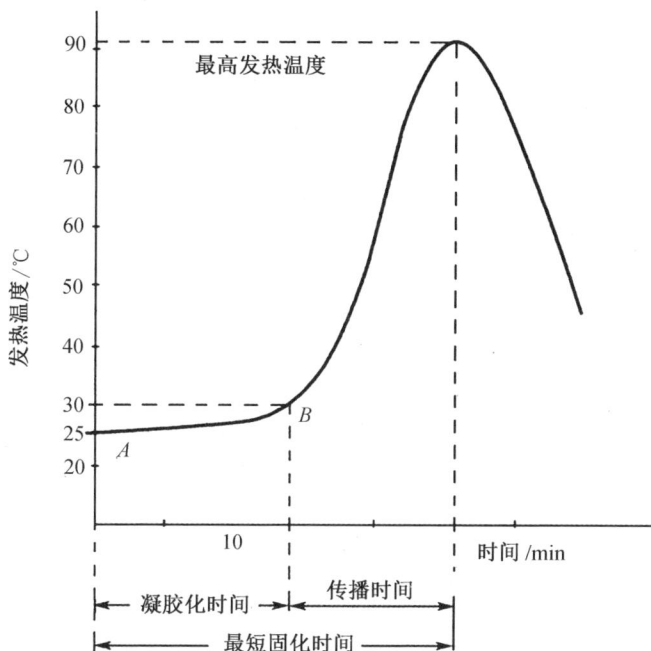

图 5-2 常温树脂固化试验曲线

a. 涂层时不下垂

黏度和温度应适宜,25 ℃的标准值以下示的数据为适宜:黏度 15 ~ 18 P,触变黏度4 ~ 6(6/60 r/min)。

b. 涂膜要强韧

机械性能标准:拉伸强度 40 ~ 50 MPa,延伸率2% ~ 3%,冲击值2 ~ 3 kg·cm/cm^2。涂膜不收缩,涂膜的颜色和光泽持久,具备上述条件,说明其耐候性、耐水性、耐油性、耐酸性和耐碱性都好,涂膜不易被苯乙烯单体侵蚀。模具用凝胶层树脂,除考虑模具的使用寿命外,还要选择耐热性好的产品。为此,一般采用间苯二甲酸系的凝胶涂层树脂。

②积层用树脂

积层用树脂要根据玻璃钢船的大小、积层工程的各种工艺条件来选择,不能一概而论。下面叙述其共同点。

a. 积层时下垂少

积层用树脂中也混合着气凝胶,25 ℃的标准值以下示数据为适宜:黏度 3 ~ 6 P,触变黏度 1.5 ~ 2.5(6/60 r/min)。

b. 胶接性好

树脂与玻璃纤维的胶接性能同玻璃纤维的处理相辅相成。胶接强度虽然没有数值表示,但可以根据破坏试验观察。

c. 苯乙烯单体的含量适宜

含量根据树脂不同而不同,有的接近35% ~50%(质量分数),但若含量过多,固化时会变脆,所以40%(质量分数)以下为好。

d. 浸润性适宜

苯乙烯单体含量高,虽然易于浸润作业,但也有价格较高的缺点。浸润性与黏度也有关系,所以应选择均衡性好的产品。树脂浇铸模板应具有适当的强度:巴氏硬度40 HBa 以上,弯曲强度80 ~90 MPa,弯曲弹性模量3 500 ~4 500 MPa,拉伸强度40 ~50 MPa,拉伸弹性模量3 000 ~4 000 MPa,拉伸率1% ~1.5%。

(3)树脂的保管使用

树脂被指定为危险品,引发剂、促进剂、苯乙烯单体和丙酮等也是危险品,所以树脂处理要小心。下面主要叙述树脂的保管使用。

①保管

树脂用圆筒罐、石油罐或货车供应,接收这些货物后应按下述方法保管:存放场所应是不燃性结构,而且要通风凉爽,无太阳光直射。注意储存温度和时间,一般15 ℃以下储存时间不超过6 个月,30 ℃以下储存时间不超过3 个月。储存量法律有规定,应按规定执行。

②调和

使用干净的容器盛装树脂,不要有异物或水进去。根据温度和活化期,使树脂和调和剂的混合比例保持在一定的范围内,要在充分掌握树脂特性的基础上决定混合比。树脂罐应立放,防止积存气溶胶。长时间积存时,有时积存上部会分离。开罐之前要与积存作业场所环境的温度一致。如果储存场所和积层作业场所有温差,要提前两天把盛有树脂的罐搬到作业场所或提前加温到与作业场所的温度一致。否则,由于温差关系,罐内有时会结成冷凝水。

4. 树脂的调配

树脂调配是玻璃钢作业中的重要环节,技术要求较高,它涉及树脂胶凝时间是否恰当、树脂固化中发热量的大小和树脂固化程度,最终归结到玻璃钢的力学性能的高低。树脂调配不当,即使用最优良的材料和高水平的作业,也得不到高质量的产品。因此,树脂调配工作在掌握基础知识的前提下,必须认真细致,全面考虑,通过实践积累经验,才能确保产品的质量。

(1)树脂配方

①常规配方(环境温度15 ~30 ℃)

a. 不饱和聚酯树脂及乙烯基酯树脂引发剂(下列品种任选一种):过氧化环己酮,4%;过氧化甲乙酮,2%;促进剂(环烷酯钴),1% ~4%。

b. 环氧树脂固化剂(下列品种任选一种):乙二胺,6% ~8%;二乙烯三胺,8% ~11%;三乙烯四胺,9% ~12%;多乙烯多胺,14% ~16%;间苯二甲胺,18% ~24%。

②非常规配方

当环境温度低于15 ℃或高于30 ℃时,对不饱和聚酯树脂及乙烯基酯树脂的常规配方应做调整,主要调整促进剂加量。环境温度低于15 ℃时,可增加到4% ~6%,必要时可再加少量二甲基苯胺促进固化;环境温度高于30℃时,促进剂加量可减少到1% ~0.5%,但不可少于0.5%,以免造成长期固化不足。引发剂加量一般可不做调整,如必要也可以稍做调整,但不可过少。

环氧树脂固化剂加量是据环氧值计算而得,不可随便变更。当环境温度高时,固化速度快,可采取少量调配或冷却措施。

(2)环氧树脂预调

玻璃钢游艇根据结构件强度需要,常采用环氧树脂制件及加强构件,常用的牌号为 E-44(即6101)。

环氧树脂产品因黏度大,不便使用,故需要进行预调,以降低黏度,增加韧性。预调方法如下:

①将20 kg装的环氧树脂与桶一起加热(可用烘箱或隔水加热法),温度可以在60 ℃上下,使环氧树脂黏度变小。

②将黏度变小的环氧树脂倒进事先准备的缸或大口容器中。

③加入10%~15%(质量分数)的邻苯二甲酸二丁酯,搅拌均匀,以增加树脂韧性。

④待树脂温度降到40 ℃以下时,再加入10%~20%(质量分数)的丙酮,充分搅拌均匀,以降低树脂黏度。

⑤预调完成,密闭使用。

(3)小样试验

树脂调配必须常做小样试验,以掌握胶凝时间和了解树脂质量。小样试验方法如下:用一次性塑料杯称取树脂100 g,先观察树脂色泽、透明度、有无浑浊或悬浮物及结块,一切正常时,按选定比例分别加入促进剂、引发剂,并分别搅拌,从最后加入引发剂搅拌结束起计时,并随时观察黏度变化,至胶凝现象出现,记录胶凝时间,供作业时参考。如复合树脂胶凝时间技术指标,必须在该项技术指标规定的条件下,即在25 ℃室温下,引发剂加量4%(或2%),促进剂加量4%时,才可与出厂技术指标做对比。

(4)调配注意事项

①引发剂、促进剂加量必须准确计量,随意估量会影响树脂固化质量。促进剂、引发剂加入树脂的先后顺序并无严格要求,但因引发剂加入后即对树脂交联起引发作用,超过6 h后,在无促进剂的情况下也能缓慢胶凝,而单独加入促进剂就不会引起树脂胶凝,故调配树脂时以先加促进剂为好。现有厂家生产用加速树脂,即在树脂中加入一定量的促进剂,在树脂调配时只要添加引发剂即可,适于在正常环境温度下使用。促进剂用量与玻璃钢固化时发热量高低有关,应在满足需要的前提下少加,尤其是在一次成形的壳板较厚的情况下,加多了使固化温度太高,会影响玻璃钢力学性能。

②引发剂为过氧化物,易燃易爆,与促进剂直接接触达一定数量会引起猛烈反应而爆炸,故二者必须分开存放,以免发生意外。沾有引发剂的棉纱、纸类不可乱扔,以免自燃引起火灾,应放于加盖的金属容器中,统一处理。引发剂接触皮肤应立即用水冲洗,若溅到眼睛应立即用自来水冲洗20 min,再到医务室处理。

③搅拌必须充分,搅拌不足会造成一次调配树脂固化时间不一致,影响固化质量。应使用圆木棒搅拌,带进树脂中的气泡少。游艇属玻璃钢大型制品,一次作业时间较长,在促进剂使用上可采取递增法,即开始时加量少,以后逐步增加,到最后加量最多,使施工完毕后在10~15 min内胶凝。

④胶衣树脂为无蜡树脂,如用于外表层修补等场合,应添加石蜡,加入量为0.05%~0.1%(质量分数)。树脂生产厂家还生产无蜡树脂,供多次成形船体等大型玻璃钢制品使用。用无蜡树脂制作的玻璃钢,其表层因无蜡层密封而固化不充分,呈发黏状,便于下一层

继续制作,但最后一层必须使用常规的有蜡树脂,使表层固化良好。

⑤树脂在容器中敞口存放,时间长了会因树脂中苯乙烯挥发过多,造成交联不足而发黏,可采取添加苯乙烯的方法解决,添加量可通过试验确定。

⑥玻璃钢温度低,树脂胶凝时间长时,制品垂直面上口易发生流胶现象,可在树脂中加入活性二氧化硅粉,加入量为1%~2%(质量分数)。

5.2.3 增强材料——玻璃纤维

增强材料是提高机体材料受力性能的材料。在玻璃钢中,增强材料是各种无机和有机纤维,目前普遍采用的是玻璃纤维,高档次的有碳纤维、芳纶纤维等。玻璃纤维材料是纤维增强塑料制品中的主要组成部分,是以玻璃为原料在熔融状态下通过漏板孔高速拉制而得。

近年来,国外又开发出一种比传统编织物(无捻粗纱布)性能高得多的先进多轴向缝编织物,打破了几十年来普通方格布独占市场的局面。这使低成本玻璃纤维织物有了更高的科技含量。国内某些航天复合材料公司已能批量生产多轴向缝编织物,航天领域已率先应用该种织物。目前,由于大多数船厂仍采用性价比低的方格布,所以在很大程度上影响了我国玻璃钢游艇性能的提升。相信在不久的将来,游艇设计制造企业会不断选用新材料,应用新技术、新工艺。

1.玻璃纤维特性及分类

玻璃纤维的制造方法很多,目前常用的工艺方法是把熔融的玻璃液以极快的速度从白金喷丝头中拉制成很细的连续纤维并集束成原纱。将集束纱加捻、退解并股成玻璃纤维线,一般用于玻璃钢的玻璃纤维单丝直径为 5~20 μm。在拉丝和纺织过程中,为了使纤维黏合集束、润滑耐磨、消除静电,以保证拉丝和纺织顺利进行,往往在玻璃纤维束上覆一层玻璃纤维浸润剂。浸润剂一般分为两类:一类纺织型浸润剂,主要适应拉丝、纺织加工的需要;另一类是增强型浸润剂,可避免玻璃纤维及制品在处理过程中的强度损失。它的单纤维拉伸强度高达 1 500~4 000 MPa,比一般合成纤维高约 10 倍,比高强度合金钢还高 2 倍,是理想的增强材料。但其强度及老化性能均与玻璃的化学成分有关。玻璃纤维的弹性模量与铝相当。但不足之处是耐磨性较差,经揉搓摩擦后易损伤、断裂,且耐磨性受湿度影响较大。玻璃纤维耐热性好,200 ℃下强度不受影响。

(1)玻璃纤维按形态和长度分类

①连续纤维(理论上可无限长)。

②定长纤维(切成 300~500 mm)。

③玻璃棉(吹成长 50 mm 以下的棉絮状)。

(2)玻璃纤维按玻璃成分分类

玻璃纤维的性能与它的化学成分有关。玻璃纤维的化学组成主要是氧化硅、氧化钙、三氧化二铝、三氧化二硼等。它们对玻璃纤维的性质和工艺特性起决定作用。以氧化硅为主的称为硅酸盐玻璃纤维,以三氧化二硼为主的称为硼酸盐玻璃纤维。

目前,国内外一般把玻璃纤维的成分分为七类:A(含碱)、C(耐化学)、D(低介质)、E(无碱电绝缘)、S(高强度)、M(高弹性模量)、L(含铅)。这七类玻璃纤维不包括特种纤维的玻璃成分。有碱玻璃纤维含有较多的碱金属氧化物,被水分浸湿后会产生某些导电介质,因此,它的电绝缘性能比无碱玻璃纤维差,强度比无碱玻璃纤维低。玻璃钢所用的玻璃纤维多数为无碱玻璃纤维和中碱玻璃纤维。

玻璃钢渔船使用的玻璃纤维是无碱纤维,又叫作 E 玻璃。以此类推,玻璃纤维毡用 EM 表示,玻璃纤维布用 ERC 表示。这些符号分别冠在质量规格的前面,这是比较标准的表示方法。另外,各厂家有的还采用其他符号表示。

①E 玻璃。成分中碱金属氧化物含量极少,俗称无碱玻璃。

②C 玻璃。成分中碱金属氧化物含量较多(约为 12%),俗称中碱玻璃,具有良好的抗化学性。

③A 玻璃。成分中碱金属含量高,俗称高碱玻璃,常用于玻璃窗,不能用于玻璃钢。用于制作玻璃器皿。

④M 玻璃、D 玻璃、L 玻璃是特殊的玻璃纤维,仅限于特殊玻璃钢制品使用。

⑤S 玻璃,具有较高的拉伸强度,常用于结构材料中,它的强度约为 E 玻璃的 1.4 倍,且高温性能也比 E 玻璃的好。S2 是 S 玻璃的改良品种,兼有高性能和中等成本的优点,造船中较少使用。

(3)玻璃纤维按玻璃纤维直径分类

①初级纤维。单纤直径 >20 μm。

②中级纤维。单纤直径为 10~20 μm。

③高级纤维。单纤直径为 3~10 μm。

直径越小,强度越高,单纤生产效率也相对较低,目前以中级纤维为主。从坩埚漏板拉丝孔中拉出的多根纤维浸以浸润剂集束而成的一般纤维束,称为玻璃纤维原纱。可由 50,100,200,400 或者更多的单纤维组合成一般原纱。表示玻璃原纱粗细的量度常用公制号数表示,以代替以往的支数单位。号数的定义是 1 000 m 纤维纱的质量(g);支数的含义是 1 g 原纱的长度(m)。

(4)玻璃纤维按销售产品分类

为使用方便,玻璃纤维生产厂均将其加工成玻璃纤维制品出售,主要有以下品种:

①无捻粗纱。无捻粗纱是将多股玻璃纤维原丝在不加捻的状态下并成的。玻璃纤维无捻粗纱,一般采用增强型浸润剂,由捻络纱机将原纱平行并股而成。无捻粗纱中的单纤维是平行排列的,其拉伸强度比同成分的捻纱高。由于无捻纱没有捻度,单纤维比较疏松,容易浸透树脂,适合于玻璃钢制品,在手糊成形工艺中,可用于单向强度要求高的制品。无碱无捻纱有许多品种的产品,其中有无碱直接无捻粗纱、无碱合胶无捻粗纱、无捻粗纱布、无碱加捻纱、中碱加捻纱、无碱玻璃纤维带、无碱玻璃纤维布、中碱玻璃纤维布、短切毡、原丝连续毡、复合毡和表面毡等,其规格较多。

②无捻粗纱布。也称方布格、玻璃席,由无捻粗纱按平纹织成,是手糊成形玻璃的主要增强基材。

③平纹布织法与方格布相同,由纬纱与经纱每隔一根交错织成,但用加捻纱。特点为致密、强度好,但因加捻,树脂浸润性相对差些。

④斜纹布。纬纱与经纱每隔两个交织而成,较平纹布柔软,便于曲面制品成形。

⑤单向布。纬纱密度与经纱密度之比范围为 2:1 至 7:1,适合于单向受力大的制品。

⑥锻纹布。类似绸缎织法,纬纱与经纱间隔更大,更加柔软,易于铺覆。

⑦无纺布。将无捻纱束按经向排列,用胶黏剂黏合,无纬纱,不必织造。

⑧缝编织物。将经纱与成一定交角的两组纬纱用细编线编制而成,是新型织物,强度高。

⑨毡。有原丝毡(即表面毡)、连续纤维毡及短切纤维毡等品种,常用的为原丝毡和短切纤维毡。短切纤维毡是将玻璃纤维原丝、无捻粗纱或加捻纱按一定长度(一般为 50 mm)切断并在平面上无序地交叉重叠,用胶黏剂将它们连成整体,胶黏剂用量为 5% ~ 10%。纤维毡比织物成本低,变形性好,工艺上使用方便,用它造的玻璃钢制品具有平面各向同性特点,但强度低,一般用来制造强度要求高或荷载随机性很大的制品,常用于制造耐腐蚀结构中的高树脂层,可使该玻璃钢层中的树脂含量达到 80% ~ 85%。复合毡是将毡与布置的经纱、纬纱通过纺织复合到一起,起到毡布结合的效果,可提高生产效率。

表 5 - 2 列出了 CCS 认可的几种玻璃纤维制品的成形工艺及用途。

表 5 - 2 玻璃纤维制品的成形工艺及用途

纤维制品名称	适用的成形工艺	典型制品中玻璃纤维用量/%	用途举例
无捻粗丝(连续玻璃纤维合股丝)	纤维缠绕、连续层压、对模模压、喷射、引拔成形	25 ~ 80	管道、汽车壳体、氧气瓶、高压容器
增强毡(连续或短切纤维散铺的毡)	对模模压、手糊法、离心浇铸	20 ~ 45	汽车零件、泵、阀、半透明板
丝(加捻丝线)	纤维缠绕编织成形	60 ~ 80	电气层压制品船舶及飞机壳体
织物(玻璃纤维织成布)	手糊法、真空袋法、热压釜法高压层压成形	45 ~ 65	管、板、壳体、风机叶片
无捻粗丝织物(粗丝织成的布带)	手糊法	40 ~ 70	大容器、发动机罩、船舶壳体
短切纤维(合股丝切成 3 ~ 6 mm)	预混料模压	15 ~ 40	电器零部件
无纺织物(单向平行纺织成的布、带)	手糊法、纤维缠绕	60 ~ 80	壳体、风机叶片、电机绑扎带

2. 玻璃纤维毡和布的规格

(1)玻璃纤维毡

其规格一般为 380 g/m²、450 g/m²、600 g/m²,此外,尚有 300 g/m²、900 g/m² 规格的。玻璃纤维毡一般宽度为 1 860 mm,尚有 960 mm、2 080 mm 宽度的,长度为 50 ~ 100 m。带状的材料尚有 300 mm、250 mm、200 mm、150 mm、100 mm 宽度的,长度为 60 ~ 70 m。

(2)玻璃纤维布

其规格一般有 580 g/m²、810 g/m² 两种,其宽度为 1 000 mm,也有宽度为 2 400 mm 的,长度为 50 m。与 580 g/m² 规格接近的还有 570 g/m²、600 g/m² 规格的,与 810 g/m² 规格接近的还有 800 g/m²、860 g/m² 规格的。带状的宽度为 300 mm、250 mm、200 mm、150 mm、100 mm,长度为 50 m。产品两端都切割成鸟羽状边缘。

玻璃纤维的直径有下列品种:玻璃纤维毡 10～15 μm,玻璃纤维布 13～18 μm,玻璃纤维束 10～13 μm。

3.玻璃纤维的性能

玻璃纤维的性能主要由其成分决定,同时也受生产方式和热处理过程的影响。如果工艺得当,则玻璃纤维具有如下固有性能:

(1)外观和相对密度

玻璃纤维与各种天然和人造纤维不同,其外观是光滑的圆柱体状,其截面多呈完整的圆形,而有机纤维的表面都带有很深的皱纹,截面呈不规则形状。

玻璃纤维的相对密度比有机纤维的大,但比金属纤维的小,近似于铝纤维。玻璃纤维截面直径一般为 2.4～2.7 μm。

(2)耐热性能

玻璃纤维比有机纤维的耐热性好,玻璃的软化点一般为 550～850 ℃,在高温下玻璃纤维不会燃烧,但随着加热温度和时间的增加,强度损失也将增大。

(3)抗化学性

玻璃纤维不受大多数化学物品的侵蚀,也不受真菌、细菌或昆虫的腐蚀。

(4)不吸潮性

玻璃纤维是不吸湿的,因而遇水后不会溶胀和分解,在潮湿的环境中仍能保持最高的强度和其他力学性能。

(5)热稳定性

玻璃纤维具有低的热膨胀系数和高的导热系数,而且在热环境下具有极好的热稳定性。

(6)电绝缘性

由于玻璃纤维是不导电的,因而是一种理想的电绝缘体。

(7)高拉伸强度

玻璃纤维具有比其他纺纱纤维高得多的拉伸强度,它的强度质量比大于钢丝的。

4.玻璃纤维的选择

要选好玻璃纤维基材就得先了解它们的优劣和是否适用,下面介绍大致的选择标准,而实际上还有有关树脂的浸润性的问题,所以最好的办法是在玻璃钢造船厂进行浸润性试验加以确认。

一般使用表面处理剂将玻璃纤维和聚酯牢固地胶接到一起,玻璃钢船多采用强度保持率高的硅烷系处理剂。玻璃纤维与树脂间有良好的黏结性;玻璃纤维易被树脂润湿;玻璃纤维的物理性能适于成形工艺的操作。为了达到这些要求,就要对玻璃纤维进行表面处理。表面处理的方法一般有三种:前处理、后处理、直接与树脂掺和。前处理如上所述,是在纤维拉丝过程中改变所使用的浸润剂,改用增强型浸润剂来拉丝。后处理是先除去原纤维表面的纺织型浸润剂,然后用偶联剂来进行化学处理。直接与树脂掺和则在玻璃钢成形时,在玻璃钢中直接掺入偶联剂。

(1)玻璃纤维毡

玻璃纤维毡主要用于手工积层成形,一般具备下列条件的被认为是好产品:

①单位面积质量均匀。这个条件很重要,它既影响厚度也影响强度,严重不均匀的产品用肉眼可以看出来。

②股线分布均匀,无局部堆积过多的情况。表面无股线脱落或剥离现象,无污垢。

③经过充分干燥。如果受潮湿,将其摊开再拿起来就会拆散。

④树脂浸润充分。树脂浸润后股线无松弛现象。

⑤易于脱泡。

(2)玻璃纤维布

玻璃纤维布是在手工积层成形时起最重要作用的产品。从施工角度来讲,浸润性、贴膜性好的产品才是好产品。织纹均匀,纵横股线的密度平均;无污垢,经过充分干燥;玻璃纤维的直径细;回弹力小,柔软;浸润树脂时浸润性好,树脂浸润充分;易于脱泡,特别是易于擀平皱纹。

(3)玻璃纤维束

玻璃纤维束供喷涂用,要求喷涂机械、树脂、玻璃纤维束三者很好匹配。对其选择需要经验,至少应满足下述条件:硬度适宜,切割性好;切断的碎玻璃纤维分布均匀,不成团;与树脂的浸润性好。

(4)玻璃纤维表面毡

供平滑表面用。开捆前要扫去灰尘。在剪裁场地,向成卷的玻璃纤维毡或玻璃纤维布的中心插入芯棒,并需具有能够吊起它们的设备。在平坦的台面上进行剪裁。裁剪好后,要放进隔板架内防止附上灰尘。

5.其他纤维

(1)碳纤维

碳纤维是有机纤维经高温碳化制成的,外观呈黑色,它具有较高的强度和模量,耐高温,耐化学腐蚀性好,其强度和模量在增强材料中位于前列。

碳纤维也加工成布或无纺纱物,还与玻璃纤维纱以交替排列形式加工成纤维制品。由于碳纤维价格很高,主要用于航空、宇航、军工、运动器材等方面;在游艇方面,仅用于运动赛艇、高档游艇和高速艇等产品。

(2)芳纶纤维

芳纶纤维即芳香酰胺纤维,美国开发后的商业名称叫凯芙拉(kevlar)。它具有高强度、高模量的特征,强度比一般有机纤维高3倍,但挤压性差。在化学性能上,除强酸强碱介质外,其他均稳定。外观为金黄色。

芳纶纤维价格也很高,在游艇方面只用于运动赛艇及高档游艇等产品。它具有减轻质量、提高冲击强度及纵向刚度的作用,故可与玻璃纤维、碳纤维组合使用。

(3)玄武岩纤维

玄武岩纤维以天然火山岩为原料制成,具有优良的力学性能、耐酸碱性能及耐温性能(269~700 ℃),遇树脂增强时浸润性好,使用寿命很长,可达百年以上。这种纤维原材料丰富,但生产工艺难度大,开发成功晚,至今仅我国、乌克兰、美国、德国能生产,产量不大,其价格虽高出玻璃纤维数倍,但还是大大低于碳纤维及芳纶纤维,因而是很有前景的增强材料。玄武岩纤维,与玻璃纤维制品情况相似也加工成制品使用。

用作增强材料的其他纤维还有无机类的硼纤维、石墨纤维、陶瓷纤维,有机类的聚酯(涤纶)纤维、尼龙纤维、聚丙烯纤维、聚酰亚胺纤维等,以及棉纤维、剑麻纤维等天然纤维等。

5.2.4 辅助材料

用于玻璃钢的辅助材料有以下几种:

1.引发剂及固化剂

引发剂及固化剂是使合成树脂由液态转化为固态时必须使用的。用于不饱和聚酯树脂及乙烯酯树脂的称作引发剂,常用过氧化钾乙酮及过氧化环己酮;用于环氧树脂的称固化剂,常用胺类固化剂。

2.促进剂

由于不饱和聚酯树脂及乙烯基酯树脂在加入引发剂后,固化时间还相当长,因此必须再加入促进剂,使之在较短时间内固化。常用的促进剂是环烷酸钴,用量可根据环境温度及作业时间调节。

3.填料

填料是指树脂的填充材料。其作用是改善树脂伸缩率、表面硬度、导电性能及增稠(防止流胶)等,并兼有降低成本作用。常用填料包括有机及无机粉状材料,如碳酸钙、活性二氧化硅、氢氧化铝、硅灰石粉、滑石粉、石英粉、铸石粉及金属粉等,要求细度大于200目。填料从形状方面区分,有粉末、针状、纤维、空心微珠等,不论哪种,其粉末细度、纤维长度、微珠直径都是极小的,以利于分散在树脂中。

适当的添加量可以改善合成树脂固化后的物理性能,从而提高玻璃钢的有关性能。填料加入树脂中后,加大了树脂的体积和密度(也有轻质填料降低树脂密度的),因为大多数无机填料价格比树脂低很多,所以,添加填料可以降低玻璃钢的材料成本。从提高树脂强度角度来说,填料也可归入增强材料范畴,但它并非玻璃钢的必需材料,常常由玻璃钢专业人员根据需要有选择地使用。

(1)石粉之类的无机填料。减少玻璃钢成形收缩率,防止翘曲及内部产生裂纹,降低材料成本。

(2)三氧化二锑、氢氧化铝、氯化石蜡。有阻燃、消烟作用。

(3)辉绿石粉、石英粉。可提高玻璃钢硬度和耐蚀性能。

(4)纤维状填料(石棉、玻纤等短纤维)。提高冲击韧性和抗拉强度。

(5)活性二氧化硅、膨润土、乳液法生产的PVC粉末。有触变作用,加入1%~5%(质量分数)可防止流胶。

4.颜料

颜料的作用是美化产品,常用于产品表层。颜料分有机与无机两类,通过与载体材料研磨形成颜料浆,称为色浆(或颜料糊),加入胶衣树脂后成为带色胶衣树脂,制成游艇等产品的外表胶衣层。以往由制造厂家自行购入色浆调制彩色胶衣树脂,现在均由胶衣树脂生产厂生产各色胶衣树脂,由玻璃钢制品制造企业选用。

5.阻燃材料

为改善玻璃钢的燃烧性能,必须在能燃烧的合成树脂中加入阻燃成分。一种是在树脂缩聚反应时加入氯茵酸酐等材料合成具有阻燃性能的卤代不饱和聚酯树脂;另一种是在购进的合成树脂中添加具有阻燃性能的材料,如卤素材料、锑粉、氯化石蜡、氢氧化铝等。

6.脱模剂

脱模剂为在玻璃钢和模具表面添加的有利于树脂固化后与模具脱离的辅助材料,常用的有聚乙烯醇等。聚乙烯醇脱模剂典型的配方如下(质量分数):聚乙烯醇,8%,纯化水,48%,乙醇,44%,丙酮,6%。

配制方法：

先将聚乙烯醇(1788#)溶于80 ℃水中,搅拌,使之全部溶解,待冷却至常温时再加入乙醇,搅拌均匀,并用尼龙丝袜过滤后装桶备用。

在聚乙烯醇溶液中还可加入4% ~5%(质量分数)的甘油(丙三醇),以增加成膜的弹性;加入0.1%(质量分数)的硅油,有助于消泡;可加入1% ~2%的10%的气溶胶水溶液软皂(或洗衣粉),以降低表面张力,使成膜均匀。水和乙醇分量可视季节调整,气温高时可少加些乙醇。在玻璃钢手糊工国家标准中,中级工应会配制脱模剂。

5.2.5 芯材

玻璃钢船用的主要芯材如下:木材、胶合板、轻木(即巴沙木,主要用于夹层结构、肋骨、扶强材的芯材)和硬质泡沫塑料。

1. 普通芯材种类

(1)木材

木材不用作外板、甲板等的芯材,但有时用作龙骨、纵材、肋骨等。使用的木材种类有柳桉木(又名婆罗双树)、羯布罗香木和美国松等。木材要选用无节、无干裂、无轮裂、无心裂、无压缩破坏、无反木、无斜行纹理、无腐烂变色及树脂条、无夹皮、无弯曲、无扭曲、无孔穴等缺陷,干裂度达到12%以下。

(2)胶合板

胶合板用作甲板、隔壁、舱柜的芯材。胶合板使用耐水性好的苯酚树脂或间苯二酚树脂作胶结剂,另外也使用密胺胶结剂。

(3)轻木——巴沙木

巴沙木产地为中南美厄瓜多尔国低洼地,是世界上最轻的木材。它由于具有耐热性、耐超低温性、压缩强度大、抗剪强度高等优点而得到广泛使用。从1930年起即作为飞机结构材料,1964年将巴沙木小片块排置在玻璃纤维上取得专利后成为模造法的夹层芯材,20世纪80年代初成为玻璃钢船的夹层材料。此材料最适合于游艇的大量生产,采用无肋骨结构,首先使用在甲板,其次是船壳。其相对密度为0.01 ~0.02,约为玻璃钢的10%,可耐树脂积层时产生的高温,且耐水,对曲面成形容易,目前已得到英国劳氏船级社、日本NK船级社等认可。此材料在我国台湾地区使用较多,而在大陆则较少采用。

轻木块应为横切竖放,且具有良好的质量,无疏松木节、孔洞、腐朽、虫害、油眼、霉变、裂纹等缺陷。在切割前后应有适当的防霉、防虫、杀菌和均质化处理。窑内烘干,含水率不超过12%。

对轻木要求做出下列检测:

①密度;

②含水率;

③片材/块料尺度;

④厚度;

⑤拉伸强度(顺纹和横纹);

⑥压缩强度和模量(顺纹和横纹);

⑦剪切强度和模量;

⑧湿含量;

⑨其他必要说明(如使用温度、带槽、粘有稀网布)。

如果轻木块是黏结在一载体织物(如稀网布)上,应采用与树脂体系相适应的黏结剂来黏结。泡沫芯材和轻木作为夹层结构的结构芯层应做表观剪切性能试验。轻木芯材基本力学性能见表5-3。

表5-3 轻木芯材基本力学性能

表观密度 /(kg·m⁻³)	强度/(N·mm⁻²)					压缩弹性模量 /(N·mm⁻³)		剪切弹性模量 /(N·mm⁻³)
	压缩		拉伸		剪切	应力方向		
	应力方向		应力方向			平行木纹	垂直木纹	
	平行木纹	垂直木纹	平行木纹	垂直木纹				
96	5.00	0.35	9.00	0.44	1.012	300	35.20	105
144	10.60	0.57	14.60	0.20	1.64	3 900	67.80	129
176	12.80	0.68	20.50	0.80	2.00	5 300	98.60	145

使用松木、胶合板等木质作为芯材时,这些木质芯材应经过干燥处理,含水量不应超过18%,并涂底漆。对于使用松木类木材,应注意木质纤维的方向对力学性能的影响。芯材在使用前要提交力学性能的实测数据。

(4)硬质泡沫塑料

泡沫塑料中的气体相互连通的称为通气孔结构,气体互不连通的称为闭孔结构。闭孔结构的泡沫塑料的吸水性、透水性、导热系数比通孔结构的小,而强度和刚度比通孔结构的高。泡沫塑料中的气体含量和气孔均匀情况对质量影响很大,一般孔细而均匀的比孔大和气孔不均匀的结构的拉、压强度高。同时泡沫塑料中的气体含量越多,容量越小,强度越低。玻璃钢用的泡沫塑料一般为硬质、闭孔结构的泡沫塑料,相对密度为0.10~0.30。常用的有聚氨酯、酚醛树脂、聚苯乙烯、聚氯乙烯、环氧树脂等泡沫塑料。如聚氨酯泡沫塑料具有良好的性能,容量小、强度高、导热系数低、耐油、耐寒、防震和隔音等,同时可以常温发泡及现场发泡。

使用硬质泡沫塑料(聚氨酯、聚氯乙烯、酚醛树脂、环氧树脂)芯材应为闭孔型,并与使用的铺层树脂(例如不饱和聚酯树脂、环氧树脂)相容,要有相应的尺寸稳定性的资料。对每种泡沫塑料芯材还应提供下列使用项目数据:

①闭孔型防水防油;

②与树脂系统相适应;

③良好的抗老化稳定性;

④在60℃温度时应保持良好的强度;

⑤为适于模塑,如芯材制成粘贴在大网眼纱布背衬材料上的薄片状块,则其背衬材料和黏结剂应分别与铺覆树脂兼容并可溶;

⑥如需要,泡沫芯材应按芯材生产厂的建议进行调整处理,处理温度可略高于使用过程中受到的温度,以保证清除泡沫中滞留的残余发泡剂气体;

⑦用于夹层芯材的泡沫塑料,其密度不小于80 kg/m³,基本力学性能应不低于表5-4中的要求。

2. 加强筋芯材

玻璃钢有很高的强度,但刚度较差,因此玻璃钢游艇如单纯用增加厚度来满足整体刚度要求是不可取的,那会使材料成本成倍增加。所以,为提高游艇刚度,除了采用夹层结构外,目前主要采用在壳板上设置加强筋的结构形式。由于玻璃钢制作要有模具做依托,所以制作加强筋必须要有芯材。

表 5 – 4 硬质泡沫塑料芯材基本力学性能

材料	密度 /(kg·m^{-3})	压缩强度 /(N·mm^{-2})	压缩弹性模量 /(N·mm^{-3})	剪切强度 /(N·mm^{-2})	剪切弹性模量 /(N·mm^{-3})
聚氨酯 泡沫塑料(PU)	80	0.40	11.0	0.34	5.20
	100	0.60	16.0	0.47	8.70
	120	0.86	21.0	0.60	12.0
	140	1.15	27.0	0.74	17.0
聚氯乙烯泡沫 塑料(PVC)	80	0.40	12.0	0.35	7.60
	100	0.57	18.0	0.47	11.0
	120	0.75	25.0	0.60	14.6
	140	1.00	33.0	0.75	18.8

常用的加强筋芯材有木质、泡沫塑料、玻璃钢空腹型材。此外,金属型材、塑料型材以及泡沫塑料等轻质材料也可使用。考虑到木质芯材的腐烂因素和泡沫塑料力学性能较差,在设计时通常不考虑这些芯材的本身强度。现将芯材使用的有关事项介绍如下。

(1)木质芯材

在一定使用年限内,木质芯材对加强筋的强度是有作用的。在材质选择上,通常选用速生树种,如泡桐,以取其轻,减轻船体质量。但如用作龙骨芯材,则常用柳桉之类硬木,以确保船体刚度,提高碰撞能力。

木材吸水后,虽被包于玻璃钢内但仍会腐烂,因此应事先做烘干及防腐处理,特别是用作龙骨芯材。小艇用加强芯材通常不做处理,但应要求含水率符合船用要求(<18%)。为包覆玻璃钢时方便,芯材上端阳角应加工成小圆角(半径不小于 6 mm)。为了提高木材与玻璃钢的黏结力,在糊制玻璃钢筋前,先在木材表面涂刷不饱和聚酯树脂的促进剂(环烷酸钴)。

(2)泡沫芯材

原则上只要能起到模具依托作用的泡沫塑料都可使用。发泡聚氯乙烯、聚氨酯、聚乙烯等硬质或半硬质泡沫塑料均可。通常选用时考虑两点:一是价格因素,二是工艺因素。后者是指适合玻璃钢成形,如聚苯乙烯泡沫塑料在接触不饱和聚酯树脂时,会被其中所含的聚苯乙烯溶解,故不宜使用。

泡沫塑料成品以一定厚度的板材供应,使用时按芯材断面尺寸锯割加工,在长度方向上可以拼接,遇弧形曲面可在一面锯口,使衬贴时吻合曲面,如图 5 – 3 所示。阳角部位也需倒角成小圆角,可用刀锯加工并用电熨斗烫平。

（3）玻璃钢空腹芯材

先按芯材尺寸制作模具。事先制作成开口式玻璃钢芯材，断面成梯形，壁厚0.5 mm即可将其安设于船体已制作好的玻璃钢壳板上后，在其上制作玻璃钢层，使两者成为一体。在安设前，先打磨外表层。此方法做成后实际并无芯材。

各种芯材在摆放于船体壳板上时，均用调配好的树脂腻子加以固定，待腻子固化后即可制作玻璃钢加强筋。

5.2.6 玻璃钢材料选用

玻璃钢游艇在选用材料时主要从产品性能、生产效率、生产成本和美观等方面考虑。选材是工艺设计的内容之一。

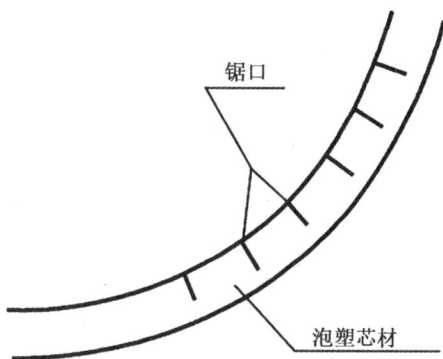

图5-3 泡塑芯材加工

1. 耐水性

游艇长期在水中，故艇体耐水性十分重要。在选择玻璃钢原材料时，基体材料要选择耐水性好的树脂品种，如189#；增强材料也要选用耐水性好的品种，如无碱（E）玻璃纤维。此外，用高效能的增强型浸润剂（如建材253厂开发的811浸润剂）处理的中碱玻璃纤维，其强度及耐水性均与无碱玻璃纤维相当，已获船检局认可并写进有关规范，可用于游艇建造。普通中碱玻璃纤维因耐水性及强度均差，不可用于游艇。

2. 力学性能

玻璃纤维布拉伸强度好，特别是单向布，经向强度可成倍高于纬向，适用于经向强度为主的产品，目前尚有45 ℃方向的布，可适用剪力分布大的部位。此外，无纺布的强度也高于织造布，这些均需根据游艇产品结构要求和工艺设计来选用。

3. 防渗性能

船体抗渗性能除与操作质量有关外，也与材料有关。由于玻璃纤维毡无纤维连续性，空隙率大，含树脂多，防渗性优于玻璃布，故在船体结构铺层中多用短切玻璃纤维毡作为船体的防渗层。

4. 效率因素

工作效率是企业十分重视的。在手糊作业中增强材料厚的比薄的操作效率高，因此常选用单位面积质量较大的布或毡以及复合毡组合使用。

5. 经济性

产品成本是企业重视的又一因素。对于普通游艇，基体材料均采用耐水性不饱和聚酯树脂制造船体，以增强型中碱布及无碱布为主要增强材料，用部分短切纤维毡作为防渗用增强材料。但在制造豪华游艇及高档次游艇时，则采用高强度、高模量的增强材料和性能更好的基体材料，如乙烯基酯树脂。当游艇有阻燃要求时，一般产品常采用添加型阻燃树脂，档次高的使用价格更高的反应型阻燃树脂。

6. 美观因素

选材也必须考虑产品的外观形象，如为了提高表面光洁度，在胶衣后要使用表面毡；在不接触模具的内表面不应使用粗纱增强材料，而应使用薄的玻璃纤维或较薄的短切纤维毡，使表面较细腻。随着科技的进步，今后还将有更好的材料供玻璃钢游艇选用。

5.3 玻璃钢的性能计算

玻璃钢的优劣要根据使用目的来判断。对于游艇来说,不管属于哪一类型,只要是出海就与人的生命有关,判断优劣的标准首先就是安全可靠、坚固耐用。

下面说明一下优质玻璃钢的性能。首先列出优质玻璃钢的条件如下:充分固化,机械强度高,收缩率小,吸水率低,厚度适宜且均匀,均质,无白化、气泡等缺陷。具备上述条件即可以说是优质玻璃钢。玻璃钢造船厂要实现生产优质玻璃钢的目的,需要具备下述条件:具备所需的设备及必要的施工工具;具备既有知识又有经验的技术管理人员,即具有工程管理、质量管理和规划、组织领导能力的人员,同时具备一批技术熟练、责任心强的生产工人。

玻璃钢质量的好坏,有的可用肉眼观察判断,有的可以简单地测量出来,有的要进行试验。下面叙述识别方法。

5.3.1 厚度的计算

与金属材料相比,玻璃钢材料的性能计算要复杂得多。首先,金属材料比较单纯,而玻璃纤维材料却形式不同,种类多样,有短切毡、缝纱布、短切 - 缝纱布以及单向布等;其次,金属材料的性能各向均匀,而玻璃钢的性能有很强的异向性,各个方向差异很大;再次,玻璃纤维含量对玻璃钢的性能影响很大,而其含量在手工成形作业中很难控制;最后,玻璃钢的性能也受到玻璃纤维铺层顺序的影响。如此等等,使得计算变得相当困难,在实践中,其性能多是由试验给出,随着玻璃纤维的构成和含量的变化,强度也变化,所以设计时要根据实际数值进行计算,只要能满足规定的船体强度要求即可。

先简单介绍一下单层玻璃钢性能的计算原理,然后将这些单层玻璃钢的性能组合起来,就可得出整个玻璃钢铺层的性能。

1. 厚度计算

玻璃钢制品的厚度可根据所用的增强材料、树脂含量及有否填料来计算。其算式为

$$厚度 = (G_1 n_1 + G_2 n_2 + \cdots) \times (0.394 + 0.909k_1 + 0.4k_1k_2)$$

式中　G_1、G_2——各种规格布、毡的单位面积质量,kg/m^2;

　　　n_1、n_2——各种规格布、毡的层数;

　　　0.394——玻璃纤维基材的厚度常数;

　　　0.909——不饱和聚酯树脂的厚度常数(即 1 kg/m^2 的树脂厚度);

　　　0.4——填料的厚度常数;

　　　k_1——树脂含量对玻璃纤维的比数;

　　　k_2——填料含量对树脂含量的比数。

例1　360 g/m^2 方格布 1 层,180 g/m^2 方格布 2 层,含树脂量为 50%,无填料,求制成的玻璃钢厚度。

厚度 $= (0.18 \times 2 + 0.36 \times 1) \times (0.394 + 0.909 \times 1 + 0) = 0.72 \times 1.303 = 0.94$ mm

例2　450 g/m^2 短切玻璃纤维毡一层,含树脂量(质量分数)为 69%,无填料,求制成的玻璃钢的厚度($k_1 = 69/31 = 2.23$)。

厚度 $= (0.45 \times 1) \times (0.394 + 0.909 \times 2.23 + 0) = 0.45 \times 2.42 = 1.09$ mm

例3　450 g/m^2 短切玻璃纤维毡一层,填料 20 份,树脂 80 份,树脂与玻璃纤维之比为

2.4,求制成的玻璃钢厚度。

厚度 =（0.45 × 1）×（0.394 + 0.909 × 2.4 + 0.45 × 2.4 × 0.25）= 0.45 × 2.844 = 1.28 mm

在计算厚度时,由于玻璃纤维布与玻璃纤维毡含树脂量不同,k_1 值也不同,应分别计算。计算值与实际值会存在一定差异,要使实际厚度达到计算数值,必须注意两点:一是要控制好作业时的树脂用量;二是增强材料单位面积质量必须相符,不能有较大的误差。玻璃钢制品厚度也可通过制作样板来实测核定。

2. 玻璃钢厚度与纤维含量

玻璃钢合成材料的性能不仅与玻璃纤维本身有关,而且与其在铺层中所占比例的关系更加密切。一般来说,铺层中玻璃纤维的含量比例越高,玻璃钢的性能就越好,但该比例太高也不行,因为它意味着树脂含量过低,过低的树脂含量可能无法浸透纤维,这会严重影响玻璃钢的性能。所以,在游艇设计中最重要的就是掌握一个"度"字——合理取舍,综合权衡。

在铺层中如何计算玻璃纤维总的含量呢? 在游艇的设计和制造中,多采用下列两种方法。

(1)由实际测量

选取 5 个玻璃钢样品,在精确测量每个样品的尺寸和质量后,可得出这些样品的单位质量,然后,根据每个样品中已知玻璃纤维的单位质量,用它除以样品的单位质量就可得出该样品中玻璃纤维的质量含量。这 5 个样品纤维重量含量的平均值即为玻璃钢铺层中纤维的质量含量。

(2)由燃烧试验

为了取得玻璃纤维的实际质量含量,常用燃烧试验法,即在艇上几个典型的区域钻取几个样品,去掉胶衣和夹芯材后,称出各个样品的精确质量。然后,将样品燃烧,去掉可燃的树脂,留下不可燃的玻璃材料,称其质量就能精确地求出铺层中玻璃纤维总的质量含量。

除了上述两种方法外,还可以由简单估算的方式计算其质量。

5.3.2 固化的判断

如上所述,玻璃钢需要充分固化,而固化程度一般用巴氏硬度计测量。随着固化的进行,其硬度相应提高,如图 5 - 4 所示。但是,硬度和固化程度的关系未必是一定的。

测量硬度是了解固化程度的最好方法,但最好与树脂的原有硬度进行比较。树脂开始固化的最初几小时内的硬度很低,而且这个硬度没有什么用处。但是经过半天或一天之后硬度值就会提高很多。

一般积层后经过 1~2 d,硬度达到 40 左右,这个硬度值是可以脱模的标准值。如果低于这个硬度值进行脱模,则脱模后的船壳容易变形。硬度 40 h 还未完全固化,经过一段时间之后硬度就逐渐提高。完全固化要在 15 d 之后。一般 30 d 左右硬度达到 50 左右。如果在积层后进行加热则可缩短固化时间,这种作业叫作固化。

玻璃钢有弹性,而作为结构件也是利用它的弹性这个特点进行设计的,所以虽然硬度多少低一些,但只要符合设计数值要求就可以。另外,也可以用化学聚合反应程度来判断硬化程度:30% ~40% 为胶化状态,40% ~60% 为固化状态,80% 为实用上的固化,95% 为完全固化。一般感觉到有苯乙烯臭气时就是尚未完全固化。

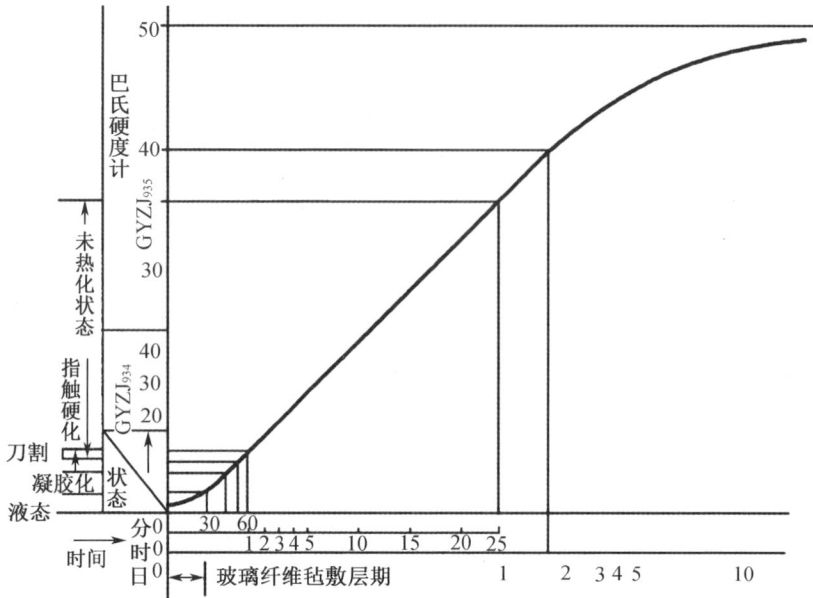

图 5 - 4　用巴氏硬度计测量玻璃钢的固化程度

5.3.3　其他需计算方面

1. 机械强度的计算

玻璃钢因玻璃纤维的构成、树脂的成分和积层作业的工艺条件等的不同,其机械强度的差异极大。一般玻璃纤维毡和玻璃纤维布的拉伸强度和弯曲强度的差异较大,但是抗压强度却大致相同,而弹性模量则是玻璃纤维布比玻璃纤维毡大得多。

玻璃钢只进行静态试验还不够,因为船体还受变应力载荷,所以还要考查疲劳强度,而且不能如同金属材料试验那样取小型试验片,要用大型试验片进行试验,否则试验结果误差大,不准确。把试验片放在各种工艺条件下积层,静态试验未曾发现的问题,用动态试验进行确认。

2. 剪切、弯曲性能计算

各层自身的剪切强度一般没有问题,最容易出现问题的地方在各层之间的结合部,为此,有必要计算层间的剪切应力,并需要校核其剪切强度。层间的剪切强度主要与树脂的性能、纤维和树脂间表面的剪切强度有关,而与纤维的性能关系不大。通过加大树脂的拉伸强度、增加树脂的体积含量可以改善层间的剪切强度。

玻璃钢弯曲性能是另一个基本性能。它的刚度是弯曲性能的一个重要指标。

3. 收缩率的计算

一般情况下,收缩率的大小受苯乙烯单体添加量的影响。添加苯乙烯单体多的树脂,其抗拉强度、抗弯强度和抗冲击强度有下降的倾向,在使用前还应计算出收缩率的大小。

4. 均质性的判断

从产品的质量角度出发,要求玻璃钢整个积层和结构的质量均一。除了特别增厚和扶强的部位以外,一般要求玻璃纤维基材均一,没有纤维脱位乱线现象,以保持厚度均一。特别要求各层之间的胶接力平均,在积层工序中无故延长下一层的积层时间是不好的。一般,在玻璃钢尚未熟化的状态下进行下一层的积层为好。

5.4 游艇的结构设计

5.4.1 简介

在游艇结构设计中。由于受力和结构的复杂性,直接用计算的方法计算游艇的强度将变得非常困难,有些大型豪华游艇用有限元法来直接计算游艇的强度,但多数中、小型游艇都是按照某个规范来进行强度校核和结构设计。

中、小型游艇的结构设计规范主要有:(1) ABS,"Guide for Building and Classing-Motor Pleasure Yachts", Feb, 2000, 在美国多用;(2) ISO-"Small Craft-Hull Construction and Scantlings",ISO/l2215,April,2008,它在各国都适用,但在欧洲用得最多。其他有关游艇的规范还有 DNV(挪威),R1NA(意大利),LIOYD(英国)等。目前,出口到美国的游艇还不需要证书,但出口到欧洲的游艇要求比较严格,必须获得 CE 证书才能出口,而要获得 CE 证书就非得通过有关规范不可。在国外游艇界结构设计中比较常用的是 ISO 游艇结构设计规范。由于篇幅所限,我们只择其有关中、小型玻璃钢游艇的结构设计部分呈现给大家。

5.4.2 结构设计的过程和原则

不同的游艇设计师,其结构设计的过程也可能不同。一般来说,在游艇的结构设计开始前,其主要舱室的布置,包括主舱壁位置、地板净高等就已经确定。在进行结构设计时,常常会先初步确定主机、螺旋桨的位置,并定出轴线的长度和倾斜角,再据此设计主机的基座。然后,将该基座向前后延伸并考虑油水箱、机电设备的布置以及地板的高度等,这样就有了纵向主要结构件的雏形。接着,再初步安排横向构件的位置。有了这些主要结构件和主舱壁的位置,就可按照规范的要求给出结构件的尺寸大小和艇外板的厚度。然而结构设计不可能一蹴而就,需要不断调整,才能设计出强度和刚度足够、重量也较小的合理结构来。

在游艇设计中,最容易犯的错误是走极端。有些设计师(保守型)过分注重艇的结构安全性,留有太大的强度储备,结果艇的质量大大增加,这不仅严重地影响了艇的快速性能,而且也增加了艇的建造成本;而另一类设计师(冒进型),一味追求质量轻、成本低、速度高,最终造成艇的结构强度不足,留下隐患。一位优秀的设计师应该是折中权衡的高手,在满足安全要求的前提下,其设计的游艇结构最为合理,质量也最轻。

由于游艇的尺度、型号、功能等形式多样,要求不同,不可能对各种游艇的结构设计给出一个统一的标准,只能根据具体的要求进行相应的设计。尽管如此,我们在游艇的结构设计中,还是要遵循一些基本的设计原则,主要包括:

(1)纵向构件保持连续。在纵向和横向构件交叉的地方,纵向构件在穿越横向构件时最好能保持连续。

(2)底部纵桁连续贯通。最好能贯通全艇,在结束端要有横向强肋板或舱壁板支撑。

(3)必须避免应力集中。为了避免应力集中,结构件的变化不能突然,要有过渡。若板上设有开口,其开口角隅也要做成圆角等。

(4)承载结构慎重开孔。在承受应力较大的结构件上最好不要开孔,如非开不可,也要开在腹板下方,其开口垂向尺寸要小于腹板高度的一半。

(5)设法补足强度削弱。如果因某种原因结构件的强度受到削弱,要想办法用其他方式加以补强。

（6）硬点相碰要有缓冲。例如，在舱壁板和艇外板的相接处，中间要夹一些PVC夹芯材缓冲层，避免硬碰硬造成损伤。

（7）受力大处定要加强。在承受集中载荷较大的位置，像游艇的主机座、系缆桩、拖曳点等处都要局部加强。

5.4.3　结构布置的形式

游艇结构的布置大致可分成四种形式：（1）纵骨架式；（2）蛋盒式；（3）横骨架式；（4）混合式。这些结构布置形式都可以将外载荷和集中载荷有效地传送到主要支撑结构上。其中，纵骨架式和蛋盒式在游艇结构设计中比较常见。

1. 纵骨架式

纵骨架式的主要特点是艇外板由一些纵向构件加强，这些构件纵向连续且由横向构件和舱壁板支撑，高度一般不低于横向构件（图5-5）。

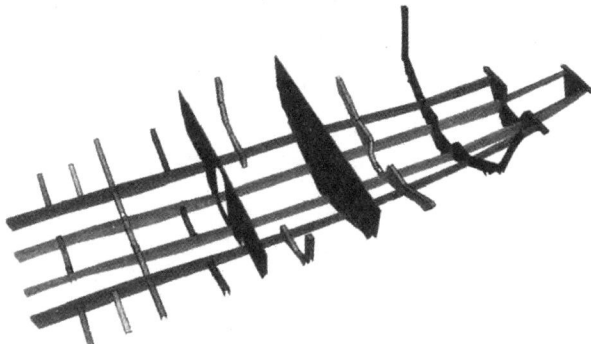

图5-5　纵骨架式结构示意图

2. 蛋盒式

这种结构形式的纵向构件与横向构件的尺寸相近，互相支撑。它们多用在小型游艇上，其结构性能的计算与上述不同，不能直接用规范，需要做一些修正（图5-6）。

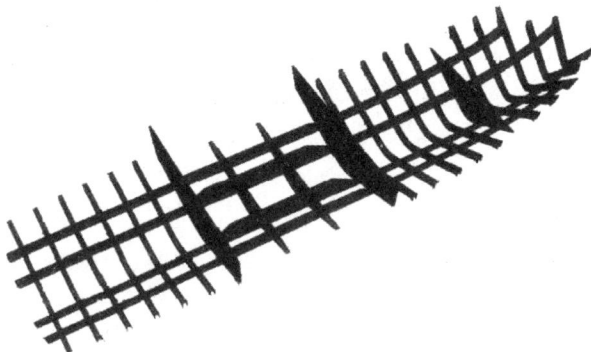

图5-6　蛋盒式结构示意图

5.4.4　结构设计的一些细节

1. 特殊部位的加强

在游艇结构设计中，某些特殊部位，如底部中龙骨、艏柱、舷部等易受磨损、碰撞的部位都要适当加强和保护。具体的做法是在这些区域宽度 $b(\mathrm{mm})$ 等于 $\pm 40B_\mathrm{h}$ 的范围内（见图 5-7）增加玻璃纤维的质量。

除上述区域之外，其他在游艇上承受较大集中载荷的部位，像艏推器、减摇鳍轴、舵轴、桨轴支架和艉轴管附近都要通过增加铺层的厚度进行局部加强。

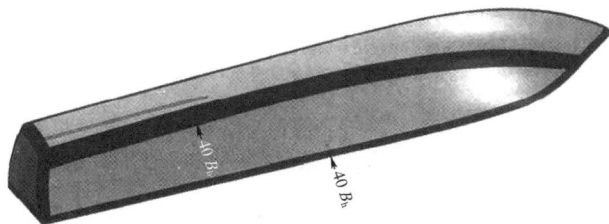

图 5-7　特殊部位的局部加强示意图

2. 结构件和艇外板的连接

结构件和艇外板的连接方法有三种（图 5-8）：（1）铺层覆盖（over layup）；（2）强力胶合（adhesive bonding）；（3）二次黏结（secondary bond）。

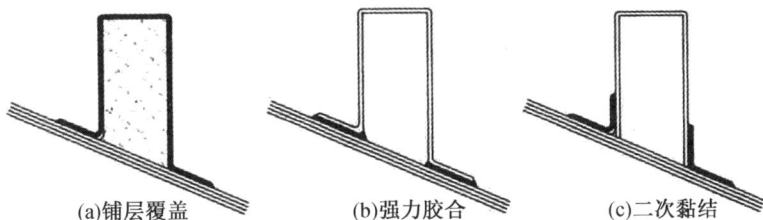

(a)铺层覆盖　　　　(b)强力胶合　　　　(c)二次黏结

图 5-8　结构件的连接示意图

（1）铺层覆盖

铺层覆盖是最常用的方法。它是先将预先切割好的结构芯材铺设在合适的位置，然后，在芯材外面铺设多层玻璃纤维而连接到艇板上。在铺层过程中，各层之间要逐渐过渡，不可同时终止。第 1~2 层纤维在艇板上的宽度一般在 50 mm 左右，此后逐层（或双层）增加 15~25 mm（视总层数多少而定）。这种方法的优点是结构件与底板的黏结强度较高，施工作业比较灵活。其芯材一般选用轻质非结构性材料（如泡沫塑料等），但有的会在局部区域（如主机下的纵桁等）用强度较高的芯材（如三合板）以增加结构件的刚度，从而减少变形。

（2）强力胶合

强力胶合把已成形的结构件用强力胶黏结在艇底板上。结构件通常先在其模具内成形，并留存一定的凸缘（flange）以便形成一个黏接表面。脱模后，将整个结构件在艇底板上试合一下，设好定位件并在准备打胶的地方做好标记，然后，移去结构件，打好强力胶，移回该结构件并压上足够的重物，等待强力胶固化。

（3）二次黏结

二次黏结在主要加强材结构件上已很少应用，主要是因为其黏结强度比结构件的强度低很多，承受较大载荷时易断裂。但在其他情况下二次黏接应用很多，像舱壁板与艇外板、甲板与艇外板、飞桥甲板与甲板室的连接等。在二次黏结的纤维铺层过程中，也要像铺层覆盖一样,在各层间逐渐过渡,不要同时终止。

5.4.5 结构设计中常见问题

在游艇结构设计中,出现的问题五花八门、千奇百怪,比较严重的问题多数在各种板的连接处、夹层板的夹芯材、结构件的应力集中等,我们选择一些常见的且会影响游艇结构性能的问题呈现给大家。

1. 板连接(表5-5)

表5-5　板连接

出现问题处	常见问题	改善建议
舱壁板艇外板连接	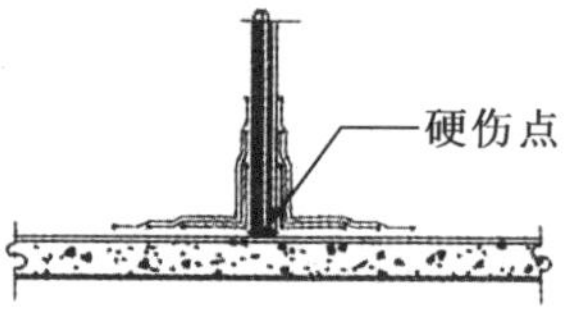 硬伤点	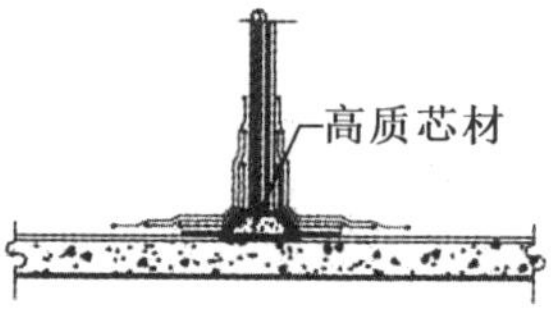 高质芯材
舱壁板甲板连接	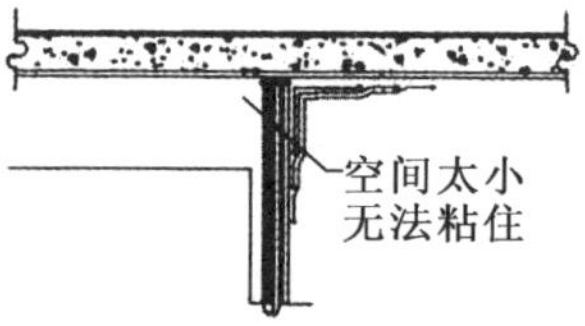 空间太小无法粘住	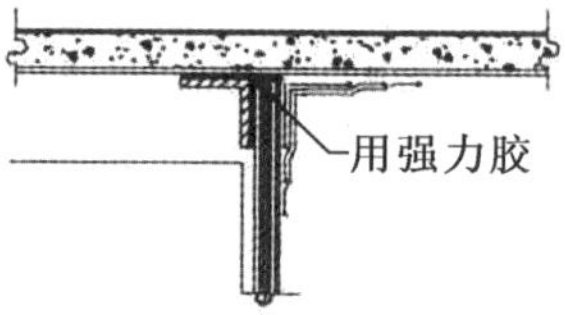 用强力胶
艇外板甲板连接(1)	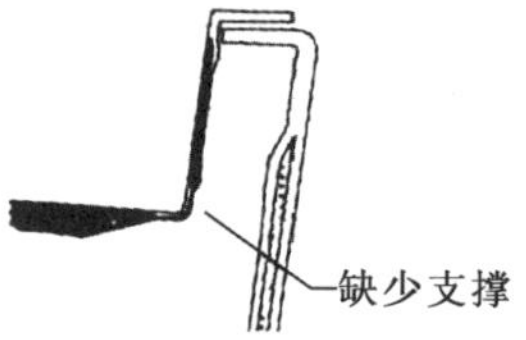 缺少支撑	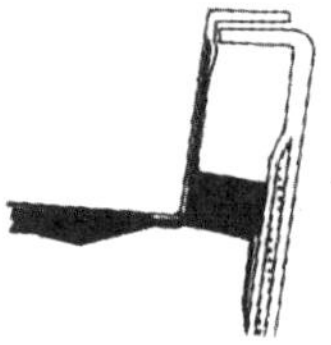
舱外板甲板连接(2)	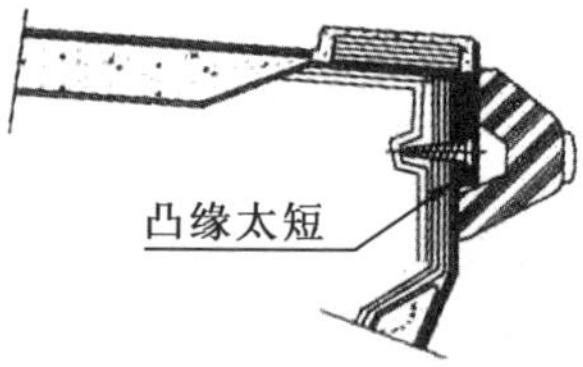 凸缘太短	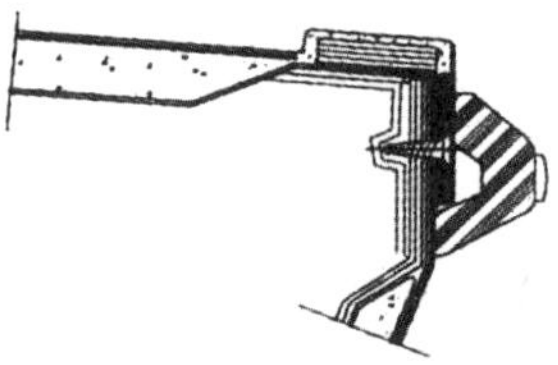

2. 夹层板(表5-6)

表5-6　夹层板

出现问题处	常见问题	改善建议
夹层板到单板(1)	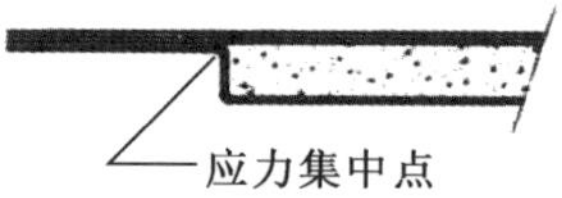 应力集中点	

表 5 − 6(续)

出现问题处	常见问题	改善建议
夹层板到单板(2)	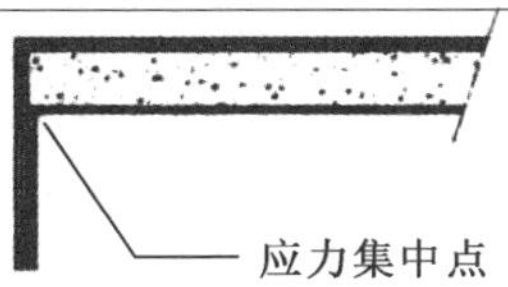 应力集中点	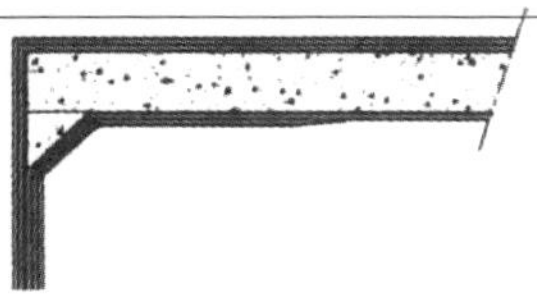
夹层板开口	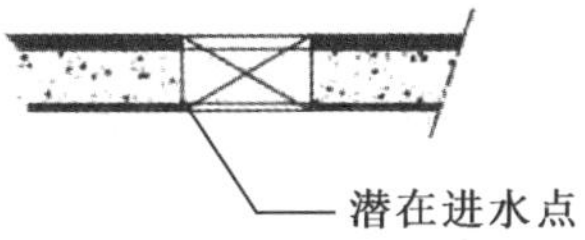 潜在进水点	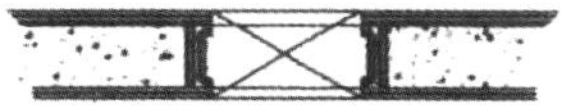
承力部件在夹层板(1)	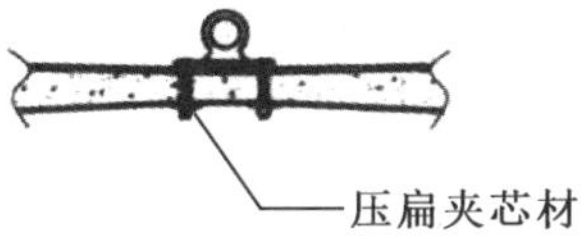 压扁夹芯材	
承力部件在夹层板(2)	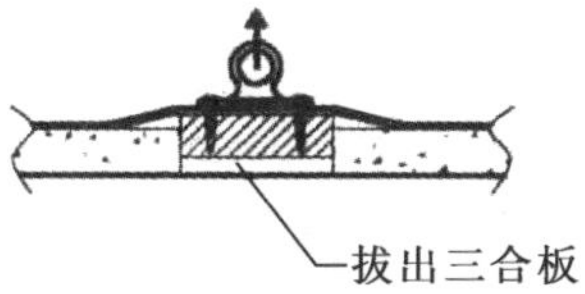 拔出三合板	
夹层板大开口	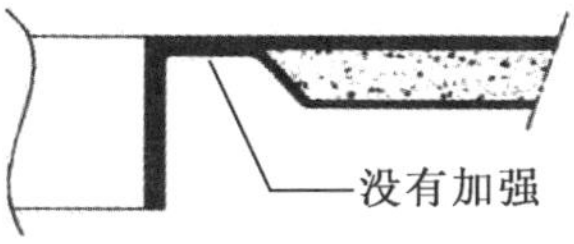 没有加强	

3. 结构件(表 5 − 7)

表 5 − 7　结构件

出现问题处	常见问题	改善建议
结构件铺层(1)	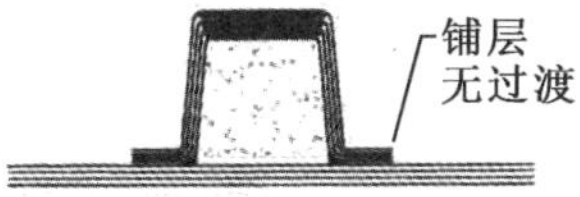 铺层无过渡	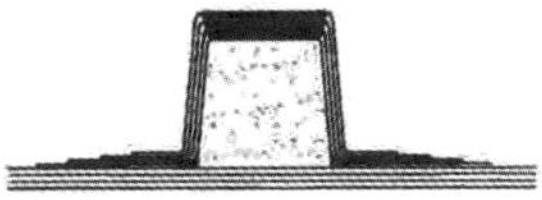
结构件铺层(2)	 太尖铺层厚度不易控制	

表 5-7（续）

出现问题处	常见问题	改善建议
结构件铺层（3）	太薄易破	
结构件过渡	高度突变无过渡	
结构件开口	开口太高、太大、太尖	
结构件端点	结束突然无支撑	

课后思考题：

1. 简述玻璃钢应用在游艇上的优点。
2. 简述玻璃钢应用在游艇上的缺点。
3. 合成树脂的种类有哪些？
4. 在树脂使用中需要注意的问题有哪些？
5. 简述树脂使用的选择要点。
6. 简述玻璃纤维的性能特点。
7. 简述芯材的作用。
8. 玻璃钢游艇在选用材料时主要考虑的因素是什么？
9. 玻璃钢固化的判定方法是什么？
10. 游艇的结构布置形式有哪些？

第二篇　游艇美学

第6章　游艇美学绪论

学习重点：

1. 了解游艇美学的发展过程。
2. 掌握游艇美学研究内容与范围。
3. 掌握游艇造型设计的要点。
4. 掌握游艇各部分线条对外形的影响。

6.1　游艇美学发展

船舶是一种运动在水上的工程建筑物。与陆上建筑物一样，船舶也强烈地体现着建筑的艺术。正因为船舶是运动的建筑物，所以游艇艺术又和其他建筑艺术有所不同，它以某些独有的特征和其他建筑艺术相区别，而这些特征决定了人们对游艇的态度。

游艇起源于 17 世纪中叶，当英王查理二世登基时，荷兰送给他第一艘做工精细的皇家狩猎渔船，这是历史上第一艘游艇。到了 18 世纪，游艇逐步发展并成为欧洲海洋国家的贵族、富豪彰显自己地位的一种象征。19 世纪以后，螺旋桨、蒸汽机、小功率的发动机、自动导航驾驶仪器被先后运用在游艇上。20 世纪中叶，西方发达国家在第三产业中衍生出游艇俱乐部，解决了游艇的停泊难题后，使游艇得到了蓬勃的发展。而现在西方国家运用在游艇上的先进装备甚至超过了汽车，成为当今世界仅次于私人飞机的行走游玩工具。

中国内地最早出现的游艇可以追溯到 1872 年的上海游艇总会，那时候享受游艇的都是在华的外国人。从清朝末期到民国时期，上海的游艇日渐式微；到 20 世纪 60 年代初，台湾、香港和澳门三地区开始大规模引入游艇并得到了良好的发展，其中台湾地区的游艇生产能力达到了国际水准，仅 2003 年台湾游艇产值就达 20 亿美元；香港和澳门则引入了世界上各种最先进的游艇，两地现在在册的游艇合计超过了15 000艘。

游艇的造型依据其功能的不同而有区分，这项工业产品在外形的设计上仍以实用性为前提，而后考量美学及市场的导向来变化出所谓的流线型。因此，游艇的美属于实用美学的范畴，对游艇美学的研究，实际上反映了美学的应用研究。

游艇，顾名思义是为游乐休闲所用，因此其造型及各部分外观，必须令人感觉舒服，表现出品味来，合乎"美"的观感。

但是何谓"美"，是否将各种形状的物品以适当的比例组合成一种造型，就必定是"美的成品"呢？这里很难为"美"下任何定义，但是人有眼睛、有智慧，可以探求美的事物，虽然很难去描述它,却有眼睛可以看,有大脑来判断美丑。

品味是一种先天学来的美德,设计师的作品不但有实用的价值,而且有美感,与工匠的"匠气十足"是有所区别的。

一位优秀的建筑家,本身也是位造型美术家,而我们造船人,就是"海的建筑家",即所谓 NAVAL – ARCHITECT,也应该是位优秀的造型美术家,但是美学的涵养,并非一蹴而就的。

多去欣赏好的作品,可以提高自身的欣赏力。

在中国的商代,甲骨文上表示船舶的"舟"字是用"ﾚ"来表示的。从字形上看,它便是由独木舟进化为木板船的形状。平底、方艏、方艉、船尾上翘,船两端有甲板和出角,体现了一种原始的美。在公元前 2500 年前,古埃及第三朝王墓的墓壁上画着一艘内河船,船身狭长,艏艉上翘,船中部偏后处有房舱,而船首还有兽形的装饰,如图 6 – 1 所示,由此可见,从那时起,细部的修饰已引入到船的造型上了。

图 6 – 1　古埃及内河船示意图

古希腊和罗马时期(公元前 1000 年—公元前 500 年左右),划桨战船极为盛行。在国外出土的(公元前 600 年的)艺术品绘画花瓶和我国出土的(春秋战国时期的)宴乐铜壶上,均有划桨战船形象(图 6 – 2)。

图 6 – 2　划桨战船示意图

据记载,春秋战国时期以吴国战船最为著名,主要有"艅艎"和"三翼","艅艎"是王侯们坐的大型战船,可作指挥船用,它体形宽大,艏艉高翘,船首绘有鹢鸟。"三翼"有大、中、小"三翼"三种,其底宽比为 5∶1 ~ 7∶1,船身狭长,划手众多,具有速度快的特点。这充分地说明了我们的祖先在设计和建造船舶时就已经考虑了船舶外形与功能的统一。

秦汉时期,我国造船事业的发展达到了第一个高峰。这个时期船舶建造的特点是类型多,有客船(官船、民船、舸、艇、扁舟、轻舟、舫舟)、战船(戈船、桥船、艨艟、斗舰、楼船)以及货船;规模大,能建造技术要求较高的楼船和货船。从船型而言,当时也认真地考虑了线型的美。如1973年在湖北江陵凤凰山西汉土坑木椁中出土的两只木质船模(图6-3),全长71 cm,宽10.5 cm,外形特点是艏部较窄、艉部稍宽,底部平坦呈棱形,两端呈流线型上翘。这种船型呈现出以船体轻巧、速度快的特点,显示了游艇艺术中的动态美。

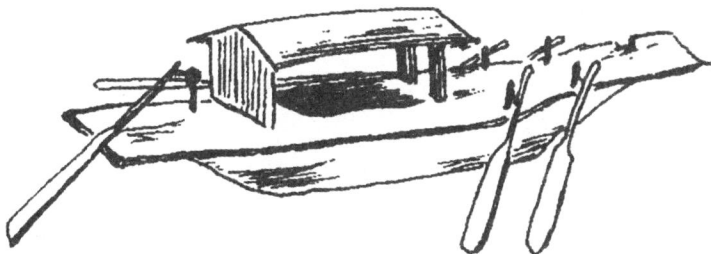

图6-3 江陵船模图

唐宋时期,我国的造船业达到了又一高峰。这一时期不仅货船、客船的建造更为合理,而且还出现了大型的远洋货船和明轮船的雏形——车船。宋朝画家张择端有幅名作《清明上河图》,画卷长达5.25 m、宽为0.25 m,分别画有不同类型的客、货船20余艘。图中,货船造型优美、线型光顺,船底平,吃水浅,适宜内河行驶,艟部宽,舱容大,装货多,艏艉稍狭,平顺光滑,可减少航行中的阻力。与货船不同,客船造型窄而长,具有美观整齐的上层建筑,宽敞明亮的舱室,堂房阳光充足,空气流畅,排列整齐,具有桌椅床铺等设备,充分考虑到旅客对航行速度及生活便利的要求。艏甲板向前伸出部分有的造一亭阁,有的设置撑篷,整个布局合理美观,给人以舒适感觉,旅客们可在亭阁里、布篷下倚栏眺望,观赏两岸景色……与之相应,宋代徐兢在《宣和奉使向丽图经》卷三十四中对航海的客舟也有极为相似的描写:"……高及丈余、四壁施窗户,如房屋之制,上施栏楯,彩绘华焕,而用帘幕增饰……"。由此可见,唐宋时期的船舶,不仅注意了船舶外形,而且也注意了内部舱室的布置,并将内部布置与外形统一起来,并将功能与造型统一起来,给人以美感(图6-4)。

图6-4 "金明池争标图"中大龙舟图

近百年来,工业技术的发展使造船技术有了更大的进步。规模上,从载客百余人的千吨海船,发展到载客数千的万吨级大船;造型上,战舰的威武、货船的充实、客船的豪华、工作船的适用都得到了很好体现;材料上,新建筑材料、新建筑工艺的运用,使得船舶从种类到形式都发生了实质性的变化。与此同时,科学技术的发展还改变着许多舱面部件的原有作用,如桅杆从行进的标志转化为力的象征,烟囱由显示船舶动力的大小的标志演变为上层建筑的修饰。这一切,都是建筑艺术在船舶设计与建造中的体现,也是人们有意或无意识地通过对美的理解,将大量自然界中逐步积累、形成并被人们广泛接受的一些美的原则运用在船舶的设计与建造中所获得的成果。

尽管造船技术有了很大的发展,但船艇艺术设计却发展较慢。1650 年,波兰的革但斯克工业大学首先进行了船艇学的研究,并努力培养这方面的专门人才;我国 20 世纪 60 年代初开始有人开展对船舶外形的造型问题的探讨以及内部舱室布置的研究。直到 20 世纪 80年代,日本野间恒写出了《船的美学》一书,才对船艇外形的美做了些原则性的阐述。

而游艇是一门综合性的工程科学,在经济社会发展、提高人们的生活质量、体现社会的经济水平等方面有着重要的作用。

船舶的美好形象,是船舶设计工程师结合船舶的功能、造船技术,对船舶占有的空间及其所处的周围环境进行精心安排和巧妙组织的结果,是组成船舶的各种内在因素的综合表现。每个人都有一种追求美、要求过美好生活的强烈愿望,因此游艇的美同一切客观世界中美好事物一样,是满足人们精神需要所不可缺少的。为此我们在总结历史经验的同时,必须重新审视和思考现实生活中的美与丑的问题,特别是这里所提出的游艇美学。怎样研究游艇形式的美? 这是我们必须思考和研究的问题。

6.2　游艇美学研究内容与范围

6.2.1　游艇造型设计的要点

1. 游艇造型设计的实用性及安全性

游艇与其他工作船或渡轮的最大不同点在于游艇是以造型优美为第一要务,外观要引人入目,线条流畅,符合美的观感。

然而造型优美的设计,仍需考虑到实用性,例如:波浪形的上层甲板也许有特殊的美感,但是不易排水,若造成积水现象的话,那就不是良好的设计了。

另外,需考虑到安全性,例如低矮而倾斜的船侧栏杆可能较易配合船侧外观的造型,但是栏杆高度若是不够的话,人员容易落海,显然是不行的。

2. 机能性影响外形

不论何种造型,都要考虑到人的使用方便性,例如前甲板到舱底之间要加一间前舱,必须足够容纳一般成人的身高,因此前甲板如果太过低斜,势必会影响人员在前舱内的活动方便性(图 6 - 4(a))。上驾驶台(flying bridge)的高度若太过低斜,将会危及人员站立时的安全性;而如果太高的话,又会影响外观的流畅或阻挡视野(图 6 - 4(b))。

当然,以上各点都是在设计阶段须加以注意,详加考虑之后,互相协调一致的结果。

3. 特异性

外观的线条必须顺畅,既要有与众不同的特点,也应该考虑其是否合乎美感(图 6 - 5)。

（a） 前舱内部图

（b） 人体高度与艇内空间的关系图

图 6 - 4

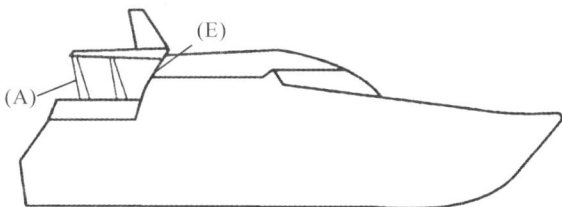

图 6 - 5 线条不协调的情况

如图 6 - 5 所示，线条不一致，致使 A 线与 E 线配合不协调。

4. 区域性审美观

各地区不同的人文环境有差异性的审美观念。

例如：日本制造的游艇大多数是较为瘦削的外形，即长宽比值较大。图 6 - 6 所示为日本 YAMAHA 厂制造的游艇。

图 6-6   日本 YAMAHA 厂制造的游艇

5.游艇外表的喷色处理

一般游艇的外表大多是以白色为底,因此再加上一些其他颜色来装饰,在外观上表现不会过于单调。尤其在一些大面积的白色区域喷上颜色饰条,在视觉上不会感到太大面的模糊感(图6-7),较浅的色系使游艇看起来要比实际尺寸大,而深色系列反而看起来较小,因此在色彩的使用技法上也千变万化。

图 6-7   游艇外表的喷色处理

6.2.2   游艇外形各部分的线条

一艘游艇的外形,是由一些细微的特征和谐地组合在一起,这包括船首(bow)形状、船尾(stern)形状、舷弧线(sheer line)、甲板室(deck house)的造型及位置、窗户的形状、饰条的颜色,甚至于各转角的弯曲弧度大小,都会很显著地影响外观。

一件成功的设计实例,都是由以上的各项特征持续地修改调整,最后得到相互协调的结果。也许只是舷弧线的小小改变,或是甲板室移动些许,而在一连串错误尝试和修改之后,碰巧画出一艘漂亮的游艇。这里介绍几点基本方法。

1.线条之美感

要设计优美的船型,最基本的是由线条着手,下面举两个实例来说明。

实例1   椭圆是一个不错的形状,它由两组曲线段融合而成(一组柔和而另一组强烈),若将椭圆一切成两半,取其中的一半做甲板室的前端形状或艉部平台区,是很好的构想,施工也容易。另外,椭圆造型用于其他细部设计也会有很好的效果,例如仪表盘(图6-8)。

图 6 – 8　仪表盘示意图

实例 2　圆形线条是最容易处理的,但是将一些大大小小的圆形组合之后,其造型反而不佳,例如德国福斯汽车(volkswagen)的代表作金龟车,其造型几乎全是由圆形组合而成,以美学的观点来评论,并非佳作,如图 6 – 9 所示,其所有的曲线,均为圆弧的一部分,组合在一起之后,看起来像极了一只"金龟子"(beetle)。

图 6 – 9　金龟车示意图

2. 舷弧线

这是一道最重要的外观线条,通常舷弧线由艉部往船首方向逐渐升高,在其上方有时候会有舷墙线(bulwark),一般舷墙的高度在艏部最高,逐渐往船尾递减,而非平行于舷弧墙。

在舷弧线下方,常见有一道装饰条,此装饰线条也不与舷弧线平行,通常在艏部的装饰条与舷弧线的距离大,而在艉部则较小。

通常舷弧线条有几种做法,最简单的就是一道直条,由船尾往船首斜直向上来画,常见于一些警用快艇(patrol boat),也有某些高速快艇采用。一般而言,较为尖削的甲板艏部形状,应考虑采用此种做法。

另一种舷弧线条,在船首处反曲向下,形成一道弧条,若站在船头观看,有 S 形曲线的效果,通常是艏部采用较圆钝的甲板条形状,比较合适。目前游艇采用 S 形舷弧条的,有许多的实例处理得很好。

3. 艇端线(stern)

游艇的艉部造型有以下几种做法。

(1)垂直船尾:2°~3°的倾斜角较佳,否则在视觉上会有船尾倒斜进去的感觉(图 6 - 10)。

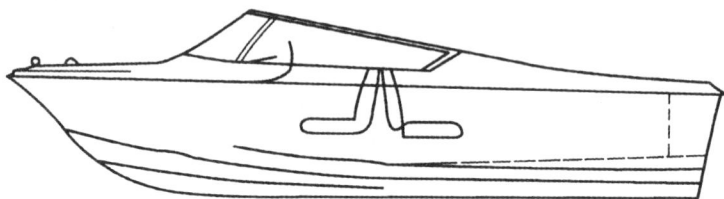

图 6 - 10　垂直船尾示意图

(2)较小的倾角加曲面:此种做法和垂直的平面艉挡板相比较,并不太复杂(图 6 - 11)。

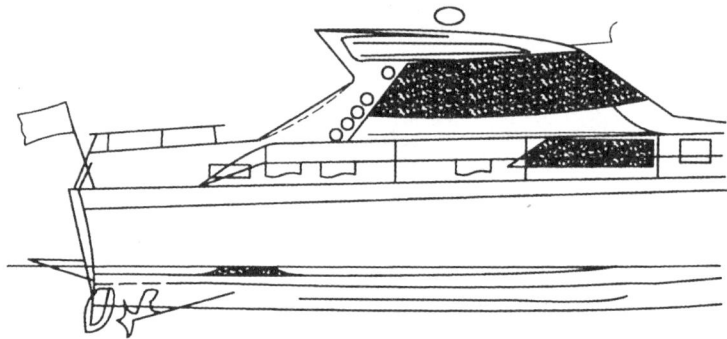

图 6 - 11　些微的倾角加曲面示意图

(3)较大的倾角及大曲面:此种做法比较不常见于重力游艇,因为外形太过夸张,较常见于帆船(图 6 - 12)。

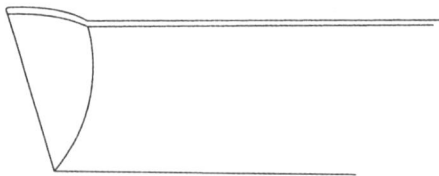

图 6 - 12　较大的倾角及大曲面示意图

(4)艉梯与跳水板一体式:为目前流行的趋势,在空间上的立体变化有很多种做法(图 6 - 13)。

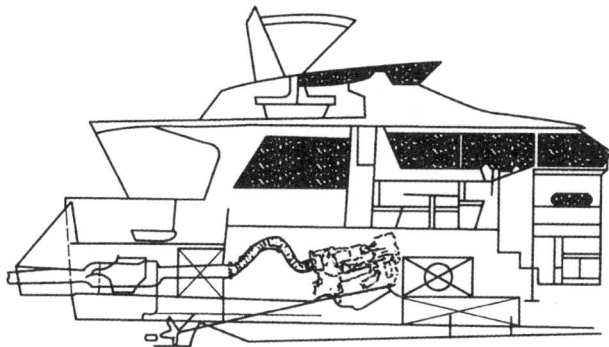

图 6－13　艉梯与跳水板一体示意图

4.几种船壳造型的比较

(1)碗形船壳的造型(图6－14)。

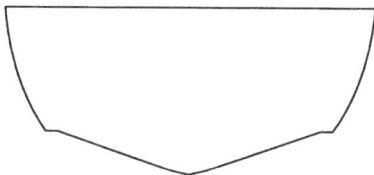

图 6－14　碗形船壳示意图

优点:①有平实、厚重的感觉;②同样船宽时,可获得多的舱内空间。

缺点:外形看似笨重,不够轻快。

(2)"倒钟形"船壳的造型(图6－15)。

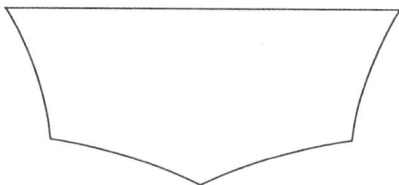

图 6－15　"倒钟形"船壳的造型示意图

优点:①有夸耀的感觉;②有追求流行的趋势。

缺点:外形看似单薄,不够稳重。

(3)较高斜的船壳装饰线(图6－16)。

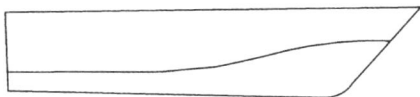

图 6－16　较高斜的船壳装饰线示意图

其特点为外观的视感霸气十足。

（4）较平缓的船壳装饰线（图6-17）。

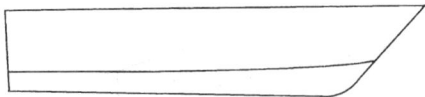

图6-17　较平缓的船壳装饰线示意图

其特点为外观的视感较为优雅、沉稳。

5. 拱高（deck camber）

甲板拱高的大小，相当程度影响船的外观，所以必须慎重选择其拱高量。

若有一艘游艇，其舷弧条（sheer line）的设计为直条，而取甲板拱高为1/2～1英寸（1英寸≈2.54 cm）（即1∶24比例），则在船中心条处（center line）将会很明确地凸出，感觉很突兀。若是取1/4～1英寸（即1∶48比例）则又太过平缓，排水性也会较差，而且其甲板下方的舱间净高也略有损失。

如果结果在以上二者比例之间，取其适合的方案，至于要取多大的值，则依其船型外观的配合度来确定。

另外，附带要说明的是，在甲板处有一块地方习惯上不取"拱高"，即"cockpit"（艉平凹区域），但是仍必须考虑其排水效果，所以通常是向船尾倾斜1°～2°，以利其排水性能，但是必须注意，在任何俯仰状况下，不论是轻载或满载，此排水孔的位置必须为最低点，否则会造成甲板积水。

6.2.3　游艇造型的变化趋势

游艇的造型依据其功能的不同而有区分，这项工业产品在外形的设计上仍以实用性为前提，而后考量美学及市场的导向来变化出所谓流线型的造型。

近几年来，游艇的造型及美学如同其他工业产品一般，逐渐采用较具亲和力的圆弧线条来代替尖锐的折角或直线。当今主要的游艇有以下几种类型：

（1）巡航艇（megayacht）：大型、快速的豪华游艇，内部布置豪华，设备完善，适合长距离航行。外形的色彩线条简单，呈现出沉稳且典雅的风格，为多数大型豪华游艇所采用。

（2）无后舱式游艇（sedan）：无钓鱼设备，具备上、下驾驶台及大型的沙龙间，船尾无住舱，为一开放空间，线条更圆弧化，是近年来各项工业造型上的一致趋势。

（3）太阳甲板（sundeck）：太阳甲板船型最主要的特点在于船尾多了一个住舱以及后甲板的开放空间加盖遮阳板。

（4）敞露甲板型（open·type）：无船楼的游艇，主甲板以上为露天的驾驶区及开放空间。

（5）小快艇（runabout）：小型快艇，甲板以下无住舱，船速高。

（6）海钓船（sport·fisherman）：有完整的钓鱼设备。此船型的特征在于驾驶室位于上甲板，以及后甲板的高度非常接近水面，这样的造型主要是配合海钓者使用上的需要。

（7）多用途游艇（convertible）：与海钓船类似，但上驾驶台上方的遮阳棚及钓鱼架可拆除，变成一般用途的游艇。

（8）高速滑航艇（hydroplane）：高速赛艇。甲板以上较低的受风面积为高速滑航艇在造型上最主要的特征，目的在于减小该艇于高速时受到的风阻。

（9）拖网型（trawler）：主要特征在于船首线型较圆滑，船速较慢。

（10）双胴游艇（catamarn）：此类游艇有较大的起居室（即沙龙 saloon）宽阔的上层甲板空间，适合于招待亲朋好友同游，但也由于双船体的限制，在下层船体部位要配置较大空间的住舱不大可能，仅能布置数间狭窄舱房，这是它最大的缺点。另外由于其船宽要比一般的单体船的大，因此所需停泊的码头要占较多空间，停船位较难得到，停泊费也必定较高，所以双体船在市场较少。

课后思考题：

1. 游艇造型设计的要点有哪些？
2. 常用的游艇线条之美是如何表现的？
3. 游艇舷弧线与其他船相比，有何不同？
4. 常用的船壳造型有哪些，各有何优缺点？

第7章　游艇美学基础

学习重点：

1. 了解现代美学的研究对象。
2. 掌握现代美学的学科属性及分支情况。
3. 了解中国当代美学流派，熟悉各流派的代表观点。
4. 掌握审美的本质。
5. 了解游艇美的属性，区分现实美与自然美。
6. 掌握游艇美的基本特征。
7. 掌握形式美的基本原则。
8. 掌握游艇造型基本要素间的本质，并学会运用。

7.1　美学基础知识

在满足实用和经济的条件下，有意识地寻求船舶的美是船舶设计工作中不容回避的重要任务。而游艇，它是一种水上娱乐用高级耐用设备，更是集航海、运动、娱乐、体闲等功能于一体，满足个人及家庭享受生活需要的一种奢侈品。因此，要想成功地体现游艇的美，就必须知道什么是美。不同的阶级在不同的时代对美的见解是不同的。对美的本质进行深入的理论研究是美学领域的任务之一。在这种研究中有的是科学的，有的是玄学的。本节就美学在国内外的几个典型流派以及对美的本质研究的不同途径做简略介绍。

爱美之心，人皆有之。人类对美的事物的认识也随着科学技术的不断发展而越来越深刻与敏锐，人类所创造的美的事物也越来越丰富与精美。而从象形文字"美"（图7-1）来看，我们也可以说美是一种养成。

图7-1　象形文字"美"

7.1.1 美学的性质

美是什么？美学一词来源于希腊语aesthesis，最初的意义是"对感观的感受"是由德国哲学家亚历山大·戈特利布·鲍姆加登首次使用的。他的《美学》（Aesthetica）一书的出版标志了美学作为一门独立学科的产生。直到19世纪，美学在传统古典艺术的概念中通常被定义为研究"美"（Sch & ouml;nheit）的学说。现代哲学将美学定义为认识艺术、科学、设计和哲学中认知感觉的理论和哲学。一个客体的美学价值并不是简单的被定义为"美"或者"丑"，而是去认识客体的类型和本质。

美到底是什么呢？在人类长期欣赏美、创造美的实践活动中不断提出各种各样的理论问题，这些问题需要专门的学科来加以研究和回答，美学也就是用来研究与回答关于美的问题的学科。

1. 在中国古代

（1）大羊为美：以用为美，以饰为美。

（2）无害为美：《国语》伍举论美。

（3）中和为美：《毛诗序》发乎情，止乎礼仪。

（4）仁为美：孔子"尽善尽美"的审美标准。

（5）充实之谓美：孟子"充实之谓美"的论断。

（6）老庄美丑关系和审美态度的表述："天地有大美而不言""道体即美""美即逍遥和自由"。

（7）《乐论》是中国最早的美学专著。

2. 在西方

（1）古希腊时期：①毕达哥拉斯学派提出了"美是和谐与比例"；②苏格拉底论美和善；③柏拉图的"美的理念"；④亚里士多德以"艺术摹仿说"为核心的美学思想。

（2）文艺复兴时期：宗教神学的附庸。

（3）启蒙时期：1750年，德国哲学家鲍姆嘉通出版《美学》，标志着美学作为一门独立的学科确立。

（4）德国古典美学：美学史上的第一座高峰。其代表人物有：①康德（《判断力批判》）；②黑格尔，德国古典美学的集大成者，著三卷本《美学》巨著。

（5）马克思主义哲学诞生，美学成为一门真正的科学。

不同时代、不同区域的人对于美的认识有所不同。既然要认识美，就要知道美的几个特征。

曾经有以下几种美学思想存在。一是认为美学是研究美的。古典美学认为美具有实体性，美学应当探讨美的本质和规律，主要以柏拉图为代表。二是认为美学是研究艺术的，以黑格尔为代表。三是认为美学是研究美感或审美经验的，以鲍姆加通、康德为代表。

那么美学研究的对象到底是什么呢？

尽管鲍姆嘉通在历史上第一次明确了美学的研究对象，但他的意见并没有在学术界获得一致响应。鲍姆嘉通之后，"美学究竟研究什么"一直是一个引起热烈争议的问题，迄今为止基本形成了三种倾向性的意见：

第一种意见认为，美学的研究对象就是美本身。在持这种意见的人看来，美学要讨论的问题不是具体的美的事物，而是所有美的事物所共同具有的那个特征，那个使一切美的事物之所以成为美的根本原因。

第二种意见认为,美学的研究对象是艺术,美学就是艺术的哲学。这个观点在西方美学史上得到了相当一批美学家的认同。

第三种意见认为,美学的研究对象是审美经验和审美心理。这种意见是随着19世纪心理学的兴起而产生的,主张用心理学的观点和方法来解释和研究一切审美现象,把审美心理和审美经验置于美学研究的中心。

总之,以上关于美学研究对象的各种意见虽都有一定的道理,但亦有各自的缺陷,因而都难以取得学术界的公认。我们倾向于第一种意见,因为以美本身作为美学的研究对象一来比较符合美学学科的性质,二来无论是艺术还是审美经验的解释,都有赖于美本身的解释。然而传统思辨美学把对美本身的研究置于主客对峙的思维模式中,套用技术理性的方法,这是我们所不赞同的。其最终结果会像现代西方美学那样导致美学学科本身的危机瓦解。

当代的国际美学研究更倾向于艺术研究,甚至将美学称作艺术哲学,因为对当代的艺术不能进行研究或阐释,是验证当代美学的有效性标志之一,特别是当代艺术形形色色,已经完全不是传统的美学含义所能定义的。"美"已不是当代美学的核心概念,这是美学需要注意的,否则会将有生机的美学研究引向文字游戏。

研究对象可做如下分类:

(1)美,如美的产生、发展;美的本质、特征、功能;自然美、社会美、艺术美等美的形态;内容美、形式美等美的组成因素及其规律。(2)审美,如审美心理、审美意识、美感的发生、发展、性质、特征及其规律。(3)美的创造,如现实美、艺术美的创造规律、发展规律、鉴赏规律等。(4)美学范畴,如丑、崇高、悲剧性、喜剧性等范畴的审美特性、发展规律及其同美的关系等。(5)美育。(6)美学自身。

美学是一门人文学科,它要研究的是人类独有的审美现象,人类的审美现象涉及的是人与现实的审美关系,而人与现实的审美关系是无比广阔和复杂的。审美现象不仅复杂,还会产生矛盾。审美对象受历史条件、民族和阶级状况的制约,具有历史性、民族性和阶级性。在审美活动中还存在着美丑的转化。

3. 美学的研究对象

以艺术为主要研究对象,并通过艺术来研究人对现实的审美关系,进而研究各种审美对象、美感经验、审美意识、审美范畴和美学思想,即体现着人和世界的审美关系的一切审美现象和审美活动。

首先,人对现实的审美是普遍存在的客观现象,美学必须以它为出发点开展研究;其次,美学还必须研究审美意识、审美范畴和美学思想,它们是人类意识形态的组成部分;再次,美学应当以艺术为主要研究对象。

4. 美学的学科属性

人类的知识体系一般分为三类:自然科学、社会科学、人文科学。

美学属于人文科学。自然科学是纯客观的,社会科学是客观与主观的统一,而人文科学则是纯主观的。

5. 美学的分支学科

根据知识构成,美学分以下几种:

(1)哲学美学,如黑格尔(美是理念的感性显现);

(2)心理美学,康德(美在于自由的鉴赏);

(3)符号学美学,美国的苏珊·朗格("艺术,是人类情感的符号形式的创造")。

美学按照不同领域的应用,产生了许多分支学科:艺术美学、教育美学(或称美育学)、技术美学(或称设计美学)。

7.1.2 西方美学的历史

西方美学经历了古代(古希腊、古罗马、中世纪)、近代、现代三个阶段。古代美学的哲学基础是实体本体论。柏拉图提出"理念"说。近代美学的哲学基础是实体认识论。康德、黑格尔都认为审美是人的感性认识或情感活动。现代美学具有意义论和主体间性的性质。

从历史发展上看,西方美学思想一直在侧重文艺理论,根据文艺创作实践做出结论,又转过来指导创作实践。正是由于美学既要符合从实践到认识又从认识回到实践这条规律,它就必然要侧重社会所迫切需要解决的文艺方面的问题,也就是说,美学必然主要地成为文艺理论或"艺术哲学"。艺术美是美的最高度集中的表现,从方法论的角度来看,文艺也应该是美学的主要对象。正如马克思指出的,人体解剖有助于对猴体解剖的理解,研究了最高级的发达完备的形式,就不难理解较低级的发达较不完备的形式。这个观点并不排除对自然美和现实美的研究。过去一些重要的美学家大都涉及自然美,但是也大都从文艺角度去对待自然美,并不把这两种美当作两个不可以统一的对立面。

美学理论既然是文艺实践的总结和指导,对于某一时代文艺的理解就必然有助于对该时代美学思想的理解,反过来说也是如此。例如不理解法国新古典主义文艺作品,就很难理解布瓦罗的《论诗艺》;反之,研究了布瓦罗的《论诗艺》,也就有助于理解法国新古典主义文艺作品。因此,决不能把美学思想和文艺创作实践割裂开来,而悬空地孤立地研究抽象的理论,那就成为"空头美学家"了。

美学必须结合文艺作品来研究,所以它历来是和文艺批评紧密联系在一起而成为文艺批评的附庸的。西方有些著名的美学家首先是文艺批评家,如贺拉斯、布瓦罗、狄德罗、莱辛、丹纳和别林斯基都是明显的例子。随着人类文化的进展,文艺日益成为自觉的活动,最好的文艺批评家往往是文艺创作者本人。诗和戏剧方面的歌德、绘画方面的达·芬奇和杜勒、雕刻方面的罗丹、小说方面的巴尔扎克和福楼拜等大师,在他们的谈话录、回忆录、书信集或专题论文里都留下了珍贵的文艺批评,其之所以珍贵,是因为他们是从亲身实践得出的。

其次,美学实际上是一种认识论,所以它历来是哲学的一个附属门类。从柏拉图、亚里士多德、托马斯·亚昆那到康德和黑格尔,西方著名的美学家都是哲学家。过去美学在西方大学里大都设在哲学系,甚至有时就附属在哲学这门课里,因为是把它作为一种认识论看待的。美学的命名人鲍姆嘉通就把美学和逻辑学对立起来,前者研究感性认识而后者则研究理性认识。美学既然离不开哲学,要研究西方美学史,就必须研究西方哲学史(有些哲学史也附带讲些美学史)。例如,不理解17世纪以后欧洲大陆笛卡儿学派理性主义与英国培根、洛克等人的经验主义之间的基本分歧以及德国古典哲学对这种分歧所做的调和妥协,就不可能理解近代西方美学史的发展线索。反之,不理解一个哲学家的美学思想,也就不可能真正理解他的哲学体系。例如,不理解康德的美学专著《判断力批判》上卷,就很难理解他的三大批判是怎样构成一个完整体系的。再如,掌握了黑格尔的《美学》,对他的《逻辑学》和《精神现象学》等著作也就可以理解得更具体些。

第三,近代自然科学蒸蒸日上,它也闯进了文艺领域。文艺复兴时代的达·芬奇、启蒙运动时代百科全书派和浪漫运动时期的歌德,都不仅是文艺创作者而且是卓越的自然科学家。自然科学对文艺不仅在创作工具和技巧方面有所贡献,对世界观和创作方法也产生了有益的影响。美学从此不仅附属于哲学和文艺批评,而且日渐成为自然科学的一种附庸了。首先是从英国经验主义盛行以后,心理学日渐成为美学的主要支柱。休谟和博克都主要是从心理学观点去研究美学问题的。德国哲学家、"美学之父"鲍姆嘉通本人以及以研究形象思维著名的维柯,一定程度上都是继承英国经验主义的衣钵;从心理学角度看问题的费肖尔和利普斯的"移情说"风靡一时,于认识之外研究情感在欣赏艺术和自然中所产生的作用。到了19世纪末,弗洛伊德、融恩和爱德勒等人还运用变态心理学来分析文艺活动。20世纪初,英美各大学把心理学的实验和测验也应用到美学研究里去。

此外,生物学和人类学对美学也产生了一些影响。法国实证主义派美学家丹纳把文艺比作一种生物,说文艺作品是种族(race)、社会氛围(milieu)和时机(moment)三种因素必然的产物。这种学说一方面有近代法国现实主义文艺以及继起的自然主义文艺的理论基础,另一方面也是受到费尔巴哈和车尔尼雪夫斯基的"人类学原则"(Anthropological Priciple,过去误译为"人本主义原则")的影响。人类学是把人当作动物的一个种属来研究的。

第四,西方从19世纪下半叶开始进入帝国主义时期,思想界日益进入危机。文艺和文艺理论方面也日趋腐朽颓废,"主义"五花八门,故作玄虚,支离破碎,大半仍是过去的唯心主义和形而上学的理论改换新装。

也就在这个帝国主义文化衰亡时期,随着工人运动的上升和生产方式的改变,马克思主义出现了,而且传播到全世界各个角落,日益显示出它的强大威力。文艺和文艺理论已被科学地证明是一种由经济基础决定,反过来又对经济基础起反作用的社会意识形态。这就是说,美学已由文艺批评、哲学和自然科学的附庸一跃而成为一门重要的社会学科了。它的任务已不仅是认识世界和解释世界,而更重要的是在改造人和改造世界方面发挥作用,至此它的重要性得到了空前的提高。

7.1.3　中国当代美学流派

美学作为一门学科,在中国近代最早对其进行研究的有王国维和蔡元培。蔡元培提倡美育,主张用美育代替宗教,在当时具有反封建的意义。鲁迅也十分重视美育,与瞿秋白一道翻译了普列汉诺夫的《艺术论》等早期马克思主义文艺理论著作。与此同时,朱光潜也介绍了西方的唯心主义美学著作,如《文艺心理学》《谈美》等。

归纳起来我国近代对美学的研究主要有四大流派。

1. 主观美论派

这一派以吕荧为代表。持有这一派观点的学者认为:"美是物在人的主观中的反映,是一种观念",断言"美是人的观念,不是物的属性,人的观念是主观的"。他们强调"美是人的社会意识,它是社会存在的反映、第二性的现象"。其理由是:"自然界的事物或现象本身无所谓美丑,它们美或不美,是人们给它们的评价"。更有甚者,有的学者提出"客观的美并不存在""美只要人感到它,它就存在,不被人感到,它就不存在"。在他们看来,任何事物的美丑都是取决于人们的主观感受。

2. 客观美论派

这一派以蔡仪为代表,其主要著作有《新美学》《唯心主义美学批判集》《探讨集》。

他认为"美是典型"。因此美在于客观存在。他说:"物的形象是不依赖于鉴赏者的人而存在的,物的形象的美也是不依赖于鉴赏者的主观而存在的"。他解释道:"我们日常生活中所谓客观事物的美,即在于客观事物本身,不在于欣赏者的主观作用。客观事物美的形象与客观事物本身的实质有关。如英雄人物美的形象与他的实际品质有关,而不取决于观赏者的看法。"

什么是美,什么是美的本质。他认为"美的东西就是典型的东西……美的本质就是事物的典型性",即"美的事物是个别性显著地表现着一般性、必然性,具体现象显著地表现着它的本质、规律的典型事物",因此他肯定地认为,凡是典型的东西都是美好的,美感只能反映美而不能影响美,美不是社会基础的反映,它不会随着反映它的基础的消灭而消灭,美永远是客观的。

3. 主客观统一美论派

这一派以朱光潜为代表,其主要代表作有《美学怎样才能既是唯物的又是辩证的》《论美是客观与主观的统一》《生产劳动与人对世界的艺术掌握》《美学中的唯物主义和唯心主义之争》等。

他认为:美不是客观事物的特性,而是艺术的特性,美不在客观事物本身,而在"物的形象"当中,即"主客观的统一"。他强调:"美既有客观性,也有主观性;既有自然性,也有社会性。"在他看来,只有艺术有美,"所以,美只是艺术的特性,是一般自然事物的特性",那么"物体的形象"就是指"艺术形象",他认为,研究美应该根据马克思主义的意识形态理论,不能只限于反映论。理由是艺术或美感的反映要经过两个阶段:第一个是感觉阶段,就是感觉对客观世界的反映;第二个是正式美感阶段,就是意识形态对客观现实世界的反映。

后来朱光潜放弃了上面的观点。而以生产实践的观点来解释美学问题。他说:"马克思主义理解现实,却既要从客观方面去看,又要从主观方面去看。客观世界和主观能动性统一于实践。"所以,发现事物美是人们与世界的一种关系,即审美关系。

4. 客观性与社会性统一美论派

这一派以李泽厚为代表,其主要著作有《美的客观性和社会性》《论美感、美和艺术》《美学三议题》。

他认为美即是客观的,又不能离开人类社会,因此美是客观性与社会性的统一。他在文章中指出:"美与善一样,都只能是人类社会的产物,它们只对于人、对于人类社会才有意义,在人类以前,宇宙太空无所谓美丑,就正如当时无所谓善恶一样。"

他强调,应根据马克思主义的历史唯物观给美下定义:"美就是包含着社会发展的本质、规律和理想而有着具体可感形态的现实生活现象,简言之,美是蕴藏着真正的社会深度和人生真理的生活形象(包括社会形象和自然形象)美是真理的形象。"

他认为美有两大特点:(1)从本质、规律和理性等方向来说,美具有客观社会性;(2)从可感形态来说,美又具有具体的形象性。

在此基础上,他提出了"美是社会实践的产物"的观点,他指出:"就内容而言,美是现实以自由形式对实践的肯定;就形式而言,美是现实肯定实践的自由形式。"因此,他认为社会美重在内容,自然美重在形式。而自然美的产生,在于"自然的人化",在这样的"人化"过程中,自然和人类社会发生了关系,由人类社会生活赋予了自然物以社会意义。

总之,二千多年来古今中外对美的本质众说纷纭,各持一论。这也充分说明了美是极其丰富多彩的,要想以抽象的概念来界定,的确是困难的。

7.1.4 美的本质及研究途径

美的问题的性质在于:我们要探讨美是什么,是要透过美的现象去探讨美的本质。而所谓美的本质,是指凡是美的事物都必须具有某种质的规定性,有了这种质的规定性,美的事物才成其为美的事物。

人类的审美意识是怎样产生的呢？大体来说可分为两个过程：

（1）人类审美意识的产生是一个历史的过程，从根本上说，是与人类的生产劳动分不开的。

（2）当人类开始把自己与自然区别开来，按照"美的规律"创造物体，并在自己的创造物中直观自身，看到了自己的创造能力的时候，人类的审美意识也就产生了。

因此，美是一种发展的文化共识，是人们的思想集合。首先，个人审美经验包含于美的文化共识之中，个人审美经验与个人的修养，掌握知识的广度、深度及个人志向爱好密切相关。其次，个人审美经验包含于美的文化共识，自然会受到当时的文化共识影响；反过来，个人审美经验又会作用于美的文化共识，推动和发展美的文化共识。

美学学科的孕育和形成经历了三个阶段，即最先形成审美意识，其次是从审美意识发展到美学思想，最后由美学思想发展到独立美学学科。审美意识是指人类在生存实践中萌发出来的有某种不明晰审美追求的意识，它往往通过具体感性的审美活动体现出来，缺乏明确而系统的理论表述，故而不成熟、不自觉。审美意识可分为初级审美意识和高级审美意识。

在审美体验、理解和反思的过程中发现审美的本质：自由和超越。审美是自由的生存方式和超越的体验方式。

1. 审美的自由性

自由是生存的本质，是不同于现实的另一种生存境界。

审美有四种自由的特征：

（1）无功利性与幸福的高峰体验，即美感的超功利性和愉悦性。自由必须超越实际欲望，达到超越的精神境界。美国人本主义心理学家马斯洛的"需要层次论"显示，审美需要是人类的一种高层次需要。其代表是"孔子闻韶乐三月不知肉味"。

（2）主客对立的消失与主体间性关系，即自由必须克服主客对立，达到人与世界的和谐统一。审美活动中的无差别境界，即物我两忘，是建立在主体间性的基础上的。只有消除主客对立，才能达到自由的境界。张孝祥《念奴娇·过洞庭》："尽挹西江，细斟北斗，万象为宾客。扣舷独啸，不知今夕何夕。"这不同于"移情说"的情感外射，主体的情感投射到客体上，而是互为主体，"我见青山多妩媚，料青山见我应如是"。

（3）物我个性的充分解放，即自由必须是人的完全解放，是人摆脱了现实的束缚而获得了自我实现。主体间性的关系使得自我和世界在审美活动中都获得了解放，世界不再是被征服、被改造的对象。黑格尔说，"审美带有令人解放的性质"。马克思认为审美活动导致人的全面发展。审美活动是充分个性化的创造。没有个性，就没有艺术生命。

（4）超越时空限制，即自由意味着对时空的超越，进入超时空的境界。"观古今于须臾，抚四海于一瞬"。"精骛八极，心游万仞"（陆机《文赋》）。自由意味着对时空的超越，进入超时空的境界。

现实世界中，时间和空间是人类生存不可逾越的界限，但审美活动创造了一个自由的时空，使人可以自由地生存。如我们欣赏电影时是沉浸在电影所展现的时空中，而欣赏音乐和绘画时，是沉浸在艺术的魅力中，浑然不觉时空的存在。

2. 审美的超越性

超越是一种本真的生存体验状态，是对现实生存体验局限的克服，从而达到对存在意义的领悟。

那么审美的超越性表现在哪些方面呢?

(1)审美的超验性,即对世界的超经验的把握。

在审美活动中,现实世界不再是经验的世界,而是失去了"内容"的"形式"。因此,美不在于事物的实体或属性,而在于超现实的内容即审美意义。超验性即非实证性,是不可实证也不能为概念所把握的。审美主体和审美对象只有在审美活动中才存在,一旦离开审美活动,进入现实领域,则成为现实对象和现实主体。

(2)审美的终极价值,即对现实价值的超越。

人是形而上的生物,不会满足于现实价值的实现(科学认知和社会认同),总要追求更高的精神需求。在审美活动中,人获得了终极价值,得到了终极关怀。

(3)审美的最高真实性,即对现实的真的超越。

现实体验是对现实世界的有限把握,而审美体验是对生存意义的追求和揭示,因而是最高的真实性。如《红楼梦》是虚构的,但却揭示了人生的真谛,启发我们重新审视现实人生;西方现代艺术对世界的描写是变形的,但却反映了异化的本质。

(4)审美的彻底的否定性和批判性。

经验认识不能揭示现实世界的真相,而审美和艺术不仅揭示也批判现实的虚假表象和不合理。审美对现实的否定和批判是一种哲学性质的否定和批判,是在自由的层面上揭示现实的不合理性,从而鼓励人们改造现实,追求自由。因此不会导致逃避人生和现实的悲观主义。

3.审美本质的证明

(1)审美是自由的生存方式

①生存与生存方式

生存不是指现实的存在,而是指可能的、本真的存在;其本质是自由。

审美是最本真的生存方式,是生存本质的实现。

②审美是自由的生存方式

审美不是现实的物质生产活动,而是纯粹的精神生产活动,是自由的生存方式。席勒在《审美教育书简》中提出以审美来克服感性和理性的分裂;马克思设想未来理想社会以审美活动为主要内容;海德格尔认为人的本真存在应该是"诗意地栖息"。

③审美是自由个性的创造

(2)审美是超越的体验方式

①体验与体验方式

体验是创造意义的原初性活动,意义是体验反思的产物,因此生存的全部丰富性都存在于体验中。它既是一种身体感受,又是一种心理领悟。

②审美是超越的体验方式

审美体验的非真实性(审美对象的非现实性)、非逻辑性(不借助概念)、非理智性(超功利的喜悦),说明审美超越了现实体验,是超越的体验方式。

③审美是对存在意义的领悟

哲学以思辨把握存在的意义,审美以体验把握存在的意义,如海德格尔的"解蔽",走向澄明之境。

第一,审美弥补了认识论和价值论的对立,使人生是什么和人生为什么的问题成为同一的问题(知情合一)。

第二,审美作为超越的体验方式,达到了哲学的高度。

第三,审美意义是超越了意识形态的永恒价值,是自由的价值。

第四,审美是充分个性与充分普遍性的同一。

在审美中每个人都创造了自己独特的意义世界,而主体间性使得人们的审美体验可以充分地交流、理解,从而得到普遍的承认。

(1)美的本质问题从属于审美本质问题

提出"美"的本质问题,实际上就提出了"美是什么"的命题,而这个命题的提出方式就暗含了"美"是一个实体或实体的属性,从而误导人们从本体论和认识论的角度研究美学。

美学的研究对象是审美活动和审美现象。"美"存在于审美活动中,脱离了审美活动,"美"就不复存在。

(2)美是自由的对象和超越的意义

美不是实体,而是对象和意义。

(3)美是主客观的同一

美就是美感,美就是主客观的同一。

讨论:同一性和统一性。

统一性是指对立的统一;同一性是指对立的消除,进入超现实的无差别境界。

审美(活动)发生的条件和契机:审美主体和审美对象的生成。

因此可以总结,美的主要理论依据是客观事物的存在只是一种状态,它形状的美丑完全是人类依据自身立场的一种看法。

美的前提:美是主观的。

美的定义:美是一种发展的文化共识。

由定义得出的推论:

①个人审美经验包含于美的文化共识之中;

②美的规律是美的文化共识;

③衡量美的标准也是美的文化共识;

④美与美的文化共识共存亡;

⑤美没有对与错之分。

从人类对美的经验认识上看美的定义的合理性:

①美是一种发展的文化共识,与美的主观论相统一,二者不发生冲突;

②美是一种发展的文化共识,不脱离人伦美,充分体现了人在美的认识上的主观能动性;

③美是一种发展的文化共识,还道出了人与动物在美的认识上的根本区别;

④由美是一种发展的文化共识推论出的美的特性与人类对美的认识是相吻合的;

⑤从美是一种发展的文化共识可以看出真善美的统一的必然性。

7.2　游艇美的属性

为了探讨游艇美表达的原则和方法,必须了解游艇美的属性,这与美的形态密切相关。我们知道美的本质存在于各种实体的审美对象中,并且美具有丰富、生动的形态,这是毋庸置疑的事实。依据对美的本质的基本理解,我们认为美一方面可以按性质分为现实美和艺术美,另一方面可以按不同状态、面貌和特征分为优美、崇高、悲剧、喜剧等类别。

7.2.1 现实美

所谓现实美是包括社会生活、社会事物的美和自然事物的美的集合。

现实美的一个方面是社会生活的美,现实生活中社会事物的美一般称为社会美。社会生活是多方面的,作为社会主体的人,就生活在错综复杂的社会关系中,从而也就构成极其丰富多彩的社会生活的美,人的性格、精神的美。在社会实践领域中,既有波澜壮阔、慷慨悲歌的战斗,也有富于诗情画意、柔美浪漫的典雅生活。这一切都包含在社会的精神文明之中,构成社会的美。

现实美的另一方面是自然事物的美。自然对象可分为经过人类直接加工利用的对象(如土地、园林)和未经直接改造的对象(宇宙、星际、海洋等)两种。前一种自然对象的美主要是以其社会内容的直接表现为特点,所以它与社会事物的美十分接近。由于人类不断地征服自然,所以自然界中有许多自然事物逐渐转化为人们物质生活中有用的东西。一些原来人类感到陌生、遥远的东西也逐渐转化为我们身边可亲可爱的事物。这些具有人们的劳动印迹的事物,经常作用于人们的感官和头脑,从而唤起人们对它的美的感受,如奔驰的骏马、丰收的田野、巧夺天工的园林都是如此。另一种自然对象(即未经直接改造加工的自然对象)的美所反映的社会内容的方式较为间接和委婉,然而这种对象却分布广泛、形式多样。它主要以其自身的自然形式(质料、性能、规律、形式等)取悦于人,似乎只是美在其中而与人类无关,实际上这些自然形式都是在与人类社会生活发生了长久的紧密的联系之后,被人们所熟悉、掌握的,而在对人类的生活实践形成有利、有益的结果之后,才成为美,如山川、河流自然形态的风景美,动、植物生长的形态美等。当然,自然对象的这两种形态,不能截然划分,而是相互渗透和转化的。黄河一经开发,就成为中华民族的摇篮。由于自然美有利于社会实践,与人们生活息息相关,所以它才首先成为审美对象,而后它的自然形式(如均衡、整齐、比例、节奏等)被人们熟悉,从具体的对象中分化和概括出来,抽象成为一种形式美,从而使得自然美从狭窄的范围扩展到相当广泛的领域。

现实生活的社会美和自然美,虽然广阔、丰富,但受到时间、空间和各种条件的制约,而不可能表现得那么集中、典型,因而不能充分地满足人们的审美需要,也不能普遍地为人们所欣赏。尽管现实美是美的唯一源泉却较粗糙止步于自然形态,从而艺术美为满足人们对现实美的特殊需要便应运而生。

现实美是美的客观存在形态,是美的唯一源泉;艺术美却只是这种客观存在的主观反映,是人类精神活动的产物,是艺术家创造性劳动的成果。由于它的本质是客观世界的反映,所以属于社会意识范畴。

所以,当人们在考虑游艇美的时候,往往都是运用自然美中的规律,在生产劳动中对游艇这一审美对象进行能动地创作,达到美的效果。

7.2.2 自然美

拔地通天的泰山、秀媚凝翠的峨眉山、平波万里的洞庭湖、白雪皑皑的东北雪原……大自然不仅是我们的衣食父母,也是人类审美活动中一个重要的客体组成部分。千差万别的自然现象以其给予人的奇妙感官体验与心灵震撼,满足人的审美需要。它对于培养我们的审美情怀、健全社会人格,有着不可替代的作用。

1. 自然美的形成和发展

(1) 自然美的概念

自然美是自然事物的美,是自然界的审美存在,如日月星辰、山川湖泊、大漠海洋、树木花草、鸟兽虫鱼等自然事物或自然现象的审美价值形式。所谓自然美,是指在审美活动中对人具有特定审美价值的自然事物和自然现象的品质特征。山水花鸟、日月星辰等自然景物之所以是美的,就是因为它们作为人的生命存在的必要条件,不仅具有符合人的感觉需要的特性,而且能够满足人在特定情境下的生命追求,启发人对人生的独到领悟,激发人积极向上的生命力,因而成为人的审美对象。

一般说来,自然美的存在可分为两大类:一类存在于未经人类劳动改造过的自然事物和自然现象上,如海洋、瀑布、原始森林、雨雪风霜等纯自然状态下的事物。它们虽未受到人类实践的直接作用,却与人类生活保持着一定的联系,其感性形式中蕴涵和体现了人类生活的内容、人们的某种观念和人们所重视的品质,因而进入人的审美活动领域,使人在对它们的审视过程中得到愉快,获得审美享受。另一类则存在于经过人类劳动加工的自然事物和自然现象上。这种自然美的存在状态又可以分为一般加工和艺术加工两种:前者如开垦后的农田、人工绿化的荒山等,它们直接体现了人的劳动创造能力和心灵智慧,因而得到人们的喜爱;后者如盆景、插花、园林景观等,它们本身就是一些为直接满足人的精神生活需要与审美享受而存在的艺术性成果,因而审美特征和审美效果最为明显。

(2)自然美的形成和发展

自然美是相对人而言的一种价值。自然美的产生同样与人类生产劳动相关联。

从自然美的形成和发展来看,自然美的领域的逐渐扩大是和社会生活发展的进程密切联系在一起的。也就是说,自然事物或自然现象之所以具有审美属性而成为审美存在系统,并非自然事物或自然现象所自生,而是人类社会实践活动或社会生活的产物。

在人类社会出现之前,自然界都是自在之物,它们的物质属性如朝霞的绚丽、月光的澄澈,虽然早已存在,但这是自然,无所谓美丑,因为自然的美丑对于人才有意义。一方面,没有人类存在,便没有把自然作为观照对象的主体存在;另一方面,一切自然现象本身"全是不自觉的、盲目的动力",它们没有任何预期的自觉的目的,自然不能自觉为美。

在人类社会出现以后,也并不是一切自然现象都是美的,而是随着人的社会实践活动的介入而发展,自然事物和自然现象才逐步进入审美领域,并不断扩大其范围。

正是由于以生产劳动为基础的人类实践活动,使人类逐渐发展和发挥了自身的本质力量,认识、利用、改造了自然,使本来是自在的自然界被人化,打上了人的意志的烙印,使自然事物和自然现象逐渐从与人为敌的恐怖对象或与人无关的冷漠对象成为亲和对象、审美对象,成为人的本质力量的肯定和确证。

自然美和自然审美的形成与发展是个漫长的过程。这一过程大致经历了"致用—比德—畅神"三个阶段。

孔子是一个对后世有着深远影响的"比德"说倡导者。如最具有代表性的"夫玉者,君子比德焉。温润而泽,仁也;栗而理,知也;坚刚而不屈,义也;廉而不刿,行也;折而不挠,勇也;瑕适并见,情也。扣之,其声清扬而远闻,其止辍然,辞也。故虽有珉之雕雕,不若玉之章章。"

在比德阶段,自然审美虽然突破了物质实用和功利的束缚,但仍具有道德上的意义,还没有突破精神实用的束缚。到了娱情畅神阶段,自然之所以美,已不再是因为它有着物质上或精神上的功利性,不再是因为它对人有用,或可比拟人的某种美好品德,而是因为它自身的勃勃生机、气象万千,给人以精神享受,让人心旷神怡、流连忘返。这时,凡是使人娱情畅神的自然物、自然现象,都是人们的审美对象。自然美的范围和领域从动物、植物到山水得到了大大地开拓。人类不再只是从实用目的来看待自然物和现象,自然美由此脱离了实用的内涵,而与人的生活内容、风俗习惯、精神追求、道德观念等联系起来,"以物比德"成为自然事物和自然现象的重要审美价值特征。如孔子所谓"智者乐水,仁者乐山",就是指智者、仁者从自然事物那里发现其与人有某种相似的值得肯定的品德:山予人以无穷的益处,自己却一无所求;水滋润万物而无私(似德),予万物以生机(似仁),由高到低或舒缓或湍急皆循其理(似义),奔腾澎湃势不可挡(似勇),或深不可测或浅而可行(似智)。之所以欣赏、赞美自然山水是因为它们象征了人的美好品质。

而由于人的劳动实践能力的不断发展,实践范围的不断扩大,自然事物和自然现象不仅被当作一种人格象征而受到赞美,同时也作为娱情畅神的对象为人欣赏。人们把大自然当作独立的观赏对象,把自然美视作一种独立的美的存在形态。魏晋南北朝时期,人们寄情山水,体会着人与自然的和谐融洽,涌现了大量描写山水风光的诗歌、绘画。唐宋时期,经济繁荣,游览名山大川蔚然成风,尤其是文人学士,"触景生情,借题发挥,记为诗文,以激千古"者不乏其人,从而使自然美的开拓无论在深度还是广度上,都达到很高的成就。李白就以其特有的感受力和丰富的想象力,在自然的审美方面达到了前无古人之境界,"黄河之水天上来,奔流到海不复还""连峰去天不盈尺,枯松倒挂倚绝壁。飞湍瀑流争喧豗,砯崖转石万壑雷",这些都是咏颂自然山水之美的佳句。

随着人类社会经济文化、科学技术的发展,交通日渐发达,人们闲暇时间增多,自然界与人类的关系也在不断发展之中,那些尚未同人建立起审美关系的自然事物和自然现象,将会越来越多地进入人们的审美视野,人们感受、体验自然美的领域将会不断扩大。

2. 自然美的特征

(1)自然美以自然属性为存在基础

自然事物和自然现象都有一定的自然属性,如形状、线条、光泽、色彩、质料等感性特征,这是构成自然美的前提条件和物质基础,也是自然美区别于其他种类的美的根本特点。可以说,离开了自然事物和自然现象本身的自然属性,自然美也就不存在。在《政治经济学批判》中,马克思曾提及金银的"美学属性",这种金银的美正是以其"天然的光芒"为基础的。这表明,在审美活动中,自然美总是具体而不是抽象的存在。就像梅、兰、竹、菊、荷这些自然界的花草之所以能给人不同的审美感受,就是因为它们有着各自不同的自然属性,因而人们能够从它们身上体会到各具特性的审美意味。换句话说,正是由于自然事物和自然现象有着复杂多样的自然属性,自然美才会显示出千般动人的景象,人们也才能从自然界中感受到丰富多彩的美。尤其是这种自然属性的存在,使得人们在自然的审美过程中能够真正感受到自己作为一个独立而完整的生命的存在意义,充分享受大自然赐予的天然乐趣,产生一种业真返璞、超尘脱俗的体验,令人心旷神怡,洗尽人间烦恼。

以自然属性为存在基础的自然美,根本上体现了自然界同人类之间一种普遍自然的联系,因而往往不受时代、民族、阶级的制约,对于不同的个体可以产生相同或相似的审美价值。"岱宗"泰山,自古就是各时代人们游览休闲的胜地。社会地位、文化背景不同的人,都可以对泰山之美有直接的感受:历代君王登基后,要到泰山封禅祭祀、立碑植树、辟路造庙,并赞叹泰山的气势"高矣、拔矣、大矣、特矣、壮矣、赫矣、骇矣、惑矣"(汉武帝);历代文人学者也纷至沓来,李白、杜甫更留下千古传诵的诗篇:"朝饮王母池,暝投天门关。独抱绿绮琴,夜行青山间"(李白),"荡胸生层云,决眦入归鸟。会当凌绝顶,一览众山小"(杜甫)。可见,自然美本身的自然属性,使它成了人的普遍的审美对象。

（2）自然美侧重形式

侧重形式是自然美的一个重要特点。花开的缤纷绚烂形态、鸟鸣的千啼百啭、山的陡峭、海的壮阔、水的蜿蜒……所有这些鲜艳活跃的色彩、奇特怪异的形态，都是自然美不可缺少的外在条件。自然美正是以其鲜明、具体、变换多姿的外观形式，令人产生直接、清晰的审美感受和印象。当人们面对一个自然物时，往往被它的形式所吸引，而不是首先思考它所表现的社会内容。如一只蝴蝶、一片森林、一座山峰、一条河流，只有在特定条件下，人们才能明确体会到它们的社会意义，而在直观感受过程中，它们只是以自身的色彩、线条、形体、声音等形式因素，与人的视觉、听觉、触觉、嗅觉等感官相和谐，使人获得舒适、怡然的审美享受。

（3）自然美有着特定的内容

自然美侧重形式，但并不是没有内容的体现。只是与社会存在类型的美相比较，自然美的内容主要是同其自然属性联系在一起的，即它不表现为某种深奥的思想或抽象的概念，而是自然物、自然现象内在的组成因素与人产生关系。人们欣赏自然美时的不同感受，往往就同这种自然美的特定内容相关。同样是山，泰山形体厚重，主峰高耸，显得雄伟；华山四壁陡立，山脊高而窄，故而险峻。同是圆形天体，太阳因燃烧而释放出高度的热能，使人感到温暖、热烈与光明；月亮只是反射了阳光，在黑夜里朦胧清凉的光线使人感到体验到一种如梦般的柔情，获得内心的安全感。同样是流动奔腾的江河，黄河由于泥沙含量高，质地凝重而力量强大，令人望而却步。长江则因泥沙较少而有一定的透明感，所以让人感觉真诚而富有亲和力。同是山花，杜鹃只有一层简单的花蕊，当各色杜鹃缀满枝头、遍山怒放之时，让人感到朝气蓬勃而略有几分野趣；金银花则择地而生，以一簇簇小棒状的金色和银色花蕊绽放在藤蔓上，散发出沁人心脾的馨香，略带几分清纯羞怯。如果不注意到这些方面的内容存在，我们对自然美的体验就会少了几分深意。

（4）自然美具有象征性、多面性和不确定性

凡为象征，必然具有两个因素，"第一是意义，其次是这意义的表现"。而自然物和自然现象之所以令人感到美，就因为从它们的形式外观上，人们常常可以发现某种人的品格、情操或精神和理想的象征，从而获得美的享受和熏陶。宋代诗人周敦颐赞美荷花"出淤泥而不染，濯清涟而不妖，中通外直，不蔓不枝，香远益清，亭亭净植，可远观而不可亵玩焉。"荷花这种不污不妖、亭亭玉立的形态，便象征了人的高尚品格。中国人素来称松、竹、梅为"岁寒三友"，梅、兰、竹、菊为"四君子"，或作画或写诗赞美它们，同样是因为这些植物的审美外观象征了人所珍视的品质：松的挺拔、清高，象征了仁人志士和长者的高风亮节；竹的虚空有节，象征了谦虚和有气节；而梅的悠远孤清、风华超绝，则象征了高洁的志趣，所以明代高启有诗云："雪满山中高士卧，月明林下美人来"，使梅花兼备"林中隐君子"与"空谷俏佳人"的韵致。可以说，自然物与现象作为审美客体所具有的象征性，极大地提高了其审美价值，以至于"昆仑山上一棵草"，也会因其特殊的象征意义而为人们赞颂。

由于自然物和自然现象的自然属性是多方面的，其与人的关系及关系性质也有所不同，因而在主体审美感受层面上，自然美便具有某种多面性。"好雨知时节，当春乃发生"和"床头屋漏无干处，雨脚如麻未断绝"，同样是下雨，同是一个诗人杜甫，关系不同，结果也大不一样。又如，青蛙身上有多种自然属性，车尔尼雪夫斯基就认为，"蛙的形态就使人不愉快，何况这动物身上还覆盖着尸体上常有的那种冰冷的黏液，因此蛙就变得更讨厌了"。但在中国诗人、画家笔下，青蛙却活泼可爱，它的游泳姿态和鸣叫，都能使人产生美感。此外，

不同条件下,同一自然物的同一属性也可以显现出不同的审美特性。例如,凶狠贪婪的狼,人们一般都畏而远之,可在传说中,罗马城的祖先罗缪洛斯却曾由一头母狼用自己的乳汁喂养长大,所以在罗马人眼里,狼象征了母爱的天性,是人们喜爱并尊重的对象,直到今天罗马的博物馆里还珍藏有青铜雕塑的《母狼》(图7-2)。

图7-2 《母狼》(公元前500年)雕塑

自然美的不确定性,则是指由于人们观赏自然物时所处的自然环境不同,有着远近、方位、季节、朝暮、阴晴等转换,因而,作为审美客体的自然物和自然现象在主体感受方面会产生不同的变化。所谓"景随步移"就是这个意思。宋代的大画家郭熙则通过观察山水云树在不同季节里的变化,总结道:"春山澹冶而如笑,夏山苍翠而如滴,秋山明净而如妆,冬山惨淡而如睡",水色是春绿夏碧、秋青冬黑,天色是春晃夏苍、秋净冬黯,树木是春英夏荫、秋毛冬骨。

3. 自然美的构成因素

如前所述,自然美侧重形式。这种自然美的形式,是由各种自然因素有规律地组合而形成的,包括地形、水系、植被、色彩、声音、线条等。它们在时间和空间上有机组合、有序交替,不断运动变化,给人带来不同的感受。具体地说,自然美的形式主要有形象美、色彩美、动态美和声响美等。

(1)形象美

形象美是指在审美活动中,作为审美客体的自然物和自然现象在总体形态与空间形式方面所呈现的品质特征,其中包含着审美主体的心理和生理感受。形象美主要有着雄、奇、险、秀、幽等特征。

雄。这是广泛存在于大自然中的壮观、壮美、崇高的现象。五岳之首的泰山,以雄伟著称,被誉为"泰山天下雄"。它高且宏大,给人以厚重和稳定感,所以人们常以"稳如泰山""重如泰山"做比喻。雄伟的自然景观还有贵州的黄果树瀑布、浙江的钱塘江潮等。

奇。它是一种形态超乎常态、姿态变幻莫测的美。所谓"黄山天下奇",说的就是黄山奇特的形态:"峰奇",七十二峰千姿百态,各有奇趣;"石奇",猴子观海、飞来石、梦笔生花等各种巧石构成独有的奇观;"松奇",迎客松、送客松、卧龙松等盘结在危岩上,苍劲挺拔;"云奇",山间烟云似锦如缎,变幻无穷。奇特的自然景观还有武夷山、云南石林等。

险。"自古华山一条路",鸟瞰华山犹如巨大的天柱,拔起于秦岭群峰之中,其山势特别陡峭险峻,几乎与地面成90度角。人须手扶铁索,经"千尺幢""百尺峡""擦耳崖""苍龙岭"等险径,才能达到峰顶,体会到"无限风光在险峰"的意境。

秀。秀美是自然界里最常见的一种审美形态,常给人柔和、安逸、愉快的审美享受。峨眉山林木葱茏,色彩碧绿,线条柔美,烟云笼罩,被誉为"峨眉天下秀"。杭州西湖碧波如镜,绰约多姿,西北群山千峰凝翠,洞壑幽深,苏轼有诗云:"欲把西湖比西子,淡妆浓抹总相宜"。

幽。这是一种幽雅静谧的自然气氛或动静交融的意境,常以深谷或山麓为地形基础,在一个半封闭的空间里,视域较窄小,光亮较少,空气洁净,林木浓荫,景深而层次多。其如王维《鸟鸣涧》所描述:"人闲桂花落,夜静春山空。月出惊山鸟,时鸣春涧中"。再如有"天下幽"之美誉的四川青城山,树木葱郁,浓郁翠盖,给人一种恬静清新、神志清爽的幽静感。其他如潭水映月、江湖倒影、曲径回廊、空山鸟鸣等,也都具有这种"幽"美的特点。

（2）色彩美

自然物和自然现象的色彩美主要由树木花草、江河湖海、山石土壤及红日、云霞等自然光色构成。云南的茶花、峨眉的杜鹃花、盘山的梨花和杏花,都以色彩之美而闻名。而当阳光穿过大气层,受气候和时辰的影响,天空会出现霞光、彩云、雾霾,呈现五彩缤纷的色彩变幻,如"日出江花红胜火"的美丽景象。尤其是,随着季节更替变换,自然物和自然现象的色彩也会发生不同的改变:深秋,大自然给我们带来红、橙、黄为主调的色彩美;冬季,大地洁白无瑕,银装素裹。此外,自然界的动物如蝴蝶、白鸽、孔雀等,都因色彩美得到人们的喜爱。

（3）动态美与声响美

自然物和自然现象的动态美是由波涛、飞瀑、溪泉、烟云及树木花朵的飘动等构成的。风是形成这种动态美的自然动力,能使云雾聚散、波涛翻滚、柳枝拂动、香飘万里。以"云海"著称的黄山,每当烟云生起,便会使人感受到一种飘动的美,荡漾的美。

声响美主要表现为瀑落深潭、惊涛拍岸、风起松涛以及泉水叮咚、雨打芭蕉、幽林鸟语等自然音响的和谐旋律。中国的许多著名风景区都建有"听泉亭""松涛亭""闻涛阁"等,就是为了向人们提供欣赏这种自然声响美所设的场所。

7.2.3 艺术美

1. 艺术品的本体构成

（1）什么是艺术品?

艺术品的概念,可以从几个方面进行说明。

首先,艺术品是人工制品而不是自然物。其次,艺术品是满足人类审美需要的精神产品。因此,艺术品实际是艺术家为满足社会审美需要而有意识地创造的传达了人类审美经验的人工制品。正因为艺术品是人工制品、体现一种技艺,所以它更是一种精神产品,它为满足人们的审美需要而存在。

（2）艺术的层次构成

以审美经验的传达为中心,可以把艺术品大体分为这样三个层次:实在层次、经验层次、超验层次

①实在层次,指某一具体艺术品在物理时空中的存在。

我们阅读一部文学作品、聆听一支乐曲、欣赏一幅画或雕像、所接触的都是实在的对象,体验到的是实在的过程。没有这种物理时空中的存在就没有艺术品。艺术品的物理时空的存在就是通常说的审美客体。

②经验层次,是指某一艺术品在人类经验中的存在。

③超验层次,是指某一艺术品超越人类特有经验领域的存在。

一件优秀的艺术作品,不仅仅存在于特定时代人们的经验中,而且超越时空的局限,存在于不同时代、不同种族人类的经验世界。

(3)艺术品的二重性

所谓艺术品的二重性,是指艺术品作为本体存在人类经验中的确定性与非确定性。

这种二重性,是艺术品区别于其他人工制品的重要特征之一。

①确定性。首先,表现在它的实在层次上,任何一种艺术品,都是由一定的物质材料构成的,都是可以触摸得到的实在对象。其次,表现为它的经验层次上。尽管在经验层次上存在着"一千个读者就有一千个哈姆雷特"现象,但由于其基本的经验结构是稳固的,因而它作为本体存在又是确定的。再次,表现在它的超验层次上。

②非确定性。主要是由艺术品的功能结构造成的。艺术品的实体提供了审美对象,但一经给定,就超越了实在对象的范围,进入了广大的人类经验领域。艺术品的这种非确定性,正是由这种经验联系的主观差异性、变动性和开放性造成的。

著名的悉尼歌剧院位于澳大利亚悉尼,是20世纪最具特色的建筑之一,也是世界著名的表演艺术中心,为悉尼市的标志性建筑。该歌剧院1973年正式落成。2007年6月28日被联合国教科文组织评为世界文化遗产。该剧院设计者为丹麦设计师约恩·乌松。悉尼歌剧院坐落在悉尼港的便利朗角(bennelong point),其特有的帆造型加上悉尼港湾大桥,与周围景物相映成趣。设计者结合其所在位置,将其坐落在悉尼港湾,三面临水,环境开阔,它的外形像三个三角形翘首于河边,屋顶白色的形状如贝壳,因而有"翘首遐观的恬静修女"之美称,如图7-3所示。

图7-3 悉尼歌剧院

(4)艺术品的独创性

鲁迅先生在谈到意象的构建时说:"所写的事迹,大抵有一点见过或听到过的缘由,但决不全用这事实,只是采取一端,加以改造,或生发开去,到足以几乎完全发表我的意思为止。人物的模特儿也一样,没有专用过一个人,往往嘴在浙江,脸在北京,衣服在山西,是一个拼凑起来的角色"。

2.艺术的审美特征

以艺术所传达的审美经验的类别以及审美经验物化形态的现实存在方式为依据,艺术大体可以分为:表演艺术、造型艺术、语言艺术、综合艺术等。

(1)各门艺术的审美特征

①表演艺术的含义及代表性的门类

a.表演艺术是通过人的演唱、演奏、说唱或人体动作、表情来塑造形象、传达情感从而表现生活的艺术。它通常是指音乐、舞蹈,有时将杂技、相声、魔术等也划入表演艺术。

b.表演艺术的审美特征

第一,强烈的抒情性和表现性;

第二,鲜明的节奏感与韵律性;

第三,过程性和流动性。

②造型艺术的含义及代表性门类

a.含义:"造型艺术"这个概念是德国18世纪启蒙运动思想家、美学家莱辛在其美学著作《拉奥孔》中首次提出来的,主要指绘画及雕塑。作为门类艺术的造型艺术,是运用可感的物质材料(如纸、布、金属、泥土、石头、骨牙)和色彩、线条、构图等表现手法,以塑造空间静态形象反映生活或表情达意的艺术,通常包括绘画、雕塑、工艺美术、建筑艺术等。造型艺术在空间(平面空间或立体空间)中展开,作用于人的视觉,呈静态,因而又可以称为空间艺术、视觉艺术、静态艺术。由此可以看出,游艇造型也是造型艺术中的一种。

b.造型艺术的审美特征

第一,形象直观性。

第二,瞬时永固性(即美的瞬间,既能承接过去又能暗示未来,事物运动过程中具有最大生发性的瞬间)。如图7-4所示,古希腊米隆所作的《掷铁饼者》为一个青年正弯腰扭身,执铁饼的右手向后猛伸,头部也跟着转向铁饼,全身的重心落在右脚上,这正是运动员把铁饼掷出前的最紧张而又饱蓄活力的一瞬间。

图7-4 《掷铁饼者》雕塑

第三,具有高度的形式美。

什么是形式美呢?形式美具有鲜明的特征,一是形式美远离具体内容,具有较强的独立性和自身的承继性;二是形式美的意蕴较为朦胧,缺乏确定性。

造型艺术的形式美主要表现在三个方面:一是物质材料的感性形式美;二是表现手段(如色彩、线条等)的美;三是形式法则运用所产生的美。

(2)意境

①意境的内涵

意境是中国古典美学的独特范畴,是体现中国古代艺术理想和审美意识的核心范畴。

意境作为正式的美学范畴,最早由唐代王昌龄在《诗格》中提出。王昌龄认为"诗有三境":意境、物境、情境。皎然对意境的内涵在《诗议》中有直接的论述:"夫境象非一,虚实难明,有可睹而不可取,景也;可闻而不可见,风也。"司空图在《二十四诗品》中将意境范畴具体化,认为诗的极致在于"不著一字,尽得风流"。宋代严羽则以佛教的禅境比喻诗的意境"羚羊挂角,无迹可求"。近代诗人王国维提出"境界说",进一步丰富了意境的理论内涵,使意境成为一个深刻体现我国古代审美意识和艺术理想的美学范畴。

美学家叶朗认为,从审美活动的角度看,所谓意境,就是超越具体的有限的物象、事件或场景进入无限的时间和空间,从而对整个人生、历史、宇宙获得一种哲理性的感受和领悟。一方面超越有限的象,即象外之象;另一方面是意,也就从对于某个具体事物、场景的感受上升为对整个人生的感受,这种带有哲理性的人生感、历史感和宇宙感就是意境的含义。

②意境的构成

实境和虚境是构成意境的两元素,意境是实境与虚境的统一。所谓实境是指直接呈现的情景、形神的特定艺术形象。而虚境则是指由特定形象想象出的形象。

③意境的特征

意境最为明显的特征是它的哲理性和超越性

7.2.4 游艇建筑美

现实美是美的客观存在形态,艺术美却只是这种客观存在的主观反映,是人类精神活动的产物,是艺术家创造性劳动的成果。与现实生活的美相比,艺术美具有更集中更典型的特点,如音乐、美术、文学、戏剧、雕塑等。所以,我们可以说,游艇的美就其性质而言属于现实美的范畴。

7.3　游艇美的基本特征

建筑艺术与其他艺术(文学、音乐、美术、雕塑、戏剧、电影……)不同,以其独有的特征和其他艺术相区别,并由这些特征决定人们对建筑艺术的态度。

游艇属于建筑艺术中的一种,因此它具备了建筑艺术的基本特征,但它的水上移动性和在水中的动态平衡状态,又有别于陆上的一切建筑物。由此决定了人们对游艇艺术的态度。

总而言之,游艇艺术的特征有以下几方面。

7.3.1 实用性

文学、音乐、戏剧等艺术作品存在于社会中,首先是作为审美对象以满足人们的精神需要,丰富人们的精神生活。

对于游艇,它的存在首先并不是作为审美对象供人欣赏,而是在社会历史发展中在交通、运输、考察、旅游等各种实际需要中产生的。

因此,实用性是游艇设计的目的,其建筑的形式完全取决于客观实际的需要,让使用者和观赏者得到快感。譬如,一艘由重庆开往武汉的游轮,其首要任务是将乘客安全地运送到目的地。

所以游艇的设计首先是由它的功能定位决定的,而不是由任何纯粹的"审美"因素决定的。因此,在理解和鉴赏游艇美的时候,决不能脱离它的功能性谈美,而且在考虑和设计游艇的时候,也决不能单纯从审美的观点来考虑,将游艇由一个实用的实体降低为雕塑的一个分支。

但是,纯功能主义者也可能走向另一个极端,即在游艇的设计中只讲究功能,完全不考虑游艇的外形与内部布置给人带来美的享受和给使用者在工作中带来应有的方便及提高效率的可能。

同时,游艇美的实用性特征也决定了设计者在设计游艇的时候,不仅要考虑视觉上美的感受,还要考虑使用中美的感受。

如图7-5所示为游艇的内部空间,为了采光尽可能将其窗户开大,但是如果将窗户设计成方窗,便会觉得呆板、缺乏灵动性,而设计如图所示的窗户既可以增加采光,还将整个内部空间变得更加灵动,增添了活力,既体现了实用性又体现美的观感。

图7-5　富有生气的游艇窗户视图

7.3.2　技术性

游艇从功能到外形能否达到设计的要求,很大程度上取决于设计者所处时代的科学技术水平。

在古代,船舶建筑材料仅限于木材,船舶动力局限于人力及风力,因此船舶不可能做得太大,对其性能、美观等也不能提出过高的要求。不难想象,限于历史条件和技术水平,古代的船不可能像现代战舰般威武,像远洋货轮般坚实,也不可能具备豪华客轮的优美舒适和水上游艇的明快、活泼,而且更不可能让单一的木材体现出具有不锈钢、玻璃钢、塑料及种种壁面装饰板的现代美。

现代新材料的出现给游艇美的实现开辟了广阔的天地。精巧的加工工艺为实现游艇独具个性的外形美提供了可能;各种先进的设备和现代化的生活设施,为满足人们使用和美感上的要求提供了优越的条件,如图7-6所示。在使用材料、性能和外观方面,从名为"Monarch"的游艇项目上可以看出新材料、新工艺对现代游艇的影响,如图7-7所示,此项目由 Delta Mauine 和 Caterpillar Financial Sevvice Corp 两家公司进行开发。这艘长为46.5 m的复合材料游艇在外观设计上由 Jonathan Quin Barnett 完成。船体是一个树脂导入夹层的结构,芯材选用的是 SP/Ligh Modulus(Isle of Wight, L. K.)公司的 Corecell A 600 和 A 1200

SAN 泡沫,表层选用的是 Eastman(Kingsport,Tenn)公司的无碱玻璃纤维粗纱和 HSC DX 781 −2140 乙烯基树脂制成的复合材料。除了原材料部分,当然还有硬件,发动机选用的是 twin Cat 3512 B,马力强大,性能出众,航速能够达到 21 kn/h。所以对游艇美的要求不可能脱离时代的技术水平,游艇艺术上的变化只能在当代技术水平所能提供的条件下变化,而不能脱离现实仅随艺术意识变化。因此技术性是游艇艺术的又一大特征。

图 7 −6 游艇内部视图

图 7 −7 "Monarch"游艇

7.3.3 动与静的统一

陆上建筑物带有区域性的特点,而其他艺术如文学、音乐和美术类作品则可以不受场地的限制,通过出版、演奏和展出进行交流,甚至在一定条件下用复制的办法再现出来。陆上建筑物,为了达到美的效果,其总体构成始终要考虑周围环境、地形布局特征,将其和周围环境协调地组合在一起,因此随心所欲地复制某个单一的建筑物会带来荒诞的结果,因为环境的变化而破坏建筑物本身美的效果。所以陆上的建筑是一种静止的形式美,甚至有人将陆上建筑比喻为凝固了的音乐。

对于舞蹈,它是通过演出者(个人或集体)的各种舞姿,形成不同单体或组合的优美图形,来表达某种意境,给人以动态的美感,它是一种动态的形式美如图 7 −8。

图 7 – 8　舞者示意图

　　然而游艇的形式美有别于上述两类形式美,它的独特之处,就在于它是航行在水上的建筑物,有着动与静的结合,体现动与静的统一。就游艇本身来说,它与陆上建筑物一样,有静止形式美的一面,但从游艇功能的角度说,它又有运动形式美的一面(注意,这并不是像舞蹈那样由组成整体结构的各个部分的运动及功能决定了其形式美的基础是建立在动态的平衡上,是在运动中给人以美的感受),所以在它的形式美中美感要素包含着许多动的因素。譬如,高速运动的船舶,要求外形给人一种强烈的速度感,并表现出它是动的,又如航行的客船就不像陆上的旅馆,它所要求的平稳是使旅客有运动中的平稳感。舱内的布置、设备的取舍、家具外形的设计、光线的明暗都要考虑到船体运动过程所出现的变化给舱内布置美带来的影响。

　　综上所述,在进行游艇设计时要使上层建筑和船体外形表现出"动"的"速度"的特性,以获得"动"的"均衡"与"稳定",实现动与静的统一,如图 7 – 9 所示,切勿让一艘具有相当速度的船舶的造型让人感觉是一只浮在水上的"趸船"或"浮码头"。

图 7 – 9　具有速度感的游艇造型

7.3.4　整体效果

　　对于游艇,因其空间低矮、狭小,所以不能单纯追求外形的美,而是要在注意外形美的同时,实现其附加功能的需要,更要考虑环境的变化对其带来的影响。对于游艇来讲,一个美的外形只有实用才有得以实现的可能,只有与内部的布置、装饰联系起来考虑才能取得协调和统一的效果。因此,对于任何一个严谨的设计都得讲究整体统一,要让环境、外形与内部布置功能协调一致。

设想一下,在春光明媚的西湖游览区,在举世闻名的长江三峡航道上,供中外旅游者乘坐的游船竟然是航行在海洋上的威武的军舰,这将会是什么样的效果?且不说它那瘦长的体型、狭小而十分紧凑的内舱将会给游人带来多少不便,就是那旋转的雷达、乌漆的枪炮、灰暗的隐蔽色,也绝不会给游人带来丝毫舒适、欢快感,相反只会让人感到紧张。也很难想象,在起重机械高耸、方头方脑的浮吊上或者在外形平稳、线型柔和的客轮上装上鱼雷、导弹去守卫祖国的海疆的情景,且不说它们的外形不能起到压倒敌人、震慑对方作用,就是那迟缓笨重的外形和庞大豪华的上层建筑也会成为水上的枪靶。在这种情形下,配置华而不实的外表是荒唐的。

外形与环境、外形与功能的协调是我国古代的造船业中十分重视的。唐宋时期,活跃在北部海域和广泛航行于江西、安徽、湖北等省份江河湖面上的沙船(图7-10),就是外形与环境、外形与功能协调一致的例子。人们根据水浅滩多的环境条件,把沙船做成一种平底、方头、方艄的海船,是我国最古老的一种船型。因其适于在水浅滩多的航道上航行,所以被命名为沙船,也被称为"防沙平底船"。宽、大、扁、浅是其最突出的特点。为提高抗沉性,沙船上还有"太平篮"。当风浪大时,从船上适当位置放下装有石块的竹篮,悬至水中,使船减少摇摆。

图7-10 沙船图片

反之,为了适应我国南方海域水深多岛的地理特征,福建和广州等地建造的福船和广船具有体长、吃水深、两头翘的特征,这是为了实现功能上的"耐波"。古代福船高大如楼,底尖上阔,艏艉高昂,两侧有护板。全船分四层,下层装土石压舱,二层住士兵,三层是主要操作场所,上层是作战指挥场所。作战时居高临下,弓箭火炮向下发,往往能克敌制胜。福船(如图7-11)艏部高昂,又有坚固的冲击装置,乘风下压能犁沉敌船,多用船力取胜。福船吃水4 m,是深海优良战舰。

图 7-11　福船图片

因此,游艇设计时应适应其整体性要求。

7.3.5　客观性

无论是货船、工作船还是军舰、游艇、客船等,它们都是为某一社会目的而建造的。有许多人在上面生活、工作、休息,因此它是一个公共生活的区域,是一个客观的存在;这就是船舶建筑以及游艇艺术不同于其他(如文学等)艺术的最后一个特性——客观性。在其他的艺术领域里,主观的表现经常是作为一种有价值和有意义的东西被人们接受。如扬州八怪之一的郑板桥,他是清代著名的画家与文学家,在公元 1753 年山东大旱时,他因上书请求赈济灾荒得罪上司,于是毅然弃官回到家乡,与封建官府割断关系,他在告别潍县百姓时画了一幅竹子图(图 7-12)。他以书言志、以画寄情,愤然写上了"乌纱掷去不为官,华发萧萧两袖寒;写去数枝清挺竹,秋风江上作渔竿。"的名诗,这是作者的真情实感,同时通过这首诗也可以探究出艺术作品的审美特征。

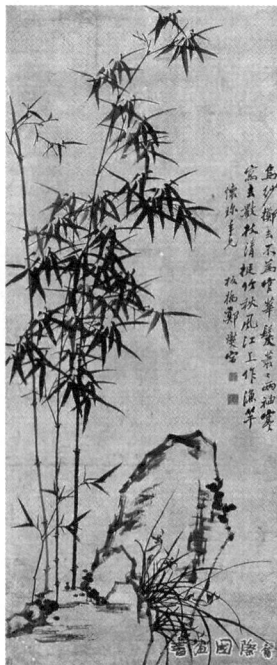

图 7-12　郑板桥竹子图

既然游艇的美具有客观性,那么它不仅要受到当时的科技发展水平的制约,其外形和内部布局的设计还必须符合客观的科学规律,在游艇的艺术中,主观主义是很难被人们理解和接受的,只有极少数人才会把船舶建筑设计特别是游艇设计看作是设计者个人情感的体现,那些只凭个人情感所形成的脱离或违背科学规律的外形设计,必将会闹出"雕弓"式的笑话而被历史淘汰。

7.4　形式美的基本原则

7.4.1　形式美的界定及其一般认识

由于游艇的形式美属于现实美的范畴,因此在研究它时必然会运用人类在长期的生活实践中,从具体的自然对象中分化和概括出来的自然形式与规律,以便对其进行能动的创造。

(1)形式美与美的形式

形式美是指自然、生活、艺术中各种形式因素(色彩、线条、形体、声音)及其有规律的组合(如平衡、对称、比例、节奏等)所具有的美。而美的形式指美的事物表现于外部形态的审美特征或者说是事物形式方面所呈现出来的美的特征。

(2)形式美与美的形式二者的关系

①联系

一方面,抽象的形式美是从无数具体的美的形式中概括出来的共同规律,是美的形式的提炼和升华;另一方面,形式美又渗透于各类具体的美的形式之中,通过它们体现出来。形式美与美的形式是一般与个别、抽象与具体、普遍与特殊的关系。

②区别

首先美的形式总是具体的、个别的,因而是千差万别的,而形式美则具有抽象性、普遍性。其次,美的形式总是同美的内容保持着紧密的联系,而形式美同内容的关系却是间接的、朦胧的,甚至可以远离内容而相对独立。最后,美的形式为一切美的事物所具有,而形式美的范围却有一定限制。

7.4.2　游艇形式美的基本原则

构成形式美的另一要素是审美对象物质材料的组合规律。形式美的组合规律从各部分之间的关系来看,主要包括:整齐一律、对称均衡、比例匀称、调和对比、节奏韵律;从整体关系看,主要是多样统一。

一般说来,在自然界的自然形式和规律中能适合于游艇而又为人们所熟悉、掌握并不断发展的有以下几种。

1. 整齐一律

整齐一律是指各种物质材料的感性因素按相同的方式组合而形成量的关系的重复一致、整齐划一,即同一种形状、同一种形体、同一种声响整齐重复出现而无明显的差异和对立。这可以给人以下不同感觉:纯粹感、庄重感、规整感、气势宏大或单调、呆板、沉闷。

2. 对称均衡

(1)对称是指事物的外在形式和内在质量都以一条线为中轴而呈现出左右两侧均等的状态。它给人以平衡感、稳定感。

①上下对称:如图 7 - 13 所示。

图 7 - 13　上下对称示意图

②左右对称:人体的眼、耳、手、足,动物的脚、翼、腿,建筑物如大型宫殿、庙宇、会堂等,或给人以稳定感、秩序感,或给人以庄严、神圣之感。如图 7 - 14 所示的故宫布局。

图 7 - 14　故宫布局

(2)均衡与对称相似,要求中轴线两侧的物体在布局上相对保持平衡,但它比对称要灵活,可以等量不等形,即量同形异、量同质异。最常见的,如天平即可表示对称,常用秤则为均衡。如图 7 - 15 所示的天安门广场布局。其西边为雄伟的人民大会堂,东边是中国国家博物馆,左右对称,却因建筑格局的不同形成差异,但从总体上来看因大小风格的相似形成了布局的均衡。

图 7 - 15　天安门广场布局

所以可以将对称和均衡进行比较,得到以下几点差异:

①对称是一种静态的平衡;均衡是一种动态的平衡;

②对称是外在的均衡,均衡是内在的对称;

③对称是均衡的典型,均衡是对称的一种发展;

④对称给人的震撼是感性的,均衡给人的感受是理性的;

⑤对称使人感到稳定的长久性,均衡使人感到运动的永恒性。

（3）调和对比（差异统一）

调和是在差异中趋于一致或统一（异中求同）;对比是差异中趋于差异。

①调和,一般是由两种相近的形式因素并列而成。其达到的审美效果是融合、协调。

②对比,是由两种差异较大或在质上不同的形式因素并列结合而成,其达到的审美效果是鲜明、活泼、振奋的。常用的对比有声音对比、时间对比、色彩对比、质地对比、明暗对比等。如南朝梁王籍在《入若耶溪》中描述的"蝉噪林逾静,鸟鸣山更幽。"即为声音对比,陆游《游山西村》中描述"山重水复疑无路,柳暗花明又一村。"就是空间对比。诸如此类的还有很多,这里就不再一一赘述了。

（4）比例和尺度

比例和尺度是反映客观世界中物体的变化及人与物之间关系的一种普遍规律。

研究比例的美实际是着重研究物体各部分之间的各种比例安排,形体和形体之间一定数值关系的比率与联系。威奥莱·勒·丢克在《法国建筑学理论词典》一书中指出,"作为比例,其意思是指整体与局部之间的实际关系——这个关系是合乎逻辑的、必要的。而作为一种特性,它们同时又满足理性和眼睛的要求。"但比例关系,不仅是自身的,也是探讨个体与整体（或组合体）之间的关系,它又被物体本身的用途、内容、使用的限度所制约。比例并非一成不变,它将随着习惯、兴趣、使用功能的改变而变化。比例细长,有清秀、亭亭玉立的美感;比例适中,浑圆而丰满,显得十分稳重;高度不及宽度之半的重心较低,显得安详、平稳,让人放心。

尺度,其实质是物体与人的关系方面的一种要素,它与比例密切相关、它将通过已知的尺度因素,运用对比的手法或借助于组成物体单元的数目形成人们对物体的尺寸印象,为人们提供选择尺寸印象的条件。游艇这类物体的存在,就是为了让人们去使用、去喜爱。当船舶与人们的身体以及内在的感情之间建立起紧密和简洁的关系时,游艇就会更加有用,更加美观。为此,设计者的首要任务之一就是如何运用这个自然规律去选择正确的比例与尺度。

什么是比例? 比例是事物形式因素部分与整体、部分与部分之间恰当的数量关系,而匀称是指一个事物各个部分比例恰当的状态。匀称本身也包含了一定的比例关系。

在比例中,其数量关系主要是事物各部分之间的长度、面积等,通过大小、长短、轻重等质与量的差异显示出来。如不同线条之间的长度比、不同色彩之间的面积比、不同形体之间的体积比等。

比例合乎常规的事物就具有适度和谐的形式美;反之,比例失调,就会造成畸形。最具有代表性的尺度比就是黄金分割。所谓的黄金分割就是一条线段分为长短两部分,长与短之比正好等于全长与宽之比,也叫"中外比",比值为 1.618:1。世界各地建筑物中,采用黄金分割的方式进行建造的不胜枚举,这里仅以图 7-16 中的巴黎圣母院为代表进行展现。

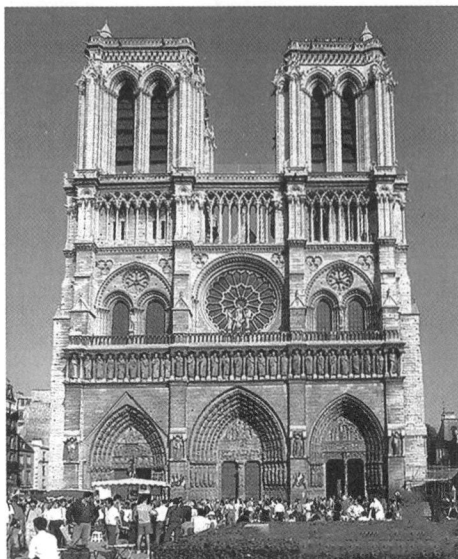

图 7 - 16　巴黎圣母院

　　在古代,绘画大师大都遵循"黄金分割律"作画。黄金分割律在构图中被用来划分画面和安排视觉中心点。画面中理想的分割线需要按下列方法寻找:用 0.618 乘以画布的宽,就能得到竖向分割线,用 0.618 乘以画布的高,就能得到横向分割线。用上述方法共能得到四条分割线,同样也得到四个交叉点。这四个交叉点常被画家用来安排画面的主要物象,使之形成视觉中心点。图 7 - 17 所示的为西班牙画家委拉斯开兹的《崇拜耶稣》,其中小耶稣的头部正好处在黄金分割线的一个交叉点上。

图 7 - 17　《崇拜耶稣》示图

而在中国古代绘画论里早有"立七坐五盘三半(人的头部与身高之比)"之说,山水画中更有"丈山、尺树、寸马、分人"的景物比例关系。

(5)节奏韵律

①节奏:事物在运动中产生的一种有秩序的连续组合。构成节奏有两个重要关系:一个是时间关系,指运动过程;一个是力的关系,指强弱的变化。把运动中的这种强弱变化有规律地组合起来加以反复便形成节奏。节奏是有规律的重复,是构成物体的有关因素以有规律的重复的形式出现在运行过程中。如音响、心脏的跳动、行星运行的轨迹等。

②韵律:节奏的律动(有规律的变化)产生的一种情调或意味。它是一种节奏美,即在节奏中注入了个性,形成美的因素(如音乐)。

图7-18所示的游艇舱室设计,利用圆床与圆形天窗的呼应,使整体感觉更加协调、温馨,不会给人以压抑的低矮感。

图7-18 游艇舱室视图

在设计或构图中,运用节奏和韵律就是将组成审美对象的一些摹本单元(线条、门窗、支柱……),在平面或立面上进行有规律地安排,形成节奏,并在有节奏的重复中加上不同组件的变化,从而产生不同韵律。通过节奏和韵律的运用、渐变、对比……产生不同的形式,达到与现代人类意识相符合的目的,形成节奏韵律美。如图7-19所示的游艇各层甲板,节奏与跳跃感同时存在,既体现出游艇的层次也表现出了韵律感。

(6)多样统一——和谐

统一和变化是宇宙中的普遍规律。多样是各种形式因素千差万别的体现,统一是不同形式因素的共性或整体联系的体现。多样统一有两种类型,即非对立因素间的统一和对立因素间的统一。

统一是一种秩序的体现。它通过发挥物质和形式中的因素一致性,形成视觉上的和谐,达到美感。统一的手法一般借助于稳定、均衡、调和、呼应等形式法则,而这些形式法则普遍存在于自然界,这在前面的形式美基本法则中已有介绍。

变化是一种智慧想象力的表现。它通过发挥物质和形式中因素的差异性,形成视觉上的跳跃,产生新颖感,变化主要借助于对比的形式法则。

图 7-19 统一与变化设计的视图

统一和变化在每一个审美对象中是互相联系的,寓变化于统一实现和谐;寓统一于变化体现多样,但两者间又是对立统一的。统一要求完整,变化要求丰富。在一件事物中,只有把两者有机地结合起来达到统一,才能使统一不至于单调、呆滞,变化又不至于杂乱、零碎。这正如帕克在《美学原理》中所指出的:"取消其中任何部分都不能不损害整体,任何部分从整体中割裂出来,也就丧失了它自己的很大一部分价值。"

对于游艇而言,不论对其造型、构图、布置,还是对其色彩等各方面的选择进行考虑都离不开这个原则,要在统一中求变化,在变化中求统一,这既是变化统一的辩证关系,也是设计创作的着眼点,贯穿设计全过程。如图 7-19 所示。

(7)单纯化原则

在工业的设计中,单纯化是一个原则。

所谓单纯化,就是用最简单的构造去认识并创造形态,从而达到使物体简洁明了的目的。所以,单纯化也可以理解为构成要素少、结构简单、形象明确。

单纯化原则对构成形式美来说具有许多优点,这是因为首先,单纯的形状最便于记忆、最醒目,因此,它适于外观的整体设计,尤其是适于从远距离来观赏的物体的设计。过多的细部刻画、修饰和琐碎东西的堆放不会产生远距离的观赏效果。其次,单纯的形状便于加工和批量生产,可以获得较高的经济效益。再者,单纯的形状也能构成比较丰富、含义深刻的形态。

(8)功能与形态的关系

"形式服从功能""形式服从于自然法则",这是在设计过程中决定形式美时必须认真考虑的原则。形态如果脱离功能,则空有其外表并无实用的内容,与人们所要求的现实美格格不入,由这样的形态组成的事物必将毫无用处,哪怕是一张非常美丽的蓝图,也只能沦为一纸空谈,徒有形式美却无法付诸实践。

形态若背离自然的法则,由这样的形态构成的物体,也许可以满足经济适用等工业设计的要求,但却是一团杂乱无章的构思、支离破碎的组合,不可能给人以美的享受。

总之,对于游艇美,重点是要在设计过程中考虑形式美的问题,也就是说造型必须美。综上所述,形式美的美感是各种关系综合以后产生的一种感觉,而将形式美的这种感觉、心理因素建立在功能、构造、材料加工及生产技术等物质基础上,就成为适应现代化学、科学技术和民族意识的美学原则。这些原则在今后的船舶设计中将成为人们实现游艇美的重要途径。

7.5 游艇造型的基本要素

在研究游艇的形式美时,游艇各个部分的形状、材质和颜色是构成同一层次视觉美感的三大要素。物体形状由线、面、体组成。对游艇来说,其立面造型侧重于线、面、体的运用,而内部布置则侧重于空间、材质、装饰的处理。两者都有一个色彩调和的问题,关于色彩问题,下一章将做专门介绍,此处仅就形状与材质做简要分析。

7.5.1 游艇造型基本要素的主要内容

人们在长期的劳动实践中,接触了大量各种类型的具有形体的东西。这些东西的形态,在反复被视觉呈现以后,形成一种比印象深刻得多的观念在大脑中保存起来。这些观念就是保留了形体的内外基本特征而排斥个别的细节的所谓线、面、体和空间。当它们稳定地进入人们的头脑之中保留起来以后,就具有相对的独立性而成为人们面对新事物,识别对象形体特征的一种能力。

在自然界中,物体的外形与内部结构又是由具体的物质构成的。各种物质有其自身特定的结构与组织,这就是材料。配上一定色彩,其形与色在某种规律的组合下构成色彩环境与图案。于是线、面、体、空间、材料、色彩就成了造型不可缺少的要素。这些要素在反复地运用过程中,通过视觉感受的作用,往往又会形成造型基本要素与情绪上的联想,产生感情上的象征意义。这是一种心理现象,对于表现游艇的个性,它是不可缺少的美感条件。

形式美的构成因素一般划分为两大部分,一部分是构成形式美的感性材料,一部分是构成形式美的感性材料之间的组合规律,或称构成规律、形式美法则。对于形式美的组合规律或形式美法则在上一节内容里已做较为详细的阐述,这里仅从形式美构成的感性因素,即感性材料的三个方面做介绍。

简单来说,色彩具有以下几个特点:

(1)表情性,指色彩具有表达一定情感的特性。

(2)象征性,指色彩具有一种观念蕴涵的特性。如红色象征热烈、兴奋、光明、温暖、生命等,绿色象征和平、青春、繁荣等,蓝色象征平和、安详、宁静、深沉等。

(3)审美意味的复杂性,指色彩具有审美意味的多样性和不确定性。

这部分内容,将在下一章中做详细介绍。

7.5.2 游艇造型的形体或形状

所谓的形体就是指物体存在的空间形式,是形式美中最直观的感性因素,具有以下的特点:

(1)构成的层次性,主要是指形体由点、线、面、体构成。

点是形体组合中最基本的元素,它有大小、薄厚、形状,实际上是一个面。点可以组成线、面。点、线、面的有机组合构成体。

(2)线条的重要性指线条作为形体构成的基本符号而具有重要的审美价值。线条美是一切造型美的基础,可以说线条是形体造型中形式美的基本符号。

(3)线、面、体及其情感象征

线条是具有方向的,从其走向分,可以分为垂直、水平和倾斜三种,不同的走向所表达的性格含义有所不同;从线形来分,直线表达了坚硬、平衡、力量的特性,曲线表现出柔和流畅、灵活多变的特点,呈现动态感,而折线因其方向的不确定,具有突转、断续、变向的特征。

可以想象,水天相连的辽阔景象,在视觉印象中形成了水平线的概念,而天平在两端重物相等时的平直线,又将水平线与平静、稳定的特征联系起来。由此便建立了水平线条与情绪的联想,如果我们在游艇的总体构图中,有意识地运用这种联想,使用线条,那么就会形成船舶性格中所要表达的情感效果。如图7-20所示,碧海蓝天是否会让您体验到"孤帆远影碧空尽,唯见长江天际流"的畅快之感呢?

图7-20 形成水平线的碧海蓝天视图

如同水平线一样,构图中垂直线能产生进取、向上的感觉。倘若伸往高处,则有一种抱负和超越感。这种效果的产生,往往与物体尽力向上设法摆脱地球的引力的形象有关。

水平线与垂直线结合起来用于同一构图,不管在何处都可产生平衡感,并且体现出一种矛盾的统一。

倾斜线因为破坏了平衡和稳定,具有"动"的意味,所以在构图中主要用它来表现动态。倾斜线的另一特点是具有较强的方向性,当斜线与直线配合运用时,带有方向性的运动感更为强烈,更富有生命力。一般来讲,当水平线与倾斜线的夹角小于45°时,象征快速运动,若该夹角大于45°,则象征缓慢运动,如图7-21所示的哥特式建筑。

线条如果按其形状来分,又可分为曲线、直线两种。

在立面构图中,直线与曲线运用得当,其表达的情绪效果将会使立面大为增色,直线象征力量、稳定、刚强,而曲线则象征优美、柔和。水平的曲线将形成一种优美的缓慢运动感,如图7-22所示的中国园林建筑。然而运用不当或使用过分,直线则显得生硬、呆滞,曲线又会带来软弱和不安全感。

图 7 - 21　哥特式建筑

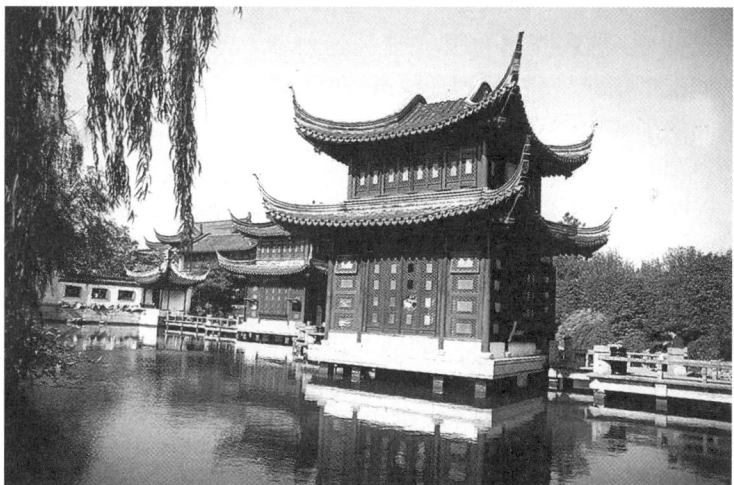

图 7 - 22　中国园林建筑

　　所谓面,在船舶建筑的立面构图中是指外形轮廓的实面与虚面,在室内是指天花板、内舱壁与地板面的形状,也包括壁面上的漏窗、舷窗、壁挂等轮廓形状。面也有感情象征的意义。实面让人觉得坚实、统一,有一种预知感,虚面给人以虚幻、变化和后退的感觉。虚实面的交替使用,将会使船舶建筑的立面丰富,层次分明,于统一中显现变化。棱角分明的面有种强势、尖锐感,圆滑形的面却有柔和与迟钝感。正方、正圆的面,使人觉得中心明确,个性不强;扇形、六边形的面,使人觉得轻巧、华丽、突出个性。

　　如图 7 - 23 所示,前倾的艇艏,让人一眼就感觉到了运动、轻快的气息。而曲线变化的船体,又会给人以柔和的触感,外观的曲面不会让我们觉得这艘船沉重,多变的舷窗更增加了这艘船的智慧、华丽与个性之美。

图 7－23　前倾艏的游艇视图

体由面构成。从外看是整个立面的构图形体，从内看是由面包围而成的空间。

规则的形体，是形成整个船舶建筑统一感的最简单的形状。运用不规则的形体，甚至某些仿生的形体，是突出船体个性，体现民族风格的有效手段，譬如箱形、梯形的正面形体，使人觉得刚劲、有力、平稳，适用于货船、客船，流线型、水滴型具有强烈的方向性及运动感，让人感到船舶建筑的速度感，因此它往往被高速舰艇和轻快的小艇选用。另外，龙舟、风艇、鱼形游船，它们造型别具一格，强烈地体现了我国的民族风格。

游艇内部空间的形式有多种：有规则的、不规则的；有封闭的、敞开的；有高耸的、低矮的；有大的、小的。因其形状的不同反映出来的性格又各自相异。

方的、圆的、六角形的、八角形的内部空间是严谨规则的几何形状，给人以、严肃、平稳、庄重的气氛；不规则的空间形式，则给人以运动感，有种轻快、自然、随意流畅、毫不拘束的热烈气氛。封闭式空间内敛，让人安静，是一种肯定的气氛；开敞式的空间却给人自由的气息，有流动、开放的气氛。大的空间让人感到宏伟、开阔，高耸的空间又增加了肃穆、崇高乃至神秘感，低矮空间会使人感到压抑、不自由，适当选择尺度形成的小巧空间，会给人带来温暖，高于人情气息。对于体量较大的实体内部空间，可能显得单调、空旷，而在其中组织虚拟空间，则又可以丰富空间层次，活跃空间气氛，闹中取静形成相对独立的格调和意境。

7.5.3　声音

声音又称为音响，也是构成形式美的感性因素，但游艇声音的设计由专门的部门来进行，这里只对声音做简单的介绍及说明。

（1）表情性

各种不同的声音其表达特性有所不同，大致可以分为以下几类：

①高音——激昂高亢；

②低音——深沉凝重；

③强音——坚定有力，富有鼓动性；

④弱音——柔和细腻，富有抒情性；

⑤长音——舒缓；

⑥短音——急促；

⑦纯音——优美醇正,悦耳动听;

⑧噪声——繁杂吵闹,令人不快。

（2）对人的感官刺激的迅捷性

合理地处理声音对于游艇上人们的工作生活将会起到很大的影响。

7.5.4 材料与质感

材料是构成物体基本形状的物质基础,而质感是材料给人的感觉与印象。

在船舶建筑中,大量使用的是钢板、型材、铝合金制品和木材,也有增强塑料（玻璃钢）以及经过表面处理的各种金属材料、塑料制品及橡胶制品。

在舱室内部装修上,除这些基本材料以外,还有丝织、棉麻、皮革制品及工艺品。

正确地掌握这些材料的属性特征,充分运用这些材料所表现出来的质感,通过视觉处理形成人们心理的不同感受,可以起到突出船舶个性、创造室内多样气氛的效果。

如同线、面、体一样,材料的质感也能使人产生联想。

钢铁的表面让人想到坚硬与寒冷,配之以适当色调与外形,用于军舰可以令人产生畏惧和威严、强大的感受;用于货船、工作船,可以给人以有力、坚强的感觉。丝织、棉毛、皮革与之相反,质地柔软,因而可以使人联想到轻盈和温暖,用于室内装修具有亲切感,富于生活气息。

粗糙的表面如木制品、竹器,显得自然、生动、质朴;光滑细腻的表面如塑料、尼龙贴面显示出优美、雅致的情调。若处理不好,粗糙的表面容易形成粗野、草率的印象,光滑细腻的表面又将产生一种冷漠感。

材料质感的视觉效果与观察距离和物体表面积有关,材料相同,观者距离不同,物件表面积不同,产生的视觉效果也大不同。一般而言,近看物体,显得粗糙,远看物件,显得光滑,面积较小的显得平整,面积较大的易暴露缺陷,显示出凹凸不平。因此,在运用不同质感的材料进行设计时,一定要注意这种视觉效果。比如在选择铝制品、镀铬件等光亮的材料做装饰时,往往只用于镶边或小面积的地方,以显示光彩夺目的视觉效果。若大面积使用,将会显示出局部的缺陷,在光线的作用下失去原来应有的魅力。

课后思考题:

1. 现代美学研究的对象是什么?

2. 美学的学科属性是什么? 分支学科有哪些?

3. 中国的当代美学流派有哪些? 各流派代表观点是什么?

4. 审美的本质是什么?

5. 什么是现实美? 什么是自然美? 两者有何区别与联系?

6. 游艇美的基本特征有哪些?

7. 形式美与美的形式有何区别? 常用的形式美法则有哪些?

8. 常用的游艇造型的基本要素有哪些?

第8章　游艇色彩原理

学习重点：

1. 掌握识别物体色彩的三要素和表现色彩的三要素。
2. 掌握色相、间色、复色、补色等概念。
3. 掌握孟塞尔色立体的表示方法。
4. 掌握色彩的视感作用、心理作用、标志作用，并能学会适当的使用色彩。
5. 了解色彩的感情象征意义。
6. 掌握色彩和谐的含义和原则。
7. 了解色彩的组合方式。

色彩是形式美中造型基本要素之一。色彩是一种情感语言，它表达出来的是一种人类内在生命中某些极为复杂的感受。在最能体现人敏感、多情的特性并与人的生活息息相关的室内设计中，色彩几乎可被称作"灵魂"，它不仅可以很大程度地改变外形与空间的视觉效果，改变我们的心情，甚至影响到我们的办事效率。

用色彩来装饰建筑物的外观和内部是 21 世纪初开始形成的一个流派。在船舶建筑设计中，色彩的运用也是不容忽视的一个重要问题。船体的外板、舱室内部的布置都有色彩。由于色彩与色彩间、色彩与布置和全船的性格间存在一个统一和谐的问题，所以构成船体各部件的材料选色必须十分谨慎。经验证明，有时一个平庸的设计可以通过色彩的选配突出效果而得到改进，粗枝大叶不动脑筋的色彩处理则会损害原本经过充分推敲而设计的船舶建筑的整体形象。

8.1　色彩的特性

8.1.1　识别物体色彩的三要素

色彩的呈现是由于光的存在，无光便无色。而色彩是通过眼睛和大脑对光线的反应才感知的，自然界中一切物体的色彩都是由于它吸收了太阳光中某些色光而将其余色光反射到观者眼中而形成的，所以一般采用来自晴空天顶的日光光谱作为辨别色彩的基准。"光线""物体"和"眼睛"是识别物体色彩必不可少的三个元素，如图 8 - 1 所示。光线从光源发出到达物体，然后眼睛感受到部分反射光和入射光。从这一时间起，就形成了色彩。

1. 光线

光线（可见光）是一种电磁波。波长为 380 ~ 780 nm，超出可见光范围的光是人眼看不见的。X 射线和紫外线波长短于其他光，电磁波和红外线的波长要长于其他光。

白光（太阳光等）成分包括所有从 380 nm 到 780 nm 波长的所有可见光。按照频率来划分光线的分布，光波频率由大到小的颜色分别为紫、蓝、青、绿、黄、橙、红。仅有一种波长的光称"单色光"，单色光波段按照波长的次序排列称为"光谱"，如图 8 - 2 所示。

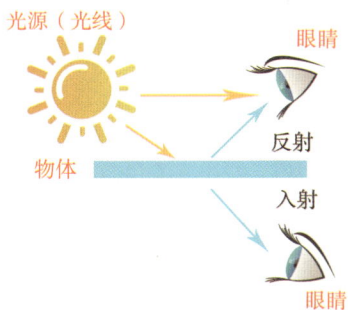

图 8 - 1 识别色彩的三要素示意图

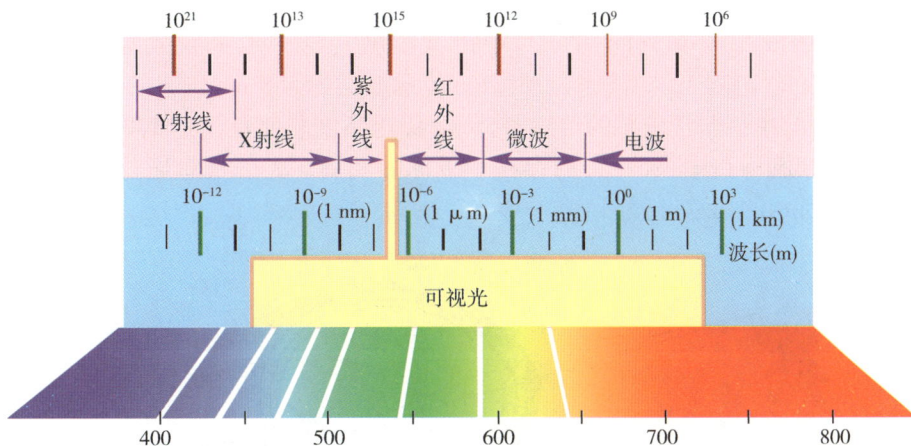

图 8 - 2 光谱图

单色光是某种波长的电磁波。

当白光被分离时,将分为多种单色光。当多种单色光被合成时,将变成白光,单色光的波长、能量和折射率不同决定了色彩的不同。

单色光的波长决定了的颜色、能量和折射率的不同,如图 8 - 3 所示。当波长变长,则能量变低、折射率变小;当波长变短,则能量变高、折射率变大。

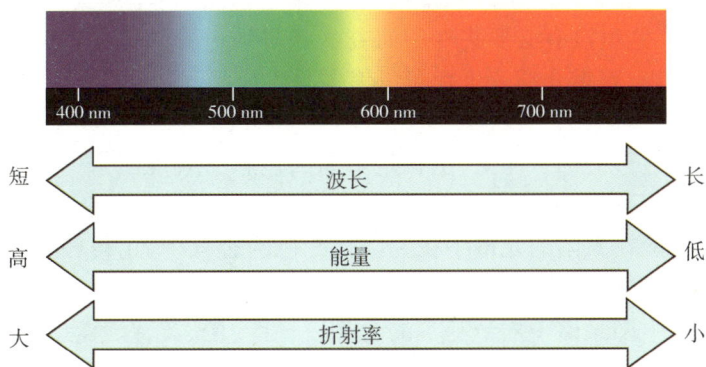

图 8 - 3 波长、能量和折射率对单色光的影响示意图

2. 眼睛

眼睛能够区分的颜色类型被简单地分为 3 种颜色。

(1)光源色,取决于波长的组成,这个光看上去好像自身含有颜色。如焰火、日光灯等。

(2)反射色,是当光照射到物体表面产生的反射光而出现的颜色,也称为"表面色"。

(3)透射色,是因为光透过物体传送而出现的颜色。如彩色玻璃、玻璃纸等。

另外眼球的结构对于色彩信息的反应也有影响。所有的光源色、反射色和透射色用颜色的信息替换了光的信息。通过角膜的反射光线,在晶状体镜头聚焦,通过瞳孔,将光线传送到视网膜。在视网膜上,有视觉细胞和视杆细胞 2 种类型细胞。

视觉细胞是高分辨率的色彩传感器,负责传递颜色,在光线明亮时有 600 万个视觉细胞工作。在视网膜上,视觉细胞主要分布在中央凹点上,换句话说,中央凹点是颜色看上去最好的地方。视觉细胞有 3 种类型,名字取决于视觉细胞传送光的波长:S 视觉细胞传送短波来识别蓝色,传送波长为 419 nm 的光;M 视觉细胞传送中波来识别绿色,传送波长为 531 nm的光;L 视觉细胞传送中波来识别红色,传送波长为 558 nm 的光。

视杆细胞是对单色非常敏感的传感器,负责传送亮度。而且超过 100 万个这样的细胞在捕捉光,这些细胞不在中央凹点,而存在于眼球的四周。光的信息通过视觉神经进入大脑。如图 8 - 4 所示的视觉过程图。

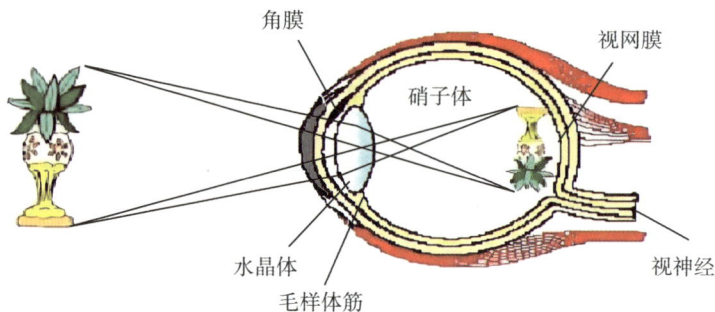

图 8 - 4　视觉过程图

8.1.2　色彩基础

在光谱中,色彩由六个标准色,即红、橙、黄、绿、蓝、紫组成。人们在研究配色方案时,往往是通过某种体系去表现色彩的三个特性:色相、明度、彩度。把这三个要素做成立体坐标,就构成色立体。这里没有必要去专门研究这些辨别色彩的体系,为了让大家在选色,配色方面有个基本认识,着重介绍一下色彩的有关特性。

1. 色相

所谓色相是指色彩的第一印象,也就是不同的色彩所表现出来的本来面目。这里不管它的明度和彩度如何,也不需要做任何的解释,如红色的西红柿,紫色的茄子,绿色的树叶等。一般的色相都能在太阳的光谱中找到。在配色的过程中,用得较多的方法是运用色相环来区别各种不同的色相以及色彩的不同类别。

色相环就是将太阳光谱中六个基本的色相——红、橙、黄、绿、蓝、紫以及位于这六个色相之间的色相再细分成中间各点的色相:红橙、橙黄、黄绿、绿蓝、蓝紫、紫红等彼此等距离地安排在一个圆环上形成一个色相环。依据这个色相环,就可以十分方便地划分色彩的不同类别(图 8 - 5)。

图 8 – 5　色相环图

（1）原色

原色，又称为基色，即用以调配其他色彩的基本色。原色的色纯度最高、最纯净、最鲜艳。可以调配出绝大多数色彩，而其他颜色不能调配出三原色。三原色通常分为两类，一类是色光三原色，另一类是颜料三原色，但在美术上又把红、黄、蓝定义为色彩三原色。品红加少量黄可以调出大红（红 = M100 + Y100），而大红却无法调出品红；青加少量品红可以得到蓝（蓝 = C100 + M100），而蓝加绿得到的却是不鲜艳的青；用黄、品红、青三色能调配出更多的颜色，而且纯正并鲜艳。用青加黄调出的绿（绿 = Y100 + C100），比蓝加黄调出的绿更加纯正与鲜艳，而后者调出的却较为灰暗；品红加青调出的紫是很纯正的（紫 = C20 + M80），而大红加蓝只能得到灰紫，等等。此外从调配其他颜色的情况来看，都是以黄、品红、青为其原色，色彩更为丰富、色光更为纯正鲜艳。综上所述，无论是从原色的定义出发，还是以实际应用的结果验证，都足以说明，把黄、品红、青作为三原色，比将红、绿、蓝作为三原色更为恰当。如图 8 – 6 所示的两种情况。

图 8 – 6　三原色图

（2）间色

在十二色相环中，橙色是由红与黄调配而成，绿色是由黄和蓝调配而成，紫色是由蓝和红调配而成。这样橙、绿、紫三种颜色分别是由两种不同的原色调配而成的，称之为间色。

（3）复色

如上调配颜色方法，倘若将两种间色再进行调配，就可以得到另外三种颜色，即：橙绿 = 橙 + 绿；绿紫 = 绿 + 紫；紫橙 = 紫 + 橙。这样由两种间色调制而成的颜色称之为复色。

（4）互补色

在色相环上直线相对的两种颜色，当两者颜色调和在一起时，彼此中和将趋近于灰色。这样的一组色称之为互补色，如图8－7所示，为橙色及蓝色的互补色。互补色形成强烈的对比效果，传达出活力、能量、兴奋等意义。互补色要达到最佳的效果，最好是其中一种面积比较小，另一种面积比较大。比如在一个蓝色的区域里搭配橙色的小圆点。

图8－7　互补色图

还有一种分裂补色，是同时用互补色及类比色的方法来确定颜色关系的。这种颜色搭配既具有类比色的低对比度的美感，又具有互补色的力量感。形成了一种既和谐又有重点的颜色关系。如图8－8所示，红色就显得更加突出。

图8－8　分裂补色图

（5）暖冷色

色相环一边的颜色，如红、橙、黄系列，看起来似乎突出，属于暖色；色相环的另一边，如绿、蓝、紫系列，看起来似乎后退，属于冷色。至于两系列的中间色，如黄绿和红紫色，看起来不前不后，可以称为温色。

（6）邻色

在色相环中，安排在邻近位置的颜色，其特点是有着一种共同的色相，譬如红橙、红、红紫这三色在一起称为邻色，其中都包含有红色。

2. 明度

明度是指色彩的明暗程度，这里不管色相与彩度如何，衡量色彩的明度的尺度通常是从黑到白将其分成几个相等距离。一般欲提高色彩的明度，可在该色彩中增加白色；欲降低色彩的明度,可在该色彩中调入黑色,对于不同的色相来说,明度是不相同的。光滑的各种色彩中以黄色明度最高,然后由黄色向两端明度逐渐降低,到达它的补色——紫色时,明度最低。对于同一色相而言,由于光线的照射强弱不同,其明度也不相同。受光最强的部位,色彩明度最高,光照越弱,明度越低。因而红有浅红、深红、暗红,绿有明绿、正绿、暗绿之分。

明度在物理性能上与热反射作用密切相关,明度越高,热反射作用越强,将热反射率达50%以上的,光亮浅明的,明度较高的色调称为明调;而将热反射率仅10%的、光亮灰蒙深暗的,明度较低的色调称为暗调。

如图8-9所示的一组茶具,不同程度的明度,给人的感觉也有所不同。

(a)高饱和度,高亮度   (b)低饱和度   (c)低饱和度,高亮度

图8-9 茶具明度变化示意图

3. 彩度

所谓彩度(也称为色素)是指色彩的纯粹程度,这里不管其明度和色相如何。

色彩越纯,彩度越高。作为标准色,因其色素含量充分饱和,既不掺进黑色,也不掺进白色,故彩度最高。一旦掺进白色或黑色,则彩度相应降低。如果某色相掺入白色,则明度高,彩度低;若掺入黑色,则明度低,彩度也低。

4. 色立体

色立体学说的形成经历了漫长的历史发展道路。1676年,英国物理学家牛顿用三棱镜发现了日光的七色带,揭开了阳光与自然界一切色彩现象的科学奥秘,形成了由色相环组成的色彩平面图。色相环还不能理想地表述色彩的三个属性(明度、色相、彩度)的相互关系。为此一些学者先后提出了各自的创建。1772年,拉姆伯特(Lambert)提出了金字塔式的色彩图概念。后来,栾琴(Runge,1771—1810年)提出了色彩的球体概念。接着,冯特(Wundt,1832—1920年)提出了色彩的圆锥概念,还有的学者提出了色彩的双圆锥概念。经过300年来的探索和不断发展完善,在表达色的序列和相互关系上,便从一开始的平面圆锥、多边形色彩图发展到现在的空间的立体球形色彩图——色立体(图8-10)。

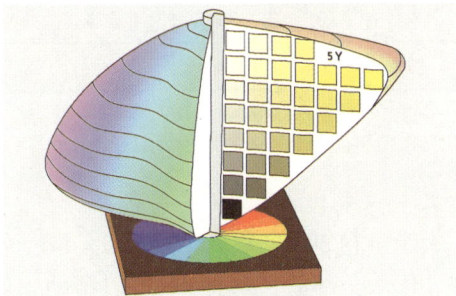

图8-10 色立体图

目前比较通用的色立体有三种:孟塞尔立体、奥斯特瓦德色立体、日本研究所的色立体,它们中应用的最广泛的是孟塞尔色立体,现在所用的图像编辑软件颜色处理部分大多源自孟塞尔色立体的标准。下面简单地介绍孟塞尔色立体的表色系。

孟塞尔色立体是由美国教育家、色彩学家、美术家孟塞尔创立的色彩表示法。他的表示法是以色彩的三要素为基础。色相称为 Hue,简写为 H,明度称为 Value,简写为 V,纯度称为 Chroma,简称为 C。色相环是以红(R)、黄(Y)、绿(G)、蓝(B)、紫(P)心理五原色为基础,再加上它们的中间色相:橙(YR)、黄绿(YG)、蓝绿(BG)、蓝紫(PB)、红紫(RP)成为 10 色相,排列顺序为顺时针。再把每一个色相详细分为 10 等分,以各色相中央第 5 号为各色相代表,色相总数为 100。如:5R 为红,5YB 为橙,5Y 为黄等。每种摹本色取 2.5,5,7.5,10 等 4 个色相,共计 40 个色相,在色相环上相对的两色相为互补关系。

孟塞尔所创建的颜色系统是用颜色立体模型表示颜色的方法。它是一个三维类似球体的空间模型,把物体各种表面色的三种基本属性色相、明度、饱和度全部表示出来。以颜色的视觉特性来制定颜色分类和标定系统,以按目视色彩感觉等间隔的方式,把各种表面色的特征表示出来。目前国际上已广泛采用孟塞尔颜色系统作为分类和标定表面色的方法。

中央轴代表无彩色黑白系列中性色的明度等级,黑色在底部,白色在顶部,称为孟塞尔明度值。它将理想白色定为 10,将理想黑色定为 0。孟塞尔明度值由 0 ~ 10,共分为 11 个在视觉上等距离的等级。在孟塞尔系统中,颜色样品离开中央轴的水平距离代表饱和度的变化,称之为孟塞尔彩度。彩度也是分成许多视觉上相等的等级。中央轴上的中性色彩度为 0,离开中央轴越远,彩度数值越大。该系统通常以每两个彩度等级为间隔制作一颜色样品。各种颜色的最大彩度是不相同的,个别颜色彩度可达到 20。

表 8 - 1 和表 8 - 2 为孟塞尔表色系及孟塞尔表色系纯色彩度表。

表 8 - 1　孟塞尔表色系

色相	红	黄	绿	蓝	紫	黄红	黄绿	蓝绿	蓝紫	红紫
符号	R	Y	G	B	P	YR	YG	BG	PB	RP

表 8 - 2　孟塞尔表色系纯色彩度表

项目	色名									
	5RP	5R	5YR	5Y	5GY	5G	5BG	5B	5PB	5P
明度	4	6	8	7	5	3.4,3.5	4	3	4	4
彩度	14	12	12	10	8	6	8	12	12	12

孟塞尔表色系表色法:

H——色相,V——明度,C——彩度,H. V/C——色彩

例如:5R4/14,其中 5R 表示红色,明度 V = 4,彩度 C = 14。色立体的主要用途:

(1)色立体为人们提供了几乎全部的色彩体系,可以帮助人们开拓新的色彩思路。

(2)由于色立体是严格地按照色相、明度、纯度的科学关系组织起来的,所以它提示着科学的色彩对比,调和规律。

（3）建立一个标准化的色立体,对色彩的使用和管理会带来很大的方便,可以使色彩的标准统一起来。

（4）根据色立体可以任意改变一幅绘画,设计作品的色调,并能保留原作品的某些关系,取得更理想的效果。

总之色立体能使人们更好地掌握色彩的科学性、多样性,使复杂的色彩关系在头脑中形成立体的概念,为更全面地应用色彩,搭配色彩提供根据,色彩对人的头脑和精神的影响力是客观存在的,色彩的知觉力、色彩的辨别力、色彩的象征力与感情这些都是色彩心理学上的重要问题,

8.2 色彩的作用

作为视觉美感主要要素的色彩,在船舶建筑的设计中起着十分重要的作用。有经验的船舶建筑设计师都十分重视色彩给人的美感,物理、生理的作用,也十分重视色彩所形成的感情象征意义,以期在立面造型和室内设计中创造出富有性格、层次分明、美感较强的色彩环境。

色彩的作用大致可以归纳为以下几方面。

8.2.1 美感作用

五彩缤纷的大自然,以其美丽的色彩构图,呈现在人们的面前,唤起人们的第一视觉作用,获得美的感受。

青山绿水,让人陶醉;百花争艳,令人神往;夜色星空,神秘莫测;朝霞夕阳,奥妙无穷;飞禽走兽的皮毛羽尾,游鱼舞蝶的花纹图案,无一不体现出大自然的色彩美,无一不是令人惊叹的色彩构图的范例。在常用的色彩中,红色通常显得热烈奔放、活泼热情、兴奋振作;蓝色显得宁谧沉重、悒郁、悲哀;绿色显得冷静、平稳、清爽;白色显得纯净、洁白、素雅、哀怨;黄色显得明亮、欢乐等。我们可以从图8-11感受到大自然的色彩美。

图8-11 色彩缤纷的五彩池示意图

大自然是色彩美感的源泉。诸如线条美、形体美、生物之美、水体之美、大气之美、山体之美、天象之美、整体之美等,人们可以从这些范例中获得美的享受,也获得美的启示和灵感,从而达到在色彩设计中创造出美的环境的目的。

色彩的美感作用是人们选择色彩的基本出发点。

8.2.2 视感作用

色影有强烈的视感作用。这种视感作用是人们创造室内环境气氛,协调和改变室内空间环境的有力杠杆。

色彩的视感作用的产生,是由于在日常生活中人们对色彩的联想而形成的物理效果。这种物理效果将改变人们对室内环境物体的大小、重力、温度等感觉。因此色彩的视感包括距离感、重力感和温度感。

视觉对色彩的反应,随外在环境而改变。视觉受色彩的明度及彩度的影响,会产生冷暖、轻重、远近、胀缩、动静等不同感受与联想。色彩由视觉辨识,但却能影响到人们的心理,作用于感情,乃至左右人们的精神与情绪。色彩就本质而言,并无感情,而是通过人们在生活中积累的普遍经验的作用,形成人们对色彩的心理感受。

1. 视感的影响

(1)冷暖感

色彩的冷暖感被称为"色性",色彩的冷暖感觉主要取决于色调。色彩的各种感觉中,首先感觉到的是冷暖感。在绘画与设计中,色彩的冷暖有着很大的适用性,故得到广泛的应用,如表现热烈欢乐的气氛,多考虑用暖色调。

(2)轻重感

色彩的轻重感,主要取决于明度。

明度高的色感觉轻,富有动感,暗色具有稳重感。明度相同时,纯度高的比纯度低的感觉轻。以色相分,轻重次序排列为白、黄、橙、红、灰、绿蓝、紫、黑。设计家常利用色彩的轻重感处理画面的均衡,往往会收到良好的效果。

(3)远近感

正如上节色彩的特性中所述,在色相环中有一部分色彩明度高,让人感觉犹如灯火一般距离较近;另一部分色彩明度低,像远山一般使人觉得远。这两种颜色用于舱室内能分别产生醒目性的前抢和抑制性的后退的效果。因此我们将它们分别称为前进色和后退色。

远近感是色性、明度、纯度、面积等多种对比造成的错觉现象。亮色、暖色、纯色如红、橙、黄暖色系,看起来有逼近之感,称"前进色"。暗色、冷色、灰色如青、绿、紫冷色系,有推远之感,称"后退色"。

色彩的前进与后退还与背景密切相关,面积对比也很有影响。进退效果在画面上可以造成空间感觉,是设计家重要的造型手段之一。色彩的远近感能产生千变万化的美妙构想,并使主题得以突出强调。

(4)胀缩感

色彩的胀缩感是一种错觉,明度的不同是形成色彩胀缩感的主要因素。

运用色彩的胀缩感,典型的实例要算是法国的三色国旗(图8-12)的设计了。其红、白、蓝三色的宽度之比为:白30、红33、蓝37,三色虽不等分,但在视觉上却造成了感觉上的等分,这是一个很有说服力的例子。

图 8－12　法国的三色国旗示意图

（5）动静感

色彩的动静感也称"奋静感"，是人的情绪在视觉上的反映。红、橙、黄色给人以兴奋感；青、蓝色给人以沉静感；而绿和紫属中性，介乎两种感觉之间；白和黑及纯度高的色彩给人以紧张感；灰色及纯度低的色彩给人以舒适感。

动静感也来源于人们的联想，它与色彩对心理产生的作用有密切关系。色彩的动静感与画面色调气氛和意境有着紧密的关系。色彩的运用应服务于主题，在进行色调设计时，色彩的动静感效果是必不可少的思考因素。

2. 视感作用在设计中的应用

由于人们的年龄、性别、经历、修养、性格、情绪及民族传统、宗教信仰、地域风俗、环境的不同，人们对色彩心理反应也不尽相同，所以不能把色彩的心理反应绝对化。

从色彩的心理作用来分析，色彩的作用可以使房间看起来变得扩大或缩小，给人以"凸出"或"缩进"的印象。如冷色调使空间造成扩大的强烈感觉，因为墙壁似乎向后缩进了，暖色调则相反，给人以向前凸出的感觉。

如果房间层高太低，使人压抑，则可刷上明亮色或"缩进"的色彩。如果从感觉上感到层高太高，想要缩小空间，则可将天棚处理成深色或"凸出"的色彩等。如果我们想改善长房间的形状，可以在长的两面墙上，刷上"缩进"的色彩，在短的两面墙上刷上向前"凸出"的色彩。

而高彩度和高明度的亮色，让人联想起花朵、棉絮、云彩，显得质量轻；低明度的暗色，让人联想起泥土、钢铁，显得十分沉重。这就是色彩的质量感。恰当的用于室内，如将墙的上部采用高明度亮色，下部采用低明度暗色，将会取得平衡稳定的效果。

温暖的太阳和灼热的火把高温和红、橙、黄联系在一起使人感到热；冰天雪地、月光、海水将低温与白、蓝、绿联系在一起使人感到冷，形成了色彩的温度感。因而在色相环中，色彩又有暖色和冷色之分。

值得注意的是，色彩的视感作用并不是真正地改变环境中的物理量，而是改变了人的物理感觉。因此在船舶建筑的室内设计中，我们可以通过色彩的这些视感作用，经过不同的组合，改变船舶建筑空间、构件的形态和尺度感，从而强化空间、空间各部件的主次、隐显、敞闭、轻重等视感以及改善空间因功能要求而决定的某些不良的形态和尺度。如图 8－13、图 8－14、图 8－15 所示。

图 8 – 13　色彩的视感作用(1)

图 8 – 14　色彩的视感作用(2)

图 8 – 15　色彩的视感作用(3)

8.2.3　色彩的生理作用

现代科学家通过实验证明,当视网膜上某一部位发生光刺激反应时,会引起邻近部位的对立反应。人的视觉对色彩永远需求一种生理的平衡,即人眼看到任何一种颜色时,总是要求它的相对补色,如果客观上这种补色没有出现,眼睛就会自动调节,在视觉中制造对这种颜色的补偿。

生理学家埃尔瓦德·赫林通过大量的试验发现,当眼睛一直对着某一色彩看时,会很快地产生疲劳,疲劳程度与该色相的彩度成正比。同时,看了使人疲劳的色彩以后,眼睛又有暂时记录它的补色的趋势。赫林认为,这是由于眼睛和大脑需要平衡、需要安定。而人眼只有在色相处于互补关系即灰色时才会得到安定与平衡。在试验中,如果人们对一个有黑底的白色方块注视15秒钟后,视线转到白色底板上,就将会在它上而看到黑色方块。如果注视明亮的橙色色块很久,则会在白色底板上看到浅蓝色的色块。这黑色方块和浅蓝色的色块就是视觉残像。然而有趣的是,即使看久了灰色的方块也不会出现视觉残像。

1. 色彩对人的生理的影响

色彩对人的生理影响十分明显。首先反映在人体视觉本身,其次是对人体血压、脉搏、心率、肌肉等的影响。

在视觉上的影响实质上就是补色效应的现象。对于这种补色效应的现象,可能会产生下列效果。

(1)增强某种色相的色调。如果后看到的色相正好是先看到的色相的补色,则后见到的色相色调会增强。如看了绿色以后再看红色,红色会显得更加鲜艳。

(2)室内由几种色相组成时,某些色相的色调往往会朝着想象不到的方向发展。其结果可能产生好的,也可能产生不好的印象,譬如在医院的病房避免使用紫色调,以免使病人面部蒙上不健康的黄绿色。

色彩对人的血压、脉搏、心率与肌肉等也有较强的影响。经过现代光波振动对神经系统的研究证明:长波的颜色可以引起扩张反应,短波的颜色可以引起收缩反应。而且人的眼睛对不同颜色的光谱也有不同的视见度,譬如:红色能刺激和兴奋神经系统,加速血液循环,促使脉搏跳动加快;橙色能产生活力,增进人的食欲,有助于钙的吸收;黄色可刺激神经系统和消化系统,对提高逻辑思维能力有帮助;绿色能促进身体平衡,帮助消化和对大脑神经起镇静作用;蓝色则能减轻头痛、失眠等症状,缓解紧张情绪。诸如此类,不胜枚举。这一切与人体工程学密切相关,在研究室内外色彩调和选择上有着十分重要的现实意义,它将直接影响室内环境、工作效率和舒适程度。

2. 基于色彩对生理影响上的设计

(1)明暗适应

从光线强烈的室外突然进入阴暗的房间时,眼睛会一时间什么也看不到,慢慢地才会适应过来;同理,从一个阴暗的房间一下子进入明亮的房间,眼睛也会被刺痛。从明到暗,从暗到明,都有一个逐渐适应的过程。

对于这种明暗适应,一方面,我们可以利用它满足室内空间设计的要求。如利用暗处,突出光明之处的内容;通过明处,使暗处变得更加温和。下面我们来看一下图8-16利用明暗对比,顺利地把人们的视觉焦点集中到了黄色光源装饰品处。

另一方面,我们也要注意,避免强烈的明暗对比使眼睛出现不适。表现在室内设计空间中,就是要使明暗逐渐变化,使眼睛免受不必要的刺激。如图8-17所示的明暗变化比较舒缓,可以使眼睛免受刺激。

图 8-16　利用明暗对比的例子示意图

图 8-17　明暗变化效果图

(2)补色效应

正如前面所讲的,补色在色轮上就是呈 180°,或接近 180°的两对应色,如蓝色与橙色、紫色与黄色、绿色与红色、鹅黄色与紫色、绿色与黄色等。红色与绿色并置在一起,红色更红、绿色更绿,两种颜色相邻的部分,这互补色的对比现象更为明显。

如医院手术室的色彩一般运用冷色,正是因为医生长时间接触血的颜色,容易引起视觉疲劳,需要有对比的色彩加以调节。同样当色彩不和谐时,人的许多生理构造会本能地做出变化反应,以适应这样的环境。

针对这种情况,一方面,我们可以重复使用一种颜色,使人心中产生对补色的需求,起到强调补色部分内容的效果。由于补色对比较强,要慎重使用。一般情况下补色面积都比较小,或降低纯度,或降低对比强度。如图 8-18 所示,黄色和紫色互为补色,两块内容平衡了室内景观的色彩。

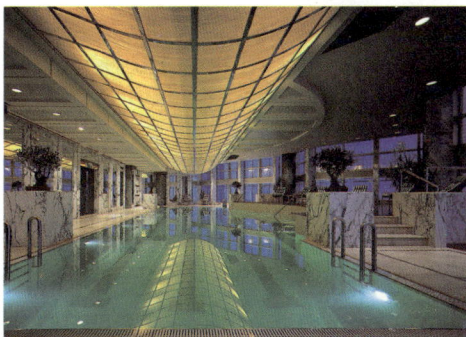

图 8 − 18　降低对比度效果图

　　另一方面,我们通过使用补色,使人的眼睛得到休息。图 8 − 19 中强烈的黄色,长时间注视会使人的视觉疲劳,通过紫色补色,使人的眼睛在一张图片中得到放松,画面更加完美。

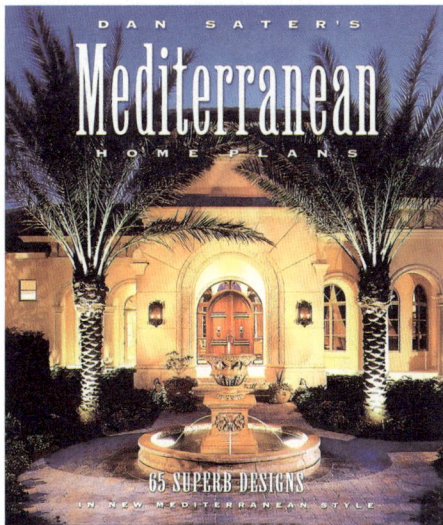

图 8 − 19　互补色效果图

　　再者,使用补色可以使单一色彩的画面变得平衡,整体空间变得丰富平稳。图 8 − 20 中有橙色的光源,画面容易失去平衡,视觉容易出现疲劳。这时在细部衬以补色有紫色的地毯,画面顿时变得更加稳定。

图 8 − 20　衬补色效果图

（3）中间色彩使用

由于人对所看到的色彩有心理上补充对立色彩的本能，会使心中产生不平衡，因此尽量多地使用色彩的中间段，会有效降低人们对对立色彩的心理补偿，在其他条件相同的情况下，眼睛的疲劳程度最小。

从生理学角度，属于最佳的色彩有：淡绿色（浅绿色）、淡黄色、翠绿色、天蓝色、浅蓝色和白色等。但是，任何色彩都不可能是完全适宜的，看久了眼睛总要疲劳的，适当地使用补色还是必要的。鲜艳的颜色看久了，人们总会自动地需要这个颜色的补色，如果把颜色的浓度降低，便可以使人们对补色的需求降低，画面自然变得平衡。如图 8－21 所示。

图 8－21　低浓度建筑色彩效果图

3. 色彩的标志作用

色彩有很强烈的标志作用。通过不同的色彩可以区分危急与安全、停止与通过、注意与禁止等。除此以外，在船舱建筑上还常常用于空间导向、空间识别与设备识别。如门厅、过道地面采用不同的延伸色带把人流导向各个舱室；多层甲板、楼梯间地面用不同的色调显示不同层甲板面的信息；各种管道（油管、水管、气管）、电缆线路，各类设备机具，涂上不同的颜色以示区别。

由于船舶舱室是特殊的建筑环境，空间狭小，人员相对拥挤；管道电路纵横，火灾隐患随处存在，因此采取必要的安全措施是造船规范的一项严格要求。要按规范要求，在船舶内部各安全通口、防火装置、逃生口和有安全目的的指示和指令性标识都要使用符合国际和国家标准规定的安全色。所谓安全色，就是为了使人们对周围存在不安全因素的环境、设备引起注意，需要涂以醒目的颜色，需要用色光和颜色引起人们注意和产生心里联想效应来警示人们，提高人们对不安全因素的警惕，以保障正常的工作和生活。统一使用安全色，能使人们在紧急情况下，借助所熟悉的安全色含义，识别危险部位，尽快采取措施，提高自控能力，有助于防止事故发生。安全色有红、黄、蓝、绿四种。

（1）安全色特点

安全色是表达安全信号的色光和颜色。安全色的色彩必须能够使人迅速发觉并分辨安全标识，对有威胁的物或环境尽快做出反应，安全色的作用对象是有色觉的人。船舶安全色有以下几个方面的特点。

①夺目性强,易于引人注目。在不同背景下,各种色的夺目性有一定的区别,如黄色在黑灰背景下最夺目,红色则在白色背景下最夺目。色相相同的色彩,纯度越高,夺目性越强。

②视认性强,易于准确认清色彩面貌。各种色彩在相同强度下的视认距离不同。一般来说,原色的视认性最好,间色次之,复色最差;纯度愈高,视认性愈好;与背景明度差愈大,视认性愈好。作为安全色,视认性是至关重要的。

③色彩的心理作用应符合安全信息的内容。

④色彩应具有美的视觉效果。

船舶中常用安全色的部位有:

容易产生危险事物的部位、部件,如起重设备吊钩和某些尖角、突出部分和可能诱发危险的地方,都应相应地使用安全色;船上管道识别色、环形标码色和各种设备均应按照不同性质,根据国家标准进行色彩管理区别。

另外,对桅、吊杆、烟囱等高大突出建筑和构建分割用色时,要注意与安全色及其标志有一定区别。如黑黄、红白、蓝白、绿白相间的条纹一般不宜采用。还有,要熟悉一般国际港口各种通用标志、航标和信号的色彩标准,以免造成用色混淆引起误会。

(2)安全色的组成和规定

国际上通用的安全色见表8-3及图8-22。

表8-3 国际标准安全色

色彩	含义	用途举例	背景色
红	停止、禁止、消防	停止信号、禁止标志、紧急停止装置、消防器材及位置	白
蓝	指令和强制遵守的规定	必须穿戴个人防护用品	白
黄	注意、警告	危险信号	黑
绿	提示、安全状态、通道	太平门、安全通道、急救站	白

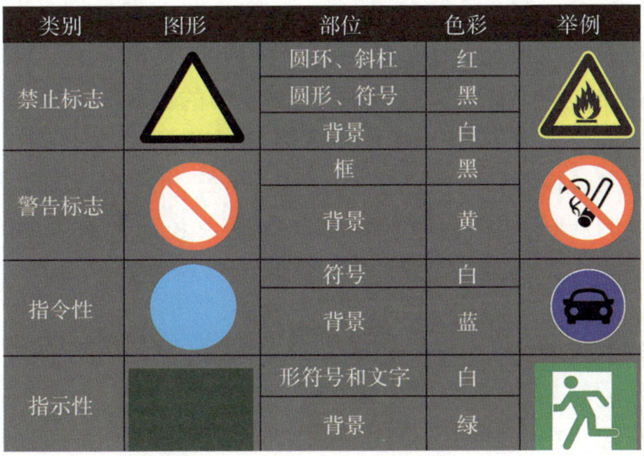

类别	图形	部位	色彩	举例
禁止标志		圆环、斜杠	红	
		圆形、符号	黑	
		背景	白	
警告标志		框	黑	
		背景	黄	
指令性		符号	白	
		背景	蓝	
指示性		形符号和文字	白	
		背景	绿	

图8-22 中国安全标志图

8.3 色彩的感情象征意义

色彩作为自然界中的一个光学现象,本来没有什么感情的内容,但人类长期生活在色彩环境中,逐步对色彩产生兴趣,并产生了对色彩的审美意识。受不同的地域、民族、国家、风俗习惯、宗教传统等因素的影响,色彩的象征意义存在着差异性,人们不同程度地给色彩披上了感情的轻纱,形成色彩的象征性和对不同色彩的好恶感,因此也就产生了色彩的感情象征意义。

我们谈色彩的感情象征意义,不是抽象地提出某些主观臆造的概念,而是将人们在长期的实践活动中,通过对色彩的不同运用经验、习惯形成人人都能感受得到的某种视觉常识,因此它不是虚无缥缈的,而是实际存在的。

色彩的感情象征意义的存在,不是绝对的,而是以特定的环境为条件的;它的意义也不是单一的,通常是多义的,其肯定性的意义也必须依赖特定的环境。

色彩感情象征意义是如何产生的呢?

自然界色彩的熏陶是形成色彩感情象征意义的最根本最主要的基础。随着社会历史的发展,不同阶级对色彩的运用又加深了我们对色彩的认识,使得运用色彩的经验和感情象征意义不断地丰富、发展和演化。

8.3.1 色彩的性格

各种色彩都有其独特的性格,简称色性。它们与人类的色彩生理、心理体验相联系,从而使客观存在的色彩仿佛有了复杂的性格。

1. 红色

红色的波长最长,穿透力强,感知度高。它易使人联想起太阳、火焰、热血、花卉等,使人感觉具有温暖、兴奋、活泼、热情、积极、希望、忠诚、健康、充实、饱满、幸福等向上的倾向,但有时红色也被认为是幼稚、原始、暴力、危险、卑俗的象征。红色历来是我国传统的喜庆色彩。人们认识红色是从火开始的。原始人由于火的毁灭性而产生恐惧,这是对红色最初的感情象征意义。当火被人类掌握,火可以取暖、照明、煮食……可以造福于人类,红色又赋予了温暖、光明与幸福的意义。宗教观念的产生,使人对火的畏惧转向了崇拜,在拜火教里,火被推崇为威力无穷、勇猛无比的神灵,所以火又注入了威武、崇高、力量的感情。从奴隶社会到资本主义社会的各种大大小小的火与血的战争,使红色具有搏斗、光荣、胜利的含义,无产阶级革命的兴起,使人认识到政权的更换、革命的胜利是被压迫的阶级经过英勇斗争用无数革命烈士的鲜血换来的,因此红色又是革命的象征。

经过意义的引申和转换,红色还代表花的娇艳、美好,小孩的可爱、健康,风俗习惯中的喜庆、吉利,国家之间的友好、团结、鼓舞、前进等;此外红色还有火急、危险、警戒的意义,因此又称之为"禁止色"。

2. 黄色

黄色是所有色相中明度最高的色彩,给人以光明、迅速、活泼、轻快的感觉。它的明视度很高,注目性高,比较温和,但黄色过于明亮而显得刺眼,并且与他色相混易失去其原貌。

我国封建王朝长期使用黄色代表皇权,所以黄色代表高贵、豪华。希腊美神的衣着、罗马的婚礼服都使用黄色,所以黄色代表了神圣和美丽。在我国佛装、道袍、宫殿的屋顶、庙宇的佛像上都采用了黄色,使其具有浓厚的宗教色彩。油菜、菊花的黄色让人具有清新、舒适之感;雏鸡、雏鸟的绒毛、小口、小脚的黄色,体现了黄色的幼嫩、稚弱、可爱;谷黄是稻谷和小麦成熟的本色,因此谷黄象征着丰收;树叶的枯黄、人脸的蜡黄、沙漠的黄沙又给人以干枯、荒凉、寂寞、孤独、生命枯竭之感。综上分析,黄色由于明度高、色性暖,故感情意义是以积极为主,而带有消极意义的均为非标准黄色,一般为明度低的、深的、暗浑的黄色。

3.绿色

绿色是大自然的主宰色,人类长期生活在绿色环境里,对绿色非常适应,因而产生舒适的感觉。绿色象征生命、青春、和平、安详、新鲜等。绿色最适应人眼的注视,有消除疲劳、调节功能。黄绿带给人们春天的气息,颇受儿童及年轻人的喜欢。蓝绿、深绿是海洋、森林的色彩,有着深远、稳重、沉着、睿智等含义。含灰的绿,如土绿、橄榄绿、咸菜绿、墨绿等色彩,给人以成熟、老练、深沉的感觉,是人们广泛选用及军、警规定的服色。

与红色相反,交通上的绿色表示无危险、安全、通过。总之,绿色的主要情调是积极的,是优美、抒情的。

4.蓝色

蓝色与红色、橙色相反,是典型的冷色,有着沉静、冷淡、理智、高深、透明等含义。随着人类对太空事业的不断开发,它又有了象征高科技的强烈现代感。浅蓝色系明朗而富有青春朝气,为年轻人所钟爱,但也有不够成熟的感觉。深蓝色系沉着、稳定,为中年人普遍喜爱的色彩。其中略带暧昧的群青色,充满着动人的深邃魅力;藏青则给人以大度、庄重印象;靛蓝、普蓝因在民间广泛应用,似乎成了民族特色的象征。当然,蓝色也有另一面的性格,如刻板、冷漠、悲哀、恐惧等。

由大海与晴空使人联想到远大、深沉、悠久、纯洁,从而上升为理智、理想。其色调偏冷,可以形成情绪上的冷静和空间的幽雅、宁静的气氛。倘若在彩度和明度上调配不当,则可能形成消极的阴郁、冷漠、冷淡之感。

5.紫色

紫色具有神秘、高贵、优美、庄重、奢华的气质,有时也让人感到孤寂、消极,尤其是较暗或含深灰的紫,易给人以不祥、腐朽、死亡的印象。但含浅灰的红紫或蓝紫色,却有着类似太空、宇宙色彩的幽雅、神秘的时代感,为现代生活所广泛采用。

一般古代王者喜欢用紫色作为服饰,故让人联想到高贵、古朴和庄重。从消极方面看,紫色又代表阴暗、污秽和险恶。

6.灰色

灰色是中性色,其突出的性格为柔和、细致、平稳、朴素、大方,它不像黑色与白色那样会明显影响其他的色彩。它的视认性、注目性都很低。所以很少单独使用,但灰色很顺从,与其他色彩配合可取得很好的效果,作为背景色彩非常理想。任何色彩都可以和灰色相混合,略有色相感的含灰色能给人以高雅、细腻、含蓄、稳重、精致、文明而有素养的高档感觉。当然滥用灰色也易暴露其乏味、寂寞、忧郁、无激情、无兴趣的一面。

灰色朴实无华,容易与其他色调谐调,但从消极方面看,更多的是使人想到平凡、空虚、沉默。

7.黑色

黑色为无色相无纯度之色,与白色相比给人以暖的感觉。黑色在心理上是一个很特殊的色,它本身无刺激性,但是与其他色配合能增加刺激。黑色是消极色,所以单独时嗜好率低,可是与其他色彩配合均能取得很好的效果。任何色彩,特别是鲜艳的纯色与黑色相配,都能取得赏心悦目的良好效果,但是不能大面积使用,否则不但其魅力大大减弱,还会产生压抑、阴沉的恐怖感。黑色通常为没落、黑暗、无生气的象征。黑色十字架、黑袖章、黑边框的运用使黑色进而转化为悲哀、不幸、死亡、绝望的感情象征。古代黑色的衙门,法官、神父、牧师的黑色衣帽,又让黑色体现了威严与权利,经转化有严肃、尊贵的含义。西方黑色礼服、燕尾服、礼帽、博士帽,使人感到知识的渊博,性格的高雅、超俗。

8.白色

白色给人的印象是洁净、光明、纯真、清白、朴素、恬静等。在白色的衬托下,其他色彩会显得更鲜丽、更明朗,但多用白色还可能产生平淡无味的单调、空虚之感。

白色为不含纯度的色,除因明度高而感觉冷外基本为中性色,明视度及注目性都相当高。白色为全色相,能满足视觉的生理要求,与其他色彩混合均能取得很好的效果。

8.3.1 色彩的联想

色彩的联想带有情绪性的表现,受观察者年龄、性别、性格、文化、教养、职业、民族、宗教、生活环境、时代背景、生活经历等各方面因素的影响。色彩的联想有具象和抽象两种:

(1)具象联想。人们看到某种色彩后,会联想到自然界、生活中某些相关的事物。

(2)抽象联想。人们看到某种色彩后,会联想到理智、高贵等某些抽象概念。

一般来说,儿童多具有具象联想,成年人较多抽象联想。

表8-4~表8-7中将针对色彩的味觉、色彩的音乐感、色彩的形状感产生的联想做出简介。

1.色彩的味觉

色彩的味觉是以往食品味觉信息的反馈,受不同地区饮食习惯的局限,味觉记忆内容是不太相同的,即使同一颜色也存在着极大的感觉差异,见表8-4。

表8-4　色彩的味觉表

序号	味觉	主色	其他色
1	酸	绿	橙黄、黄蓝
2	甜	暖色	明度彩度高的青色
3	苦	灰、黑、黑褐	
4	辣	红黄	对比性绿、灰蓝
5	涩	灰绿、蓝绿、橙黄	

2.色彩的音乐感

一般认为,柔和优美的抒情曲调可以使人联想到某种柔美的中线色调,节奏轻快的轻音乐可以让人想到某种明艳的色调,见表8-5。

表8-5　色彩的音乐感表

序号	色彩	音乐感	乐器
1	红	热情声音	鼓
2	黄	快乐声音	喇叭

表 8-5（续）

序号	色彩	音乐感	乐器
3	浅蓝	忧郁	长笛
4	深蓝	哀伤	大提琴

3. 色彩的形状感

由于色彩具有空间特性,如冷色有后退感,而暖色有前进感,因此在色彩处理中,不同的色彩与形状搭配,将会形成不同的层次感,可获得不同的空间效果,见表 8-6。

表 8-6 色彩与形状关联性

序号	色彩	形状	图形	色彩同感
1	红	正方形	□	强烈感、安全感
2	橙	长方形	▭	次强烈感、次锐利感
3	黄	等腰三角形	△	锐利感、扩张感
4	绿	六边形	⬡	自然感、冷静感
5	蓝	圆形	○	轻快感、流动感
6	紫	椭圆形	⬭	柔和感、女性感

总之,色彩的感情象征意义不仅具有广泛的实用价值,而且还具有重要的艺术价值,在实用美术工作者的眼里色彩更应是生动、活泼、激情洋溢的。

8.3.3 船舶色彩功能与特点

造型与色彩是构成船舶建筑艺术的两大因素,二者相互依存。造型即空间形式塑造,它构成船舶躯体、舱室界面色。色彩则是外衣,装饰其表面。就现代化船舶设计而言,所有造型设计要素被本质性的机能所决定,造型由烦琐趋向简化,而色彩由简单趋向丰富,船舶造型设计将纯造型时代为主导演变成以色彩为主导。许多设计者把色彩称为"最经济的奢侈品"如图 8-23 所示,即通过最佳色彩计划,用普通材料也可以创造出装饰豪华的室内环境气氛。

1. 船舶色彩功能

船舶色彩包括外装色彩和内装色彩。船舶色彩功能是船舶外装色彩与内装色彩的综合表现。船舶色彩具有美学和实用双重功能,一方面可以表现美感效果,另一方面可以加强环境效用。船舶色彩的主要功能有以下几点。

（1）表现性格

色彩是一种象征的形式媒介。如被人誉为美丽的"白色公主"的英国豪华客轮"奥丽安娜"号（图 8-24）,被誉为"北欧的白鸟"的挪威现代客船"挪威天空"号,洁白的船体,在蔚蓝天空与大海的衬托下,具有高贵、轻盈之感,唤起人们的联想。白色表现了现代客船轻快、潇洒的性格。现代旅游客船外装色彩大多选择白色为主体色,因为船舶航行在海洋上,人们从远处观望,白色的船舶与蓝色背景的海洋及天空对比,既有协调性,又有注目性。

图 8-23　极奢华的林德霍夫宫视图

图 8-24　英国豪华客轮"奥丽安娜"号

从内装色彩看,根据不同的舱室功能,应用不同色彩,塑造不同舱室形象,表现不同性格。原则上把色彩划分为积极色彩、中性色彩和消极色彩三部分,同时明度高的色彩坦率而活泼,明度低的色彩深沉而奥秘,彩度强的颜色炫耀而奢华,彩度弱的颜色含蓄而朴实。舱室色彩必须根据这些心理因素,最大限度地满足人们对色彩的偏爱,并反映船东的性格特点。

对于不同舱室,可应用色彩表现塑造其性格,尤其是公共活动舱室,多应用积极色彩塑造性格活动环境。当然色彩的象征并无理论上的绝对性或必要性,除了考虑观念、情感和想象力等概念因素,以及性别、年龄、职业和教育等实际因素外,还必须注意时代、地域、民族的差异等综合因素,才能在环境、性格的表现上获得正面积极的效果。

(2)调节气氛

色彩对于调节气氛、活动情绪具有直接而强烈的影响。在原则上,动态环境(公共娱乐场所)选择积极色彩,静态环境(居住舱室)选择消极色彩。其中积极色彩表现以暖色、高明度和高色彩度为主。暖色具有兴奋作用,冷色具有镇定作用。从色彩搭配上,单纯统一色彩适于静态私密空间,表现为温柔、抒情;鲜明对比色彩适用动态群体空间,表现为强烈、主动。见表8-8。

表8-8 气氛调节色彩选择

活动性质		色相	明度	彩度
个体性质	静态	YG,G,BG,B,BP	7~8	1.5~2
	动态	R,YR,Y	7~8	2~3
公共活动	娱乐	R,YR,Y	7~8	3~4
	办公	YG,G,BG	7~8	1.5~2
	工作	BG,B,BP	7~8	1~1.5

(3)调节光照

船舶舱室窗口朝向有内外之分,舱室光线强弱不同对光线的反射率不同,所以可以通过色彩明度来调节光照效果,如图8-25和图8-26所示的室内效果。孟塞尔表色系中无彩色反射率见表8-9。

图8-25 室内效果(1)

图 8 - 26　室内效果（2）

表 8 - 9　舱室合格反射率表

符号	N10（白）	N9	N8	N7	N6	N5	N4	N3	N2	N1	N0（黑）
明度值	10	9	8	7	6	5	4	3	2	1	0
反射率/%	10	72.8	53.6	38.9	27.3	18	11	5.9	2.9	1.1	0

为增强舱室明视性,必须注意室内光线调节,参考表 8 - 10。

表 8 - 10　舱室合格反射率表

舱室	部位	照度	反射率/%
居住舱室	天花	N9	78.7
	墙壁	N8	59.1
	墙腰	N6	30
	地面	N6	30
公共舱室	天花	> N9	78.71
	墙壁	N8 ~ N9	69.1 ~ 78.7
	墙腰	N5 ~ N7	19.8 ~ 4
	地面	N4 ~ N6	12.0 ~ 30.1

通过色彩调节光明,按反射率从大到小的顺序是黄、黄绿、黄红、红、绿、紫、红紫、蓝、蓝绿,但调节能力较弱。

通过彩度调节光明,原则上彩度越高,反射率越大,但必须与明度相配合,才能决定反射性能。由于彩度的刺激性强,居室多采用4以下彩度。

对于自然采光系统。由于各舱室光线射入量、射入方向不同,调节光线的主要原则是调节色彩反射率,以调节光线对于视觉和心理的刺激。一般来说,窗口内向型舱室,趋向沉闷与阴暗,采用暖色可以使光线转为明快;相反,窗口外向型舱室以采用明调中性色或冷色为宜。

(4)调整空间

色彩本身性质所引起的错觉,对于室内空间具有面积或体积的调整作用。舱室空间狭小,调整时采用后退性色彩,家具设备宜用收缩性色彩或单纯统一、色彩丰富的。同时色彩又具有质量感觉的特性,所以天花板应采用较轻的上浮色,地板应采用较重的下沉色,且色彩单纯,不应变化太大。如图8-27所示具有后退色的走廊。

(5)调节温度感觉

色彩具有调节温度感觉的效能,因而必须使舱室色彩适应不同的地域和气候,如图8-28和图8-29所示的两个不同色调的卫生间。原则上,寒冷地区舱室色彩以暖色调为主,明度宜略低,彩度应偏高;温暖地区船舶舱室应以冷色调为主,明度宜较高,彩度宜偏低。另外,也可将背景色处理成中性色调,变换不同色调以适应季节性转变的需要,见表8-11。

图8-27 具有后退色的走廊示图

图 8 - 28　卫生间的色调图(1)

图 8 - 29　卫生间的色调图(2)

表8-11 温度环境与色彩选择

气候环境	色相	明度	彩度
寒冷区域	R,YR,Y	6~7	3~4
温暖区域	BG,B,PB	8~9	1~2

舱室内部是色彩十分集中的地方,因而舱内色彩的协调将成为室内环境设计的重要组成部分。这种协调涉及各种复杂的制约因素与制约关系。

2. 船舶色彩的特点

(1)船舶外装色彩的特点

①注目性。作为水上运输工具,船舶必须有鲜明的对比性,且引人注目。

②协调性。船舶色彩与海洋、天空色彩应保持协调,形成美感。

③轻快感。船舶是浮动在水上的建筑,明度高具有轻质量感。

④快速性。船舶处于运动中,船舶色彩条纹应采用水平,体现速度感。

⑤时代感。船舶风格具有鲜明的时代性,色彩占主导地位,现代船舶多采用明快色调。

⑥标志性。船舶是国家、公司能力与水平的表征,因此通过色彩文字涂写就可以知道该船国别、航运公司。

(2)船舶内装色彩的特点

①功能性。内装色彩与舱室功能密切相关。

②民族性。不同民族有不同的喜好色。

③时代性。不同时代有不同的风格,也有不同的流行色。

8.4 色彩的和谐

8.4.1 色彩和谐的含义与原则

在色彩的相互关系中,协调和对比的关系是根本的。如何恰如其分地处理好色彩的协调和对比关系,对船舶建筑的色彩和谐、室内外色彩环境的创造来说无疑是一个核心课题。

所谓协调与对比的关系,其意义是指色彩的和谐,也就是评价两种或两种以上色彩相互组合的效果。

色彩的协调,意味着组成色彩的三要素——色相、明度、彩度之间的接近,从而给人一种统一感,然而过分地接近、统一将会产生单调、平淡、沉闷、无味的感觉。

色彩的对比,意味着组成色彩的三要素之间的疏远,从而给人一种跳跃、变化的新颖感,然而过多的对比会强烈地刺激神经,使人感到眼花缭乱,烦躁不安。

因而问题不在于采用何种色调,而在于如何配色,掌握好协调和对比的分寸。那么,以什么准则来评价调色方案是否和谐呢?

有人认为,和谐与不和谐无非是指这几种不同的色彩组合给人的感觉是否适宜,是否具有吸引力,而这种感觉主是靠视感来决定。合乎逻辑的做法,便是研究眼睛喜欢什么,讨厌什么,将眼睛感觉的好恶作为评价色彩布置得适当与否的一种准则。

依据这种观点,人们认为:

(1)人的眼睛只喜欢少量色相的结合,而不喜欢许多色相的组合。在船舶建筑的内外装饰上,若是使用三个以上的色相,则很难使人满意。许多成功的例子,就是运用单个色相里仅变化其明度与彩度的单色方法作为配色方案的。

(2)人的眼睛对配色方案的要求是既希望简朴、大方,又希望丰富多彩。满足这种要求的将是基于二个或三个基本色相来考虑选择色彩的方案。选择时须注意,眼睛一般偏爱保持适当距离的色相,这类色相要么是类似色,要么是对比色。

(3)人的眼睛对色块的面积和色相的彩度的配合要求多样化,原则是使色彩的面积与彩度成反比,即眼睛要求大面积的色块必须减小彩度,而小面积的色块应该增加彩度。

然而也有人认为,上述这种缺乏客观标准仅靠个人感觉的判断,只是知其然而不知其所以然,这些人觉得,和谐实际应包含着力量的平衡与对称,因为眼睛本身在视觉的过程中倾向于重建自己的平衡状态。所以对有些色彩的设计方案感到满意,是因为这类方案将促使眼睛的这种平衡倾向加速进行。

依据这种观点,结合大量试验,在认为中灰色是视觉要求的平衡状态。如果人的眼睛或大脑在视觉感受中缺少了中灰色,将会变得不安定,而眼睛为了恢复自己的这种平衡,往往就需要在看见了一种色相之后,再看看它的补色。因此,对于一个由三色相组成的色彩设计方案,简单的办法是将这种色相处理成主导色、调节色、重点色。主导色的色相设置的面积最大,彩度最低;重点色的色相面积最小,彩度最高。然后调整少许色相的明度与彩度使其色彩方案丰富。要想这种色相方案的色彩组合达到和谐和平衡状态,只要使这些色彩的组合趋近于灰色即可。

关于色彩的协调和对比,在掌握分寸上一定要注意,一般不要将几组色相的颜色处理成势均力敌的对比色,否则会导致色素乱。处理这种关系的原则是"大调和,小对比",即在大面积的色块之间要强调协调,在小面积的色块与大面积的色块之间要强调对比;或者说,总的调色方案要强调统一,有重点的地方显出变化。

8.4.2 色彩的组合方式

要在错综复杂的色彩关系中,取得室内外色彩环境的和谐,就必须恰当地处理好色彩的协调和对比的关系,遵循色彩和谐的普遍规律,进行色彩方案的设计。一般说来,色相的组合可以概括为以下四种配置方式

1.同类色相的组合

同类色相的组合是指色相环中色距很近的色相组合。它充分利用微差的原则,使色相的组合既有统一的基调,又有色调冷暖、明暗、浓淡的细微变化,其变化细腻生动。这种求大同存小异的同类色组合,是和谐性最显著的协调和最容易掌握的协调。

同类色相的组合具有平和、大方、简洁、清爽、完整、寂静的性格,可以使环境完美、统一。由于它没有强烈的对比,用于外形涂饰内部装修既不引人注目,也不干扰视线和分散注意力,因此适用于隐蔽、严肃、完整的舰船外形涂饰,也适用于庄重、高雅和宁静的舱室以及过渡空间。又由于它有利于室内空间的净化和室内外部件的一体化,故用于小体量的船形和舱室中,将有助于调理形态杂乱、陈设烦琐的部件的布局。

为了避免同类色相组合方式过于朴素与单一,可以借助各部件自身材质的变化来调度,以及利用外形虚实面的对比来变化其色彩明暗程度。比如壁面、家具、窗帘、地毯,其质地的光顺与毛糙、挺括与柔软、无光与闪光、透明与不透明、材质的自然纹理与人工装饰的粗细、显隐,都可以取得色调单一和质地变化对立统一的效果,当然也可以通过船名牌、小五金、小配件、灯具、壁挂及陈设品等构成色相、明度、彩度与质地的小面积对比,以取得总

体和谐统一中的生动变化,如图8-30所示。

图 8-30　同类色相的组合示意图

2. 互补色相的组合

在色相的组合中,近似互补关系的色相,即在色相环中接近对角线两端位置的颜色的配合,称为互补色相的组合方式,这种方式与同类色相的组合正好相反,它充分运用对比的手法,形成色彩的鲜明对照,具有强烈、突出、鲜艳、活跃的性格,是一种富有表现力和运动感的色彩和谐。

互补色相的组合主要用于:

(1)以总体的强烈基调渲染浓烈、艳丽、活泼、欢闹的情感气氛。

(2)以醒目的对比色块突出船体的重点部件(如烟囱、救生艇、主桅等)和重点空间。

(3)通过对比的背景色和物体色,强化船体部件的层次和舱室内空间的层次。

(4)采用小面积的对比色配件,起到画龙点睛、突破单调的装饰作用。

互补色相的组合,是一种难度较大的和谐方式。大面积、高明度、高彩度的对比色块,处理不慎就会造成过度的色刺激。在同一舱室内如果安排几组势均力敌的对比色,会导致眼花缭乱的色素乱,因此互补色的组合要特别注意慎用大面积、高彩度的对比色块,排除几对旗鼓相当的对比色的并存,如图8-31所示。

图 8-31　互补色相的组合示意图

3. 邻近色相的组合

在色相环中,介乎于同类色相和互补色相之间的色是邻近色。邻近色相的组合特点是既保持色调邻近的亲近性,又显示出颜色拉开的差异性。如红与黄、橙黄、橙的组合;蓝与紫红、紫、蓝紫的组合均属于邻近色的组合。这种组合方式,伸缩余地较大,既可以靠近,也可以拉开,从而构成偏于近色距的协调性的和谐,也可以构成偏于远色距的对比性的和谐,充分地表现出色彩组合的丰富性。从组合方式上看,不同远近色距的组合可以自由地调度,如一远二近,两远两近,一远三近等构成不同冷眼、不同隐显、不同调和度、不同对比度的色彩性格,造就色彩结构的起伏和韵律变化,取得绚丽多彩的色姿。在室内,人们常用一两个浅淡的短色距颜色做背景色、主导色,而用一两个与其相距较远的高彩度邻近色作物体色,重点色,以取得活泼、跳跃、引人注目的效果。色彩的注目顺序见表 8 - 12。

表 8 - 12　温度环境与色彩选择

底色	顺序										
	11	1	2	3	4	5	6	7	8	9	10
黑底	黄	黄橙	黄绿	橙	红	绿	红紫	蓝绿	蓝	蓝紫	紫
白底	紫	蓝紫	蓝	蓝绿	绿	红紫	红	橙	黄绿	黄橙	黄

邻近色相的组合,色域较宽,色彩构成幅度大,色相宽,故可以适应各种复杂的室内外环境对色彩新奇变幻的不同需求。但必须注意保持色调冷暖倾向及变化趋势的一致性,从而获得多而不杂、变化有致的色彩美感,如图 8 - 32 所示。

图 8 - 32　临近色相的组合效果图

4. 有彩色系和无彩色系的组合

无彩色系是指黑、白、灰等色,一般显得平静、素雅。白色明亮纯净,黑色深沉凝重,黑与白之间为宽广的不同明度的中性灰色。这种无彩色系与有彩色系的各种色调都很容易取得协调。一方面它可以与有彩色系构成"无彩"与"有彩"的明显差异,另一方又具有不排斥有彩色系的高度随和性。这两种色系的组合,既可以避免无彩的过分沉寂,又可以避免重彩的过分喧闹。如若强调其差异性,形成对比,则能取得明显的明朗、醒目、鲜艳的格调,如果强调随和性,侧重调和性的协调,则可获得柔和、高雅、优美的格调。为此它的适应性、灵活性最为显著,无论是对部件自身和谐,还是对室内外总体和谐,应用都十分广泛。譬如在室内环境中,当家具、陈设、壁挂等形成过分繁杂的色彩组合时,人们常常以大片灰、白墙面作为背景色予以中和、平衡。这就是考虑到白色与宽阔的灰色域在色彩的组合中能起中和过渡、融合转化的作用,是一种最富于调和性的色调。

以上为色相的组合规律,与此同时,在色相组合的过程中,还交织着明度与彩度的组合规律,这些规律在色彩的和谐中,也起着重要的调节作用。

图形与背景色彩,会因两者的色相差、明度差、彩度差、面积及距离的关系,产生清晰程度的差别,称为明视度。色彩属性差异越大,明视度越高,明视度与色彩选择见表8-13。

表8-13 明视度与色彩选择

明视度	部位	顺序									
		1	2	3	4	5	6	7	8	9	10
高明视度	图色	黄	黑	白	黄	白	白	白	黑	绿	蓝
	背景色	黑	黄	黑	紫	紫	蓝	绿	白	黄	黄
低明视度	图色	白	黄	绿	蓝	紫	黑	绿	紫	红	蓝
	背景色	黄	白	红	红	黑	紫	灰	红	绿	黑

在一般情况下,低彩度、高明度的色彩组合,容易取得明快、柔美、轻盈、悠扬的色姿;低彩度、低明度的色彩组合,容易取得婉转、含蓄、凝重、苍劲、深沉的韵味;高彩度、高明度的色彩组合,则呈现鲜艳、醒目、活泼、热情的格调。

通过色彩不同的彩度与明度的组合,可以获得以下效果:

(1)改变和调度明度差、彩度差的效果,能调节色相的调和度与对比度。

(2)有序地调度明度、彩度级差,以增强色彩的节奏感和韵律感。

(3)控制不同的明度比、彩度比,以调节色彩的明暗、隐显、远近、轻重等视感。

(4)灵活地运用明度、彩度高低不同的匹配,以丰富色彩的表现力。

最后,值得一提的是,由于室内外是多色搭配,因此在运用色彩组合规律时,一定要强调统一的基调。在色相上,选定一种色调作为大面积的色块或反复出现的色块为主导色;在色彩组合上,应该确定一种色彩组合方式,作为主要的和色秩序,以突出统一的主旋律。另外,色彩的和谐是环境、形、色、质协调的组成,为此色彩的和谐必须与形、质、环境综合起来考虑。色彩只有与形、质、环境一起形成有机整体的协调,才能获得真正完美的色彩和谐。

课后思考题:

1.什么是识别物体色彩的要素?什么是表现色彩的要素?

2.请用孟塞尔色系表,说明5B.4/8表达的含义。

3.请根据色彩的视感作用、心理作用及感情象征义表达出你喜欢的色彩。

4.请根据色彩和谐的含义和原则表达出四季。

第9章　船艇的形式美

学习重点：

1. 掌握游艇外形统一，功能与外形统一，色彩与功能、外形统一的几个方面。
2. 掌握在游艇设计中均衡与稳定的处理方法。
3. 掌握比例与尺度在游艇设计中的应用方法。
4. 了解节奏与韵律、对比与微差，学会在游艇造型设计中的细节处理。
5. 掌握序列的概念，并学会在游艇内部造型中应用。
6. 了解游艇性格的表现方式。

9.1　统一与变化

如前所述，统一与变化是自然界中的普遍规律，现已成为各种艺术形式普遍的审美原则之一。

对于任何一件艺术作品，在艺术的感受上都必须具有统一性。如果整体杂乱无章、局部支离破碎、互相冲突，那就根本谈不上是什么艺术作品。任何一件艺术作品，都是靠不同的要素有机组合在一起的，它之所以有存在的价值，就在于艺术家充分发挥了这些不同要素的一致性，把繁杂多样变成高度统一。

多样、变化又是一切艺术作品中创新的条件。艺术品是艺术家们抓住组成整体的各个要素之间的差异性，利用一切艺术手段创造出来的成果，一个完整的作品不仅具有统一性，而且不单调、不枯燥无味。统一体现在船艇艺术中就是使各个部分之间要有一种恰到好处的协调和适中，同时也必须从中体现变化。这只有通过对各个部分、各种多样的要素加以控制才能表现出来。

然而船艇不必为无法实现多样化而担心。首先，组成船艇总体外形的各种不同部分数量很多（如船舶主体、上层建筑、船装设备……）；其次，实际功能对船舶的种类和外形又会提出各种各样的要求。因此，船艇按其本身功能、实际需要和多样要素的组合，会自发地形成多样化的局面，但是，船艇艺术并不是一个单纯地解决美观与装饰的问题，而是一个如何更有效、更合理地组织利用和分配有限空间，充分提高有限空间的使用率，尽可能地在有限范围内扩大内部空间感的问题。船艇的实用性、技术性要讲究整体效果的特性，要求我们在船艇的设计中不能只考虑外观设计的视觉效果，还要将船舶上层建筑中可能展现在人们眼前的所有结构的外观与内景有效地结合在一起，成为一个统一的艺术创造。除了在实用、功能方面完全满足要求之外，还要在技术条件可能的情况下充分体现出船艇的平面、立面和剖面统一的原则。也就是说，在设计过程中要精心地安排平面布置，充分地研究内部空间的形状和体积，以高度的空间想象能力去设想并详细地描绘出它的内外构图，使这一切形成一个和谐的整体。不言而喻，对船艇设计人员来讲，首要的任务就是将这些复杂多样的组成部分合理地组成一个引人入胜的统一整体。

9.1.1 外形的统一

1. 简单外形的统一

在自然界中,最主要、最简单的外形统一莫过于简单几何形状的统一,这是因为任何简单的、容易认识的几何形状都具有必然的统一感,如三棱体、长方体、球体、锥体等都可以说是各种不同形状的统一整体(图9-1)。中秋之夜明月当空,它之所以吸引许多人户外赏月,除了美丽动人的神话传说之外,那完美无缺的圆月也是引起人们美感的重要因素。埃及的金字塔之所以有震撼人的威力,主要是因为它符合令人深信不疑的几何原理。潜艇的水滴形(图9-2);水翼艇的帆翼使人联想到速度与运动(图9-3);石油钻井的巨大立柱和平台(图9-4)让人感到力量与稳定;客轮的梯形结构和大量水平线的运用(图9-5),使远途旅行的乘客有平稳安详之感。所有这些成功的形体都是依靠占控制地位的简单几何形状来强调统一的。

图9-1 基本几何形状

图9-2 水滴形潜艇

图9-3 水翼艇

图 9 – 4　石油钻井平台

图 9 – 5　具有梯形结构的"海上水手"号豪华客船

2. 复杂外形的统一

一般的船舶很难都以简单的几何外形组织起来，其形状因功能的需要往往十分复杂，尽管这样也还是要求做到统一。

对于复杂的外形，统一主要体现在局部与局部、局部与整体的关系上，要做到主次分明、层次清晰。一方面可以从次要部位对主要部位的从属关系来考虑；另一方面可以通过构成船舶上层建筑所有部位的细部形状的协调，以及局部与整体的呼应和过渡来完成。

恰当地处理好从属关系，便可形成和谐的统一。对这种统一，可从如下几个方面来考虑。

首先，所有较小的部位应该从属于某些较重要和占支配地位的部位。图 9 – 6 所示的是钓鱼船，由于很高大的渔具需要布置，因此其舱室设计较为低矮，以便降低重心，并且可以着力强调该船的功能特性。由此既得到了外形上处理得较好的主从关系，又形成了功能与外形的和谐与统一。

图9-6 钓鱼船

其次表现形式的内在趣味也是一个使主体取得控制地位的方法。所谓形式的内在趣味,是指能够马上吸引人们视线、引起人们兴趣的某些外形轮廓。一般来讲,运动的部件要比静止状态的部件更容易引起人们的兴趣,而静止的部件中高的比矮的容易吸引人的注意,弯曲的比直的引人注目。因此在进行外观设计时,为了在整体上获得统一,让某种外形取得控制地位,可以通过这种表现外形形式的方法去引起人们的兴趣,形成视觉焦点。

在微软创始人之一保罗·艾伦的"章鱼"号游艇(图9-7)上别具一格的桅杆和颇有分量的圆形天线,其位置既在高处又使用了弯曲的线型,强烈地突出了游艇的轻快运动感。

图9-7 "章鱼"号游艇

运用形状的协调可使船艇的外形得到统一。形状的协调是指组成船艇的各细小部分的形状在与整体的关系中尽可能地构成某种几何关系或者某种有次序的组合,使各细小部分共同的一致点得到突出与和谐的安排,这样建立起来的完美的协调关系必将有助于整个船艇产生统一感。

在美国"公主"号邮轮(图9-8)的主甲板下有疏密一致的圆形小舷窗,在主甲板以上有长宽尺寸比和形状完全相同、间隔有规律变化的大窗户,并有着优美的曲线形状,在两舷排列着整齐的救生艇,这些都有着细部形状协调的特点。最后视线停留在高大而又适中的烟囱上,整个形体和谐一致、井然有序,宛如一列列训练有素的各兵种战士在一名指挥官的口令下以矫健整齐而又有力的步伐向前迈进,给人以强烈的统一感。

呼应和过渡是处理船艇外形的整体与局部、局部与局部之间关系协调的有效方法。

图9-8 美国"公主"号邮轮

所谓呼应是指整体与局部之间的协调。当我们考虑好了一个适当的整体轮廓线型作为船艇的外形以后,组成总体的各部分如果不与之呼应,在相互关系上又不相辅相成,没有一致性,互相排斥,那么结局必然导致整体的布局是支离破碎的。

对于形状的协调,在门窗比例相同、间距大小一致这种简单的重复上是一种呼应,利用各自的差异,甚至相互对立的形象,通过对比、陪衬、谐调等手法表现出彼此作用、相互衬托的关系,也是一种内容丰富的多项呼应。

譬如,考虑到客船的整体外形应组织在一个整体线型的轮廓线中,那么与这种客船相呼应的是各层甲板越向上,艏艉越要向中间收进。

船舶外形具有方向性的特点,由此可体现出速度感。对于船舶外形的方向性,必须采用局部呼应的办法,以保证船舶在总体外形上的方向性一致。也就是要求各部分所表达的或者暗示的方向性要和全船总的方向性一致,如果在一个总的布局中桅杆的形状体现了向前的趋势,而烟囱的形状却表现了向后的方向,其上层建筑又反映了不前不后的姿态,那么这种布局显然是不协调的。

一般来讲,方向性可由下面两点看出大致的规律:

(1)当物体外形高与宽的比小于1(即比较矮的物体)时,如果形体的形心落在底边中点以前,则所体现的方向是向前的。

(2)当物体外形高与宽的比大于1(即比较高的物体)时,如果形体的形心落在底边中点的后面,则所体现的方向是向前的。

所谓过渡是指组成船艇的各部分之间的协调和联系。线条和形体的变化,会产生形体与形体的连接处的转折或间断,就产生了形体间的过渡问题。当这些形体被组织在一个统一的整体中时,这个过渡必须妥善考虑,处理得好可以在视觉上产生流畅的快感,否则将会由于突然的间断或停顿形成不愉快的激动。

过渡的方法也可以采用两种形式:

(1)采取逐渐变化的方法,多用于线条的过渡和虚实的过渡,以避免突变,如图9-9所示。

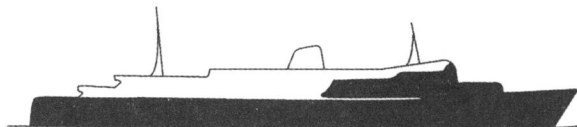

图 9 - 9　逐渐变化的过渡法示意图　虚(白)实(黑)

(2)采用细小部件填补,以填充间断的部位取得过渡的效果,如图 9 - 10 所示。

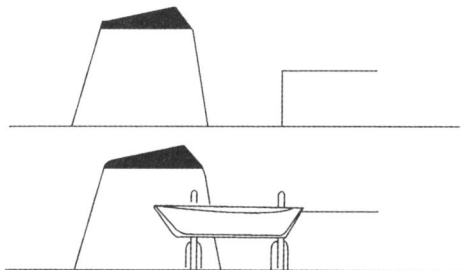

图 9 - 10　细小部件填充形成过渡

9.1.2　功能与外形的统一

所谓功能与外形的统一,是指船舶上层建筑的形式,内部的布置一定要表现出该船舶的功能与使用目的。例如:军舰是用来保卫祖国,打击来犯敌人的;客轮是用来输送旅客和游览的;货船是用于装载和运输货物的;工作船是用于水上作业的等。因此船艇上相应的部位,无论是形状、空间、布置等均因船的使用功能不同而不同。功能与外形的统一可以理解为功能的特殊要求与船艇的外观、内部环境的统一。

对于游艇,为满足旅客游览需求,要求艇体特点是明快、轻松、宽敞,在有条件的情况下,还应具备民族的风格与特色。如我国为出口而设计的家庭游艇,就具备明快与轻松的特点。如图 9 - 11 所示的"太阳鸟"号游艇。

图 9 - 11　"太阳鸟"号游艇

表现功能方面的统一应该注意不得用盲目或机械式的追随功能的做法,必须掌握好游艇不同类型的性格,让其外形与性格统一,而这种性格又是由功能所决定的。这一点已在反映船舶建筑的整体效果中阐述得十分清晰了。

往常在许多已建好的船舶中最容易出的问题就是缺乏统一,即次要部位对于主要部位缺乏适当的从属关系,或者是船艇的局部部分缺乏形状上的协调。如图 9-12 所示的内河大型客轮总布置图,虽然门窗尺寸、长宽比例大小相同,想达到全船统一的效果,但就整体外形而言:①没有流线型感,从多层甲板及流线型而言,艉部应当阶梯性多收进点;②门窗尺寸长宽比虽然相同,但排列的形式与次序零乱;③垂直的艉部,艏部与斜撑的运用只满足功能要求,却没达到协调的效果,因而这种船舶从实用经济方面而言尚可,但就造型美观来讲还有许多改进的地方。

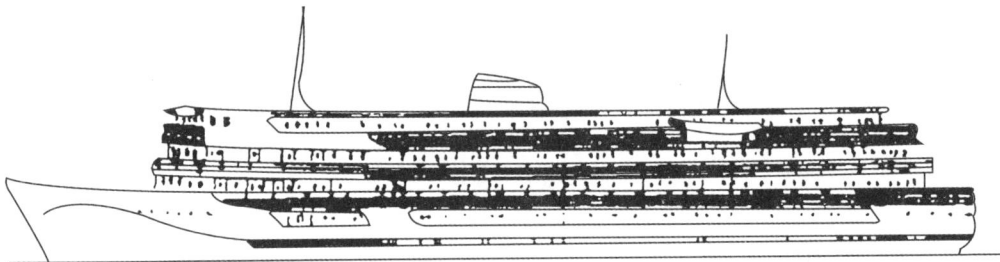

图 9-12　某内河客轮总布置图

9.1.3　色彩与功能、外形的统一

为了使船艇的形状协调,通过色彩处理来获得统一也是一个重要的方法。

合理地在船体外形中选择色相,用主导色来强调船舶上层建筑的性格,适当选择调节色和重点色,以求统一中的变化,这是色彩用于船艇中的首要原则。

船体水线以上的部分,其外观涂饰的色彩一般为大面积的主导色,在这里是用浅灰色、乳白色、浅蓝色、浅绿色还是用乳黄色,可视船艇所反映的特性来决定。调节色则可用于船体局部(以形成视觉误差达到某种效果),也可用在烟囱或救生设备上以形成色彩对比,产生戏剧性的统一与变化的效果,如图 9-13 所示的"玛丽女王"二号邮轮,整个船身外形的主导色是大面积的纯白色,在水线附近以深蓝色作为调节色,烟囱上以红蓝相间条纹作为重点色形成强烈的对比,充分体现了现代船舶色彩和谐的特征。又如图 9-14 所示的110 000 吨"嘉年华征服"号邮轮,其水线以上船体部分为白色,沿舷侧一周用了褐黄色线条,而在烟囱上采用了红白相间的标志,即以水平线突出了客船的平稳性格,又协调了大面积白色可能会造成的视觉模糊,配合后倾的首桅、烟囱,前倾的艉柱和斜撑,使该船在功能、外形、色彩方面既统一又不单调,充分显示了这艘客轮的平稳、快速的特性和醒目的外形与涂饰。

视觉错觉、色彩的恰当运用可以使外形达到在不改变主要尺寸及尺寸比例的情况下突出性格的效果。

由图 9-15 所示,当体积相同的两个形体,色块的水平运用与垂直运用所取得的立面效果是大不相同的。垂直运用会使物体显得高些,水平运用会使物体显得长些,因此某些快速客轮和水翼快艇,图 9-16 所示的水翼艇于主甲板以下舷墙上,在水平方向大面积地饰以调节色,与主导色配合,可以使原本层数较多而较高的船体,给人以高度降低,变得瘦长的感觉,从而增加了快速感。

图 9 - 13 "玛丽女王"二号

图 9 - 14 110 000 吨"嘉年华征服"号

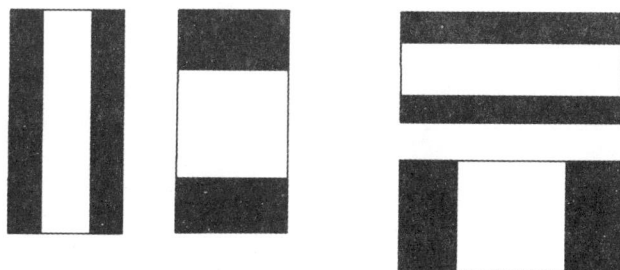

图 9 - 15 色块的对比

图 9 - 16 水翼艇

9.2 均衡与稳定

均衡与稳定是船艇设计在艺术方面的基础。均衡,赋予外观魅力和统一;稳定,尤其是动态中的稳定能促使安定,防止混乱,避免出现头重脚轻、前重后轻的失稳感觉,从而满足功能要求的重要条件。因此在美学和功能方面均衡与稳定均是基础。

在视觉艺术中,船艇的稳定有两种概念,其一是指总体外观上是否存在视觉失稳,譬如是否有重心过高的头重脚轻感、艏重艉轻或艏轻艉重的纵倾感和左右不均的横倾感。其二是指均衡系列中的视觉游离。在视觉艺术中均衡是一种特性,它存在于任何观赏的对象中,体现在均衡中心的两边,视觉趣味是一样的。譬如船上窗户有规则地按等间距排列,就会出现某种均衡感,如图 9 - 17 所示的那样,虽然以彼此距离相等的垂线布置成一个任意长的系列,但是,由于眼睛观看事物的特点,在这系列左右两部分因趣味相同,吸引力一样,故眼睛会像钟摆一样,左右来回动荡不定,需要很长一段时间才在两极的中点停留下来。而这种游移不定的效果只会使人感到不安、单调和乏味,或者说在视觉艺术上缺乏稳定。

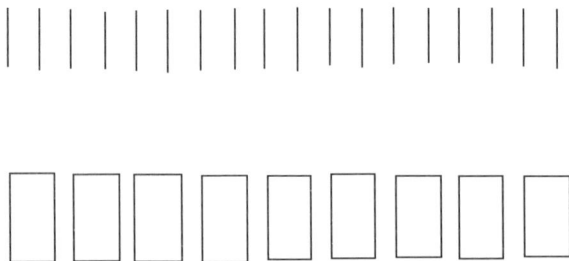

图 9 - 17 规则排列形成的不稳定均衡

如果在眼睛非要很长时间才能停留下来的这个系列均衡中心处,用一个明确的标记加以强调,那么这种强调立刻会引起人们一种满足和安定的情绪(如图 9 - 18),稳定也就随之产生了。事实上,这种视觉上的稳定与均衡中心的强调密切相关,也与整个船艇在功能上的稳定即形心的位置密切相关。

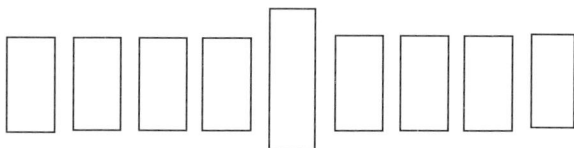

图 9 – 18　强调了均衡中心而形成的稳定均衡

在船艇中均衡与稳定是一个重要的特性。为了突出这一特性,在造型的过程中首先应该强调均衡,以避免立面造型上的视觉失稳,然后强调均衡中心,以防止立面造型中的视觉游离,船体是一个具有三度空间视觉的物体,这使得这种均衡与稳定的问题变得更为复杂我们只有通过对大量立视图的研究才能掌握运用这些均衡原则的方法。

9.2.1　规则均衡

规则均衡是最简单的一类均衡,也就是通常所说的对称均衡。在这种均衡中,均衡中心一般是在对称轴线上。在船艇中,规则均衡表现为对称轴线的两旁形式完全相同。只要在对称轴线(均衡中心)处采取某种方法加以强调,立刻就会给人一种稳定的均衡感。船艇越复杂,这种强调就越明确。通常依据船舶功能的需要,规则均衡多用于船舶的横向布置。由于船舶是运动的,横向的不稳定会给人以极大的不安全感,因此对船舶来说均衡中心的强调更为必要,以保证船艇在运动中具有平衡、稳定。

均衡中心的强调颇费周折,现在常用的设计中有如下几种方案。

(1)当船舶的上层建筑是一种贯通两舷的整体结构形式时,一般将均衡中心放在轴线后方的要素上,图 9 – 19 所示的为 1 000 客位的长江口双体客船,在横向布置上将桅杆或烟囱作为均衡中心予以强调,并且从前后两个方向上看去均有稳定的均衡感。由艉向艏看,客轮上的甲板往中间收拢,到驾驶室甲板上停止;由艏向艉看,双体及驾驶室方窗对称布置,桅杆及天线装置在轴线后方的地方,使均衡中心得到强调。

图 9 – 19　1 000 客位长江口双体客船

(2)当对具有较多而复杂的甲板舾装设备进行布置时,可以采用后退的突出中央要系与两旁较小的低矮侧翼来构成均衡,在中央突出要素上,再对均衡中心给予强调。如图 9 – 20 所示的"伊丽莎白 2"号客船,从艉向艏看,后退的突出中央要素由烟囱与向上、向中呈梯形收拢的艉端游步甲板构成,两侧较矮小的次要要索为两舷的吊杆或救生艇等舾装设备。均衡中心处安置了鲜明的烟囱。

规则均衡的均衡中心也可以运用处在中心两旁的两个垂直形象来突出。这种运用框景构图所形成的重点将注意力自觉地引向中央要素。

9.2.2 不规则均衡

不规则均衡是不对称的均衡,它将比规则均衡更为复杂、更为重要。船艇按照功能的要求进行布置往往会导致不对称,尤其是在纵向布置上无论是船体的线型还是上层建筑都是绝对不可能做成对称的。然而均衡与稳定,不光是在对称的结构中强调,在不对称的结构中也同样需要强调,因此必须对不规则的均衡深加研究。

在均衡中心的两边,虽然在形式上并不等同,但是当在美学意义上具备等同的均衡概念时,就称这种船艇的均衡为不规则均衡。

规则的均衡如果不强调均衡中心,人的视觉往往会游移不定,但终因它的对称特点在经过一段游移之后还是可以找到其均衡中心的;而不规则的均衡由于结构的不对称,凭眼睛去找均衡中心是非常困难的,往往不规则均衡的组合比规则均衡的组合更加复杂,所以要求有比规则均衡更为有力的均衡中心的强调,否则便会使布局混乱。

因此处理不规则均衡的首要原则就是要在均衡中心处加上一个比规则均衡结构更加强有力的"强音"。"章鱼"号游艇的枪杆,"伊丽莎白"号的烟囱,当它们处于侧面投影的位置时都可以被认为是在不对称均衡的均衡中心处的一个强有力的"强音"

处理不规则均衡的第二个原则是杠杆平衡原理。其含义是,一个远离均衡中心的意义上较为次要的小物体,可以用靠近均衡中心意义上较为重要的大物体来加以平衡。这是获得外形美观的一个窍门。

考虑船艇均衡与稳定的原则时,下面两点必须充分重视。

(1)船艇是一个具有三度空间艺术的物件,因而不能只孤立地去研究三视图,应是当人们从各种不同的角度去看时都能表示出一种暗示的均衡,譬如内河航行的客、货船,当人们在桥上、山上或堤岸两旁观看时,从不同角度形成的透视关系都要能形成均衡感才好,这就要求我们的设计师一定要具备高度的空间想象能力。

(2)船艇相对人体而言是巨大的建筑物,不仅让人们远看,还要让人们靠近并在其内生活和工作。对于某一艘船,从远处看,要求整体形象是均衡、稳定的,而在靠近它观察时,同样要求组成船体的某一局部构图是均衡的,均衡不光局限在船艇的外观设计,内部设计中也需要均衡。内部布置的均衡在很大程度上依赖于平面,由它决定了人们穿过船艇内部时先看到什么,后看到什么,以及决定视觉感受的先后次序。因此在这种视觉的自然进程中,任何景物都必须具有视觉上的均衡性,在这里规则和不规则的均衡原则同样适用。

9.3 比例与尺度

比例和尺度是反映客观世界中物象变化及人与物之间关系的一种普遍规律。任何一件功能与形式完美的产品都有适当的比例与尺度关系,比例与尺度既反映结构功能又符合人的视觉习惯

比例与尺度关系在一定程度上体现出均衡、稳定、和谐的美学关系。了解比例与尺度对产品造型设计有重要的作用。良好的比例和尺度关系,是获得船舶形式完整、和谐的基

本条件,是船舶造型中形式美的主要因素之一。

9.3.1 比例

比例是物体中整体与局部或局部与局部之间的大小、长短、高低的关系。造型比例即指造型物各部分的长、宽、高与整体的和谐关系。合理的比例能使产品更适合人的心理与生理的需求,实现优化产品的功能,且具有和谐的视觉感受。另外,比例的存在,使物体受到一定的数值关系的制约。比例的表示常用"模量",即比例因子来表示。产品在受到一定的数值关系制约时可以形成美感。因此常用的比例具有肯定外形及产生设计美感的作用。

船舶外形的比例是指船舶整体与某个局部之间、局部与局部之间的数学关系,以及整体、局部、单个机件本身的形体间的比率与联系。

比例在数学上的概念是人所共知的,抽象而言,当两个物体比的比值相等时,比例的概念就建立了,即 $a:b=c:d$。而对船艇来说这 a、b、c、d 无疑是指整体或各部位的高度、宽度、深度。如果我们发现在船艇的某些局部里,所有主要尺寸中都有相同的比例,则一个好的比例便产生了。

当然这只是针对整体与局部、局部与局部的关系而言。比例的含义尚不止如此,还有构件本身的比例问题,门的高与宽,房间的长、宽、高的比都可以具有不同的数值。那么何种比例好,何处的比例恰当呢? 能否找出一个恰当的、理想的比例以确保设计中的美呢? 能否找到一个万能的方法用一种优美的比例来普遍指导设计任何物体的美呢? 建筑学领域里曾为此引起过大规模的论战,提出过各种各样的比率、模式。

有人认为,只有简单的合乎模度的比例才能为观者所欣赏,才有效果,如 $1:1$、$1:2$、$2:3$、$3:4:5$ 等。

另外"动态对称"理论者主张,造成美感唯一行之有效的比是无公约数的,只有用图解法才能获得,该体系以两种关系为基础:

第一,一个正方形的边和它的对角线关系;

第二,从一个单独正方形发展成为相互关联的矩形系列(图 9-21 所示)。

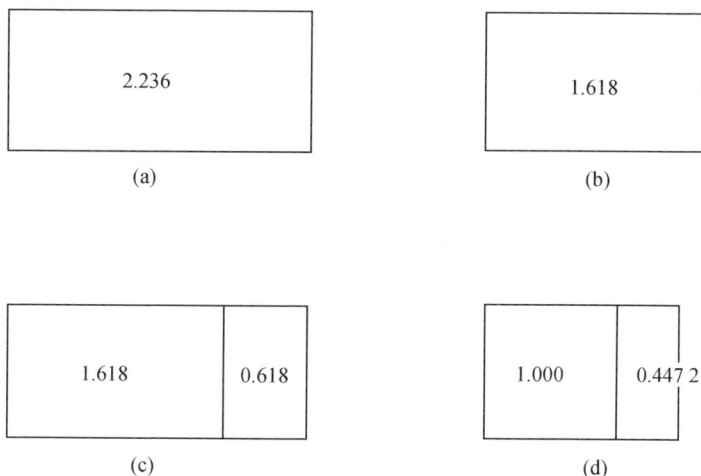

| 2.236 | 1.618 |
| (a) | (b) |

| 1.618 | 0.618 | 1.000 | 0.447 2 |
| (c) | (d) |

图 9-21　矩形系列

还有人认为,所有优秀古典建筑的设计基础是一个正方形系列(图 9-22)在这个系列里每个正方形与前一正方形的面积关系或是前者的一半,或是前者的两倍;也有的说是以等边三角形为设计基础建立的。反正这些观点均不相同,往往还互相对立。对已经建成的建筑物用这些观点去分析,有些牵强附会或者强加于人。尽管如此,上述种种理论作为对问题的广泛研究和深入探讨,无疑为我们对船艇外形的布局设计开拓了思路。

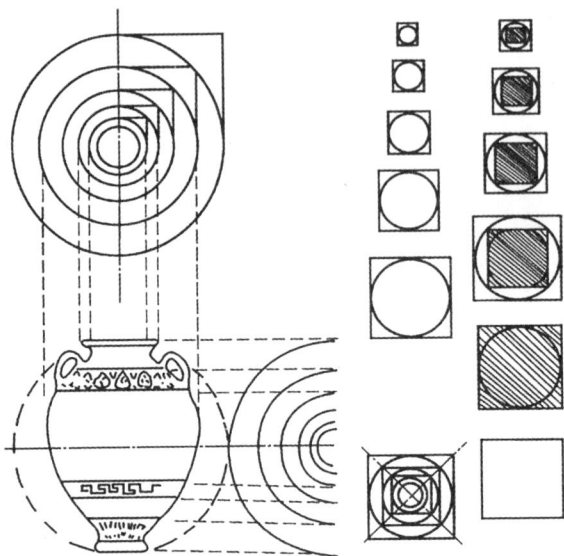

图 9 – 22　正方形系列

为了重点说明问题,这里主要以两种方法为例进行分析。

(1)几何法则:正方形、三角形、圆形、黄金矩形等几何图形应用在设计中的一些规则。如图 9 – 23 所示的日常生活中的用品、图 9 – 24 ~ 图 9 – 27 所示的世界各地的著名建筑;如和谐、庄重的古希腊波赛顿神殿、轩昂的巴黎雄师凯旋门、敦实的罗马铁达时凯旋门(公元81 年建造)、稳定庄重的北京天坛祈年殿等,都是几何法则在各种造型设计中的充分应用。

图9 – 23　采用方形、圆形等几何形状的设计

图 9 - 24　古希腊波赛顿神殿

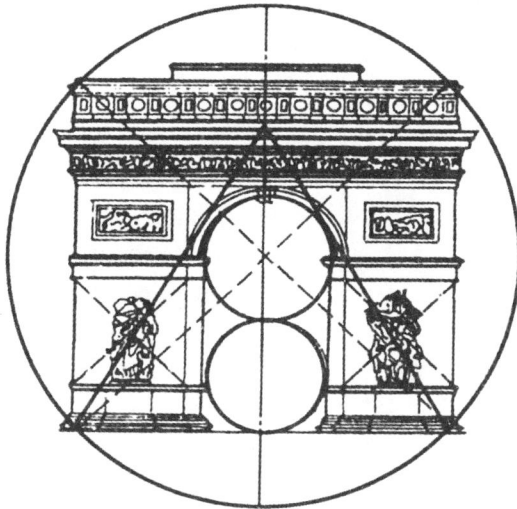

图 9 - 25　巴黎雄狮凯旋门

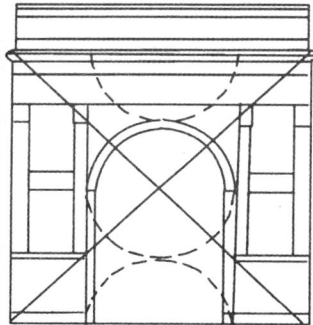

图 9 - 26　罗马铁达时凯旋门 (公元 81 年建造)

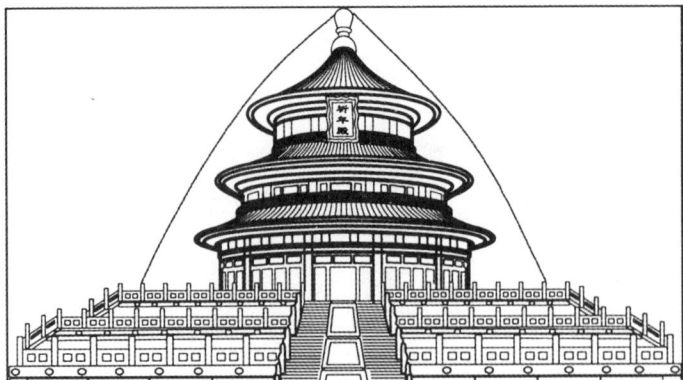

图 9 - 27　北京天坛祈年殿

（2）黄金比与黄金矩形

黄金分割的比率特点：一个短边为1、长边为1.618 的"黄金率长方形"可以被划分为一个正方形和另一个黄金率长方形，后者又可以继续划分为另一个正方形和一个黄金率的长方形；如此类推，无限制地划分下去，可以分割出无穷多个同比率的黄金率长方形。其比例关系为：

$$\frac{短的部分}{较长部分} = \frac{较长部分}{线段全长} = \frac{0.618}{1}$$

这个比例关系如图 9 - 28（a）所示，这种无限制分割出的黄金率长方形，如图 9 - 28（b）所示。

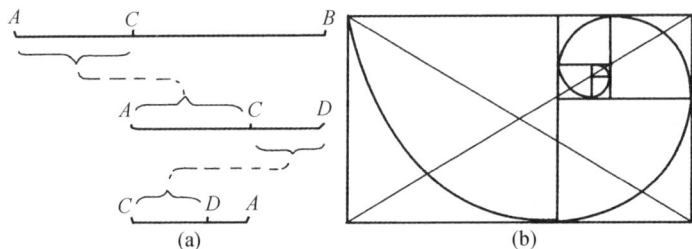

图 9 - 28　黄金比与黄金矩形示意图

倘若将这些长方形的对角线相连接，便可看到一根特殊的涡线——黄金涡线，其形态非常完美。而对角线的相交点即为涡线的消失点，称为涡眼点。黄金分割是一种特殊的涡状倍增率，它具有同比率的分割率的特殊品格，在视觉上造成了独特的韵律与美感。

在自然界中，人们经常会观察到某些现象，如人体的几个基本尺寸——脚底到脐部的高度与脐部到头顶的高度之比、头部长度与眉心到下巴的长度之比，一般符合黄金分割这个原则。某些植物如葫芦的外形包络线就是一条黄金涡线。长期以来这些自然界中存在的比例现象给人以美的感受。

黄金比率之所以让人感到美也有其心理和生理缘故。当人们用双眼去凝视黄金率长方形内两根黄金涡线的两个涡眼时，人就会感到一种视觉上的舒适感，这是由于人的眼睛在看东西时有重心偏离的视觉习惯，不仅如此，人眼更有一种删繁取简、瞬间把握住物象大致轮廓的本领，而轮廓线是最能诱起视线运动的形体因素。黄金涡线作为外形轮廓线既有无穷变化的特点,又有比率节奏的品格,完全符合前述的"变化统一""多样均衡"的原则。所以黄金比率作为一个优良的比例常常在船艇和其他建筑中使用,其中黄金涡线的外形往往被用于装饰的图案和物体的轮廓线之中,当然在这里也不排斥其他比例的使用。

另外,黄金矩形具有明显的肯定外形的美感,如图9-29所示,其中图9-29(a)采用黄金比的长宽尺寸,图9-29(b)和图9-29(c)不是黄金比尺寸,图9-29(a)可以很明确看出是矩形,而图9-29(b)和图9-29(c)形状不确定。具有代表性的黄金矩形造型实例为巴黎圣母院(图9-30)。

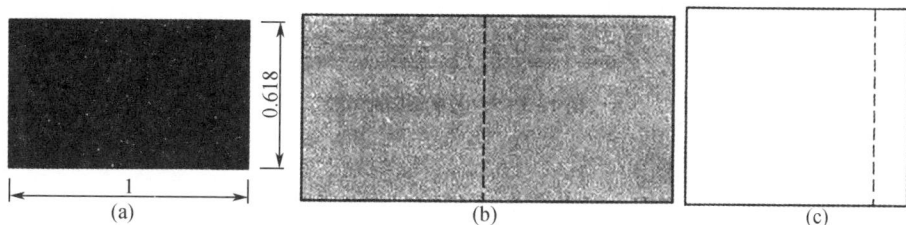

图9-29 黄金矩形与非黄金矩形

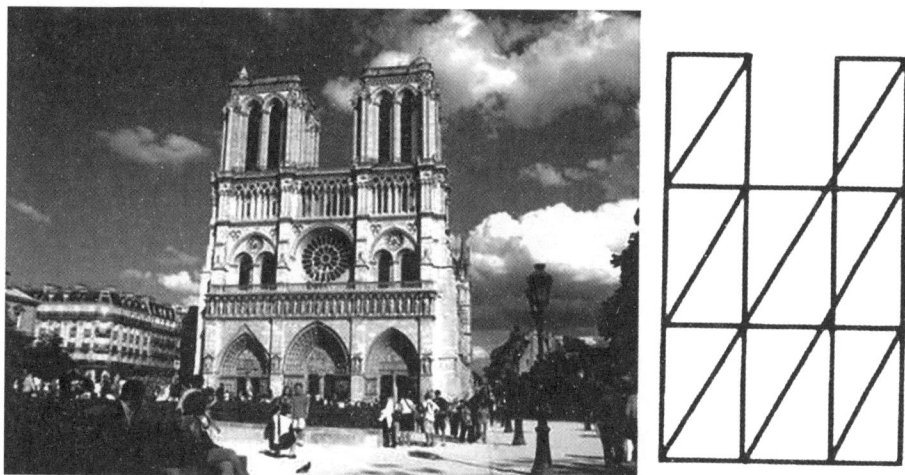

图9-30 巴黎圣母院

(1)比例与高度的关系

如图9-31所示的台阶,虽然台阶高度相等,但是由于眼睛观察事物的透视结果,看起来台阶的高度在依次减小,这是由于比例受高度的影响所致,图9-32很好地说明了这一问题,假定 $A = B = C$,一个船上的观察者在看主桅时,它们所对应的角度不相等,即 $\angle A' > \angle B' > \angle C'$,所以看起来主桅的部分必然比底要小得多。

(2)比例与结构的关系图

结构形式的不同将直接影响比例的大小,譬如对于船艇中的窗户,一般而言,考虑到人的高矮,甲板间距的尺寸变化范围不大,所以窗户的高度尺寸变化不太大;但当考虑到船舶强度关系、肋骨间距、舱壁数量时,舱的侧壁开窗的横向尺寸就必须要注意肋骨及舱壁的影响,以避免切断较多肋骨而影响强度,由此可知窗户的长宽比例受到结构的影响。如图9-33所示的具有大开窗的游艇结构。

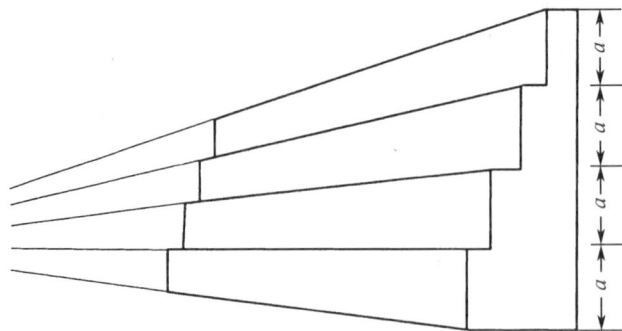

图 9 – 31　透视中的台阶式体量图

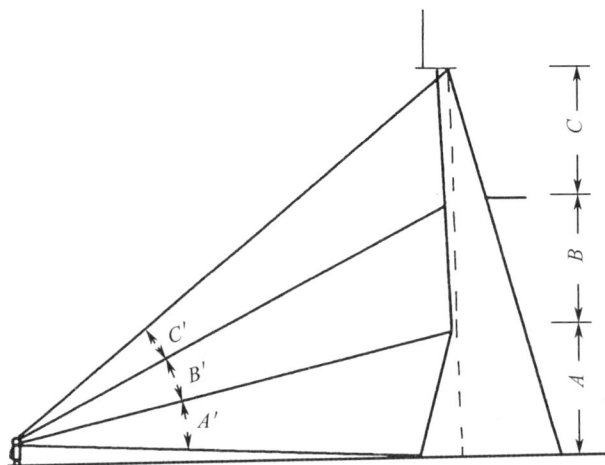

图 9 – 32　比例与高度

图 9 – 33　具有大开窗的游艇结构

（3）比例与材料的关系

不同造船材料的选用,将会产生不同的比例。在木帆船时期,建船材料大都选用木材,动力靠风帆,那林立的木桅和张满的各种风帆与主体之间的比例关系必然与现代的机械动力的钢质船舶的主体与局部之间的比例关系有很大的差别。

(4)比例与功能的关系

许多比例既不取决于结构,也与材料无关,而是由功能的要求来决定。譬如,对于船舶主体的比例尺寸,其长宽比在很大程度上决定了船的快速性能、总体布置和船舶的使用目的。同样,房间的尺寸也是随使用目的的变化而变化。在船艇中,货船要求航速较低,因而船体的长宽比较小;驱逐舰要求航速高,因而长宽比较大;货船因为要求容积,空间大,故甲板间距大、内空高;而客舱要求层数多,故内空较矮,对于各种用途的房间,内空高度也必须有相应变化。单人房、双人房,因功能需要,房间面积必然小,那么其内空高度就可以适当矮些以示亲切;餐厅、交谊室、娱乐场所、剧场由于容纳人多,房间面积大,故内空高度要适当增加,以避免产生压抑的感觉。这些都产生了房间和船体的各种不同比例效果。

上述的种种关系和要求,只是船艇中的一部分,还有许多其他的因素也或多或少地制约着某些比例的安排,这就是说,不允许人们将任何一种算术比例系统强加于这些比例上,但是作为一个游艇的设计师,一定要既从总体安排,又从局部考虑,追求一种较美好的比例,使整个游艇显得和谐、统一。

要取得良好的比例不是一件容易的事,我们认为,比例起源于形状,受制于材料、结构、用途,要求达到的目的是和谐、统一,从这个基本特点出发,要求我们在处理比例关系时,既要具有在创作、设计的过程中能鉴别主次并能区别对待的能力,又要通过反复不断地构思、描绘,甚至是一连串的试验去得到正确的结果。因此必须借助于不断地比较、调整,直至获得一个令人满意的方案为止。

9.3.2 尺度

所谓尺度是指产品的整体、局部的构件与人或人的习惯标准、人的使用生理相适应的大小关系,即产品与人的比例关系。如图9-34所示的酒杯与酒盅的造型特征:

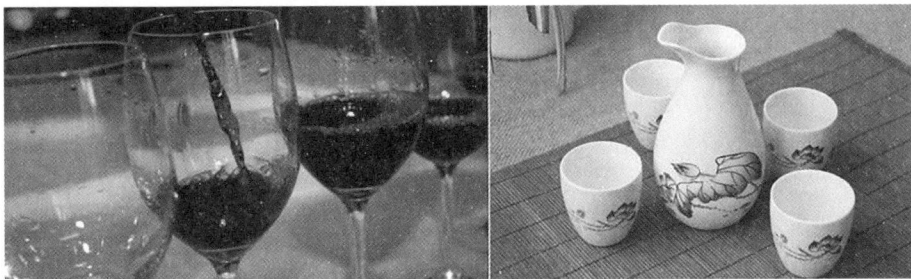

图9-34 酒杯与酒盅的造型特征

(1)酒盅:盛放烈性酒、高级酒,小体积的造型适合一般人的酒量,便于细细品尝。

(2)酒杯:容量较大,适合于饮用者的习惯,便于斟酒。

尺度和比例有着密切的关系,是船艇的另一个特性。它直接反映了人与船艇的关系。

选择合适的尺度可以给人以美感。譬如,巨大的尺度可以给人以壮观的形象(如湖北长江中游的葛洲坝),有时也给人以威严,力量的感觉(如古老的长城);较小的尺度可以让人觉得轻快(如大明湖上的游艇),又可让人感到舒适、亲切(如房间的卧室、客厅),对物体尺度的美感,人类早就有所体验。如果人们看到了一种尺寸与实际上通常应该具备的尺度相差甚远的物体,就会自然而然地感到惊讶。

9.3.3　比例和尺度的关系

比例和尺度是个相辅相成的关系。一般是先设计尺度,再推敲比例关系。比例与尺度应综合考虑、分析和研究。当比例与尺度不相适应时,尺度应在允许的范围内做适当调整。

1.尺度的产生与表现

尺度是不可能由纯几何的形状产生的。一个四棱锥,可以是小孩玩的积木块,也可以是埃及的金字塔,安放在室内假山上的亭、塔、阁、桥,尽管与苏州园林的亭、塔、阁、桥形状几乎一致,但决不能说这两者之间就是尺度一样。圆形、方形、圆柱体、长方形等所有这些封闭的形状,在船艇中到处可以见到,但这也丝毫说明不了它们本身的尺度,因此,要体现物体的尺度就必须引进一个单位,对组成该物体几何形状的主要因素进行度量。

作为一个物理量,长度的单位米、厘米、毫米是众所周知的。但是,尺度是反映人与物之间的关系的,这就不能在借助米尺之类的测量工具进行度量以后再去获得尺度的感觉,而是要借助于人们早已熟悉的可以简单地、本能地判断出来的某种东西作为判断标准。倘若用来对比的"单位"看起来较小,那么与之比较而言船艇就大;反之用来对比的"单位"较大,与之比较的船舶整体就会感觉很小。倘若用来对比的"单位"在船艇物上重复使用多次,那么就会觉得这条船大;反之同样一种"单位"只重复一两次,则自然会认为这条船小了。当然也有例外,但就一般而论,在船艇上将人们能简单地、容易地、本能地判断尺寸的那些物体作为"单位",其重复使用的程度就决定了人们对这条船舶的整体和局部的尺度感觉。

由此可以得出,只有与个人的活动和身体功能联系最密切、接触最直接的部件才是人们建立船艇尺度概念的最好"单位"。譬如:门、舷窗、舱室窗、楼梯的梯级、舷墙的栏杆,舱室内的床、椅等,这些东西是人们所熟悉的,在日常生活的长期使用与接触中已经习惯地认定了它们与人体之间的一种恰当的尺寸关系。譬如:一般舱室门比人略高一点,在1.9～2 m左右;床的长度在1.85～1.9 m之间;座位的高度在0.37～0.48 m之间。于是,人体本身也就变成度量船艇的尺度了。对于船艇,人们建立起来的尺度感,是通过人在船舶整体及各部位上的相对活动中,从人体尺寸或人体各种动作的尺寸与之对比中体会分析而得出的。当人们看到舱门、舷墙栏杆时,自然而然地就联想到这些东西要满足人体需要的尺寸。然后通过这种尺寸上与船艇的整体尺寸比较,那么整体尺寸和人的关系自然地就明确了,从而迅速地建立起船舶的尺度感。聪明的船舶设计师要想让人对他所设计的船舶很快地建立起尺度感是壮观、还是亲切,必定会充分运用这些原则,促使这种人与船的比较和由小而大的认识过程迅速进行,让人们在看到船的一瞬间就可以建立起的尺度感。

船艇的尺度感既可以借助于附加的已知尺度因素来获得,也可以通过对比的手法来实现。当形状或者类型相同,一大一小两物体摆在一起时,对比的效果会使较大的物体的尺寸显得更大。11 000 t"嘉年华光荣"号大型客船(图9-35)的两舷每边一字地排着十条救生艇,艇的外形与整个船体以十分强烈的对比出现在人的眼前,更加突出了这艘客船船体的巨大。表现船艇的尺寸可借助于各组成单元的数目。一般来说,客轮上甲板的层数、舱壁上开窗的个数,货轮上货舱口的数量、起重桅的多寡,攻击型的舰船上火炮炮塔布置的数量等都可以用来显示该船尺度的大小。

对于图9-36与图9-37,我们可以在同样大小的矩形内画出它们的整体形象,但由于门、窗、甲板层数这样一些能使人迅速建立尺寸概念的"单位"的使用重复次数的不同,这两种船舶给人的尺度感也决然不同,图9-36所示的船让人感到小巧亲切宜人,而图9-37所示的船则让人感到壮观宏大。

图 9-35   11 000 t "嘉年华光荣"号豪华客船

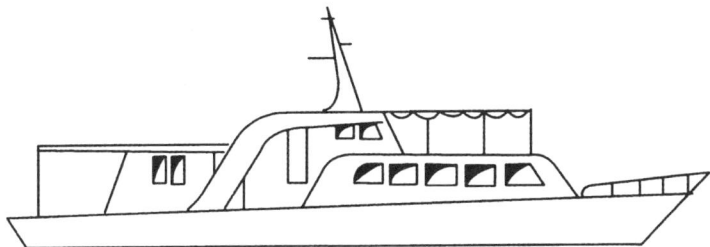

图 9-36   20 米 120 匹马力港监船

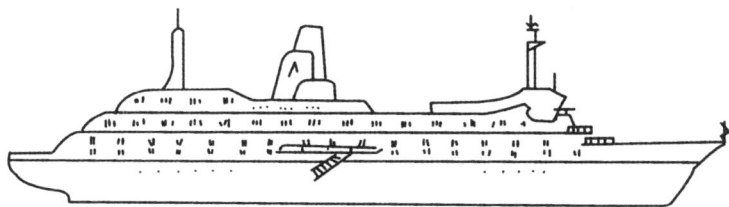

图 9-37   日本人"温暖的富士山"大型客船

　　还须提及的一点是,在室内和在室外观察同一物体所表现的尺寸感觉是不同的。一般而言,物体在室内看起来要比在室外看起来显得大些,因而虽然是同一物体,但在室内或室外布置时其尺寸的设计要有所不同。譬如船上进舱室的大门,因为它是从室外看的,要与整个船体的外观相配合,因而尺寸要适当放大;舱室内各房间的门则必须做得小些,倘若将这些门也做得和进舱的大门一样大,就会觉得荒唐。

　　2. 尺度印象与选择

　　以上所述,只是形成船艇的尺度印象(尺度感)的问题,作为船舶设计人员,不仅要懂得如何形成船艇的尺度印象,还要了解如何去选择尺度印象,因为形成船艇的尺度印象,只不过是设法使船艇让人看起来显得大一点或者小一点的问题。但是究竟大点好还是小点好,怎样才能使旅客和工作人员称心如意,这就涉及如何选择尺度印象的问题,也就是如何通过设计人员的主观努力,将船艇的功能与设计人员的丰富想象完美地结合在一起的问题。

一般来讲,尺度印象分为三种类型:超大尺度、自然尺度、亲切尺度。

自然尺度:这是指设计者通过设计让船艇表现出它本身的自然尺寸。就人与船艇的关系而言,自然尺度可以通过船艇度量出人的正常尺寸,这类尺度在住房建筑和船艇中都可找到。

超大尺度:这是指设计者通过设计尽可能地使建筑物显得十分大。设计者通过对每一个局部单元尺寸的精心设计,使船艇既具有由自然尺寸组成的与人眼观赏时最靠近的最小部件,也具备显然是被夸大了尺寸的某些单元。超大尺度由简洁的形式和巨大的尺寸形成。但须注意,这种尺度并不是将一个尺度合适的设计的所有细部单元统统按比例放大而形成,因为这样做的结果只会适得其反。

亲切尺度:这是指希望把船艇的某些局部(譬如房间)做得比它的实际尺寸明显的小,使人们与建筑物之间的关系尽可能紧密和亲切。

对于船艇,出于功能的要求,通常使用的还是自然尺度印象,即反映出它本来的自然尺寸。我们不想把一般船舶做成永恒的纪念碑,如凯旋门式的建筑那样,而是以表现为社会阶级服务为目的,或反映人民群众的某种共同愿望为宗旨;也不能为了增加人们的亲切感而不顾及使用要求,把原本应该做成尺度较大的各类船舶的尺寸故意缩小。因此,对于船艇,大量选用的还是自然尺度。

当然在某种条件下,也可以通过适当的处理,使船艇产生某种亲切的尺度感,譬如游艇的客舱室,其舱容较小,但可以将房内的家具和摆设的尺寸有意识地缩小一点(注意:要以人体活动的最低限为界)。这样做既可解决房间内排列的拥挤,也可以增加房间的尺度亲切感,在大型客轮的餐厅、舭游步甲板上,通过家具(藤椅、方桌、圆桌等)的集中摆设,也同样可以在一个宽敞的大面积范围内形成乘客对尺度的亲切感。

作为船舶设计师,明确了尺度的表现方法及尺度感的选择后,处理全船的尺寸时一定要顾及尺度的协调,将同类型的尺度自始至终地贯彻到全部结构中去,决不要在小型的舱室、房间和办公室里设置大尺度的东西,而要依据它们各自的功能和所希望产生的效果去决定各自的合适尺度,从而促使全船的尺度布局形成一种真实的没有任何牵强附会的协调感。

9.4 节奏与韵律

船艇的造型是否紧凑和有趣,与运用节奏韵律的手法密切相关。

9.4.1 结构与韵律构成

在构图中,节奏和韵律指的是同一图案在一定的变化规律中,重复出现所产生的运动感。由于节奏和韵律有一定的秩序美感,因此在生活中得到了广泛的应用,如图9-38所示。

韵律是一种节奏美,在生活中到处可见。单纯的节奏(钟摆的滴嗒声)不能引起人们强烈的美感,甚至长久下来还会感到疲劳。如果在节奏中注入个性,那么形成的韵律就会产生美感。如音乐因为加入个性节奏——韵律而成为美的因素,听觉艺术如此,视觉艺术也是这样。在设计中,节奏和韵律包含在各种构成形式中,但其中最为突出的表现是在"渐变构成"和"发射构成"两种形式中。下面我们将详细学习这两种形式,从这两种形式中体会节奏和韵律的美感。

图9－38　节奏与韵律构图

　　渐变是指以类似的基本形或骨骼,渐次地、循序渐进地逐步变化,呈现一种有阶段性的、调和的秩序。这种表现形式在日常生活中是极为常见的。如图9－39所示,这些采用渐变形式所构成的建筑结构,具有很强的节奏感和韵律美。

　　渐变形式是多方面的,包括大小的渐变、间隔的渐变、方向的渐变、位置的渐变和形象的渐变等。

　　1.大小的渐变

　　依据近大远小的透视原理,将基本形做大小序列的变化,给人以空间感和运动感。如图9－40所示。

图9－39　渐变构成

图 9 - 40　大小的渐变

2. 间隔的渐变

按一定比例渐次变化,产生不同的疏密关系,使画面呈现出明暗调子。如图 9 - 41 所示的间隔的渐变效果。

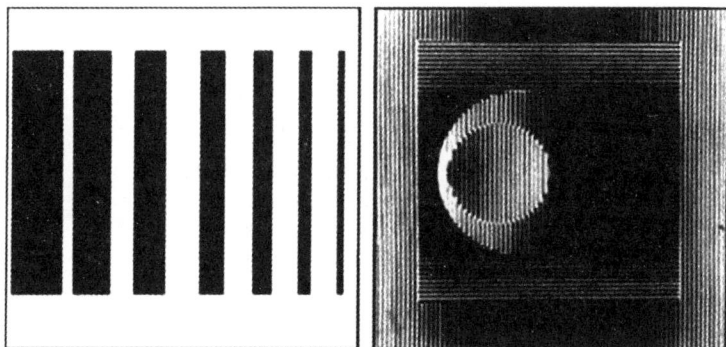

图 9 - 41　间隔的渐变

3. 方向的渐变

将基本形做方向、角度的序列变化,使画面产生起伏变化,增强了画面的立体感和空间感。如图 9 - 42 所示。

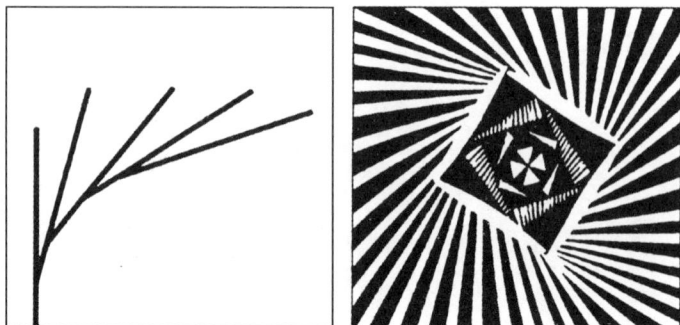

图 9 - 42　方向的渐变

4. 位置的渐变

将部分基本形在画面中的位置做有序的变化,会增加画面中动的因素,使画面产生起伏波动的视觉效果。如图9-43所示。

图9-43 位置的渐变

5. 抑扬

在视力的强弱上施以不规则的级差变化,进行各个部分的构成,可以表现出一种轻重缓急的抑扬效果,给人以非常轻妙的形态感。如图9-44所示。

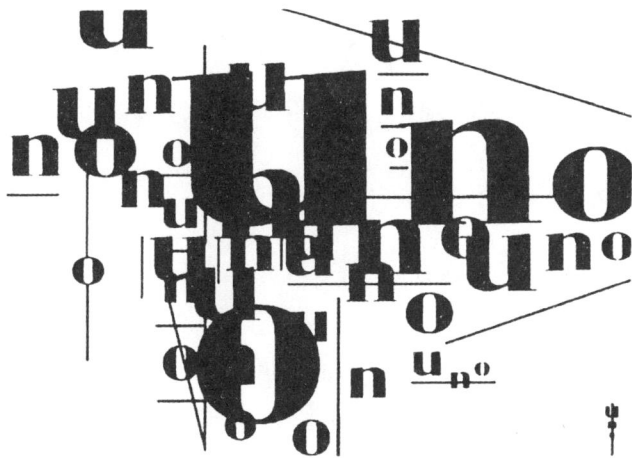

图9-44 抑扬的效果

9.4.2 船艇艺术的韵律

船艇艺术,就是在这种视觉的艺术中使组成它的物体的各部分元素有规律地进行重复,形成节奏,然后在有节奏的重复中,不同组件的变化产生了韵律,达到美感。当然这些元素和组件之间必须要有可以认识的关系,而且这里所谓的重复与变化必须是可见元素的重复与变化,依靠它们这种韵律关系的简洁、协调来取得船艇的艺术效果。

在船艇中,韵律有多种形式。

第一种韵律形式:是在外观的排列上组成整体的各个单元形状的重复。它的特点是,在形状上相同而排列的间距可以发生变化,当然也可以不变化。如图9-45所示的一系列圆的开洞等间距排列,相同矩形的不等间距排列,这些常用于船舶的舷窗排列。

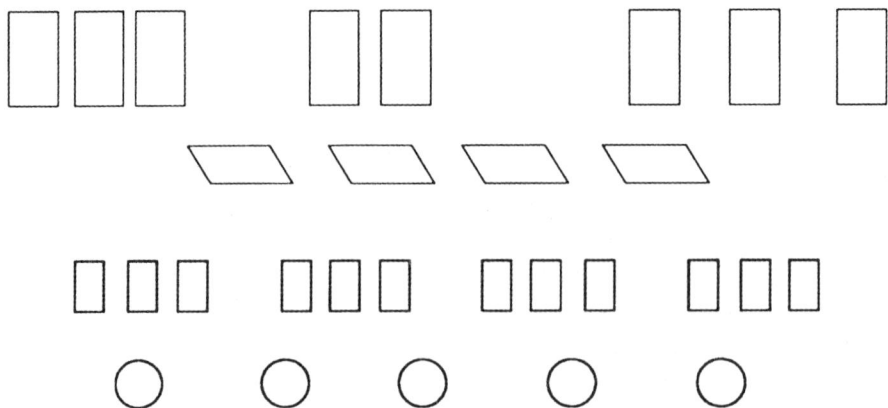

图 9 – 45　船舶的舷窗排列

第二种韵律形式:是组成整体的各个单元形状可以不同,而尺寸重复,比如间距大小相等,如图 9 – 46 所示。

图 9 – 46　单元形状不同而间距相同

在我国的许多花边装饰和图案的设计中均大量地采用了这两种韵律形式,这使得图案十分优美。

在102 000吨嘉年华"胜利"号客船(图 9 – 47)上,大量的圆形舷窗等间距地排列和两个一组改变间距的方窗的组合,形成了这条船上特有的韵律,既简洁又协调。

第三种韵律形式:是更为复杂的一种,是以不同的重复为基础的,可以称其为不规则的渐变韵律。比如水平线段的布置,可以从一点开始,逐渐变长地排列,如图 9 – 48 所示;或者从某一长度开始,逐渐变短地排列下来,从而达到一定的韵律效果,形成一种强有力的运动感。当然,对这种系列,还可以排列成由小到大,再由大到小(或由大到小再由小到大)的组合。水平线段如此,垂直线段也可以这样。

图 9 – 47 所示的 102 000 吨嘉年华"胜利"号豪华客轮,艏部各层甲板的收进,既可以看成是水平线段自下而上由大到小的渐变,也可以看成是整个船体外形由几个变化着的梯形排列由大到小的往上渐变。从俯视图上,又可以见到船体阶梯形的尾部,优美的圆弧曲线向上的渐变,使得线条的韵律由直线长短的系统变化转变为曲线运动系统的重复与渐变,从而将线条的韵律组合成了整体体量的韵律,形成了一种有秩序的韵律变化的结果。

韵律又可分为开放式的(不确定的)韵律和封闭式的(确定的)韵律两种。

所谓开放式的韵律,是指整体结构中只将形状相同或类似的单元安排成等间距的重复,其效果始终是显得不稳定,这种情况在船舶上应用较少。为了促使整体结构的稳定,往往在开放式的韵律中,用一个确定的标记将其两端封闭起来,那么这种不稳定的感觉顿时消失,这个确定的标记可以由开放式韵律两端的单元形状的变化来形成,也可以由两端单元的尺寸变化来完成,或者采用两者相结合的办法来完成。有的甚至在端部加上一个强有力的与之相对立的韵律组成,这样一来,开放式的韵律就变成了封闭式的韵律,给人以稳定和限定的感觉。

图9-47 102 000 吨嘉年华"胜利"号

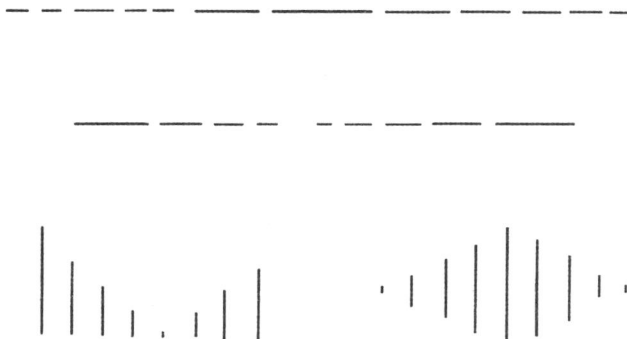

图9-48 直线的渐变规律

图9-49所示的是我国长江三峡的"东方皇帝"号豪华游船,舷侧的方窗由三个一组或两个一组等间距地排列,为了使韵律得到稳定,在舷侧的两端以改变方窗组合的个数和尺寸而使端头封闭。

图9-49 直线的渐变规律

由此可见,在游艇和船舶造型的设计中,一种好的韵律对于形成船舶总体的美感是多么重要。体量和线条的韵律,是产生紧凑和趣味的最可靠手法之一,它还可以将所设计的船体上层建筑组成一个系统的有机整体。

9.5　对比与微差

对比与微差是船舶设计师获得船艇艺术表现力的有效手段之一。

巧妙地运用对比和微差的比较,能加强船艇艺术的表现力。借助这种手段,设计师既可以使船体给人以宏伟、严整及庄重等印象,也可以在有限的范围内改变视觉印象,进行光学上的矫正,使船舶外形富于变化和合乎规律。

9.5.1　对比与微差的概念及运用条件

在船艇中,对比与微差主要是反映船艇同类性质和特性之间相似或相异的程度,可以通过比较对象的尺寸、形状、布置特点、色彩、照明、材料表面的差异,发现对比与微差的这种关系。

实质上,对比与微差是两种不同的比较与方法。

对比关系:是指相同性质的因素存在明显差异。如比较船舶各组成部分的大与小、重与轻、水平和垂直、颜色的冷与暖等关系。

微差关系:是指物体的尺寸、形式、色彩等因素彼此区别不大的细微差异。其本身的含义就是偏差,是刚刚看得出来的某种变化。因此它反映出一种性质向另一种性质转变的显著的连续性,如由重转变为次重和较轻,由白色变灰继而变黑。

如果环境要素之间存在着差异,对比是显著的差异,微差则是细微的差异。就形式美而言,两者都不可少。对比可以借相互烘托陪衬求得变化,微差则借彼此之间的协调和连续性以求得调和。如图9-50所示的地面差异产生的跳跃效果。

图9-50　具有差异性的地面效果

没有对比,会产生单调,而过分强调对比以致失掉了连续性又会造成杂乱。只有把这两者巧妙地结合起来,才能达到既有变化又谐调一致。对比在建筑构图中主要体现在不同度量、不同形状、不同方向、不同色彩和不同质感之间。

(1)不同度量之间的对比。在空间组合方面体现最为显著。两个毗邻空间,大小悬殊,当由小空间进入大空间时,会因相互对比作用而产生豁然开朗之感。中国古典园林正是利用这种对比关系获得小中见大的效果。各类公共建筑往往在主要空间之前有意识地安排体量极小的或高度很低的空间,以欲扬先抑的手法突出、衬托主要空间。如图9-51所示的中国古建筑群。

（2）不同形状之间的对比和微差。在建筑构图中,圆球体和奇特的形状,比方形、立方体、矩形和长方体更引人注目。利用圆同方之间、穹窿同方体之间、较奇特形状同一般矩形之间的对比和微差关系,可以获得变化多样的效果。如不来梅的高层公寓用有微差变化的扇形单元组成了整体和谐的构图(图9-52)。

（3）不同方向之间的对比。即使同是矩形,也会因其长宽比例的差异而产生不同的方向性,有横向展开的,有纵向展开的,也有竖向展开的。交错穿插地利用纵、横、竖三个方向之间的对比和变化,往往可以收到良好效果。

图9-51 中国古建筑群

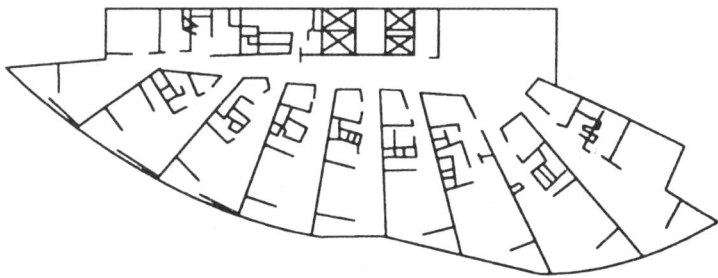

图9-52 不同形状的微差(不来梅高层公寓平面)

例如直和曲的对比。直线能给人以刚劲挺拔的感觉,曲线则显示出柔和活泼。巧妙地运用这两种线形,通过刚柔之间的对比和微差,可以使建筑构图富有变化。如图9-53所示。西方古典建筑中的拱柱式结构,中国古代建筑屋顶的曲折变化都是运用直曲对比变化的范例。现代建筑运用直曲对比的成功例子也很多,特别是采用壳体或悬索结构的建筑,可利用直曲之间的对比加强建筑的表现力。

图 9 - 53　直与曲对比（巴西议会大厦）

（4）虚和实的对比。利用孔、洞、窗、廊同坚实的墙垛、柱之间的虚实对比将有助于创造出既统一和谐又富有变化的建筑形象。如图 9 - 54 所示。

图 9 - 54　虚实对比（萨伏伊别墅）

（5）色彩、质感的对比和微差。色彩的对比和调和，质感的粗细和纹理变化对于创造生动活泼的建筑形象也都起着重要作用。用石墙、木廊柱和瓦屋顶等不同质感材料做建筑构件所形成的对比和微差；建筑立面用丰富的彩色图案表现色彩的对比和微差。如图 9 - 55 所示。

图 9 - 55　色彩、质感的对比与微差

而对于船艇，不能认为只要有了对比与微差，就能达到符合艺术要求的效果及确定它

在构图中的价值。为了使对比与微差关系有美感的表现力,船舶设计师就必须明确地掌握在什么条件下应该显示和强调这些关系,在什么条件下缓和或避免这种关系。

首先,对比与微差这种比较方法只能用于相同种类或相同性质与特性的因素之间。也就是说,不是在任何场合下都可以运用对比与微差来设计船艇的。对于不同的种类(譬如军舰和房屋),不同性质和特性(譬如色彩和线条)的因素,它们之间就不能加以比较。

其次,对比与微差的运用,还要注意在正常观察的条件下人的感觉效果如何。也就是说,只有当人们能够通过视觉马上鉴别出色彩、大小、材料表面处理的差异时,微差才能作为构图的艺术手段出现。如果在实际上差别不大,或者需要通过测量工具的测量及推测才能判断的话,微差及其艺术作用也就随之消失了。

第三,作为艺术表现手段,在运用对比与微差时,一定要与其他的构图手段紧密相连,一定要注意与形式美的其他原则相配合。比如空间的体量、构造艺术、比例、尺度、节奏、韵律等。这是因为运用对比与微差是为了着重显示船艇的一些客观性质,在最能说明特征的线条、质量、体积等方面将它们表现出来。另外,运用对比与微差,也是为了改变客观存在的对比关系,作视觉上的校正。因此,当我们不能直接改变船艇各构件的大小和形式时,就可以借助对比和微差来避免个别有损于比例和尺度的地方。

最后必须明确,对比与微差在各种形式的表现中,没有一定精确的数量表达公式。例如,对于船艇实面与虚面部分的对比量,或对于垂直与水平因素的对比程度,都无法用数字指标来决定,而在比较直线、面积,度量的几何大小时,对比与微差才可能较准确地用数字指标表示。当两者相比时,若几何大小是 1∶3 或 1∶5,则其关系是对比关系;若是 4∶5 或 9∶10,则是微差关系。但一定要注意,切勿将这种对比关系与比例关系相互混淆,因对比和比例在船艇中作用是不相同的。

9.5.2 对比与微差的作用

在设计船舶外形时,充分运用对比和微差可以起到下列作用。

(1)能鉴定船艇的尺度因素。尤其是当不大的配件和很大的构件进行对比时,这种作用尤为显著,通过这种比较,可以正确地估计距离参观者较远的船艇局部和构件的大小,譬如,当我们在远处看到海上石油钻井平台时,对其实际大小的概念不十分清晰,若通过钻井平台上的起重吊车与钻井平台粗大立柱和高耸的钻井架相比(图9-4),相形之下,石油钻井平台宏大、严整的形象很快就印入脑海。这是因为只有通过钻井平台与吊车相比较,人们才会对平台的大小有个真实概念,在这之前往往感到这种构件小得多。

(2)对比与微差的正确使用可以使船艇结构主次分明。对比与微差在某些情况下以相互制约、相互补充和相互转化的状态出现。光线的对比和微差就是这样:例如船舶的外侧,受光面的实部和凹进的阴影虚部,由于白天的日照,划分构件的轮廓线和形状特点能够明确分辨,虚实对比会大大加强;在夜晚就大不相同,光照的对比将会消失,看不清船体外侧的虚、实部以及各构件的划分情况,虚与实似乎连成一片,而原有微差关系的构件就更不易看出它们的差异;然而在晴朗的夜晚又可以产生新的对比,即船舶的最外轮廓可以清晰地衬在夜空明亮的背景上。

为了达到构图主次分明,在利用对比与微差关系时必须注意:首先是考虑突出或者强调船艇的某方面性质(构图组合、体形轮廓),然后将差异综合起来,让它们很接近,做到差异不显眼,通过对比与微差所起的艺术作用,使得整个构图完整、层次清晰、富于表现力。

微软创始人之一的保罗·艾伦的"章鱼"号游艇的侧视图,就充分运用这种光线的对比,采用虚、实画的有机排列与组合,使得全艇的结构主次十分清楚,在日光照耀下,船体尾部的前倾和桅杆吊车的后斜轮廓十分清楚,舷侧过道与侧壁窗在阴影的作用下将全艇上层建筑明显地分成了两层,形成了一个快速游艇的完整的构图(图9-7)。

(3)巧妙地运用对比与微差可以获得特殊的效果。对比与微差的关系不仅能有上述的艺术表现,运用得好,也将使观众在比较两种不同构件时,产生奇特的效果,得到一些有规律的印象。这种效果就是通过对比能使实际存在的本质差异变得更大,反之,用连续布置一些构件让其体现出微差比较的方法,来缩小系列两端构件的差异,以便使它们不太显眼。

(4)借助对比与微差的关系可以造成各种视觉错觉。在图9-56两组圆中,中心的两个圆大小本来相等,但看起来似乎不相等,形成错觉。其效果是,周围是大圆的中心圆好像小些,而周围是小圆的中心倒似乎觉得要大一些。这样一来,为了突出建筑物某构件的大,则可以在其周围布置形式相同而尺寸较小的构件与之对比,反之亦然。因此,在处理船舶外形时,对这种错觉只要有意识地加以运用,就可获得赏心悦目的好效果。

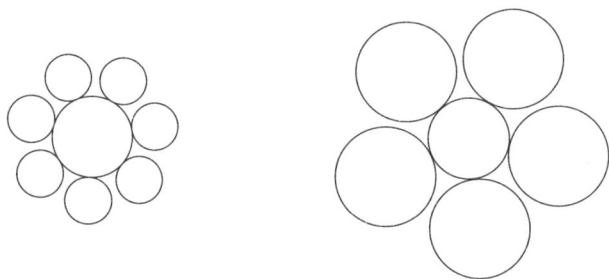

图9-56 两组圆比较

在水平因素和垂直因素的比较中,总会产生垂直因素的构件比水平因素的构件要大的错觉。图9-57所示的垂直位置的AB看起来比水平位置的CD要长的原因就在这里。这种光学的错觉十分稳定,如将AB水平布置、CD垂直布置,就会变成CD要比AB长,这种错觉可以在布置桅杆和烟囱时充分运用。

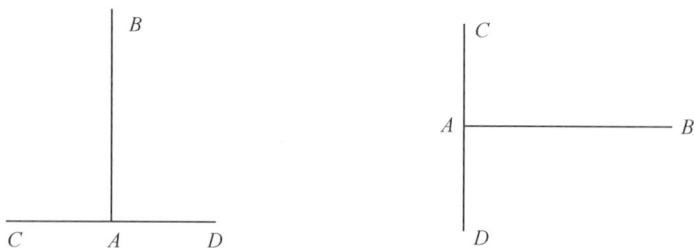

图9-57 两组垂直线比较

图9-58(a)表示了在不同方向的成组平行线背景上的直线会显得扭曲,这一效应可以用舷墙支柱的倾斜或垂直来强调或不强调舷弧(甲板线)的曲度或弹性,而图9-58(b)所示通过平行线的直线看起来并不直,有一种移动到虚线的感觉,似乎虚线与实线在一条直线,这种效应提醒了人们在处理舷墙开口时,要想达到开口排列整齐的效果,就必须注意用

直尺画出来的直线其视觉效果并不一定连续的现象。

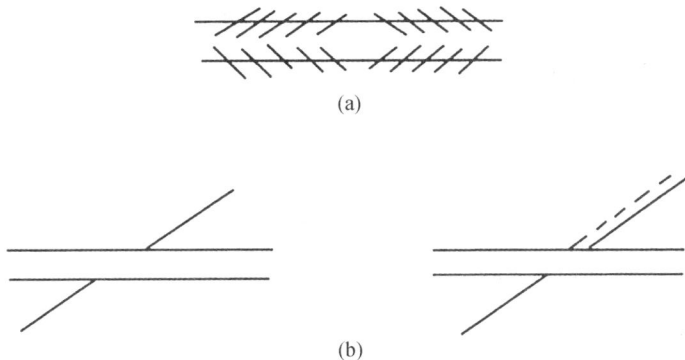

(a)

(b)

图 9-58 两组平行线比较

9.6 序　列

9.6.1 序列的定义

所谓序列,是船艇平面和立面布局设计的一种方法。

船艇的艺术,不只是一个空间艺术,也是时间艺术。它作为一个审美对象,既存在于空间,也存在于时间。也就是说,人们在观察船舶时,不仅要从外部观看,还要从内部审视;不仅是瞬间一望得到短暂的感受,而且是登上船舶后在较长时间的旅途生活、工作、战斗之中,对船艇的内部进行浏览、观察,从各种不同通道、不同方向走进走出,这时,船舶外表的宏伟、内部的丰富,仍能让人长久地欣赏、回味。

然而,一般乘客对所看到的船艇,决不会停留在纯粹的形状和知觉上,他们在安定下来以后,必然会了解周围环境,留心或考究一下船舶结构的特性和用途,组成船舶各部分的结构形状与存在目的;了解布置空间的功能为什么这样,为什么那样,试图从这些连续不断地对结构和使用功能的观察中获得统一、和谐的印象及美的感受。这就是说,一艘设计优秀的船舶,其结构、功能和审美上的各种序列都必须是紧凑而有机联系的,作为设计者的任务之一,就是要用这种组织序列的方法去进行布局设计,来满足人们观察船艇的心理要求。

序列的全过程一般可以分为下列几个阶段:

(1)起始阶段。这个阶段为序列的开端,开端的第一印象在任何时间艺术中无不予以充分重视,一般说来,具有足够的吸引力是起始阶段考虑的主要核心。

(2)过渡阶段。它既是起始后的承接阶段,又是出现高潮阶段的前奏,在序列中,起到承前启后、继往开来的作用,是序列中关键的一环。

(3)高潮阶段。高潮阶段是全序列的中心,从某种意义上讲,其他各个阶段是为高潮的出现服务的,因此序列中的高潮常是精华和目的所在,也是序列艺术的最高体现。充分考虑期待后的心理满足和激发情绪达到顶峰,是高潮阶段的设计核心。

(4)终结阶段。由高潮恢复到平静,以恢复正常状态是终结阶段的主要任务,它虽然没有高潮阶段那么显要,但也是必不可少的组成部分,良好的结束又似余音缭绕,有利于对高潮的追思和联想,耐人寻味。

9.6.2 序列的组织与形成

组织序列的方法如下。

首先,必须掌握适用于所有艺术的序列的原则,即每个序列必须有一个明确的开始和结尾。良好的空间序列设计,宛似一部完整的乐章、动人的诗篇。空间序列的不同阶段和写文章一样,有起、承、转、合;和乐曲一样,有主题,有起伏,有高潮,有结束;也和剧作一样,有主角和配角,有矛盾双方的对立面,也有中间人物。通过空间的连续性和整体性给人以强烈的印象、深刻的记忆和美的享受。

(1)空间的导向性。指导人们行动方向的建筑处理,称为空间的导向性。良好的交通路线设计,不需要指路标和文字说明牌,而是用建筑所特有的语言传递信息,与人对话。许多连续排列的物体,如列柱、连续的柜台,以至装饰灯具与绿化组合等,容易引起人们的注意而不自觉地随着行动。如图 9-59 所示的广告画廊。

图 9-59 美国纽约某广告画廊

(2)视觉中心。在一定范围内引起人们注意的目的物称为视觉中心。视觉中心的设置一般是以具有强烈装饰趣味的物件为标志,因此,它既有被欣赏的价值,又在空间上起到一定的注视和引导作用,一般多在交通的入口处、转折点和容易迷失方向的关键部位设置有趣的动静雕塑,华丽的壁饰、绘画,形态独特的古玩,奇异多姿的盆景。

(3)空间构图的对比与统一。空间序列的全过程,就是一系列相互联系的空间过渡。对不同序列阶段,在空间处理上(空间的大小、形状,方向、明暗、色彩、装饰、陈设……)各有不同,以造成不同的空间气氛。

一般船艇的序列,多半在上船的入口处自然而然地开始,然后按照人员流通路线或工作流通路线自然展开,再引向某一规定的地点结束。值得注意的是,这一结束必须是序列在艺术上和功能上的高潮,这种高潮或者是十分美观或者是非常重要。

图 9-60 所示为一个趋向高潮的序列的示意图。在上船以后,按人流路线向前或向后,每一边都排列着均衡的较小的元素,这有助于使序列进程朝向轴线上的高潮。这一高潮必须有足够的分量,使之与它的位置相称。

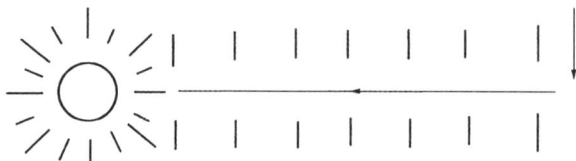

图 9-60 高潮趋势示意图

倘若这一高潮对于按序列前进的观察者来讲不是那么重要,也不那么美观,势必使该船艇让人不得要领而感到扫兴。因此,在布局中,序列不仅要有一个好的开始,还必须在每个自然序列的结尾处有一个充分的高潮,从而使船艇的布局达到完美的程度。

其次,作为一种完美的序列也不一定是在达到高潮处结束,它可以越过该高潮而达到另一个自然的出口,或者其他的次要部位。这种设计就像音乐一样,从开始经过一系列渐强音的安排达到高潮,然后越过高潮在渐弱音的演奏下,平稳而缓和地结束。

如何形成高潮呢?高潮的形成除了在应该设置高潮处布置一个与之相称的有分量的构件之外,还要考虑人们在观察中的心理状态,以便在布局的序列中,埋下适当的美学伏笔;这种所谓美学的伏笔,就是通过序列的设计,为高潮的到来做好布局的准备,并借此形成观察者的心理准备,使得观察者的头脑中建立起期望,这样可以满足观察者经过逐渐增强的刺激而产生的期待在高潮中得到实现,由此可以达到美好意境的感受。

形成高潮可以有以下几种方法:

(1)若有一系列形状大致相同的元素组成的连续序列,形成由小到大的渐变韵律,那么在高潮处就应设置一个更大的空间以满足观者的期望。

这种方法,在我国的园林设计中常用到,称之为"先抑后扬""以小衬大"的方法,那就是先让游客经过一系列逐渐变化中的狭小空间,然后再进入一个较大的空间,我国太湖地区的旅游船,较多地运用这种手法。开始人们进入的前奏区有低、狭的特点,强调了空间的压抑感,穿过通道、厅前小室或者扶梯,然后进入一个开阔的客舱或餐厅等处,从压抑的空间中解放出来,一种豁然开朗的情感油然而生,一般用在空间较小、难以满足旅游者空旷舒适感的小艇上。通过有限空间的序列布局,可得到舒适、明朗、宽敞之感。

(2)高潮的准备,也可以用一系列强有力的显眼的构件,以其开放式的韵律感受来形成,对于这种开放式的韵律,不论是有规则的还是渐变的,观者都希望有个结束以迫使动荡不定之感停顿。在这种情况下高潮就应设置在这个结束区。

大家知道,在旅客穿过一组长度不定的开放式韵律布局的构件(譬如旅客房间)时,必然会对前面产生某种期望。这组旅客房间排列得愈长,期望感就愈强烈,由此引出的高潮必然会更重要、更富于戏剧性,这时如果在这组旅客房间的尽头出现宽敞明亮的餐厅,或者是舒适安静的大休息室,或者是丰富多彩的娱乐场,甚至是船上剧场之类的空间,让这开放式韵律得到停顿,那么这种布局的序列,就能恰如其分地满足人们心理中由于序列的准备而建立起的期望,让人获得美感。

(3)不同高度的布置面变化也能让人产生一种期望。当人们乘上了客船开始长途旅行时,在休息空闲时总想登高远眺一下,并在登高远眺的过程中有一种心理上的期望,随着人们在船上登得愈高,这种期望愈强烈。船艇尤其是多层甲板的大型游船的建筑,往往利用不同高度布置面的变化为高潮的出现做准备,并在适当的地方设置与之相匹配的高潮以满足旅客登高远眺的期望。

许多豪华客船上都有这种布局的明显例子,例如:在大型客船"温暖的富士山"号的尾部,经过艉梯登上最上层艉甲板时,见到的是一间大型长方形的舞厅;在号称世界最豪华的客船"伊丽莎白"号的上层尾部甲板,为旅客在不断登高的期望中预备的高潮是一座露天游泳池。

东风船厂制造的长江三峡游览船"峨嵋"号,是我国一艘造型优美、布局序列讲究的内河游船(图9-61),在该船的游步甲板上,往艉走,游客们穿过一定长度的客舱内走道后,进入艏部设置的观景室,在室内可以观看旅途中优美的风光;向艉行,游客们经过小型的游艺厅后,可进入能容纳100人的大型豪华餐厅就餐。随着甲板层数的增加,游客们在不同的登高面上又可欣赏到不同布局所带来的美。在驾驶甲板上,从船尾向船首设置了圆形舞厅、休息室和露天游泳池。在这里西方的游客既可以在圆形舞厅中享受所熟悉的西方娱乐,也可以在全部由竹器家具摆设的休息厅中领略东方文明。从游泳池往船首,又别出心裁地用一组巨型镜面的壁隔开了艏、艉的联系,从而使得实际上并不开阔的露天庭院显得十分广阔。游客在此或娱乐,或日光浴,或观景,均会感到心旷神怡。为了让游客更好地欣赏三峡景色,布局的序列将人们引向全船制高点——观景塔。这时整个序列达到最高潮,登高远眺,三峡风光历历在目。此时此景,不得不令人想起李白的著名诗句:"朝辞白帝彩云间,千里江陵一日还。两岸猿声啼不住,轻舟已过万重山。"逐层登高的巧妙布局,充分地满足了游客们的心理要求。

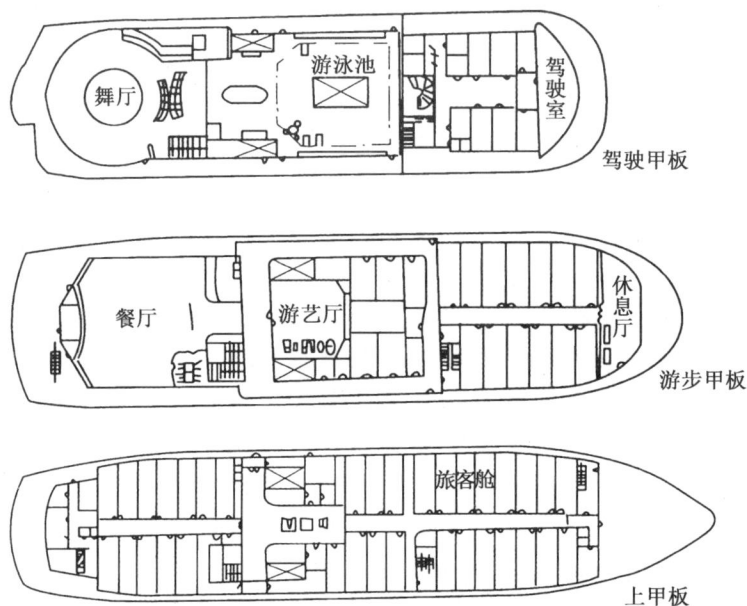

图 9 – 61 "峨眉"号甲板布局系列

对于其他用来为高潮做准备的方法,诸如用从大到小的渐变方法或用内部空间所发生的光照效果的方法等,由于船艇上较少运用,故在此不做介绍。

有必要指出的是,在船艇的内部布局中,有许多部分是纯实用性的,譬如油水舱、机舱、货舱等。如果对这些舱室的布局也搞什么序列的高潮,就没有什么道理,同时还要引起特别重视的是,凡是有高潮的地方,人们总是会流连忘返地逗留在那儿欣赏、观察、品评,因此在船艇的某些地方设置高潮,可能会带来不利影响。譬如客轮进口的大厅或主要上下通道的楼梯及转弯处,总希望人们迅速通过,不允许有半点停留。因此要求把这些地方做得具有最迅速、最连贯、最直接地周转的特点。倘若在这些地方插入惹人注目的高潮,势必延缓甚至阻碍人流,造成拥挤混乱局面。

序列的设计,可以分为规则的和不规则的两大类。序列设计的不同,将会产生完全不同的效果。

规则序列的基础在于规则式的均衡。规则的序列给人产生一种庄重、爽直、明确的印象。一般在这种序列中很少遇到偶然的和意想不到的迷人之处。由于规则序列的布局所产生的简洁流线有助于实现船艇的功能,故这种序列最适于用来进行船舶甲板面的上层建筑各舱室的布置,尤其适于客船的各种生活舱室的规划布置,如图9-62、图9-63所示。

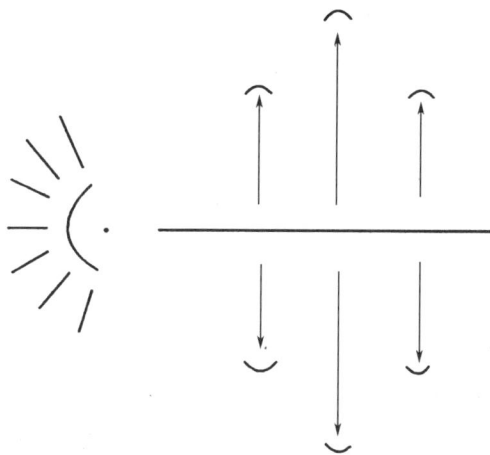

图9-62 规则序列示意图

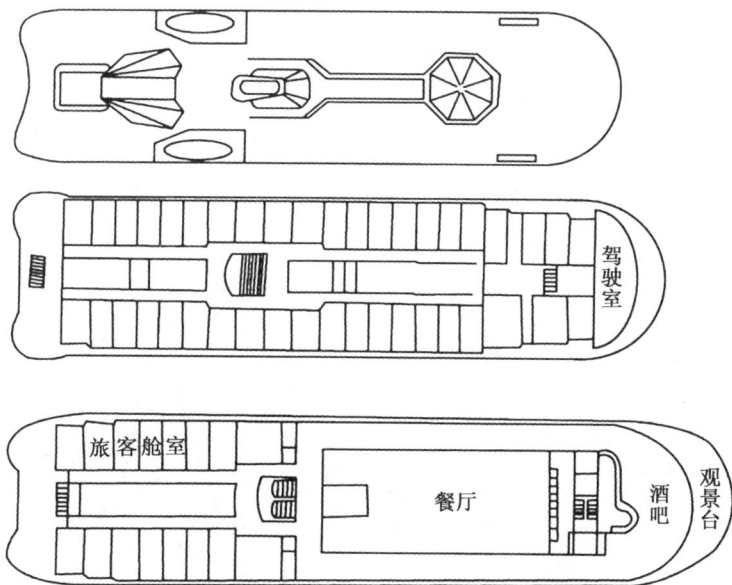

图9-63 "西陵"生活舱室布置简图

与此相反,不规则的序列则充满了流动和各种运动的感觉,它能形成令人意想不到的感染力,造成外观上使人感到惊异的一些部位,比起规则的序列来,它更有个性,自然更富于人情味。通常不规则序列没有规则序列那种令人肃然起敬的感觉,因而这类序列适于船艇的公共场所或大型舱室,如休息室、起居间、游乐场、餐厅等布局。

因此在船艇中,内部舱室的布局是选择规则序列还是选择不规则序列,首先要从每种序列所产生的效果来考虑,另外,还应该从构图复杂程度来考虑。对于庞大而复杂的构图,譬如整个甲板表面的总体布置,就应给予一种有组织的图形以保持其紧凑、均衡、明确和统一的感觉。过多的哗众取宠只会令人厌烦、眼花缭乱,过多的方向变幻,也会让人晕头转向,而涉及单元房间小型尺寸的构图及对于呈现个性和富于生活气息的舱室内部布置,就应该想到不规则序列的布局,以形成构图的变化,让人感到亲切和体现构思的个性。再者,布局序列的选择还有功能上的原因。船舶上层建筑,由于住舱排列,通道、大厅、楼梯、上下船的出入口直接牵涉的人数较多,要求人流通畅,因而也就要求轴线尽可能地笔直,布局也要求简洁,实质上这就是一种规则的序列布局。

如图 9-64 所示的,"世纪辉煌"号游船的大堂,空阔的大厅将序列集中于楼梯处,将视觉及人流自然地形成了流动的趋势。又如图 9-65 所示,该船的客房走道序列,简单直接的方向流,可以很容易地给旅客以指示,不会引起人们的误解。

总之,在我们的头脑中,对于一项设计,是选择规则的还是不规则的序列布局,绝不能有任何先验的意图,要想做到恰到好处,必须根据具体情况具体考虑。

图 9-64 "世纪辉煌"号游船大堂

图 9-65 客房走道

9.7 性　格

船艇的性格是由其外表形象和内在功能之间密切关系所决定的一种特性,它是由船艇艺术中那些显而易见的所有特点综合之后形成的,在某种意义上讲,所谓性格就是指船艇与人类之间的密切活动关系所产生的特性。

人们对一艘船舶是否具有鲜明性格的印象,是通过不同的途径建立的。

首先,在船舶的历史发展过程中,人们的头脑对于船艇的功能、设计、建造及使用习惯,已牢牢地形成了某些概念,这些概念,把船艇的整体形式、局部的布置、色彩的使用等与目的、功能紧密地联系起来,就像物理学中代表某种物理含义的一些符号。当这些符号一出现时,人脑便马上联想起那些基本物理意义的概念,因此,船艇的部分性格可以说是由它的基本形式的采用、基本色彩的装饰所引起的,而这些基本形式和色彩是与它的功能相适应的。

另外,船艇的性格往往又是由反应而产生的,它并不完全是智能的产物。因为当人们看到一艘船时,常常会引起情绪上的一种反应,简而言之,就是看了以后是否产生愉快或不愉快的感觉,或者说这艘船对使用者而言,是否"恰到好处",因而对于船艇性格的理解不能单纯地认为只是满足于形式适合于功能这种机械的配合,还应该是一种特定情绪的反应。一艘优秀的船艇,必须使人处于一种正常的情绪之中,乐于用它进行工作或旅行。一艘好的军舰能引起战士们的自豪感,通过对我们国家军舰的使用,看到我国强大海军的军威、军容,激发起一股强烈的爱国主义精神,并随时为消灭来犯之敌而顽强战斗。一艘好的船艇,通过优美的造型和色彩的配合,使游客感到轻松、舒适,成为劳动人民在劳动之余、节假日之际休息或娱乐的愉快场所。因此,通过外形造型与内部布置,正确地反映这类情绪,正应该是船艇性格的基础。

随之而来的应引起我们注意的是,既然船舶性格的印象与人们大脑的记忆和船舶基本形有关,那么不可避免地有一些不负责任的设计师会因循守旧沿袭照抄,这样一来,各种类型的船舶,在适应各种功能的情况下,千篇一律、枯燥无味,必然要落入陈规俗套。而且在人们已经大量掌握了的那些最重要的反映船艇性格的基本类型后,某些新的或有重大变革的形式,要想得到人们的承认是十分困难的。这就要求设计师们要有勇气,敢于在满足功能、性能和经济的前提条件下,从外形上有所突破和创新,然而这种突破和创新也不应追求反映设计者个人的所谓感情、艺术而形成离题万里的编造,应牢牢记住,船艇的根本特点是,它是人民大众公共使用的实体,是讲究总体效果的完美统一体,也就是说,要使船舶外形所反映的船的性格上的任何创新,在人们情绪反应上,不是获得一瞬间的惊奇,而是长时间的愉快。

要想达到这一目的,最主要的是应该充分地认识船舶的用途、服务对象,以及与之相适应的思想情绪和情绪效果。

对于船舶用途、服务对象,可以由使用单位提出任务书加以阐明,至于与之相适应的思想情绪是什么,又如何通过人们的主观努力去达到反映这种情绪的效果,这是设计者应该十分明确的一点,且应在船舶的总体设计中体现出来。

其次还应该明确直接影响船艇体现情绪效果的因素,并通过对这些因素的分析,找到与船舶性格相吻合的体现情绪效果的种种设计方法,以便突出船舶性格。一般来说,该因素可以归纳成如下几方面。

1. 体量和容积

船艇的体量和容积对船舶所反映的情绪是壮观、威严还是亲切、宜人有很大的作用。

一艘船以其巨大的主尺度、排水量和巨大的舱容相组合,肯定会给人以壮观的感觉。例如:海上航行的几十吨级的油轮、万吨级的客船,其巨大的船身或上层建筑犹如海上一座浮动的小城,给人感觉何等壮观;数万吨级的航空母舰,装载几十架飞机,长而宽阔的起飞降落平台,就像航行在水中的一个军用飞机场,又何等的威严。小的体量或容积,肯定会使人产生一种亲切感。例如,悠然自得漫泛湖面和河边的游艇,以其小巧的身躯,紧凑的舱室,富于生活气息的室内布置,让人一踏上洲艇就有着一种轻松感,显得亲切迷人(图9－66)。

图9－66　私人游艇

2. 数量及复杂程度

数量给人以力量,复杂给人以多能,简洁给人以安稳、高效率的效果。

耸立在我国渤海湾的石油钻井平台("渤海5"号、"渤海7"号自开式钻井平台)的四根粗大的圆柱,高耸的钻井架以及平台上的复杂装备都似乎向人的显示了一种决心——有力量、有能力把海底状况摸清,一定让海底石油为人类造福,为后代谋利。

又如在南极考察中做出重大贡献的远洋测量船"远望"号上复杂的天线群体、各种精密的测空测海设备、庞大的机械装置、船载直升机等,都以复杂的装备构成、多变的外形,显示了多功能考察船的特性。

如果体量和线条明确、简单,那么人们会产生安稳的效果,觉得条理清晰,紧凑有序。作为生活用船则有喜欢珍爱之感;作为工作船则会感到可靠、效率高。

3. 线条的运用

线条运用得恰当与否,对情绪产生效果将起很大的作用。长期以来,由于自然界中物体与线条的关系使人们像理解色彩的感情象征一样,产生了线条与情绪的联想。譬如水平线的平稳,垂直线的进取,倾斜线的运动,直线的有力、刚强,曲线的柔和、优美等都是船舶设计师用来表现船舶不同性格的重要因素。因此,许多船舶设计师将大量的修长的水平线条用于客轮的设计中,以突出客轮平稳的性格,让旅客旅行时感到安全放心。水平线条的渐变形成的韵律更加加强了这种效果。把等于或小于45°倾斜角的斜线用在军舰的首柱上,用来突出高速运动的速度感。图9－67所示的是德国超豪华邮轮"Aidadiva"号,在由多层甲板组成的上层建筑上,救生艇、大型方窗、圆形舷窗的一字水平排列,烟囱、舷侧的水平涂饰,都反复地采用水平线,这样就强调了统一、平稳、安详的客轮性格。

作为船舶外形,不仅轮廓线(如上层建筑的舱室外轮廓线、甲板边线、桅杆、舷墙线等)能体现线条的作用,还有由许多局部的单元排列组合面形成的隐线(如舷窗、舱室门窗、救生艇等)也可以作为线条来处理,以突出船舶所要表达的情绪与性格。

图 9-67 德国超豪华邮轮"Aidadiva"号

4. 色彩的效果

表现船艇情绪效果的另一个重要因素是色彩的运用。这是因为用来形容色彩的形容词本身就有强烈的情绪含义。正如 8.3 节所述,在长期的客观生活中,在各种不同场合、不同阶级及不同目的的反复应用下,不同的色彩产生了不同的感情象征,从而使色彩具有情绪上的力量。为了使生活丰富多彩,必然要使色彩丰富多样。因此,要突出船舶的某一性格,使不同类型船舶的性格分明,就必须在外观涂饰上选择与此情绪相适应的主导色,为了强调某一舱室的不同情绪效果,也必须在这一舱室内选择与之相适应的色彩。如图 9-67 所示的德国超豪华邮轮"Aidadiva"号,生动活泼的色彩效果,体现了该船主要所面对的旅客类型为中青年人的特点。

最后必须强调的是,为了突出船艇的性格,有三个形成性格的根源切不可疏忽。

第一是恰当的主从关系。要使船艇的性格突出,必须始终保持主要目标的鲜明性,其他次要因素应该居于次要地位,从而使主要的形式更明确地表达出恰当的性格,以便控制整体。像军舰上的武备、客轮的舱室与多层甲板、货轮的起重桅杆或货舱结构等都是体现性格的主要目标,只有分别突出了它们才能突出这些不同类型的船舶的不同性格。

第二是要正确选择尺度。不要企图将船艇这类供人类生活、工作、战斗的实用体设计成具有超大尺度的纪念物,因为尺度大小是根据功能需要和实际使用情况决定的,尽管它们与人相比较显得那么大,却不是超大尺度而是自然尺度(如大的钻井平台,航空母舰,巨型的客、货轮等)

第三是要表达船艇的性格。必须将功能表现得直接、透彻,不容许有任何含糊、模棱两可,倘若在船艇中塞进一些表达与其真实本性毫不相干的东西,那将严重地损害船艇的真实含义及其完整性。换句话说,就是绝不许可在船艇中搞弄虚作假,矫揉造作的那一套。让船艇冒充货轮,用军舰代替客船,这样做只能是一场灾难。

课后思考题：

1.什么是呼应和过渡？请用图示的方式进行说明。

2.请根据你所了解的船舶类型,举例说明色彩、功能与造型三方面统一的表达。

3.什么是规则均衡？什么是不规则均衡,对于不规则均衡,在造型设计时应如何处理？

4.常用的比例和尺度有哪些？什么是超大尺度、自然尺度、亲切尺度？

5.常用的对比与微差有哪些表现方法？在游艇造型设计中,对比和微差应如何表现？

6.序列的全过程一般可以分为哪几个阶段？一般来说,游艇上的序列从哪里开始？

第 10 章　游艇人机工程学

学习重点：

1. 了解人体工程学概念。
2. 掌握游艇舱室设计。
3. 熟悉操作空间设计。
4. 掌握人体尺度与家具设计。
5. 熟悉环境心理学的具体内容与设计。

10.1　游艇室内设计与人体工程学

10.1.1　人体工程学概述

人体工程学(human engineering)，也称人类工程学，是一门研究人在某种工作环境中的解剖学、生理学和心理学等方面的各种因素；研究人和机器及环境的相互作用；研究在工作中、家庭生活中和休假时怎样统一考虑工作效率、人的健康、安全和舒适等问题的科学。研究人体工程学就是研究人与产品及其工作环境之间的协调性，即如何在工作过程中，保证操作简便、精确、灵敏并安全可靠，保证人与机械之间的协调性。

人体工程学诞生于第二次世界大战之后，由6门分支学科组成，即：人体测量学、生物力学、劳动生理学、环境生理学、工程心理学、时间与工作研究。时至今日，社会发展向信息化过渡，重视"以人为本，为人服务"。人体工程学强调从人自身出发，在以人为主体的前提下，研究人和工程机械的关系，研究人和环境的相互作用，继而综合分析人、室内环境和设施的相互关系。因此，在游艇设计尤其是室内设计中，人体工程学愈来愈引起设计师们的注意。

1. 人体工程学的基础数据

（1）人体基础数据

人体基础数据主要包括人体构造、人体尺度及人体动作域三个方面的有关数据。

①人体构造

与人体工程学关系最紧密的是运动系统中的骨骼、关节和肌肉，这三部分在神经系统支配下，使人体各部分完成一系列的运动。骨骼由颅骨、躯干骨、四肢骨三部分组成，脊柱可完成多种运动，是人体的支柱关节，起骨间连接且能活动的作用，肌肉中的骨骼肌受神经系统指挥收缩或舒张使人体各部分协调动作。

②人体尺度

人体尺度是人体工程学研究的最基本的数据之一。

③人体动作域

人们在室内各种工作和生活的活动范围的大小即动作域，它是确定室内空间尺度的重要依据因素之一。以各种计测方法测定的人体动作域，也是人体工程学研究的基础数据。

如果说人体尺度是静态的、相对固定的数据,人体动作域的尺度则为动态的,其动态尺度与活动情景状态有关。

在进行游艇室内设计时,人体尺度具体数据尺寸的选用,应考虑在不同空间与围护的状态下,人体动作和活动的安全与否,以及在安全前提下,对大多数人适宜的尺寸。例如:对门洞高度、楼梯通行净高、栏杆扶手高度等,应取男性人体高度的上限,并适当结合人体动态时的余量进行设计;对踏步高度、上搁板或挂钩高度等,应按女性人体的平均高度进行设计。

(2)人体生理计测

人体生理计测根据人体在进行各种活动时,有关生理状态变化的情况,通过计测手段,予以客观的、科学的测定,以分析人在活动时的能量和负荷大小。

(3)人体心理计测

心理计测采用的有精神物理学测量法及尺度法等。

2. 人体工程学在室内设计中的应用

由于人体工程学是一门新兴的学科,人体工程学在游艇室内环境设计中应用的深度和广度,有待于进一步开发,目前已有开展的应用如下:

(1)确定人和人际交往在室内活动所需空间的主要依据

根据人体工程学中的有关计测数据,从人的尺度、动作域、心理空间以及人际交往的空间等角度定空间范围。

(2)确定家具、设施的形体、尺度及其使用范围的主要依据

家具设施为人所使用,因此它们的形体、尺度必须以人体尺度为主要依据;同时,人们为了使用这些家具和设施,其周围必须留有活动和使用的最小空间,这些要求都由人体工程科学地予以解决。室内空间越小、停留时间越长,对这方面内容测试的要求也越高,如车厢、船舱、机舱等交通工具内部空间的设计。

(3)提供适应人体的室内物理环境的最佳参数

室内物理环境主要有室内热环境、声环境、光环境、重力环境、辐射环境等,室内设计时有了上述要求的科学的参数后,就会做出正确的决策。

(4)对视觉要素的计测为室内视觉环境设计提供科学依据

人眼的视力、视野、光觉、色觉是视觉的要素,人体工程学通过计测得到的数据,为室内光照设计、室内色彩设计、视觉最佳区域等提供了科学的依据。

在游艇的设计过程中,不仅要考虑游艇的形式美,还要考虑游艇给予人体的感受美。船舶需要人去驾驶,船上机械与设备要人去操作,人们要在各种舱室里面生活与工作。这种人体感受美,势必要求人们在研究游艇美的问题时,考虑人体工程学,更明确地说,就是要考虑游艇的各部件的布置,如何满足人们的使用要求,将人们的生理和习惯上的特征与工程上的要求统一、协调起来。

然而,设计者在室内设计中经常会忽略一些要素,进而得到不协调的设计,产生不协调的主要因素有以下几种:

(1)人机功能分配不当

人与机械在感觉信息、处理信息和操作过程中的反应是不一样的。例如,人分析处理信息,尤其是偶发性信息的能力比机械强,而机械的抗干扰性、反应速度、力量和耐久能力优于人。人或机械的工作关系应分配合理。一般而言,人机分工为:快速、精密、笨重、危

险、单调、重复和规律性强的工作由机械完成;系统监督、维修、程序安排、情况多变的工作和意外的事件处理由人完成。

(2)控制器和显示器的配置考虑人的因素不足

控制器和显示器的配置考虑人的因素不足包括以下几方面:

①重要的显示器放置不合理,致使人产生判断失误;

②照明装置设计不良,仪表盘面模糊或产生眩光,致使操作者视觉疲劳;

③听觉显示器过多,造成信息干扰,以致误判;

④信息显示过慢或过快,前者降低视警性,后者造成心理紧张;

⑤操纵与控制器安装位置不对。

(3)环境、心理因素产生的诱发性操作失误

容易由环境、心理因素产生操作失误的情况包括以下几种:

①需要协同作业的工序;

②速度和准确度要求严格的工位;

③需要迅速辨别信息的情况;

④有不适当信息输入的情况。

10.1.2 游艇人机系统研究对象

游艇人机系统研究对象,包括三个主要方面:

1. 环境系统与安全系统的要求

人机学的研究,对现代船舶使用过程中造成的各种"环境"污染、提出了人体忍受程度的量化指标,提出对环境的控制要求。这里所指的"环境"包括以下三个方面:

(1)工作环境

工作处所(如驾驶室、海图室、集控室、机舱、厨房、机修间等)的空间尺度、温湿度、通风与照明条件、噪声、振动和摇摆程度,以及与之相适应的色彩设计,要求在一定条件下能安全、有效地工作。

(2)生活环境

居住和休息活动场地(如居住舱、餐厅、会客舱、医疗室、浴室、厕所、娱乐间等)的空间尺度、温度、湿度、通风与照明条件、色彩环境、家具配置与陈设等,保证居住者的心理及生理愉悦。

(3)交通环境

保证人员在运动状态下活动的空间装置(如通道、走廊、梯道、平台、升降机、人孔、逃口等)。

2. 机械与人的协调性

机械与人的协调性包括各种显示器(仪表、指示灯、监控台、荧光屏、警报、声呐、望远镜等)设计,控制器(操纵手柄、把手、闸刀、电钮、按键等)设计与布置,人的作业负担设计,操纵室机器、仪表的排列,船舶设备的布置等。

3. 人的影响因素

人的影响因素包括人在船舶上静态与动态作业时的心理、生理机能研究,船上作业的疲劳研究以及对策。

10.1.3 人体工程与舱室空间设计

随着人们对居住环境舒适、美观等要求的提高,引起了游艇设计从舱室的简单划分、布

置到科学地、系统地布置和人性化设计的改变。这种采用人体工程进行舱室设计的变化体现出以人为本的理念和人性化的设计,达到改善和提高舱室居住舒适性能的目的。

1. 人体测量基本数据

游艇各部件的布置要达到适合于人使用的目的,首先应掌握它们如何适合于人体的形状和体力。这里包括了人体的身高、体宽、各部分肢体的长度、动作所能及的范围和用力的大小等,如图 10-1 所示。一切操纵器都应设计在人体肢体活动所能达到的范围之内;操纵器和机具的高低、长短位置应与人体各相应部位的高低、长短相适应;操纵器的用力范围应当处在人体肢体用力适度范围内,尤其不应超出人体最大用力限度;操纵器还应尽可能地设在人操作最方便、反应最灵活的空间范围内。为此,必须为设计和布置操纵器、机具的工作人员提供与之有关的人体基本数据。倘若游艇各部件的位置(尤其在舱室内)不能很好地考虑人体的这些参数,很可能会带来工效降低、操作困难、生活不适等各种妨碍船舶功能实施的问题,同时在体感上也会产生厌烦的恶果。

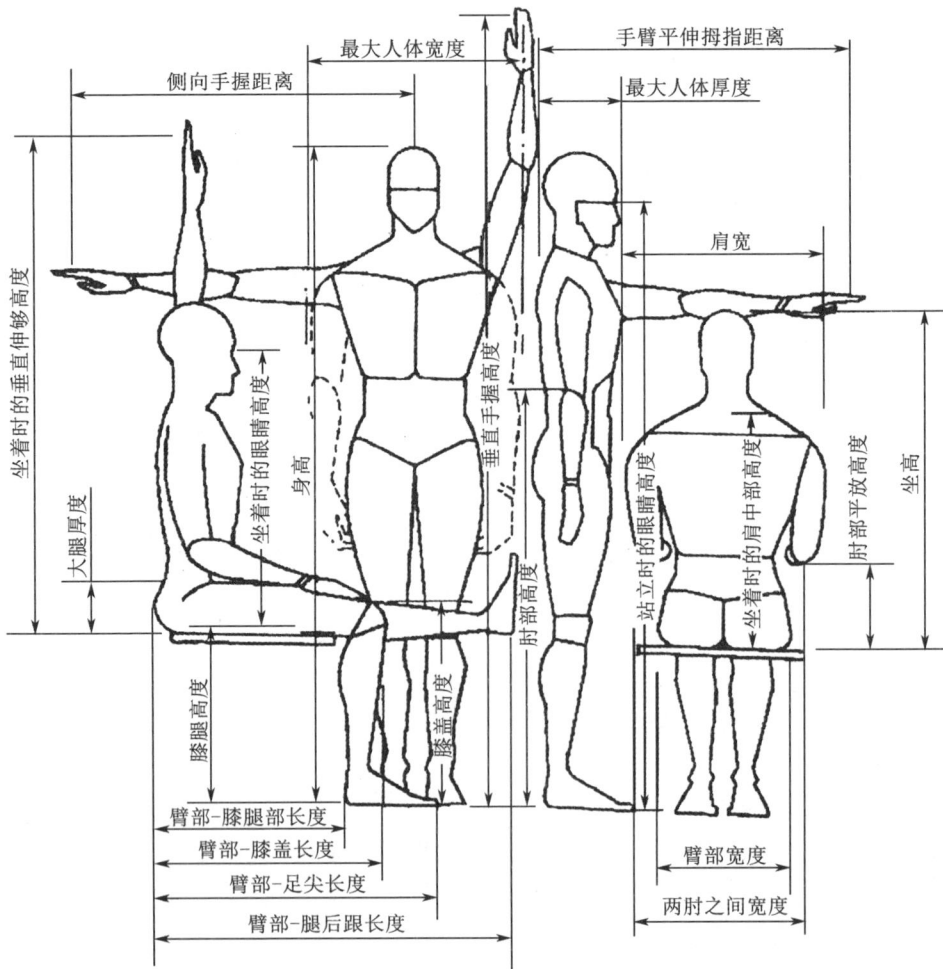

图 10-1　人体各部位肢体尺寸示意图

人体基本尺度是人体工程学研究的最基本的数据之一。它主要以人体构造的基本尺寸(又称为人体结构尺寸,主要是指人体的静态尺寸。如身高、坐高、肩宽、臀宽、手臂长度等)为依据,在于通过研究人体对环境中各种物理、化学因素的反应和适应力,分析环境因素生理、心理以及工作效率的影响程序,确定人在生活、生产和活动中所处的各种环境的舒适范围和安全限度,所进行的系统数据比较与分析结果的反映。它会因国家、地域、民族、生活习惯等的不同而存在较大的出入,见表 10 – 1。

表 10 – 1　全国身高统计

高身材的		中等身材的		矮身材的	
男子平均身长 1.73 m	女子平均身长 1.66 m	男子平均身长 1.71 m	女子平均身长 1.64 m	男子平均身长 1.67 m	女子平均身长 1.59 m
北京、辽宁、山东、宁夏、内蒙古、甘肃、河北、天津、吉林		山西、新疆、陕西、上海、江苏、青海、安徽、浙江、福建、湖北		云南、西藏、海南、广西、贵州、重庆、四川	
介于高、中身材之间的			介于中、矮身材之间的		
河南、黑龙江			江西、湖南、广东		

2. 游艇舱室设计

人机学设计基准,是有关部门通过统计分析大量调查资料,综合先进的设计经验,对游艇公共建筑及施工的尺度所推荐的一套数值。人机学设计基准值包括以下三种:

最佳值,即最适合人的各种特性的推荐值;

最小值,即人能正常进行活动或判断所需的最小值;

最大值,即人能正常进行活动或判断所需的最大值。

最佳值与最大(小)值之差是依赖于人的特性的容许值。游艇有些建筑尺度由于技术条件及经济条件所限,不能采用最佳值则给出最大(小)值。舱室划分及起居处所设计和家具、设备的尺寸选择必须满足《船舶起居舱室的尺寸协调》标准(GB/T 7836—2008)。用一系列有关尺寸来确定元件和组件及其相关的尺寸,实现标准化生产、安装,提高元件的互换性,达到尺度协调。

(1)居住区净高设计

净高:指游艇上一层甲板到本层甲板之间除去甲板结构梁和结构件的最小垂直高度。

居住处所高度以举手不碰天花板为最佳净高基准;由于人的身高、手臂长短差异较大,要使大部分人不碰天花板比较困难,因此最佳值只能取平均高。日本曾对舱室净高做了调查,统计结果显示,东方人的平均伸手高为 2 040 mm,所以,居住舱室最佳净高为 2 040 mm + 25 mm(鞋底高)= 2 065 mm;西方人为 2 145 mm + 25 mm(鞋底高)= 2 170 mm。考虑裕度,东方人最佳尺寸为 2 100 mm,西方人的最佳尺寸为 2 200 mm。

调查认为,东方人平均身高为 1 656 mm,为东方人设计的游艇最小净高为 1 950 mm,为西方人设计的游艇最小净高为 2 070 mm。另外,从 1 950 mm 中扣除被测者平均高及标准偏差58.6 mm 的 3 倍和鞋跟高,则 1 950 mm – (1 656 mm + 3 × 58. 6 mm + 25 mm) = 90 mm。此值作为心理裕量来考虑,也适用于西方人。为不让居住者产生不安全的心理感觉,要求在居住处所的天花板上安装的下垂物(灯、电扇等)下垂高度应该有所限制。限制净高为心理裕量能承受的 90 mm 范围内。

（2）居住区通道宽度

居住区通道宽度应以穿着夹衣者的肩宽为一个单位，身体的厚为半个单位。同时，应该假定通道壁上设有风暴扶手、门把手等突出物，来考虑通道的宽度。一般通道宽度可采用1~2.5个单位，然后记入裕度。因考虑船舶横摇与纵摇可能带来的危险，不采用3个以上单位作基准。表10-2为中国《海船乘客定额及舱室设备规范》对走廊宽度的最低要求。

表10-2　海客船走廊的最小宽度　　　　　　　　　　单位:m

位置类型	第1,2类客船	第3,4 m 客船类
露天甲板两舷	≥1.2	≥1.0
客舱至露天甲板	≥1.0	≥1.0
客舱内≤50人	≥0.8	≥0.8
客舱内>50人	≥1.0	≥l.0
乘客铺位间	≥0.8	≥0.8

（3）梯道尺寸与斜度

楼梯倾斜角度在20°~50°的为楼梯;而倾斜角度在50°~90°的为直梯。图10-2和表10-3所示为中国海洋和内河客船扶梯示意图及其扶梯的斜度与相关尺寸。图10-2中的符号意义,可见表10-3。根据相关要求,船舶(包含游艇)梯道台阶高 h 宽 b 的序列取决于正常步距 c , $c = 2h + b$,且在 $c = 570 \sim 630$ mm 时为最佳值。当 $2h + b = 600$ mm 时,设计的船梯最为方便。

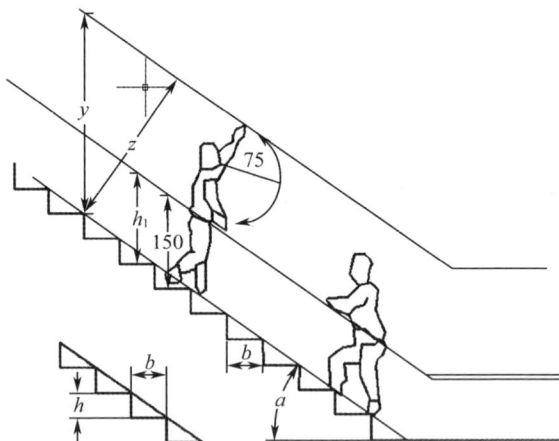

图10-2　梯道各部分要素示意图

表10-3　梯道各部分符号及尺寸

各部分名称及符号	尺寸范围	
	旅客	船员
倾斜角 α /（°）	30~55	45~60

表 10 – 3（续）

各部分名称及符号	尺寸范围	
	旅客	船员
踏步高度 h/mm	150 ~ 235	190 ~ 245
踏步宽度 b/mm	150 ~ 297	136 ~ 210
扶手高度 h_1/mm	800 ~ 850	
上下梯必要空间 x	2150 ~ 2300	

（4）船员及旅客位舱室面积

居住舱室面积要实现标准化系列比较困难。因为居住舱与人有关，必然与人的生理特性、社会特性、民族风俗等诸多影响因素有关，而且还要受机舱和船体结构的制约。居住舱室的布置通常是在决定完上层建筑外形及机舱的围壁布置之后，根据剩余空间来进行居住舱室的布置。同时，在布置过程中，不同游艇的要求不一，机舱布置形式不一，上层建筑的外形不一，甲板面积的大小也不一，因此很难采用整齐划一的布置形式。我国《沿海客货船船员和乘客主要舱室面积及家具配置》（GB 4523—84）标准中给出了一些基础性的规定。标准中的数据规定从目前的人机学观点来看并非十分满意，有的甚至很难达到其最小值。不过从中国国情出发，目前仍在执行。这些都有待进一步的研究和改进。

（5）小型舱口及人孔尺寸

小型舱口最佳尺寸是以在紧急情况下，人穿着救生衣或携带小型灭火机能通过的尺寸为依据。最小尺寸是以人穿衣时最大肩宽和身体的厚为依据。小型舱口的尺寸数据见表 10 – 4。

表 10 – 4　小型舱口尺寸基准　　　　　　　　　　　　单位：mm

形状	最佳尺寸	最小尺寸
矩形	600 × 600	510 × 335
圆形	$\varphi600$	$\varphi460$

人孔尺寸基准，是根据人能顺利通过来确定的。而最小尺寸以人穿衣时的最大肩宽、身体侧厚尺寸为依据。

人的特性十分复杂，许多生理和心理要素很难把握，还有许多问题有待进一步研究。人机工程学主要研究人与船艇舰装设备与设施的适应性等问题。

3. 操纵器的空间设计

操纵器的设计不属于游艇的范畴，但它所需空间位置的大小、位置的排列与舱室内人体感受美而言，有着密切的关系，如图 10 – 3 所示。

一般而言，操纵器的排列应遵循下列原则：

（1）操纵器应当按照它们的操作程序和逻辑关系排列。为避免操作失误，在操作程序固定的情况下，可以采用前一个操作未完成前，后一个操作的操纵器自动锁住的方式。

（2）操纵器应优先设在人手（或脚）活动最灵敏、辨别力最好、反应最快、用力最强的空间范围和合适的方位之内。当这些空间范围不够用时,则应按照操纵器的重要性和常用程度依次设计在较好或较次的位置。

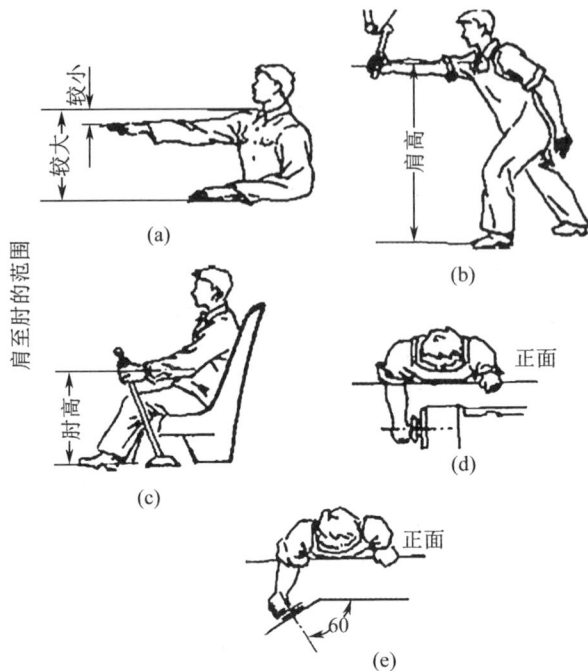

图 10 – 3　操纵器与人体关系示意图

　　(3)操纵器数量较多时,可以按照它们的功能进行区分,各区之间用不同的位置、颜色、图案或形状进行区分。

　　(4)联系较多的操纵器尽量互相靠近。

　　(5)操纵器应尽量与它相应的信号灯,设在相邻的位置上,或者形成对应的空间关系;

　　(6)操纵器的排列位置应适合于人的使用习惯。

　　(7)操纵器的安排和空间位置应尽可能做到在没有视觉的指导下,具有较好的操纵效率。

　　根据以上原则,具体建议如下:

　　(1)操作频繁的操纵器应当布置在操作者的前方由肩至肘的范围内。在操作中,手最容易触及的位置是人的正前方比肩高稍低一点的地方。

　　(2)直立操作,手能发出最大推力位置应与肩高相等。

　　(3)坐着操作,手能发出最大推力位置应与肘高相等。

　　(4)手轮的轴线与正面平行时,手可以发出最大的摇力。

　　(5)手轮的轴线与正面成 60°交角时,手可快速转动手轮。

　　(6)操纵板(台或盘)的方位,垂直稍后倾者比水平要优越,可避免手的前后动作无意碰移某个操纵器,且操纵器的位置易于一眼看清。

10.1.4　人体尺度与家具设计

　　在游艇中,与人的关系较大的有床、座椅、工作台等。

1. 床的设计要点

当前,各国都是以人体尺寸及标准偏差为基准确定床的形状和尺寸。床的最佳长度和最小长度,是人体伸直后的身长 + 标准偏差的两倍 + 裕量;最佳宽度和最小宽度,是计及侧卧的肩宽尺寸 + 实验测得的侧卧时膝部突出的尺寸。游艇床的长宽尺寸及其细节图形和尺寸要求如图 10 - 4 和表 10 - 5 所示。

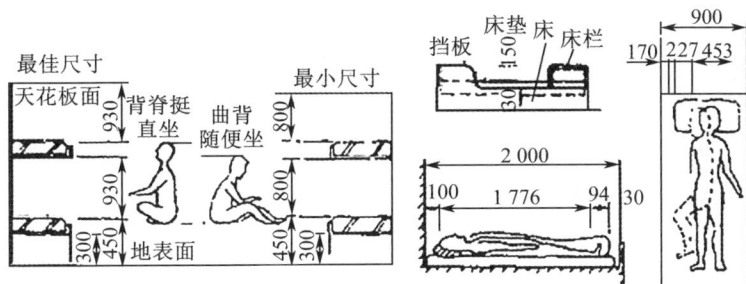

图 10 - 4 内河船舶床铺尺寸示意图

表 10 - 5 床铺长宽相关尺寸 单位:mm

各部名称	最佳尺寸	最小尺寸	各部名称	最佳尺寸	最小尺寸
平均身高	1 650	1 650	裸肩宽	421	421
身高标准偏差 ×2	126	126	裸肩宽的标准偏差 ×2	32	32
人体伸直时的增量	72	72	侧卧尺寸(裸肩)	227	227
增量的标准偏差 ×2	22	22	侧卧膝盖弯曲突出尺寸 ×2	170	85
从头顶到床架距离	100	30	毛毯折拗尺寸 ×2	50	25
毛毯折拗尺寸 ×2	30	10	床铺宽度合计	900	790
床铺长度合计	2 000	1 910			

实验表明,人睡眠时,身体碰到物品会产生无意识卷缩,单人床宽的最佳值为 900 mm。游艇的床,多采取一面靠壁布置,膝盖可伸出床沿,被折拗只考虑一边。因此,床的必要最小宽度为 700 mm。人熟睡程度与床的宽窄有关,床窄熟睡程度差,加上裕度取 800 mm。床分有抽屉、无抽屉两种,它们的高度要求也不相同,有一层抽屉应加高 100 mm,无抽屉床距地面为 450 mm。

床挡板和床栏在床垫表面以上 150 mm。各床头灯安在床头部壁面、床中心线上。高度为床垫上表面距灯中心 450 ~ 500 mm 处。

2. 座椅的设计要点

座椅的设计必须保证人体合适的工作姿势和休息姿势。

(1)座面高度

合适的座面高度应当与人的下腿长度正好相等,使其躯干重量压在臀部和骨架上,以避免时间过长,引起腿部肌肉的酸痛和背部肌肉的紧张。为了使多数人能较方便地使用固定座椅。希望座面用比下腿平均长度稍小的尺寸作为设计标准。我国一般男子下腿平均长度为 39.2 cm,女子为 36.9 cm。

（2）座面深度

座深应当使臀部得到全部支持、座椅的前沿不过分伸出以致挤压大腿肌肉。为此,合适的座面深度应当采用比人腰部后面至下腿肚部之间径向距离稍短的尺寸作为设计标准。90% 的男子较实用的座面深度为 40 cm。

（3）座面宽度

座面宽度应取人的臀部宽作为设计标准.并具有一定的宽裕,以使人能随时调整其坐姿。为了满足多数人的使用要求,要在平均值的基础上加适当的标准离差值。我国男子平均臀部宽为 30.9 cm,标准偏差为 1.8 cm,女子臀部平均宽为 31.9 cm,标准偏差为 1.9 cm。另外根据自然坐姿,两膝往往略张,则座面应当使其前缘比后缘宽。

（4）座面斜度

为保持正常的作业姿势,作业用椅座面一般只向后倾斜 5°左右;对于休息用椅,为使背部分担受力,倾斜角可增至 6°~7°。

（5）靠背高度

人正坐脚踏地时,倘若躯干得不到支撑,背部肌肉会紧张而易于疲劳。因此在座椅上必须设置靠背。靠背的高度和形状与椅子的用途有很大的关系。要求人们频繁操作的作业用椅,为保持人们得到最大活动范围,一般靠背高度较小,仅支持人体腰部即可,距座面 32~38 cm;对于操作不大频繁的作业用椅,其靠背高度可增至肩胛骨下缘,即距座面 41~42 cm;对于休息用椅,靠背高度可增加到头部枕骨。靠背下沿,最好有一段空隙,使臀部肌肉的向后凸出部分不致受到挤压,有人建议空隙高度约为 20 cm。

（6）靠背斜度

靠背斜度因人、因工作而异。在游艇上,对于作业用椅背,相对水平的夹角一般为 110°左右,如果是休息用椅,该角可增大至 110°~125°。

（7）扶手形式

扶手是为休息所用,一般只装在操作不大频繁的作业用椅和休息用椅上。安装高度稍低于坐时肘高,一般距座面为 18~20 cm。扶手长度要短于座面深度,全水平或略向后倾斜,表面有一定曲度,以利与手腕部吻合,使手臂放松。

（8）材料要求

座面及靠背的表面材料应具有良好透气、保温和吸湿性,皮革为最理想材质。如若安装坐垫弹簧,则与填充物一起应具有一定的柔软度。坐垫弹簧还要避开 5~7 次/秒及 10~14 次/秒的共振频率,因为这两者正好是人体胸部固有振频及二阶振频。

3. 工作台的设计要点

（1）台面高度

一般讲,台面高度应与肘高相平,但人肘高在工作时取决于椅子高度,因此台面高度应与一定的椅高相呼应。台面过高,书写时肌肉颤抖,且台面前沿压迫前臂引起不适,台面过低,易于使人驼背,对工作效率不利。因此坐着工作的台面,一般高度在 74 cm 左右,站着工作的台面高度为 91~96.5 cm。

（2）台面的斜度

相对于平台台面,台面倾斜 24°比较优良,主要原因是这种倾斜台面可以使工作人员的背部姿势较为垂直,以减少背部肌肉紧张和酸痛。

（3）台面以下的空隙

台面以下空隙的高度应高于两腿交叉时的膝高,并使膝部有一定上下活动的余地。为此台面下沿距离椅子座面至少应有 16 – 18 cm 的空间。空隙宽度和深度也应保证两腿的自由活动和伸展。

4.公共建筑参数的设计要点

游艇公共建筑包括坡道、通道、卫生设施等部分。

表 10 – 6 为扶手及其附件的安装高度信息;表 10 – 7 为卫生设备的尺寸参数。

表 10 – 6　扶手和附件安装高度　　　　　　　　　　　单位:mm

项目	使用部位	最适尺寸
栏杆顶横挡	一般甲板	1 050
	驾驶台、罗经平台、起货机平台	903
风暴扶手		1 000
灯开关		1 200
抽水马桶风暴扶手	马桶前段右壁上(相对人坐在马桶上而言),向下倾斜30°	700
小便池风暴扶手	小便池上方	1 000

表 10 – 7　扶手和附件安装高度　　　　　　　　　　　单位:mm

序号	名称	尺寸 (注:X 符号表示产品的标准尺寸)		最适尺寸	最小尺寸
1	洗脸盆	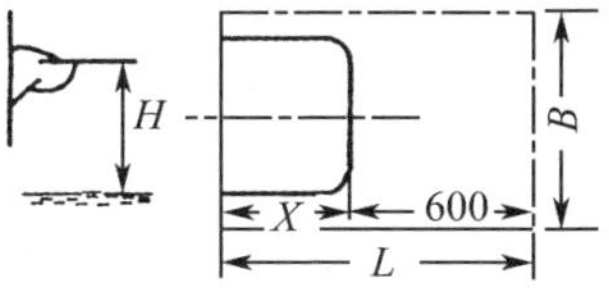	B	715	615
			L	1050	1 000
			H	750	
2	洗手盆	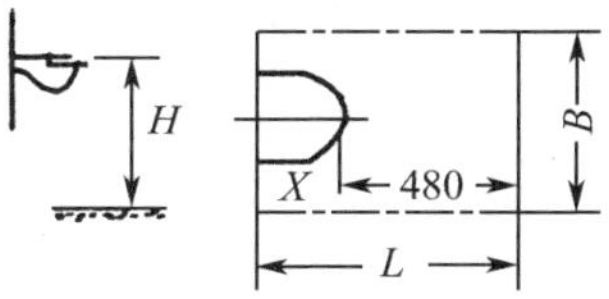	B	515	515
			L	780	730
			H	750	
3	抽水马桶	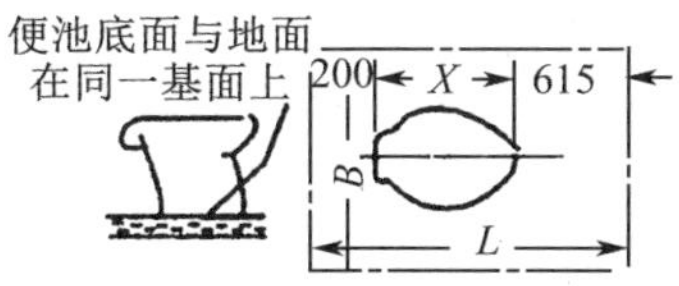	B	915	715
			L	1285	1185
4	大便池	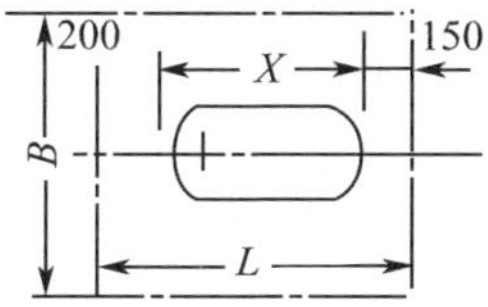	B	915	715
			L	910	810

表 10 –7（续）

序号	名称	尺寸 （注：X 符号表示产品的标准尺寸）		最适尺寸	最小尺寸
5	小便池		B	655	615
			L	715	605
			H	580	

游艇公共建筑的设置应该从人体工程学角度出发，要安全、便捷、实用、节省空间。各种公共建筑的数量及参数的设计应满足有关规范的规定。游艇内部各处所之间、内部与外部之间的通道要直通，避免迂回曲折。单出口的走廊要短。各层的扶梯尽可能上下对齐，扶梯的位置应明显易寻。梯道应分主次，主梯道要宽敞。

10.2 游艇游船环境心理学

10.2.1 基本概念

人体工程学和环境心理学都是近几十年发展起来的新兴综合性学科。过去人们研究和探讨问题，经常会把人和物、人和环境割裂开来，孤立地对待，认为人就是人，物就是物，环境也就是环境，或者是单纯地以人去适应物和环境对人们提出要求。而现代游艇游船环境设计日益重视人与物和环境间，以人为主体的具有科学依据的协调。因此游艇游船环境设计除了依然十分重视视觉环境的设计外，对物理环境、生理环境以及心理环境的研究和设计也予以高度重视，并开始运用到设计实践中去。

1. 什么是环境心理学

什么是环境心理学？由于环境心理学的研究对象和学科性质具有复杂性，因此环境心理学很难用几句话来定义清楚。国外有些心理学家曾提出不可能给环境心理学下确切的定义，只能简单地解释为环境心理学家所研究的内容。显然，这为理解环境心理学的概念增加了复杂性。普罗夏斯基（H. M. Proshansky）提出的一个描述性定义可能对我们有所启发："环境心理学是一门研究人和他们所处环境之间的相互作用和关系的学科。"这里，普罗夏斯基精辟地指出每一个物理环境同时也是一个社会环境，有时难以把这两方面割裂开来。因而环境概念的复杂性同样也会反映在对环境心理学概念的理解中。但是，不管怎样，我们可以从内容（自然环境和社会环境）上和通过强调个体（相对于社会群体）对环境的反应给环境心理学下定义。

环境心理学是研究个体行为与其所处环境之间相互关系的学科。它主要研究环境和心理的相互关系，即用心理学的方法分析人类经验、活动与其社会环境（尤其是物理环境）各方面的相互作用和影响，揭示各种环境条件下人的心理发生发展的规律。1978 年，以贝尔（P. A. Bell）为首的三人合著的《环境心理学》一书，给环境心理学下了一个比较确切的定义，他们认为，环境心理学是对行为与构造和自然环境之间的相互关系进行研究的科学。

环境心理学从研究噪声入手,分别对个人空间、拥挤和人类的关系、城市发展和城市设计等问题进行研究。其目的是了解个体是如何和环境相互作用,进而利用和改造环境,以解决各种因环境而产生的人类行为问题。鉴于此,环境心理学研究的主要任务:自然环境和社会环境的概念,不同环境中的心理学原理和各种环境状况中人的心理现象及对环境的知觉;环境物理量和环境心理量之间的关系(环境与人的思维、情感、意志、个性等的相互关系),环境对人的心理和行为的反馈规律,其中包括自然环境(如噪声、温度、风向、气候、空气的污染)和社会环境(如个人空间、地域观念、社会风气、社会文化、人际关系等)的影响;环境联想对环境意识与心理的影响,以及环境污染中心理变化对人体信息传递、工作效率等的影响;人们在不同环境条件下如何进行自我心理调适,以适应和创造一种有利于个体发展的环境。从客观方面和主观方面去研究环境和心理的关系,是环境心理学的两大任务。

2. 什么是游艇游船环境心理学

游艇游船环境心理学是研究游艇游船的环境与人的心理和行为之间关系的一个应用社会心理学领域。这里所说的环境虽然也包括社会环境,但主要是指物理环境,包括噪声、拥挤、空气质量、温度、舱室空间设计、个人空间等。

10.2.2 研究对象

传统上,环境心理学主要研究物理环境对人心理的影响。如物理环境对人的行为、情绪和自我感觉的影响。早期研究主要是有关人为环境,如建筑物和城市对人心理行为的影响,特别是建筑环境导致的拥挤。近年来,环境心理学的研究范围扩展了,有关自然环境对人的影响的研究越来越多,斯托高尔斯(D. Stokols)把环境心理学的内容列为如下几方面:环境认知、人格与环境、环境观点、环境评价、环境与行为关系的生态分析、人的空间行为、物质环境的影响以及生态心理学等。根据人的行为和环境交互作用的过程,可将这些内容分为两大类:一是交互作用的形式,可分为认知和行为;二是交互作用的阶段,即人作用于环境和环境反作用于人。这样就构成了环境心理学的基本内容。

游艇游船环境心理学研究人的行为和游艇游船环境之间的关系。游艇游船环境心理学将环境视为一个整体,围绕环境整体具体研究内容包括:

(1)环境认知。即对环境的知觉和认识,包括环境信息的获得、对潜在环境的知觉、影响环境知觉的因素、城市和游艇游船的表象,以及环境与保护等等。

(2)环境压力。研究紧张环境引起的心理变化、环境危害和自然灾害、个体对环境压力的反应、极端环境的形式与表现。例如,研究噪声与心理和行为的关系问题,特别是研究现实环境中噪声对个体造成的环境压力。

(3)个人空间和领域性。研究个人空间的形式、功能和测量,人与人之间的距离,影响个人空间的因素,个人空间的使用与侵犯,人类的领域行为。

(4)密度、拥挤和环境类型。研究密度和拥挤感的关系,高密度对动物和人类的影响,拥挤感的不同体验以及如何减少拥挤;人类的环境类型,不同的自然环境、工作环境、学习环境和居住环境对个体心理和行为的影响。

(5)空间行为。研究空间行为和环境的易识别性,空间的生气感和舒适感,空间的秘密性和公共性,空间的使用方式,特别是舱室和布局方式对个体人际关系与交往方式等的影响。

(6)环境问题与行为对策。研究行为技术干预环境的问题,环境对人类健康的影响,环境概念和活动的个体差异性。

可见,对于游艇游船环境心理学的研究内容比较广泛,大到游艇游船各部分空间设计,小到桌椅板凳,几乎无所不包。属于环境系统的设计包括重力和动力环境设计、气体环境设计、温度环境设计、辐射安全防护、人工环境污染、色彩与照明……下面只针对与游艇有关的音响环境、振动环境、温度环境、光线及照明环境、色彩环境做简要介绍。

10.2.3　具体内容

1. 音响环境

噪声是许多学科所研究的课题,也是环境心理学的主要课题,主要研究噪声与心理和行为的关系问题。而噪声在工业和交通事业中是个常见的问题,目前已成为环境污染的主要因素之一。从心理学观点看,噪声是使人感到不愉快的声音。对噪声的体验往往因人而异,有些声音被某些人体验为音乐,却被另外一些人体验为噪声。研究表明,与强噪声有关的生理唤起会干扰工作,但是人们也能很快适应不致引起身体损害的噪声,一旦适应了,噪声就不再干扰工作。

噪声是否可控,是噪声影响的一个因素,如果人们能够控制噪声,那么噪声对其工作的破坏性影响就较小;反之,就较大。

人们习惯于噪声工作条件,并不意味着噪声对他们不起作用了。适应于噪声的儿童可能会丧失某些辨别声音的能力,从而导致阅读能力受损。适应于噪声环境也可能使人的注意力狭窄,对他人需要不敏感。噪声被消除后的较长时间内仍对认识功能发生不良影响,尤其是不可控制的噪声,影响更明显。

强度在130分贝以下的噪声,在短时间内主要是干扰人的工作和休息、语言通信,130分贝以上的噪声,可引起耳痛和鼓膜伤害。长时间在噪声85～90分贝以上环境条件下工作的人员,可产生言语和听力损伤。有些人还会导致睡眠不良、心血管功能障碍和一些神经性症状,如头痛、耳鸣等。

2. 振动环境

振动也是工业中常见问题之一。对于船舶常见的是全身振动。

人是一个弹性系统,有它自己的振动特性。经过大量测量表明,在正常重力下人体对4～8 Hz频率的振动能量传递最大,生理影响也最大,称为人体的第一共振峰,在10～12 Hz的振动上出现第二共振峰,在20～25 Hz的振动引起第三共振峰。随着频率的增高,振动在人体的传递逐步降低,其生理效应相应减弱。对于身体各部位的器官,相应也有它们自己的共振频率:如眼为15～20 Hz,头部为2～10 Hz,胸腹内脏器官为4～5 Hz,心脏为5 Hz,手为30～40 Hz,神经系统为250 Hz。如果在这些频率上振动,对各器官生理反应最大。一般当振动强度达到不舒适程度时,人体的生理反应将出现:一般性不舒适、头痛、头晕、疲劳、瞌睡、做噩梦、耳鸣、流鼻血、鼻背发痒、胸腹痛等症状。注意力分散,操作效率、视觉效率降低。

表10-8列出了游艇各部位垂直和水平的振动加速度对人体的影响。

表 10 – 8　振动加速度对人体影响　　　　　　　　　单位:g

垂直振动		水平振动		振动的感觉
艏、艉	居住区	艏、艉	居住区	
0.01g				感到非常微小的振动
0.01g ~ 0.025g	0.01g	0.01g		感到微小的振动
0.025g ~ 0.05g	0.01g ~ 0.025g	0.01g ~ 0.025g	0.01g	无不适的感觉
0.05g ~ 0.12g	0.025g ~ 0.05g	0.025g ~ 0.05g	0.01g ~ 0.025g	稍觉不适
0.12g ~ 0.25g	0.05g ~ 0.125g	0.05g ~ 0.125g	0.025g ~ 0.05g	很觉不适
0.25g ~ 0.50g	0.125g ~ 0.25g	0.125g ~ 0.25g	0.05g ~ 0.125g	极为不适
0.50g ~ 1.00g	0.25g ~ 0.5g	0.25g ~ 0.5g	0.125g ~ 0.25g	勉强忍受
1.00g	0.5g	0.5g	0.25g	无法忍受

3. 温度环境

温度变化是一种很重要的环境条件,对工程技术设计来说,不论周围环境温度如何变化,都应当保证人体处在合适的温度条件之下,以保证人的身体健康和较高的工作效率。什么是舒适的温度? 比较常用的是以人主观感到舒适作为标准的舒适温度。人主观感到舒适的温度与许多因素有关:客观上湿度的大小,空气流动的快慢;主观上衣着的多少,劳动强度……对舒适温度都有重要影响。生理学上一般规定舒适温度为:人坐着休息时穿薄衣服,空气基本静止,无强迫热对流,在正常地球引力和海平面气压条件下,未经热习服的人感到舒适的温度。按照这个标准测定的舒适温度夏季和冬季稍有出入。

但在游艇营运期间,某些情况下舒适温度很难充分保证,只能使环境温度保持在基本上不影响人的工作效率、安全和健康的范围之内,这种温度范围为允许温度。图 10 – 5 所示为游艇上允许温度的临界指标。

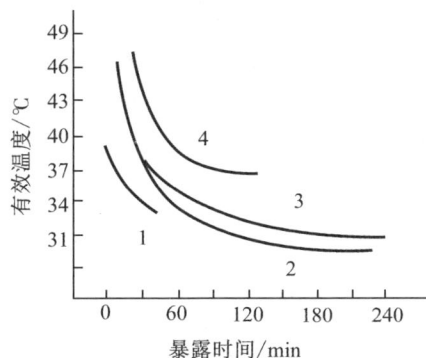

1 – 复杂操作效率无影响的限度;2 – 智力工作效率无影响的限度;

3 – 生理可耐限度;4 – 出现虚脱危险的限度

图 10 – 5　游艇允许温度临界指示图

4.光线及照明环境

（1）认识光线

光线是人类生命活动得以进行的重要条件，也是推动生命活动的另一种力量，即热量的视觉对应物。它从视觉的角度揭示了生活，见证了生活，它从原始社会开始就是人类感官所能接受、感知到的最为辉煌灿烂的元素，通过它才能洞察到世间的美。物理学意义上的光线已经被解析为粒子形态，并且是由主动性的对视网膜的撞击产生影响。但设计艺术中的光线却完全不同，起到主动作用的反而是人的视觉器官，是视知觉主动去捕捉、去寻找所想要攫取的事物。

任何一个物理表面的亮度，都是由这个表面的反射能力和照射到这个表面上的光线的强弱共同决定的。但人类视觉器官的特殊性决定了实际观察中在视皮层的刺激所产生的心理学效应是与物理常识迥异的。从心理学范畴看来，找不到一种能够直接把反射亮度与照射强度区分开来的方法，因为眼睛所感知到的总是物体与物体结合之后形成的亮度，而不是整个式样中各个成分在这一亮度中的比例。例如：将一个黑色的物体挂在暗室中，当用一束光线去集中照射物体时，这一物体就显得色彩明亮；然而当我们将房间变得明亮一些时，这个黑色物体的亮度就会相对减弱。实际上，这是一种心理上的场效应，它的量度大致可以归为物体本身所呈现出来的各种不同的亮度值的中间平均值。

（2）室内设计中的光线

在室内设计中，光线可以营造朦胧的气氛。在天然采光不足的室内常能体验到朦胧的感觉，这是由于亮度梯度很小所造成的，如果同样范围内的梯度很强烈，就会引起完全不同的感觉。例如：在一间有深色的地板和墙面的房间里，只有一扇很小的窗，虽然在近窗处桌面上的照度可能很高，但在阴天时室内就显得朦朦胧胧，会给人一种抑郁感。如将室内最暗角落里的一盏台灯点亮，效果就改变了。如果继而再开一盏台灯，朦胧的感觉将被进一步减弱。最后，假如拉上窗帘，朦胧的感觉将完全消失，被一种舒适惬意的感觉所代替。

在室内设计中，光线还可以营造闪耀的气氛。例如：商店橱窗中最有效的陈列效果是依靠有控制的光束，在暗的背景前将商品显示出来；或是在旅馆或影剧院的进厅中，将光线限制在有特殊兴趣的对象上，并且在其他地方都用柔和的颜色和较低的照度。在没有高亮度对象的地方，可以用照明装置作为一种"发光的雕塑"，并能造成戏剧性效果所需的强烈对比。戏剧性效果是建立在高对比和强烈的梯度上的，常常可以用投光到特定的对象上获得。

（3）照明方式

为了获得良好的照明效果，设计者必须先确定在每个舱室要进行什么样的活动，并为这些活动提供灯光，然后把一般照明与局部照明联系在一起。也就是说，室内的一般照明是必要的，它可使光线充满整个房间。一般做法是给予顶棚、家具的垂直表面上适当的照度。然而，局部照明可以在工作面上增加较多的水平照度。因此，一般照明和局部照明相结合的方式是舱室的最佳照明方式。

目前室内常用的几种照明方式，根据灯具光通量的空间分布状况及灯具的安装方式，可分为以下五种情况：

①直接照明

光线通过灯具射出,其中 90% ~100% 的光通量到达假定的工作面上为直接照明。这种照明方式具有强烈的明暗对比,并能造成有趣生动的光影效果,可突出工作面在整个环境中的主导地位,但是由于亮度较高,应防止眩光的产生。

②半直接照明

半直接照明方式是半透明材料制成的灯罩罩住光源上部,60% ~90% 以上的光线集中向工作面,10% ~40% 被罩住的光线又经半透明灯罩扩散而向上漫射,其光线比较柔和。这种灯具常用于较低的房间的一般照明。由于漫射光线能照亮平顶,使房间顶部高度增加,因而能产生较高的空间感。

③间接照明

间接照明方式是将光源遮蔽而产生间接光的照明方式,其中90% ~100%的光通量通过顶棚或墙面反射作用于工作面,10%以下的光线则直接照射工作面。通常有两种处理方法:一种是将不透明的灯罩装在灯泡的下部,光线射向平顶或其他物体上反射成间接光线;另一种是把灯泡设在灯槽内,光线从平顶反射到室内成间接光线。这种照明方式单独使用时需注意不透明灯罩下部的浓重阴影,该方式通常和其他照明方式配合使用,才能取得特殊的艺术效果,一般作为环境照明使用或提高背景亮度。

④半间接照明

半间接照明方式,和半直接照明相反,把半透明的灯罩装在光源下部,60%以上的光线射向平顶,形成间接光源,10% ~40%的光线经灯罩向下扩散。这种方式能产生比较特殊的照明效果,使低矮的房间有增高了的感觉。也适用于住宅中的小空间部分,如门厅、过道等,通常在学习的环境中采用这种照明方式最为相宜。

⑤漫射照明方式

漫射照明方式,是利用灯具的折射功能来控制眩光,将光线向四周扩散漫散。这种照明大体上有两种形式:一种是光线从灯罩上口射出经平顶反射,两侧从半透明灯罩扩散,下部从格栅扩散;另一种是用半透明灯罩把光线全部封闭而产生漫射,这类照明光线性能柔和,视觉舒适,适用于卧室空间。

(4)室内照明设计

室内照明设计的原则,首先是从游艇游船的功能出发,在满足照明质量要求的基础上,正确选择光源和灯具;既要经济合理,节约电能,又要保证安装和使用安全可靠;配合建筑的装修;考虑为发展变化预留照明条件等。

利用自然采光不仅可以节约能源,而且在视觉上更为习惯和舒适,在心理上能和自然接近、协调,还可以看到舱室外景色,更能满足精神上的需求。如果按照精确的采光标准,日光完全可以在全年提供足够的室内照明。室内采光效果主要取决于采光部位和采光口的大小和布置形式,一般分为侧光、高侧光和顶光三种形式。侧光可以选择良好的朝向、室外景观,使用维护比较方便,但当房间纵深增加时,采光效率急剧降低。因此,常采用加高窗的高度或采用双向采光、转角采光等方式来弥补这一缺点。顶光的照度分布较为均匀,影响室内照度的因素较少,但当上部有障碍物时,照度就急剧下降。此外,在管理、维修方面也较为困难。室内采光还受到室外周围环境和室内界面装饰处理的影响,如室外临近的建筑物,既可阻挡日光的射入,又可从墙面反射一部分日光进入室内。此外,窗户对室内来说,可视为一个光源,它通过室内界面的反射,增加了室内的照度。

人工照明设备的广泛运用,使人们对自然光的依赖越来越少,也使人们渐渐偏离了自然的生理规律。人工照明也就是"灯光照明"或"室内照明",它是夜间的主要光源,同时又是白天室内光线不足时的重要补充光源。人工照明环境具有功能和装饰两方面的作用。从功能上讲,建筑物内部的天然采光要受到时间和场合的限制,所以需要通过人工照明补充,在室内造成一个人为的光亮环境,来满足人们视觉工作的需要;从装饰角度讲,除了满足照明功能之外,还要满足美观和艺术上的要求,这两方面是相辅相成的。

人工照明最基本的一个应用是提供人们视觉所需的光线,同时还可以营造室内空间环境。合理的灯具布置能使工作面上照度均匀,光线射向适当,无眩光阴影,检修维护方便、安全,并能做到整齐、美观,与舱室协调。利用光的变化及分布来创造各种视觉环境,以加强室内空间的气氛。利用数量多、构造简洁的吸顶式或嵌入式点光源直射光灯具,与舱室吊顶装饰共同组成一个完整的室内艺术图案,可以产生特殊的格调并加深层次感,使室内气氛宁静而安稳。装饰壁灯的外形与室内装修相协调,既起辅助照明作用,使室内的光线更加亮丽,又起到装饰作用,映衬出室内的宽阔。而吊灯(花灯、水晶灯)可造成富丽堂皇的气氛,在宽敞的客厅中可使用一些造型优美的水晶吊灯;在较小的门厅中,选用造型别致的小壁灯会使人感到幽雅、大方;但在合理搭配灯具的同时,一定要注意不可使用太多,以免使空间显得杂乱无章。

5. 色彩环境

不同的色彩,能对人产生不同的心理和生理作用,并且依人的年龄、性别、经历、民族和所处环境等情况的不同而有差别。现代物理学已经证实,人们看到不同的色彩会与自己的审美心理相结合,产生丰富的生理和心理反应,这种反应会对人们产生积极和消极的影响。

当色彩配置比较合理时,就会对人产生积极影响,反之则会产生消极影响。生活在游艇游船上的船员也不例外,而且由于其生活的环境比较独特,色彩对其的影响更为明显。鉴别和分析色彩的变化用色相、明度和纯度三要素作为标准。色相是色彩的"相貌",也是色彩的名称,如红、黄、蓝等。明度指色彩的亮暗程度。一种色相有不同的明度,因此看上去有深浅之分,如紫红、大红和浅红;而不同色相也有不同明度,乳黄色明度高、紫色明度低、白色明度最高,而黑色明度最低。纯度是指某种色彩涵盖量的饱和程度,针对色觉强弱而言,标准色彩纯度最高,而当其中掺入白色、黑色或灰色时,即呈现纯度较低的未饱和色。专家在色彩感情效应的研究中发现:明度对应着活动性的变化,明度的增加意味着活力的增强;饱和度最易引起情绪的变化,饱和度过高或过低都会对情绪产生不良影响;不同的色相则会使人产生不同的冷暖感。

人与色彩息息相关,色彩的心理效应对人的行为产生影响。船员的工作和生活都在海上,活动范围狭小,具有独特的心理特性,色彩环境对其更加重要。不同的色彩环境对船员的生理和心理会产生不同的刺激作用,从而给船员的工作效率和生活带来不同的影响。因此在船舶上营造适宜的色彩环境,对甲板、墙壁、地板、过道、设备、工作台、休息室、餐厅、娱乐场所等施以适当的色彩装饰,使置身于其中的船员感到舒适、愉快、安全、精神振奋、精力集中,是保障船员的身心健康、提高生产效率的一条重要途径,也是搞好船员管理的一个重要手段。表 10－9 为色彩的可视程度排列表。

表 10－9　色彩可视程度排列

背景色	可视度的顺序	说明
红	白、黄、蓝、青绿、黄绿	（1）操作中的各种视觉识别符号,应根据其背景色的情况,参考本表采用最易见的颜色(如仪表板面为白色,其文字、刻度指针等应采用黑色)
黄	黑、红、蓝、紫蓝、绿	
绿	白、黄、红、黑、橙黄	
蓝	白、黄、橙黄、橙	
紫	白、黄、黄绿、橙、橙黄	（2）安全救生器材,应根据其所在背景色参考采用本表中易见颜色(如以往的救生圈按安全色规定应采用红色,但是海水为蓝色,红色救生圈不易见,因此在原红色中加入了易见的白色及黄色成分,成为亮橘红色,或橙黄色)
白	黑、红、紫、紫红、蓝	
黑	白、黄、橙黄、黄绿、橙	
灰	黄、黄绿、橙、紫、紫蓝	

（1）船员心理特征

远洋游船航行时间较长,且远离陆地,船员与家庭朋友分离较长;船上空间狭小、信息闭塞,使日常生活体验感匮乏,有可能导致船员出现疲劳、寂寞、焦虑、抑郁等过度情绪紧张现象,加之航行过程中经常会面临许多不确定危险因素(如风暴袭击、船舶碰撞、突发火灾等)的刺激,容易引起船员的心理障碍。

因此,在游船设计过程中,应该注意色彩的科学合理配置,给船员一个温馨的生活和工作环境。合理的色彩配置会对神经系统产生良好的刺激,使人体的血液循环、内分泌、消化等系统有序地工作,有利于稳定乘员情绪、降低乘员压力等。

（2）色彩与色彩的感觉

色彩是光线照射到物体后反射到眼睛刺激视觉神经而产生的视觉感受。色彩是设计中最直观最显著的特征,是第一时间吸引人们视线焦点的重要因素。色彩搭配能产生各种不同的格调,反映不同的特色。色彩通过对人们产生的心理、生理效应,传达了不同的含义、思想和象征性。

每种色彩都能给人们不同的心理和生理感觉,将色彩的这种效应合理地应用于游艇设计中,就能创造出意想不到的效果。

①冷暖感。色彩的冷暖感是人们生活经验和生活习惯所积累的视觉感受,不能通过物理上的温度去衡量。大家日常生活中习惯把红色与太阳、烈火联想在一起,给人温暖和热烈的感觉,这样的颜色称为暖色,同为暖色系的有橙、黄等。冷色系则给人冰冷、凉爽的感觉,如蓝、绿、紫等。

②轻重感、软硬感。色彩的轻重、软硬感主要与明度有关,最直观的标准是深色重、浅色轻。一般明度高、彩度低的颜色感觉柔和轻盈,如粉红、绿色。相反,明度低、纯度高的颜色给人坚硬沉重的感觉。无彩色系的黑色和白色给人坚硬感,灰色让人感觉柔和。在游艇的家具、地毯和其他装饰物的选择上,利用色彩的轻盈、柔和感可以营造温馨、轻柔的氛围。在机械设备或电器的颜色上可以选择坚硬厚重感的色彩,给人安全和信任的感觉。

③空间感。色彩的空间感表达的就是体量感和层次感,主要表现在色彩给人前进和后退的感觉。在相同环境下,同体积、同面积,不同色彩的物体,会给人凸出和凹进的不同感觉。暖色会给人跳跃于前的感觉,冷色则倾于靠后。从明度上来看,明度高的色彩会比明度低的色彩有前进感。纯度上也是同理,纯度高的凸出,纯度低的凹进。在游艇的设计中利用色彩的进退感,可以很好地调整设计的空间感和立体感。

④时间感。不同的色彩会影响人的心理时间。科学家指出,人在长波系的色彩环境下,会感觉时间过得很慢,觉得经历了很长时间;短波系则反之。所以在游艇的会议厅或休息厅的色彩设计中宜采用让人忘记时间的冷色。

⑤味觉感。色彩的味觉大都是人们通过食物的味道和色彩来联想的,大家都知道 只有颜色诱人的食物才会让人胃口大开。橙色、黄色能刺激人的味觉,增强食欲,所以餐厅的布置应多采用暖色系的橙色和黄色为主,让乘员有个舒适、愉快的用餐环境。

⑥动静感。色彩有动静之分,主要与色彩的冷暖和明度有关。暖色给人活跃、跳动的感觉,冷色会让人感到静谧和安宁;高明度的色彩动感十足,低明度则祥和安静。在一些休闲游艇或快艇的外观装饰色条上采用具有动感的色彩,会体现出游艇速度快、动感强的特征。卧室的布置则多采用冷色和柔和的色彩。

（3）游艇游船安全色

游艇游船是水上运行的工具,其使用范围和船体空间都有限,存在一定的安全隐患。为了避免危险、警示人们、保障安全,应该在易发生危险的船体位置和各安全通道使用安全色或警示标志提醒人们。国际标准化组织(ISO)成立了安全色技术委员会,制定了统一的安全色。我国也制定了国家标准的安全色,通过颜色和色光来起强调和警示作用。安全色通常是醒目、识别性强的色彩。我国的安全色规定:红色,表示禁止、消防,用于禁止标志和停止信号;蓝色,表示指令和必须遵守的规定,用于指令标志;黄色起警告和注意的作用;绿色表示安全状态、通道和提示。在游艇设计中,一定要掌握安全色的运用,保障安全航行。

（4）舱室色彩设计

游艇舱室是乘员活动和工作的主要场所,舱室内合理的色彩布置会营造良好舒适的工作、休闲环境。游艇舱室一般划分为工作舱室、公共舱室和生活舱室等。按照舱室的不同功能而采用不同的色彩来达到不同的效果。通常,游艇舱室的色彩设计包括地板、地毯、家具(沙发、桌椅、茶几、柜子、床等)、装饰品(灯具、挂画、花瓶、盆景等)、舱壁、天花板、玻璃、窗帘及其他设备的色彩配置。

①工作舱室的色彩设计

工作舱室通常指驾驶室和机舱室,是保证游艇正常、安全运行的至关重要的场所。驾驶室是指挥中心,是整个船体的"大脑",设计师应以人机工程学理论为基础,布置符合驾驶员心理和生理机能的色彩,降低驾驶员的疲劳程度。驾驶室顶棚一般采用与壁面相协调的颜色,多为白色、米色、浅灰色;地面不宜采用容易反光的颜色,会刺激驾驶员的眼睛;驾驶室附近可摆放绿色盆栽或浅蓝色、浅绿色的装饰品,不影响驾驶员视野就行,起舒缓疲劳的作用。机舱室放置有笨重的机械设备,温度高、采光差,应增加舱室的视亮度感,保障工作正常进行,因此顶棚多采用白色,壁面应采用冷色系,使人心情安定、平和,提高船员的工作效率。

②公共舱室的色彩设计

娱乐厅、会议厅、餐厅都属于游艇的公共舱室。娱乐厅是乘员娱乐休闲的场所,其色彩选用上应偏向暖色系,给人以热情、活跃、积极的感觉。灯光可选用可变换的明亮色光,给人以欢快感。还可以布置一些色彩鲜艳的装饰物,但要注意整体色调的协调。会议厅则需要冷静理性的色彩,不宜颜色过艳。餐厅多采用暖色系,增强人的食欲,适当搭配白色、浅色,可体现清洁卫生的用餐环境,让人心情愉悦又能安心食用。

③生活舱室的色彩设计

生活舱室的休息室是船员休息、居住的场所,要体现以人为中心的设计原则,营造宁静、雅致、柔和的环境。此舱室的壁面应选用明调浅色为主的色彩,如浅绿、浅黄、米白等。最好采用深色或柔和色系的地毯,而不用会反光的木地板或其他材质。休息室的沙发、桌椅、窗帘和其他装饰物都要符合整个舱室的统一色调,色彩对比不要过强,极力营造柔和、谐调、宁静的休息环境。

色彩设计在游艇的舱室和外观设计中起着改变和创造格调的作用,给人带来视觉上的刺激和艺术上的享受。合理地应用色彩美学,可以增加游艇的艺术审美性,增强视觉感召力和表现力。设计师应遵循以人为中心的设计原则,将色彩与游艇的功能、结构完美结合、相得益彰,创造出美观大方、舒适宜人的游艇。

课后思考题:

1.在舱室净高选取时,设计者通常考虑哪些因素和要求? 居住区的通道宽度选择上,设计者又要考虑哪些因素?

2.游艇家具设计过程中,床、座椅以及工作台的设计要点有哪些?

3.说说音响环境、振动环境和温度环境对乘员的影响?

4.游艇舱室设计中,色彩有哪些作用? 在设计中色彩的选用原则有哪些?

参 考 文 献

[1]蒋志勇,杨敏,姚震球.船舶造型与舱室设计[M].哈尔滨:哈尔滨工程大学出版社,2003.

[2]孙庭秀.舱室设计[M].哈尔滨:哈尔滨工程大学出版社,2006.

[3]刘启国.船舶建筑美学[M].武汉:华中工学院出版社,1988.

[4]中国社会科学院哲学研究所美学研究室.美学译文[M].北京:中国社会科学出版社,1982.

[5]王朝闻.美学概论[M].北京:人民出版社,1981.

[6]霍维国.室内设计[M].西安:西安交通大学出版社,1985.

[7]彭锋.美学的感染力[M].北京:中国人民大学出版社,2004.

[8]周新民.船舶美学和几何学[J].中外船舶科技,1998(02):35 – 42.

[9]安宁.色彩原理与色彩构成[M].北京:中国美术学院出版社,1999.

[10]于建中.船舶美学与艺术设计[M].大连:大连理工大学出版社,1994.

[11]董长有.船舶内装设计及工艺:兼论船舶美学[J].大连船研,1992(2):1 – 6.

[12]李庆宁.船舶内装工程[M].哈尔滨:哈尔滨工程大学出版社,2007.

[13]龚昌奇.傅德生.船舶造型[M].北京:人民交通出版社,1999.

[14]黑格尔.美学:第2卷.[M].朱光潜,译.北京:商务印书馆,1979.

[15]车尔尼雪夫斯基.生活与美学[M].周扬,译.北京:人民文学出版社,1957.

[16]郭熙.林泉高致·山水训[M]//沈子丞.历代绘画名著汇编.北京:文物出版社,1982.

[17]H.帕克.美学原理[M].张今,译.桂林:广西师范大学出版社,2001.

[18]吴春芳.游艇美学与人机学[M].哈尔滨:哈尔滨工程大学出版社,2014.

[19]于建中.船艇美学与内装设计[M].上海:上海交通大学出版社,2011.

[20]薄林.现代游艇设计和应用[M].哈尔滨:哈尔滨工程大学出版社,2016.

[21]陈建平.游艇强度与结构规范法设计[M].哈尔滨:哈尔滨工程大学出版社,2017.